上海博物館·學人文叢

周亞吉金文集

周亞 著

上海古籍出版社

周　亞　上海博物館青銅器研究部研究館員，出土文獻與中國古代文明研究協同創新中心研究員。在上海博物館長期從事中國古代青銅器研究和鑒定及相關展覽工作，在青銅器和金文研究方面頗多創獲。出版有《愙齋集古圖箋注》《西清古鑑今訪·宮外卷》等著作，參與編撰有《中國古代青銅器》《商周文化》等著作，在各類專業學術期刊發表論文數十篇。

沉潛弘毅，走向未來（代序）

◎ 楊志剛

極簡地説，博物館是這樣一種機構：她以文物（遺産）的典藏、保護、研究爲基礎，以展覽爲核心公共産品，以教育傳播和賦能社會、提升文明爲追求。她是一個公益的服務窗口，也是文教和科研部門。

衆多的博物館中有這麽一類——我稱之爲"研究型"博物館，其特點是，研究工作占據着極其重要的地位，成爲博物館進步的重要驅動力。

上海博物館六十七載的發展歷程，不斷地實現創新和超越，在世界範圍内成就了很高的美譽度。這與她作爲研究型博物館的恒久努力，密不可分。

編輯上海博物館"學人文叢"，旨在從一個側面呈現本館的學術積累、傳承發展和創新突破。匯集學者個人的研究成果，從資深的專家着手編纂，漸次擴大到中青年；既是檢閲和階段性總結，也是力量的匯聚與薪火傳遞。這個系統的出版項目，將從2019年《孫慰祖璽印封泥與篆刻研究文選》的率先面世而正式起步，邁向未來。

國際博物館協會（ICOM）第二十五屆大會召開在即，一度準備在京都開會時付諸投票表決的一則博物館新定義，引發出空前的國際大論戰。對於博物館的理解和認識，博物館人對自身機構的定位，從來没有像今天這般多樣與多元，甚至已趨向於隱晦和複雜化。但是，衆聲喧嘩（或許這已是普遍的現象）之中，是否也會激蕩出新的清醒，從而重新理性、精準、平實地認清問題？

本文開篇的話，算不上對當下論戰的針對性回應，而在於平實地指出博物館的專業重點，指出其承擔的具體工作及目標，進而在此基礎上，强調研究對於博物館創新驅動的重要性。然而目前遭逢的這層特定環境，又確實有助於説明堅守、沉潛、弘毅，對於博物館研究工作和建設研究型博物館是何等重要。

世上的事物大抵都有"萬變不離其宗"的根本，博物館亦如是。本叢書的刊印，除了作爲博物館學術成果的結集、展示，還想表明一種立場與姿態。期待叢書真實展現博物館學人在學術追求上的沉潛弘毅，並與新老學人們共同走向未來。

2019年8月30日

目　錄

吴越地區土墩墓青銅器研究中的幾個問題

——從安徽屯溪土墩墓部分青銅器談起

　　近年來，吴越地區青銅器日益成爲青銅器研究的熱點，現在焦點似乎聚集在對吴越地區土墩墓出土的，具有地方特色的青銅器的斷代問題上。由於有些土墩墓的發掘較早，當時對其中部分器物的地方性認識還比較少，又受到中原地區考古經驗的影響，因而在斷代上一般都以共出的中原青銅器爲依據，或以部分地方型青銅器上的中原文化因素爲依據。現在隨着吴越地區考古資料逐漸增多，人們開始注意從吴越地區青銅器自身尋找其發生發展的規律，并對其斷代問題提出了新的意見。那麽如何認識土墩墓中中原青銅器與具有地方特色的青銅器之間的相互關係，它們是否同步發展起來的，以及如何認識地方型青銅器上的中原文化因素等，就成了吴越地區土墩墓青銅器斷代研究中要必須解决的問題，已有學者對此提出了正確的意見[1]。也有一些學者從另外的角度來看待土墩墓出土的中原青銅器，他們認爲在江南土墩墓青銅器中“大部分被稱之爲中原類型的銅器，與真正的中原銅器相比，實際是粗看相同、細看有别，器形相似、細部有異。這些‘中原類型’銅器，是吴地化的‘中原型’銅器，它大部分是當地鑄造的”，并認爲這類銅器與同墓出土的具有地方特徵的青銅器是“一個完整的組合”，它們“恰恰是同一時期鑄造的”[2]。他們主要有兩點意見：一是否認土墩墓中出土中原地區的青銅器，二是否認同一座土墩墓出土的青銅器存在着時代上的先後之分。這兩點意見其實是爲了證明一個觀點，即土墩墓中的青銅器是同時同地鑄造的，既然如此，那麽就可以用其中所謂“吴地化的中原型青銅器”作爲斷代依據。在這樣的觀點支配下，他們對土墩墓青銅器的斷代，基本上是維持了舊的傳統觀點。對此，我們有些不同的看法，兹就對安徽屯溪土墩墓出土青銅器的認識，結合其他地方的一些考古資料，談一些我們的看法[3]。

---

[1] 李學勤：《非中原地區青銅器研究的幾個問題》，《東南文化》1988年第5期，第78—81頁。
[2] 楊寶成：《略論西周時期吴國青銅器》，《東南文化》1991年第3—4期，第88—89頁。
[3] 本文所引用的安徽屯溪土墩墓考古資料均出自：安徽省文化局文物工作隊：《安徽屯溪西周墓葬發掘報告》，《考古學報》1959年第4期，第59頁；殷滌非：《安徽屯溪周墓第二次發掘》，《考古》1990年第3期，第210頁；安徽省博物館：《安徽省博物館藏青銅器》，上海人民美術出版社，1987年。

一、吳越地區土墩墓中的中原青銅器

　　吳越地區土墩墓出土的青銅器中是否有中原青銅器,本來似乎不應是個問題,這在學術界已成爲一個公認的事實。許多專家學者在論述這一地區青銅器時,儘管觀點上會存在諸多分歧,但在這一點上是基本一致的,在對這一地區的青銅器分類中,都分有中原青銅器這一類[1]。這類青銅器數量很少,一般指形制、紋飾、銘文及鑄造方式均與中原地區青銅器相同,并明顯區別於同一墓葬出土的、具有濃郁地方特徵的那些青銅器。這類銅器特徵明確,所以諸家分類中一般沒有分歧,基本上都是相同的。據統計,出土中原青銅器的墓并不太多,大體上有江蘇丹徒煙墩山一號墓,丹徒大港母子敦墓,儀徵破山口,安徽屯溪一號墓、三號墓。器物有煙墩山一號墓出土的宜侯夨簋,母子墩墓的伯簋,破山口的子作父寶鼎,屯溪一號墓出土的閂父乙尊,屯溪三號墓出土的公卣、鳥紋卣等。個別學者要否定的中原青銅器,也只能是指這幾件,對此他們沒有提出任何一條證據,只是籠統地指出它們與真正的中原青銅器相比"實際是粗看相同、細看有別,器形相似、細部有異",但這種"別"和"異"具體表現在何處,他們均未明確指出,這就難以令人信服了。

　　許多學者已注意到吳越地區土墩墓出土的中原青銅器,其形制、紋飾和銘文與中原地區出土的青銅器相同,在鑄造方面與土墩墓中其他青銅器有別。在屯溪一號墓和大港母子墩墓青銅器出土後,有關單位曾對它們的合金成分作過光譜定性及半定量分析和激光顯微光譜定性分析[2]。這些測試報告都清楚地表明,凡學術界公認的中原青銅器,如屯溪墓的閂父乙尊,大港母子墩墓的伯簋,它們的合金成分是銅錫合金,含鉛量較少,而公認的地方型青銅器則是銅鉛合金,或含鉛量較高。這種銅鉛合金的成分正與金壇鱉墩出土的青銅原料的合金成分相合[3],這表明銅鉛合金或含鉛量較高是吳越地區青銅器鑄造的特點。銅錫合金是中原地區青銅器的主要合金成分,也是經過多方測定後得出的結論[4]。如果説土墩墓青銅器中沒有中原青銅器,只是部分吸收了中原文化的因素後由當地仿造的,那麼如何解釋同一墓中被認爲是同時鑄造的青銅器的合金成分會有如此大的差異? 這種差異不但具有較明顯的地區性,而且正好表現在那些大家認爲在器形、紋飾的風格上都有較大區別的青銅器之間。

　　我們認爲沒有必要把注意力放在是否有中原青銅器這個問題上,因爲它是顯而易見的。應該加以注意的,倒是這些中原青銅器與墓主的關係,即這些銅器的器主是否就

[1]　馬承源:《長江下游土墩墓出土青銅器的研究》,《上海博物館集刊》第4期,上海古籍出版社,1987年,第198頁;肖夢龍:《吳國青銅器分期、類型與特點探析》,《考古與文物》1990年第3期,第52頁。

[2]　安徽省文化局文物工作隊:《安徽屯溪西周墓葬發掘報告》,《考古學報》1959年第4期,第59頁;肖夢龍:《母子墩墓青銅器及有關問題探索》,《文物》1984年第5期,第11頁。

[3]　鎮江市博物館、金壇縣文化館:《江蘇金壇鱉墩西周墓》,《考古》1978年第3期,第154頁。

[4]　馬承源主編:《中國青銅器》,上海古籍出版社,1988年,第499頁。

是墓主,也就是説墓主是否是這些中原
青銅器上銘文所記的器主。由於這個
問題牽涉到墓葬時代的判斷,乃致對所
有隨葬品時代的判斷,因而也就顯得十
分重要了。現在似乎有一種傾向,即把
這些中原青銅器銘文所記的器主看作是
墓主,故稱煙墩山一號墓爲宜侯夨墓,或
認爲屯溪三號墓的墓主就是墓中所出公
卣中的公,是個諸侯貴族。對宜侯夨簋,
雖各家考釋不同,但其時代基本上都判
斷在西周康、昭時期,其中猶以定在康王

圖一　附耳大盤(煙墩山一號墓出土)

時期的居多。如依煙墩山一號墓就是宜侯夨墓的説法,那麼該墓的時代就是西周早期,
同出的所有器物也只能歸屬於西周早期了,這顯然是令人難以接受的,因其中數件器物
明顯具有較晚的時代特徵,學者們也對此有多種不同意見。如有一件附耳大盤,雙耳高
出器口,耳與器口沿之間有兩根小橫梁聯結,這種做法是西周晚期至春秋早期才出現的
(圖一)。它表明宜侯夨簋與這件盤之間有着相當長的時間距離,墓主有可能是這件盤
的器主,而不可能是宜侯夨簋的器主,也就是説宜侯夨并非煙墩山一號墓的墓主。

　　屯溪三號墓的公卣,我們已經説過是中原傳入的銅器,那麼它是否屬墓主之器呢?
有學者依據公卣銘文中器主稱公,認爲三號墓的主人可能是古越族的君主。此墓出土
器物如此豐富,墓主人的地位應是較高的,問題是公卣銘文中的公是否就是所謂古代爵
制中的公呢? 從金文句例來看,公并不一定是官名或爵稱,它也有用作人名的。如效
卣銘文"公東宮内(納)卿(饗)于王,王易(錫)公貝五十朋",又賢簋銘文"公叔初見于
衛,賢從,公命事,晦賢百晦糧"。這裏的公東宮和公叔都是人名,均可簡稱爲公。公在
金文中如用作官名或爵稱,一般均在公的前面加國名或氏族名,如益公、畢公等,又如班
簋銘文中,班本爲毛伯,後王命其繼承虢城公的官位,遂改稱毛公,可見對金文中的公是
作人名亦或官名爵稱,需根據具體情況,聯繫銘文中確切的資料加以判斷,切忌望文生
義。若簡單地斷定公卣中的公就是官名爵稱,把它認作三號墓的墓主,這會給判斷三號
墓的性質和時代帶來一些不必要的麻煩。

　　三號墓的墓主是否就是公卣銘文中的公? 我們認爲不是。美國皮斯柏藏有一件西
周中期的垂腹式鳳紋尊,其銘文與公卣一致,均作"公作寶尊彝,其孫子永用"(圖二)[1]。
兩篇銘文不僅内容相同,且字體行次也相同,行文更是如出一人之手筆。金文中此類銘
文大多數都作"子子孫孫永寶用",然此兩篇銘文均作"孫子永用",既不作"子孫",又
無重文,且都不稱"永寶用",似乎都有悖於時制。據此,已有學者指出它們是一對器[2]。

[1]　B. Karlgren, *A Cataloue of the Chinese Bronzes in the Alfredf, Pillsbury Collection*, p.84, 1952, London.
[2]　李學勤:《西周中期青銅器的重要標尺——周原莊白、強家兩處青銅器窖藏的綜合研究》,《中國歷史博物館
　　刊》1979年第1期,第34頁。

圖二　西周垂腹式鳳紋尊（美國皮斯柏藏）

自西周早期以來，尊和卣是墓隨葬品中常見的酒器組合。一般而言，同一組的尊和卣不僅銘文相同，紋飾也相同，如陝西扶風莊白一號窖藏的豐尊和豐卣，庚姬尊和庚姬卣等均是如此。但公尊和公卣的紋飾却略有不同，公卣飾回顧式冠羽相糾的鳳鳥紋，公尊所飾的鳳鳥紋則不作這種冠羽相糾的回顧式樣，這似乎又令人以爲它們并非一組器物。然而這種銘文相同，紋飾并不一致的尊、卣組合，并非沒有先例。河南洛陽出土的保尊及保卣即爲銘文相同、紋飾有異的一組器。保尊腹部飾粗綫條構成的獸面紋，内填以雷紋，上下以連珠紋爲欄；保卣頸部飾回顧式兩頭龍紋，亦以連珠紋爲欄。儘管紋飾上有差異，但保尊和保卣銘文内容完全相同，紋飾的裝飾手法也相同，如都使用連珠紋作爲主紋的上下界欄等，毫無疑問保尊與保卣是同一組器。因此我們有理由相信屯溪三號墓的公卣與美國皮斯柏所藏的公尊是一組器。屯溪三號墓是1965年發掘的，據近年發表的發掘報告介紹，此墓保存完整，未受到破壞。照此說來，公尊顯然不會是由這座墓盜掘出去的，既然是同一主人的一組器物，怎麼會分散於兩處呢？它們不可能因器主有意分散，只能是因戰爭或其他因素使之分離，公卣才流落到南方。爲此我們認爲公卣只是三號墓墓主收集到的一件中原器物而已，它的器主不可能是三號墓的墓主。

正因爲這些出土於土墩墓的中原青銅器，并不是爲土墩墓的墓主所鑄，那麼我們在討論土墩墓的性質及時代時，就不能以此爲依據，至多只能在討論土墩墓青銅器時將其用作參考資料。

二、土墩墓青銅器是否同時鑄造的問題

吳越地區土墩墓中既有中原傳入的青銅器，又有當地鑄造的器物，那麼當地鑄造的銅器是否和中原青銅器的鑄造時間相近，是早於中原青銅器，還是晚於中原青銅器，這個問題實際上也關係到同墓出土的中原青銅器是否可以用作判斷墓葬的時代以及隨葬品時代的標準器的問題。吳越地區土墩墓考古工作雖已開展多年，但迄今爲止尚未找到能判斷土墩墓確切時代的可靠依據，既不能從地層關係上完全解決這個問題，又無可信的銘文資料作爲斷代的依據。在這種情況下，能否利用其中的中原青銅器作爲標準

2

圖三

1　　　　　　　　　　1. 閔父乙尊(屯溪1號墓出土)　2. 閔父乙尊紋飾拓本

器斷代就顯得十分重要了。

　　對於這個問題,我們想用屯溪一號墓和三號墓的部分銅器作比較分析,以此來說明我們的意見。屯溪一號墓中出土的閔父乙尊(圖三),其造型、紋飾均爲中原式樣,曾有學者指出山西省長子縣出土的一件殷周之際的鼎上鑄有與此相同的族徽,認爲它們之間有着一定的聯繫[1]。閔父乙尊的器形爲瓠形尊,紋飾是獸面紋,兩側配以龍紋和鳥紋,這種形制和紋飾均爲殷周之際尊的典型式樣。1981年湖南省湘潭青山橋窖藏出土的商代晚期的旅父甲尊(圖四),器形和紋飾均與其相同[2]。上海博物館收藏的一件西周早期幸父辛尊,器形及紋飾結構也與之相似,所以閔父乙尊的時代可定在西周早期偏早的一段時間裏。屯溪三號墓出土的公卣(圖五),它的形制爲西周中期式樣,和陝西扶風莊白一號窖藏出土的西周穆王時期豐卣相同,這種形式的卣常見於中原地區西周中期的青銅器中。公卣的紋飾是一種較少見的冠羽交纏相糾的回顧式鳳鳥紋,這種式樣的鳳鳥紋僅見於原存英國猶

圖四　旅父甲尊
(湖南省湘潭青山橋窖藏出土)

[1]　李學勤:《從新出青銅器看長江下游文化的發展》,《文物》1980年第8期,第36頁。
[2]　袁家榮:《湘潭青山橋出土窖藏商周青銅器》,《湖南考古集刊》第1輯,科學出版社,1982年,第21頁。

2

圖五

1.公卣（屯溪三號墓出土）　2.公卣紋飾拓本

1

圖六　西周垂腹尊（英國 Eumor-fopoucos 藏）

氏（Eumorfopoulos）的一件西周中期垂腹尊上（圖六），這件尊爲典型的中原青銅器[1]。但這種冠羽交纏相糾的式樣，還見於西周晚期及稍後的一種回顧式龍紋上，臺灣故宮博物館院收藏的一件西周晚期的鼄叔匜和美國舊金山亞洲藝術博物館收藏的一件春秋早期龍紋匜上就有這種冠羽交纏的龍紋[2]。另外在公卣鳳鳥紋的勾喙下飾有這種羽飾（圖七），據《綴遺齋彝器款識考釋》稱效卣和效尊出土於洛陽，銘文記錄了效的父親公東宮隨周王觀於嘗，受到周王賞賜之事。公東宮又稱公，效卣、效尊與公卣的鳳鳥紋也有獨特的相似之處，我們是否可以推測公卣的公就是效卣中的公東宮。即使這一點不成立，公卣的器形和紋飾也與效卣有許多相同之處，其時代定在西周中期的穆、恭時期較爲適宜。

在屯溪一號墓中與閉父乙尊同出的一件鳳紋卣（M1：93）（圖八），其形制與中原地區商代晚期和西周早期流行的高蓋沿、圓腹卣的式樣相同，如故宮博物館收藏的二祀

[1]　W. P. Yetts, *The George Eumorfopoulos Collection*, 圖版五 A8, 1929, London.

[2]　國立故宮中央博物館聯合管理處編輯：《故宮銅器圖録》下册，（臺北）中華叢書委員會，1958年，第97頁，圖下肆叁壹。

圖七
1. 效卣　2. 鳳紋卣（屯溪一號墓 M1：93）　3. 效卣紋飾拓本　4. 鳳紋卣紋飾拓本

刻其卣、六祀刻其卣，以及 1974 年遼寧喀左山灣子出土的提梁卣[1]。但它的花紋裝飾手法具有鮮明的地方性特徵，其中的圈點紋、草繩紋以及隨意而不規整的雷紋，都是吳越地區地方型青銅器上常見的。在其腹部飾四組回顧式鳳鳥紋，鳳鳥的冠羽也爲交纏相糾的式樣，鳳首勾喙的下面也有一條向上卷曲的羽飾。這種式樣的鳳鳥紋應該是明顯模仿三號墓公卣的鳳鳥紋式樣，前面我們已説過，公卣所飾鳳鳥紋的式樣在中原地區青銅器上也極爲少見，因此我們可以説一號墓鳳紋卣的鳳鳥紋只能是模仿公卣，不可能仿自其他銅器。那麼是否可以説公卣紋飾是模仿這件鳳紋卣，我們認爲是沒有這種可能性的，因爲綜觀整個吳越地區青銅器，除了典型的地方式樣爲中原地區所不見的以外，都具有明顯模仿中原地區青銅器的特點，一號墓的鳳紋卣也不例外。更何況鳳

[1]　喀左縣文化館、朝陽地區博物館、遼寧省博物館：《遼寧省喀左縣山灣子出土殷周青銅器》，《文物》1977 年第 12 期，第 24—25 頁。

鳥紋是中原地區較流行的紋飾,在吳越地區青銅器中并不多見,僅有的數例,要麼是模仿中原青銅器上的鳳鳥紋,要麼也與之有着較大的差異。如果能肯定一號墓卣的鳳鳥紋是三號墓公卣上鳳紋的仿製品,那麼它只能是在公卣由中原地區製作并使用一段時間以後,由於某種原因流到了南方,才得以仿製的,它的製作時間必然要晚於公卣。

通過對上述三件銅器的時代推定,我們可以看到三號墓的公卣的時代要晚於一號墓的閏父乙尊,一號墓鳳紋卣的時代又要晚於公卣。那麼,至少在屯溪一號墓出土的青銅器中,其鑄造的時間就有先後之分,而這種相距的時間,并不如一些學者所説最多相距一代人時間,而是有着較長的時間距離。這種時間上的先後之分,一般來説是以中原傳入的銅器時代較早,地方型銅器的時代爲後。

曾有學者指出,公卣的器形比一號墓鳳紋卣的器形晚[1],這無疑是正確的。現在我們既然證明了鳳紋卣的紋飾是公卣的仿製品,這就提出了一個非常有意義的問題,即吳越地區出土的青銅器上的中原文化因素不能作爲斷代的依據,因爲儘管有些器形仿自中原地區較早的式樣,但其時代却是較晚的。這也證明了有的學者提出非中原青銅器往往"不能用中原青銅器序列作爲標尺"這一觀點是正確的[2]。如果我們僅僅因爲吳越地區出土的青銅器中部分銅器的形制與中原地區青銅器相似,就以中原青銅器形制發展的序列來判斷吳越地區青銅器的時代,那麼勢必會在吳越地區青銅器的斷代問題上做出錯誤的結論,進而在整個吳越地區青銅器的發展史上,做出與中原青銅器同步發展的錯誤結論。

我們這樣説,并不是要否定中原青銅工藝對吳越地區青銅工藝的影響,恰恰相反,我們認爲吳越地區青銅器是在中原青銅工藝的强烈影響下發展起來的。現在的問題是這種影響是在什麼時候出現的,是與中原青銅器同步產生的,還是在經過一段時間以後才影響到吳越地區的。我們認爲這種影響并不是同步發生,而是中原青銅器在中原地區流行了相當一段時間以後再影響到吳越地區的。從目前的考古資料來看,幾乎所有吳越地區青銅禮器的器形均仿製中原青銅器,但是這種模仿并未嚴格按照中原地區青銅器發展的規律。由於它們是中原青銅器在流行一段時間以後,傳到南方才得以仿製的,所以它們可以吸收到中原青銅器發展各個時期的藝術特色。它們可以仿製出中原青銅器中較早的器形,而飾以中原青銅器上較晚的紋飾。前述屯溪一號墓的鳳紋卣就比較能説明這個問題,它的器形爲中原西周早期式樣,紋飾却是中原西周中期以後的式樣。它表明在製作此器時,既有中原西周早期青銅器的影響,又受到中原西周中期青銅器的影響。同樣的道理,也有一些青銅器是以較晚的器形,飾以較早的紋樣。如屯溪三號墓的龍紋鼎(M3:11),器形和湖南省資興舊市春秋墓出土的銅鼎相同,紋飾却是龍紋和回紋的相互配置,在兩組紋飾的連接處,還飾有四瓣目紋(圖九)。回紋加上龍紋,或回紋間隔以四瓣目紋均是商代晚期和西周早期中原地區較流行的裝飾紋樣。到目前爲止,還未發現過回紋、龍紋和四瓣目紋同時裝飾在一起的例子。這更表明吳越地區青銅

[1]　陳公柔、張長壽:《殷周青銅容器上鳥紋的斷代研究》,《考古學報》1984年第3期,第265頁。
[2]　李學勤:《非中原地區青銅器研究的幾個問題》,《東南文化》1988年第5期,第79頁。

器在製作時，對中原青銅藝術的影響是兼容并收，并未嚴格按照中原青銅工藝的裝飾規律。這種集中原各時期青銅工藝同時表現於一器的手法，是吳越地區青銅器的

圖九　龍紋鼎紋飾拓本（屯溪3號墓M3∶11）

一大特徵，這個特徵是我們在研究吳越地區青銅器時必須加以重視的，也就是說我們在判斷吳越地區青銅器時代的時候，中原青銅器發展的序列僅可提供參考依據，它們至多能提供某些吳越地區青銅器的上限，至於這些青銅器的下限，還必須在吳越地區的青銅器本身，以及墓葬的隨葬品中去找。

三、屯溪土墩墓部分青銅器的時代分析

屯溪土墩墓青銅的時代判斷，過去一般定在西周中晚期，也有學者將一號墓的青銅器定爲西周早期[1]，這恐怕就是以墓中出土的中原青銅器的時代爲依據而得出的結論。近年來隨着吳越地區考古工作的深入，大量考古資料的發表，在學術界對屯溪墓青銅器的時代問題又展開了新的討論。不少學者綜合南方土墩墓考古資料，根據屯溪墓中出土的圓莖劍、尊、盤等器物的形制，以及銅器紋飾上的地方性特點等指出屯溪土墩墓青銅器的時代應爲春秋中晚期[2]。我們認爲這個結論是正確的，根據我們對屯溪土墩墓青銅器的一些認識，并與相關的考古資料作類比，提出一些意見供大家參考，以支持屯溪墓青銅器春秋説的觀點。

根據已發表的資料，屯溪一號墓、三號墓出土有圓鼎，其中一號墓四件，三號墓四件，均可分爲兩式。一號墓的Ⅰ式兩件（M1∶79，M1∶82）（圖十），立耳、侈口、頸部略收、下腹外鼓、底近平、獸首足上粗下細，截面爲中空半圓形，三足內聚。一件腹飾斜盉雷紋，一件爲回紋與四瓣目紋。Ⅱ式兩件（M1∶80，M1∶81）（圖十一），立耳、侈口、淺腹、圓底，三錐足外撇，截面亶也爲中空半圓形，紋飾均爲變形龍紋。三號墓的Ⅰ式一件（M3∶11）（圖十二），形制與一號墓的Ⅰ式鼎相似，只是平折口沿略寬，腹壁較直，腹部飾回紋，變形龍紋和四瓣目紋。Ⅱ式三件（M3∶012$^{1/2}$，M3∶012$^{2/2}$，M3∶105），立耳、侈口、束頸、圓腹、無紋飾（這三件由於僅發表的一張照片模糊不清，這兒不作討論）。兩座墓中Ⅰ式鼎的形制接近1978年湖南資興舊市春秋墓出土的銅鼎（圖十三）[3]，以及1981年長沙金井春秋墓出土的Ⅱ式鼎（圖十四）[4]，一號墓Ⅱ式鼎的形制和長沙金井春秋墓出土

［1］　肖夢龍：《試論江南吳國青銅器》，《東南文化》1986年第1期，第100頁。
［2］　馬承源：《長江下游土墩墓出土青銅器的研究》，《上海博物館集刊》第4期，上海古籍出版社，1987年，第198頁。
［3］　湖南省博物館、湖南省東江水電站工程指揮部文物考古隊：《資興舊市春秋墓》，《湖南考古集刊》第1輯，科學出版社，1982年，第27頁。
［4］　湖南省博物館：《長沙縣出土春秋時期越族青銅器》，《湖南考古集刊》第2輯，科學出版社，1984年，第36頁。

1

2

圖十

1. Ⅰ式鼎（屯溪一號墓 M1：79）　2. Ⅰ式鼎（屯溪 1 號墓 M1：82）

1

2

圖十一

1. Ⅱ式鼎（屯溪一號墓 M1：80）　2. Ⅱ式鼎（屯溪一號墓 M1：81）

的Ⅲ式鼎相似（圖十五）。三號墓Ⅰ式鼎的紋飾也和資興舊市及長沙金井春秋鼎的紋飾相仿。資興舊市和長沙金井鼎的紋飾上下多用曲折紋作界欄，這種裝飾方法在屯溪墓青銅器上沒有使用，但屯溪一號的一件Ⅱ式鼎（M1：80）腹部龍紋的下面有一周圖案不太規整的半圓形紋飾（圖十六），它似乎是曲折紋的一種變異形態，這種變異形態的曲折紋也見於資興舊市的 351 號墓出土的雲紋鼎上（圖十七）。三號墓一式鼎的耳部內側飾兩條頭部相向的龍紋（圖十八），資興、金井鼎耳內側也作類似的裝飾（圖十九）。由此

圖十二　Ⅰ式鼎（屯溪三號墓 M3:11）

圖十三　Ⅰ式鼎（湖南資興市春秋墓出土）

圖十四　Ⅱ式鼎（長沙金井春秋墓出土）

圖十五　Ⅲ式鼎（長沙金井春秋墓出土）

圖十六　屯溪一號墓Ⅱ式雷紋鼎腹部龍紋下面的紋帶拓本

圖十七　雲紋鼎曲折紋飾拓本
（資興舊市 351 號墓出土）

圖十八　Ⅰ式鼎耳部內側紋飾拓本（屯溪三號墓）　　圖十九　鼎耳內側紋飾拓本（資興、金井均見）

可見，屯溪墓出土的圓鼎，在形制、紋飾及其裝飾方法上都與資興舊市、長沙金井春秋青銅鼎有相同之處，它們的時代應該是接近的。

　　屯溪三號墓出土有兩件印紋硬陶鼎，半圓狀立耳、盤口，束頸，鼓腹，圜底、三錐足外撇。這種形式的盤口鼎被認爲是越族特有的形式，常見於南方吳越地區春秋戰國時期的墓葬。1963年湖南省衡南縣春秋中期墓出土一件盤口鼎[1]，1977年廣西賓陽縣韋坡戰國墓也出土了一件盤口鼎[2]，它們的形制與屯溪三號墓的印紋陶鼎相近。這種形制的盤口鼎也有晚到戰國晚期和西漢早期的，如紹興漓渚出土的釉陶鼎[3]。這些應該是我們在判斷屯溪三號墓時代須加以注意的。

　　屯溪一號墓、二號墓、四號墓、五號墓及六號墓都出土三段式，腹部呈扁圓體的筒形尊（圖二十）[4]，不少學者都認爲這種形制的尊是春秋時期，特別是春秋晚期在南方長江流域較流行的式樣。一號墓、四號墓及五號墓尊的紋飾，過去一般稱之爲蟠虺紋，現在或稱棘刺紋和變形龍紋。對這種紋飾的時代，學者們也作了研究，指出它和武進淹城出土尊的紋飾一致，聯繫到其器形的時代，認爲這種紋飾應該是春秋時期吳越地區的一種具有地方特色的紋飾。這一觀點無疑是正確的，但由於長期以來出土此類銅器紋飾的墓葬，多無確切的斷代依據，故學術界對此仍有不同的意見。1984年江蘇省丹徒北山頂發掘了一座隨葬品頗豐的大墓，依據隨葬銅器的器形、紋飾和銘文，以及碳14測定的年代數據，可以肯定這是一座春秋晚期的大墓[5]。北山頂春秋晚期墓中有一套由青銅杖首和杖鐓組成的完整鳩杖（圖二十一），它們中間均有一段扁圓體鼓出部分，其式樣和屯溪墓三段式筒形尊的腹部相似。它們的紋飾也是這種勾連狀的棘刺紋，在棘刺紋的上下

［1］　湖南省博物館：《湖南衡南、湘潭發現春秋墓葬》，《考古》1978年第5期，第297頁。
［2］　廣西壯族自治區文物工作隊：《廣西賓陽縣發現戰國墓葬》，《考古》1983年第2期，第146頁。
［3］　浙江省文物管理委員會：《紹興漓渚的漢墓》，《考古學報》1957年第1期，第135頁。
［4］　李國梁：《皖南出土的青銅器》，《文物研究》第4期，黃山書社，1988年，第161頁。
［5］　江蘇省丹徒考古隊：《江蘇丹徒北山頂春秋墓發掘報告》，《東南文化》1988年第3—4期，第42頁。

圖二十　筒形尊（屯溪一號墓）　　　　圖二十一　杖首及杖鐓綫描圖

　　　　　　　　　　　　　　　　　　　（丹徒北山頂春秋晚期墓出土）

均有一周鋸齒紋作界欄，這和屯溪四號墓棘刺紋尊的紋飾和裝飾手法一樣，也和武進淹城的棘刺紋尊及丹陽司徒鄉窖藏的三式尊的紋飾一樣[1]。和北山頂春秋墓鳩杖相同的一件春秋晚期的杖鐓在浙江吴興埭溪鎮也有發現[2]，形制相同的整套鳩杖的杖首和杖鐓在浙江紹興漓渚鎮也有出土，同出的還有這一地區春秋戰國時期的米字紋和方格紋印紋硬陶片[3]。這表明這種形制的鳩杖流行於春秋晚期的吴越地區，北山頂春秋墓中的鳩杖不可能是較早的器物遺存於較晚的墓葬中。所以我們說勾連狀的棘刺紋是春秋中晚期吴越地區青銅器的特有紋飾是正確的，它的出現不可能早到西周時期，因爲綜觀我國青銅器的發展史，尚未有任何一種銅器的器形或紋飾能够一成不變地沿用這麽長的時間。

屯溪三號墓中有一件雲紋簋（M3：10）（圖二十二），器呈上小下大三層圓塔形，圓弧頂蓋、折肩、肩下收束，腹部圓鼓，圈足。其造型奇特之處在於它做成一個假蓋的形式，即肩下收束的部分，看上去似一簋蓋，實際上却是與器腹連鑄成一體的。同樣造型的器物，在河南固始侯堆一號墓及浙江紹興坡塘306號墓中也有發現，侯古堆一號墓的發掘報告中稱之爲盒（圖二十三）[4]，紹興306號墓的發掘報告則稱之爲壺，但已失蓋（圖二十四）[5]。從器物造型來看，屯溪三號墓的雲紋簋更原始，由簋形器向此類器物的過渡

［1］鎮江市博物館、丹陽縣文物管理委員會：《江蘇丹陽出土的西周青銅器》，《文物》1980年第8期，第4—5頁。
［2］《文博簡訊》，《文物》1972年第3期，第75頁。
［3］蔡曉黎：《浙江紹興發現春秋時代青銅鳩杖》，《東南文化》1990年第4期，第116頁。
［4］固始侯古堆一號墓發掘組：《河南固始侯古堆一號墓發掘簡報》，《文物》1981年第1期，第3頁。
［5］浙江省文物管理委員會、浙江省文物考古研究所等：《紹興306號戰國墓發掘簡報》，《文物》1984年第1期，第17頁。

圖二十二　雲紋簋（屯溪3號墓M3：10）

圖二十三　"盒"（侯古堆一號墓出土）

圖二十四　"壺"（紹興306號墓出土）

形式也比較明確，侯古堆一號墓和紹興306號墓的器上則很少有簋形器的痕迹了，儘管如此，這三件器物應歸屬於一類，還是可以肯定的。侯古堆一號墓盒出土時發現裏面盛放有花椒，從屯溪雲紋簋的形制來看，它由簋的器形演變而成，所以這類器應該是食器簋的一種異體形式，將它稱之爲壺是不對的。侯古堆一號墓和紹興306號墓的時代，有學者認爲是春秋晚期，但也有一些學者定在戰國早期，屯溪墓雲紋簋的時代雖然從器形上來看要早一些，但也不會相距太久。從現在的考古資料來看，這類器物也僅在長江流域一帶使用，紹興306號墓儘管出有徐國銅器，但有不少銅器具有越族風格，故墓葬被認爲是越族墓葬。侯古堆一號墓出土的一對簋内銘記宋公䜌作其妹勾敨夫人季子媵簋，可見墓主應與吳國有着一定聯繫，另外墓中出土有蘇南地區土墩墓中常見的硬陶或釉陶杯和罐，因而有學者認爲墓主可能是吳國貴族[1]。侯古堆墓盒蓋上的鳥形捉手，也是吳越銅器上常見的形式，如紹興306號墓銅屋模型上的鳥形，丹徒北山頂鳩杖杖首上的鳥形，丹徒母子墩墓提梁卣蓋上的鳥形捉手等。因此這種假蓋式的簋形器，應該是春秋戰國時期吳越地區一種獨特的器物。

　　屯溪三號墓中還出土有兩件方座器（M3：12、M3：13）（圖二十五、圖二十六），方座上小下大，四壁作弧面狀，方座腹内中空，形似方罩。方座上有圓柱狀空心柄，一件鳥紋方座器的柄上有對穿孔，另一件柄的上端殘缺，有無對穿孔不詳。這種形式的器物未見於以往的考古發現，有人根據對一號墓五柱器的推測，認爲這兩件方座器也可能

[1]　中國社會科學考古研究所編：《新中國的考古發現和研究》，文物出版社，1984年，第315頁。

圖二十五　方座器（屯溪3號墓M3：12）

圖二十六　方座器（屯溪3號墓M3：13）

圖二十七　方座器（紹興306號墓出土）

圖二十八　方座器
（河南省光山縣寶相寺黃君孟夫婦墓出土）

是樂器，或稱之爲方鐘。我們認爲它們可能和紹興306號墓及河南省光山縣寶相寺黃君孟夫婦墓出土的方座器有關（圖二十七、圖二十八）[1]。這兩件方座器均作盝頂式，即方座頂較小，四面作直綫斜壁，下接一周直壁，方座上有方形或八角形空心柄，柄上均有對穿孔。黃君孟夫婦墓的方座亦爲空腹，但紹興306號墓的方座內灌有鉛，使之重達10公斤。這種做法顯然是爲了增加方座的自身重量，避免因柄部插上裝飾物後產生重心的偏移而傾倒，照此推算，在方座上所插之物應該是較長的并且向外伸展的，否則不致產生重心偏移的現象。因此我們認爲這種方座器的作用可能是和楚墓中出土較多

[1] 河南信陽地區文管會、光山縣文管會：《春秋早期黃君孟夫婦墓發掘報告》，《考古》1984年第4期，第322—323頁。

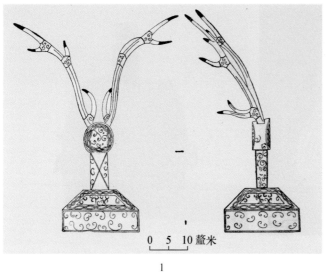 

圖二十九

1. I式鎮墓獸方座綫描圖(湖北江陵縣雨台山楚墓出土)　2. I式鎮墓獸方座

的鎮墓獸有關。在湖北江陵縣雨台山楚墓中出土各種形式的木質鎮墓獸156件,共分爲五式[1],其中一式鎮墓獸的方座形式和紹興306號墓及黃君孟夫婦墓的方座器完全相同(圖二十九),鎮墓獸的鹿角插入方座上的多邊形柄内。鹿角長而分岔,因此方座若無一定重量,容易傾倒。紹興306號墓和黃君孟夫婦墓出土方座器的作用應該是相同的,它們的柄部可能也是用於插入形體較長的裝飾物,然後用柄上的對穿孔加以固定。屯溪三號墓的兩件方座器儘管在形制上與上述幾件方座器有差異,但其作用也可能是相同的,這種形制上的差異,如同屯溪出土的大多數銅器一樣,只是一種地方性的特徵。黃國於公元前648年滅於楚,這是黃君孟夫婦墓的下限,根據其墓中出土的青銅器與春秋早期黃國青銅器對比,如器物的造型、食器的組合,以及蟠虺紋的出現等,河南的考古工作者認爲此墓的年代要略晚一些,約在春秋早期偏晚。江陵雨台山楚墓共分六期,其時代在春秋中期至戰國早期,其中一式鎮墓獸絕大多數出土於第三期楚墓,它們的時代爲戰國早期。這樣我們可以認爲上述銅方座器的時代應在春秋早期偏晚到戰國早期這一段時間裏。

綜上所述,我們認爲吳越地區土墩墓出土的中原青銅器并非墓主所有,它們的時代要早於同墓中的地方型青銅器,因此不能用土墩墓中的中原青銅器作爲判斷其他青銅器和墓葬時代的依據。土墩墓中的一些地方型青銅器是在中原地區青銅工藝的影響下發展起來的,它吸收的是中原地區青銅工藝各個時期的藝術特色,因而也不能用這部分青銅器上的中原文化因素作爲斷代的依據。要判斷土墩墓青銅器的時代,只能在土墩墓隨葬品的地方性特徵及其與其他地區考古資料的相互關係上去尋找斷代的依據。根據我們的認識,我們認爲屯溪地區土墩墓青銅器的時代應在春秋中晚期。

[1]　湖北省荆州地區博物館:《江陵雨臺山楚墓》,文物出版社,1984年。

附記：

　　本文的寫作，得到馬承源老師的悉心指導，李國梁、曹錦炎、牟永抗諸先生無私地提供了部分資料照片，謹致謝忱。

後記：

　　本文在《吴越地區青銅器研究座談會》上宣讀之後，1992年8月30日，《中國文物報》上介紹了河南省淅川縣和尚嶺春秋楚墓出土的青銅器和其他文物。其中和尚嶺二號墓有一件方座器。該文將其定名爲鎮墓獸方座。和尚嶺出土的鎮墓獸方座器形與屯溪三號墓的方座器頗爲相似，方座的四壁也作弧面形，與其他方座器作盝頂式是有區别的。這就爲我們探討屯溪三號墓方座器的作用和時代提供了極有價值的實物資料。1991年的《中國考古學年鑒》中《淅川縣和尚嶺春秋及西漢墓葬》一文提到該鎮墓獸方座上鑄有銘文，并認爲這件鎮墓獸方座的發現，解决了同類器的用途問題。可見對此類器物的認識已漸趨統一。

1992年12月5日

原載於《吴越地區青銅器研究論文集》

　　對於方座器的新認識，參見高崇文先生《楚"鎮墓獸"爲"祖重"解》，《文物》2008年第9期；《再釋"且枎"》，《中原文物》2017年第3期。

2018年7月25日

商代中期青銅器上的鳥紋概述

　　中國古代青銅器上的鳥紋，我國文物考古學界一般都認爲約在殷墟時期的青銅器上才開始出現。陳公柔、張長壽兩位先生在《殷周青銅容器上鳥紋的斷代研究》一文中認爲："在殷商早期和中期的青銅容器上，迄今還没有發現過鳥紋。以鳥紋爲青銅容器的裝飾紋樣大概最早是在殷墟時期。"[1]這一觀點可以説是代表了我國文物考古學界對此問題的基本認識。但是在一些由考古發掘出土及部分傳世的商代中期青銅器上，我們可以看到一些具有鳥類特徵的裝飾紋樣。這些紋飾均以鳥類的頭部形象爲主，通常有大而内卷的勾喙及鳥類的頭部輪廓，它們并没有商代晚期以後青銅器上盛行的鳥紋那種完整的禽類體軀形象，或圖案化的長條形體軀形象。就這一點而言，其作爲鳥紋，形象是不完整的，也許正是因爲這一點，它們没有被人們作爲鳥紋來認識。以致在對此類紋飾的命名中出現多種不同的提法，有稱之爲目雷紋的，有稱之爲龍紋的，也有稱之爲饕餮紋或獸面紋的。有少數學者雖已認識到此類紋飾具有鳥類的特徵，但未能堅持這一觀點，因而在對同一類紋飾的觀察中會出現不同的認識。比如石璋如先生在其編著的《小屯・殷墟墓葬之五・丙區墓葬》中介紹小屯388號墓出土的一件獸面紋瓿（R 2017）的圈足紋飾時，認爲它"頗象一個側體的鉤嘴卷尾鳥"。這表明石先生已認識到這一時期鳥紋的主要特徵之一——勾喙，并已認識到這是一個鳥紋形象。但他未能將這一認識堅持下去，所以對這件瓿圈足紋飾的命名仍然語焉不詳，而且在對其他器物上的同類紋飾描述時，又忽略了勾喙這個鳥紋的特徵。如在描述小屯331號墓出土的一件獸面紋瓿（R2058）的肩部紋飾時，他認爲這"是一個側體動物，聯合起來呈追逐式，不過這些側體動物已經圖案化，僅可以眼睛爲代表，口、足均不顯明，究竟向左追逐或向右追逐，很難分辨"[2]。其實這組鳥紋的勾喙還是很明顯的，認識到了這一點是不難分辨這組鳥紋的排列方向的。問題在於人們普遍忽視了這一時期鳥紋的存在，從而忽略了根據鳥紋的特徵去認識此類紋飾，往往只依據此類紋飾中的目紋，而將其生搬硬套至這一時期較流行的獸面紋、龍紋或目雷紋之中。

　　用突出動物頭部形象的方法來表現動物紋樣，是商周青銅器裝飾工藝中的一個主

[1]　陳公柔、張長壽：《殷周青銅容器上鳥紋的斷代研究》，《考古學報》1984年第3期，第267頁。
[2]　石璋如：《小屯・丙編・殷墟墓葬之五・丙區墓葬》，（臺北）中研院歷史語言研究所，1980年，第67頁。

要方法。殷墟以前青銅器上的獸面紋，也往往只注重於表現它們的頭部，而并不具體描繪它們的體軀等部位。直到殷墟時期以後，在青銅器上才開始出現較爲完整的動物形象，如鳳鳥紋等，有禽類的軀體形象。獸面紋也在突出表現其獸類頭部形象的同時，在其頭部兩側較具體地描繪了與其頭部比例并不協調的體軀及足爪等部位。所以是否可以認爲在殷墟以前的青銅器裝飾藝術中，用以表現獸類或鳥類形象的紋飾，流行的是突出獸類和鳥類的頭部形象，而并不注重表現它們包括體軀在內的完整形象。這種表現方法當然也應該與青銅器裝飾藝術的原始性及裝飾工藝的不成熟有關。基於這一原因，我們認爲在一些商代中期青銅器上出現的表現鳥類頭部特徵的紋飾，還是應該稱之爲鳥紋，不能因其沒有具備完整的鳥類形體而將其否定。如同在商代晚期或西周早期青銅器上常見的一種鳥紋，其頭部的鳥類特徵十分清楚，但其體軀却和同時期的一種龍紋十分相似，作圖案化的長條形體軀，尾部上卷。我們稱其爲鳥紋，并能與龍紋區分開來，主要也是依據它們頭部的鳥類特徵，其中最主要的就是鳥喙的特徵。

　　以下我們把初步收集到的一些出土的或傳世的商代中期青銅器上所飾的鳥紋作概述，爲説明這類紋飾的時代特徵，附帶對部分器物的器形和時代作些探討。

　　鳥紋壺，1981年陝西省城固縣龍頭鎮上街南側出土[1]。發掘報告稱之爲提梁卣，其形制與通常稱之爲卣的器形有較大的差異。器作小口長頸，有子母口蓋，蓋口沿合在壺口內，與卣的蓋沿應合在卣口之外有別。斜圓肩，圓球形腹，圜底，圈足上有兩個方孔。肩上附半環鈕，連接以繩索狀提梁，蓋鈕與提梁間置一“8”字形環相連。此器形與黃陂盤龍城李家嘴一號墓出土的提梁壺相似，故應稱其爲壺。此壺腹部的紋飾（圖一），發掘報告稱爲饕餮紋，即獸面紋，乍看之，以器腹中綫爲界，紋飾向兩側展開，其結構形式確與獸面紋相似，但其目紋在紋飾兩側上端，與獸面紋上目紋應處的位置相悖。細審之，這應是一組兩隻對稱相背而置的鳥紋，圓睛，勾喙下卷，鳥的頭部後側有一組雙勾向上卷曲的冠飾，其狀有如獸面紋上的內卷角。鳥的頸部較長，但無體軀形象。在鳥紋兩側各有數條勾曲形條紋，這應是填補紋飾空白的裝飾。壺的肩部飾一周鳥紋（圖二），圓睛，勾喙上卷，喙下有一綫條歧出，與其他附飾之綫條相連。這組紋飾發掘報告稱爲目雲紋，但它的結構與傳統上稱爲目雷紋或目雲紋的紋飾不同，其所謂的雲紋部分作長條形的勾曲條紋，這通常是用來表現動物的體軀或羽毛，而并非雲紋或雷紋。這組鳥紋的勾喙作上卷的式樣，在鳥紋中極爲罕見，也與鳥類的喙部下卷不同，這是一種圖案化的變形處理。

圖一　鳥紋壺腹部紋飾

［1］　以下凡陝西城固縣龍頭鎮上街南側出土的青銅器均引自：王壽芝：《陝西城固出土的商代青銅器》，《文博》1988年第6期。

圖二　鳥紋壺肩部紋飾

圖三　獸面紋瓿圈足紋飾

圖四　瓿圈足紋飾

　　獸面紋瓿，1980年陝西城固縣龍頭鎮上街南側出土。侈口，高體，直腹較細，高圈足上兩個大十字孔。腹部飾獸面紋，爲商代中期青銅器上常見的式樣。圈足紋飾發掘報告上稱爲目雲紋，其實這是一周共四個鳥紋（圖三），圓睛，下卷的勾喙較大，在勾喙與鳥首的連接處歧出一條長冠，沿鳥首朝後逶迤而下，然後上卷分作兩枝橫行的羽飾。與這件瓿上鳥紋比較接近的另一組鳥紋，見於1936年河南安陽小屯238號墓出土的一件青銅瓿的圈足上（圖四），只是紋飾更加圖案化，不仔細觀察較難辨認，以致報告者認爲這一組紋飾由“四個側形獸面所組成”[1]。

　　獸面紋瓵，1981年陝西城固縣龍頭鎮上街南側出土。此器形發掘報告稱之爲罍，但罍的器形應是小口有蓋，肩兩側有耳，腹下部有一小鼻，此器器形顯然與之不符。也有將此類器形稱之爲尊的，但尊一般作敞口的形式，口部的直徑通常要大於器肩的直

<hr />

[1]　石璋如：《小屯·丙編·殷墟墓葬之一·北組墓葬》，（臺北）中研院歷史語言研究所，1970年，第381頁，圖版二六七。

徑。此器直口折沿,口徑要小於肩徑,與尊類器也不相符,李濟先生將此類直口、折肩、圈足器稱之爲瓿是有一定道理的[1]。我們習稱爲瓿的青銅器一般有折肩與圓肩兩種形式,這件器與折肩瓿的區別僅在於它的腹部較深,頸略長。安陽小屯232號墓出土一件獸面紋瓿,其形制介於城固出土的深腹折肩瓿與我們通常稱爲瓿的折肩寬體瓿之間,它的頸部較短,但腹部仍比一般的折肩寬體瓿要深,它應是折肩深腹瓿與折肩寬體瓿的中間形式[2]。雖然我們還不能肯定折肩寬體瓿一定是折肩深腹瓿的發展形式,但兩者之間的關係是十分明確的,所以我們還是把此種形制的青銅器稱爲瓿。這件瓿的肩部、圈足及腹部獸面紋上下的兩道紋飾,發掘報告稱爲目雲紋,其實它們都是鳥紋(圖五)。肩部的鳥紋較爲繁縟,鳥紋作臣字形目,鳥喙較粗而下卷,鳥首的周圍被一條條勾曲形羽飾所圍,不仔細辨認,其作爲鳥紋特徵的勾喙部分和鳥首的輪廓容易被忽略,而不識其真面目。腹部獸面紋上下的兩道紋飾相同,只是排列的方向相反。這兩道鳥紋爲圓睛,勾喙下卷,鳥首後有一條上下兩層勾曲形冠飾,鳥喙的前方也是一條與鳥首相連的雙層勾曲形紋飾,這應視爲鳥體羽毛的表現。加上這組鳥紋没有頸部,所以看上去是一種回顧式的鳥紋。圈足的鳥紋與此基本相同,只是鳥紋的頸部略長一點。日

圖五　獸面紋瓿肩部、圈足、腹部紋飾

[1]　李濟、萬家保:《殷墟出土伍拾叁件青銅容器之研究》,(臺北)中研院歷史語言研究所,1972年。

[2]　石璋如:《小屯·丙編·殷墟墓葬之三·南組墓葬附北組墓葬補遺》,(臺北)中研院歷史語言研究所,1973年,第27頁,圖版一三,插圖八:1。

圖六　獸面紋瓿肩部紋飾

本泉屋博物館收藏有一件獸面紋瓿,其肩部和腹部獸面紋的上下兩欄也飾有與這件瓿相似的鳥紋[1]。

獸面紋瓿,1980年陝西城固縣龍頭鎮上街南側出土,發掘報告中也稱此爲罍。其肩部的紋飾,發掘報告中稱之爲夔紋,夔紋應即龍紋。龍紋的口部由上下兩吻組成,上吻上翹,下吻下卷,作開口狀。此紋飾作勾喙下卷的式樣,這是鳥紋的特徵,所以它不是夔龍紋,而是鳥紋(圖六)。這組鳥紋的頭頂上還飾有數條短小卷曲的羽飾。

牛首獸面紋尊,共兩件,形制、紋飾、大小均相同,1980年陝西城固縣龍頭鎮上街南側出土。在其肩部所置的三個浮雕狀牛首的兩側,各飾一組鳥紋,鳥作臣字形目,鳥喙下卷,鳥首前後各有數條橫行的勾曲形條紋。在這兩件尊腹部獸面紋的兩側也各置一個鳥紋,它們的形狀與肩部的鳥紋相仿,唯受所飾空間的限制,在鳥紋兩側沒有橫行的勾曲形條紋,但其頸部後側作上卷的式樣。這兩組鳥紋巧妙地填補了獸面紋兩側體軀上卷後留下的空白(圖七)。

城固出土的這兩批青銅器,發掘報告只是簡單籠統地將其時代定爲商代,沒有明確地定其爲商代的哪一個時期。但文章中將它們與鄭州商城、鄭州白家莊及黃陂盤龍城

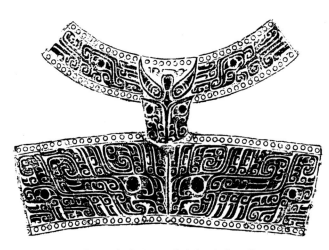

圖七　牛首獸面紋尊肩部、腹部紋飾

出土的青銅器作比較,并認爲它們的形制、紋飾相同,顯然作者同意將這兩批青銅器的時代定在商代晚期以前。在傳統的青銅器分期方法中,是以盤庚遷殷作爲界限,將殷墟以前的青銅器統歸於商代早期,而殷墟以後的青銅器定爲商代晚期。陳佩芬先生在其《商代殷墟早期以前青銅器的研究》一文中,依據對殷墟以前青銅器形制、紋飾的分類研究,指出

[1]　内藤乾吉:《新修泉屋清賞》,京都,泉屋博物館,1971年,圖版一八。

在商代二里岡期青銅器與殷墟青銅器之間還存在着一種形制、紋飾及裝飾工藝都可以單獨劃歸一類的青銅器。它們是商代青銅器發展中的一個重要環節，上接二里岡期青銅器，下連殷墟青銅器，進而提出了商代中期青銅器這一概念[1]，這無疑是十分正確的。商代中期青銅器在形制上較商代早期已有較大的改進，如不僅出現了高體的爵，還出現了圜底圓體爵，觚也由粗矮體向細高體發展，并出現了一些新的器形，如壺、瓶等。這一時期的紋飾則由簡而繁，由抽象而逐漸具體化，在一些器物上，原先不施紋飾的部位也開始飾有花紋，如觚的圈足和爵、斝的腹部下層，另外還開始出現了浮雕狀的圖案裝飾工藝。城固龍頭鎮上街南側兩次出土的青銅器中，有一部分與二里岡期青銅器相同，應屬商代早期，但大部分青銅器依其形制、紋飾則應視爲商代中期之器。本文介紹的這幾件飾有鳥紋的青銅器，其時代均屬於後者。

　　河北藁城台西出土的一件爵（C14）[2]，其杯體下層一側所飾花紋，發掘者認爲是饕餮紋，從紋飾結構上看也似饕餮紋的布局。但據其紋飾拓片及綫描圖來看（圖八），其雙目眼眶作彎鈎形的一端各自相背，這違背了獸面紋眼眶作彎鈎形一端應相向的規律，表明這兩個目紋不屬於一個獸面紋的雙目，而是各屬一組紋飾。在這個目紋的前端有一下卷的勾喙，并且沿目紋周圍有一道綫條勾勒出了鳥首的輪廓并與勾喙相連，所以這組所謂的饕餮紋應該是由兩個相背的鳥紋組成的。這件爵作長流短尾、單柱、圓體圜底、三棱形足的式樣，這種形制的爵出現在商代中期，這件爵杯體上層獸面紋的形式也是商代中期常見的式樣，所以它應該是這一時期的產物。類似結構的鳥紋還見於藁城台西35號墓出土的一件斝上（M35:2），此斝腹部上層紋飾，發掘者雖然認爲是饕餮紋，但他們也承認這個紋飾的"內眼角雖下垂，但不成勾狀，因此從全形看比例極不相稱，顯得二目距離太遠"[3]。所以它們也不可能是一個獸面紋上的雙目，在這兩個目紋的外側各有

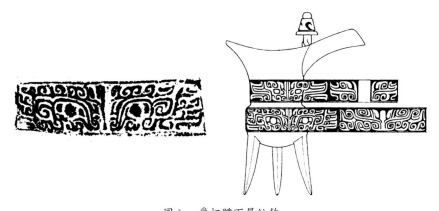

圖八　爵杯體下層紋飾

［1］　陳佩芬：《商代殷墟早期以前青銅器的研究》，《上海博物館集刊》第6期，上海古籍出版社，1992年，第108—149頁。

［2］　河北省文物研究所：《藁城台西商代遺址》，文物出版社，1985年，第129頁，圖版八三之二，圖七〇：8，圖七八：6。

［3］　河北省文物研究所：《藁城台西商代遺址》，文物出版社，1985年，第126頁，圖版七九：3，圖七五：3。

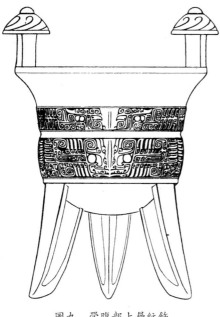

圖九　斝腹部上層紋飾

勾喙，也應該是一組由兩個相背的鳥紋構成的圖案，儘管從構圖上看它確實與獸面紋的結構極其相似（圖九）。因而對此類紋飾必須細加觀察，以免誤識。

藁城台西出土的一些青銅器上獸面紋的兩側也配置有鳥紋，如《藁城台西商代遺址》一書中圖六九之四、圖七〇之五的獸面紋兩側都配置有鳥紋。這兩組紋飾的鳥紋都用細綫條勾勒出鳥首的輪廓，圓睛突出，鳥首一側置勾喙，形象極簡潔。由於該書是將銅器紋飾單獨排列的，也沒注明此紋飾屬哪一件銅器，因而無法了解此類花紋所飾之器的器形，但根據這兩組紋飾中的獸面紋來看，它們應當屬於商代中期青銅器上的紋飾。獸面紋上作類似的鳥紋配置，通常見於商代中期的青銅斝上，如1965年安徽肥西出土的獸面紋斝[1]，以及1957年安徽阜南出土的獸面紋斝[2]。

獸面紋瓿，1979年湖北枝城市廢品收購站發現，據當地文物工作者分析，它可能出土於宜昌王家渡遺址[3]。瓿的腹部與圈足飾獸面紋，肩部飾同方向連續的鳥紋一周（圖十），鳥作圓睛，鳥喙向下內卷，頸部較短，長冠沿鳥頭而下然後內卷，長冠上端歧出兩枝相背的羽飾，鳥首前是一組用以表現羽毛的勾曲形條紋。報告中將這組紋飾稱之爲夔紋。這件瓿的形制與城固出土的幾件折肩深腹瓿相似，但器體略偏矮一些，其時代也屬於晚於二里岡的商代中期。

獸面紋觚，1979年河南郾城縣孟廟鄉攔河潘村出土[4]。敞口、細高體，圈足上有一對大十字孔。腹部飾獸面紋，上下以連珠紋爲欄，圈足飾鳥紋，圓睛，鳥喙較大，長冠上卷

圖十　獸面紋瓿肩部紋飾

[1]　上海博物館青銅器研究組編：《商周青銅器紋飾》，文物出版社，1984年，圖二四、圖二五。
[2]　安徽省博物館：《安徽省博物館藏青銅器》，上海人民美術出版社，1987年，圖版四。
[3]　黎澤高、趙平：《枝城市博物館藏青銅器》，《考古》1989年第9期，第775—776頁。
[4]　孟新安：《郾城縣出土一批商代青銅器》，《考古》1987年第8期，第765頁。

（圖十一）。此器與城固出土的那件圈足上飾鳥紋的獸面紋瓿在形制與紋飾上均相同，而且同出的鼎、爵、斝、甀等均表現出比二里岡青銅器更爲成熟的製作工藝與裝飾手法，也應該屬於商代中期之器。相似的一件獸面紋瓿，現藏於美國舊金山亞洲藝術博物館，其圈足上也飾有與此相同的鳥紋[1]。

圖十一　獸面紋瓿

　　獸面紋瓿，1951年河南輝縣琉璃閣148號墓出土[2]。瓿爲敞口、體粗矮，圈足上有三個大十字孔。腹飾獸面紋，《輝縣發掘報告》認爲圈足紋飾“似爲饕餮紋的側面”，《河南出土商周青銅器》（一）的編者則認爲是變形饕餮紋。根據拓片上目紋前有一個內卷形的勾喙，可以看出這是一組鳥紋，鳥首後有向上彎曲的冠飾。這組鳥紋用較細的綫條勾勒，與這一時期鳥紋多數以較寬的綫條作輪廓相異（圖十二）。

　　獸面紋甀，1982年河南鄭州向陽回民食品廠窖藏出土，發掘報告稱之爲“羊首罍”[3]，其器形屬於所謂的折肩深腹甀。在器腹大獸面紋兩側上揚的體軀下，各有一個突出的目紋（圖十三），發掘報告認爲這是在腹部獸面紋每兩組之間各加飾一組倒置的雙目較小的饕餮紋。細加審視，可以看出這些目紋眼眶兩端尖角朝下，且其外側一端略向內卷曲，所以這組目紋并未倒置，因此也不可能是一組倒置的饕餮紋。沿着目紋眼眶內卷的一端朝前，可以發現一個下卷的勾喙，表明這實際上是在獸面紋兩側上揚的體軀下各飾一個鳥紋。這組鳥紋的輪廓不甚明顯，頸部飾數條橫行的勾曲形條紋，僅眼睛與勾喙的特徵比較明確。鄭州窖藏的這批青銅器，雖然作者也定其爲商代中期青銅器，但這個時代概念與我們所謂的商代中期是有區別的。他們的分期基於將二里頭文化作爲商代早期，因而將二里岡文化稱之爲商代中期文化。二里頭文化不僅經碳14測定的數據證明其年代在古史記載的夏代紀年之中，而且其分布範圍也與史籍所載的夏人活動

圖十二　獸面紋瓿圈足紋飾

[1]　d'Argence, *Bronze Vessels of Ancient China in the Avery Brundge Collection*, Asian Art Museum of San Francisco, 1977年，圖版三。

[2]　中國社會科學院考古研究所：《輝縣發掘報告》，科學出版社，1956年，第24頁，圖三〇、圖三七：9。

[3]　河南省文物研究所、鄭州市博物館：《鄭州新發現商代窖藏青銅器》，《文物》1983年第3期，第54—55頁。

圖十三　獸面紋瓿腹部紋飾

區域一致,因此,我們認爲它應該是夏文化的一部分。二里岡文化晚於二里頭文化,屬於商代早期,在這之後到殷墟之間屬商代中期。鄭州窖藏出土的這批青銅器無論器形、紋飾、鑄造技術和裝飾工藝都比二里岡期青銅器有較大的發展,出現了一些新的器形,如淺腹圜底的扁足鼎、瓠形扁壺、中柱盂等。在裝飾上開始采用全器滿花的新工藝,如這件獸面紋瓿,以及獸面紋瓠形壺等。

在用粗條紋作爲獸面紋主體的同時,還採用細綫條填充其中的裝飾手法,這無疑是青銅器裝飾藝術的一大進步,爲商代晚期繁縟的青銅器裝飾工藝開創了先河。在鑄造技術上則具備了鑄造大型青銅器的能力,如高81釐米的獸面紋大方鼎。因此鄭州窖藏的青銅器應屬於晚於二里岡文化的商代中期。

牛首獸面紋尊,1954年鄭州人民公園出土[1]。尊作敞口、高頸、折肩的式樣,肩、腹有三道勾曲形棱脊,在這一時期的青銅尊上較爲罕見。在尊肩部浮雕形的牛首與棱脊之間各飾一個鳥紋,鳥紋圓睛高突,鳥頸較短并向後卷曲,長冠自頭頂下垂後平折成數條卷曲形(圖十四)。這件尊以往被定爲商代早期之器,根據我們的認識,這種尊的形式,腹部獸面紋的式樣,肩上突起的牛首以及勾曲形棱脊的出現,均爲商代中期青銅器上新出現的文化因素。在尊的肩部飾以鳥紋,是商代中期青銅尊上常見的裝飾手法,上海博物館和臺灣故宮博物院各自收藏的一件獸面紋尊的肩部都飾有鳥紋(圖十五、圖十六[2]),只是這兩組鳥紋的眼睛均作臣字形。

獸面紋三足卣,1989年江西新幹縣大洋洲出土[3]。小口、深腹、圜底,有三條錐足。腹部獸面紋的兩側各置一個鳥紋(圖十七),形式有如鄭州向陽回民食品廠出土的獸面紋瓿上的鳥紋配置。鳥紋作臣字形目,勾喙下卷,頸較長,卷曲形長冠。新幹大洋洲出土的青銅器比較複雜,時代延續也較長,其中有中原地區製造的青銅器,也有當地鑄造的青銅器。這件卣的形制較接近於陝西城固出土的一件三足壺[4],頸部的獸面紋爲比較典型的二里岡期紋飾,但腹部的獸面紋已趨繁複,紋飾結構也比較接近商代中期的形式。

鳥紋爵,傳出土於河南輝縣,現藏於加拿大多倫多皇家安大略博物館[5]。長流、短尾,設一個菌形柱,頸腹分段平底,下接三條三棱形足。頸飾用凸起的細綫條構成的無

[1]《河南出土商周青銅器》編寫組編:《河南出土商周青銅器》(一),文物出版社,1981年,圖版七六。

[2](臺灣)故宮博物院編輯委員會:《商周青銅酒器》,(臺北)故宮博物院,1989年,圖版三。

[3] 彭適凡:《江西新幹商代青銅禮器的造型與裝飾藝術》,《南方文物》1993年第2期,第31頁。

[4] 王壽芝:《陝西城固出土的商代青銅器》,《文博》1988年第6期,第4頁。

[5] Bagley, *Shang Ritural Bronzes in the Arthur M. Sackler Collection*, The Arthur M.Sackler Fourdation And The Arthur M. Sackler Museum, Harvard University,1987年,第82頁,圖59。

圖十四　牛首獸面紋尊

圖十五　上海博物館牛首獸面紋尊肩部紋飾

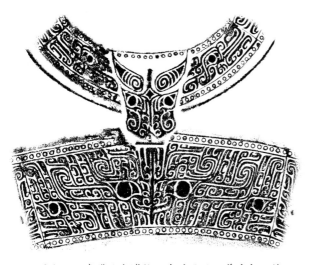

圖十六　臺灣故宮博物院牛首獸面紋尊肩部紋飾

圖十七　獸面紋三足卣腹部紋飾

目變形獸面紋,并以連珠紋爲界欄。腹部飾相背的鳥紋兩個,圓睛,鳥喙向下內卷,喙上及頭頂有三個卷曲形羽飾(圖十八)。這件爵頸部獸面紋的式樣常見於商代早期青銅器,但其流部較寬,三足較粗,又具有青銅爵中較晚的文化因素。而且頸部用凸起的陽綫勾勒紋飾,腹部紋飾采用陰刻綫條勾勒的裝飾手法,也是商代中期青銅爵、斝上最典型的裝飾特徵。

　　鳥紋斝,傳出土於河南輝縣,現藏於加拿大多倫多皇家安大略博物館[1]。敞口,口沿前端有兩個較高的菌頂方柱,束頸、圓腹,三條圓錐足。腹上部飾一周鳥紋,以陶範的拼

[1]　Bagley, *Shang Ritural Bronzes in the Arthur M. Sackler Collection*, The Arthur M.Sackler Fourdation And The Arthur M. Sackler Museum, Harvard University,1987年,第82頁,圖58。

圖十八　鳥紋爵　　　　　　　　　　　圖十九　鳥紋斝

合處爲界,共飾三組,每一組由兩個相背的鳥紋組成。鳥紋圓睛突起,卷喙,長冠自喙根部歧出,沿鳥頭向下延伸而後上卷,鳥首的前側飾數條卷曲的紋飾(圖十九)。這件斝與前述鳥紋爵同出,且器形與1974年河南靈寶東橋出土青銅器中的一件目雷紋斝相似,只是此斝爲圓錐足,靈寶東橋的目雷紋斝爲丁字形足。靈寶東橋出土的青銅器,按其形制及紋飾,已被認爲是介乎二里崗與殷墟之間這一時期的青銅器[1],因而這件鳥紋斝也應當屬於商代中期之器。

　　鳥紋扁足鼎,美國夏威夷火奴魯魯藝術學院收藏[2]。立耳、方唇、淺腹圜底,龍形扁足。腹部飾鳥紋一周,上下以連珠紋爲欄。鳥紋作同方向的連續排列,圓睛上有瞳仁,鳥喙較小,鳥冠由數條平行的條紋組成,鳥首前有數條羽飾(圖二十)。這種淺腹圜底扁足鼎的形制出現於商代中期,鄭州向陽回民食品廠窖藏中出土一對雷紋扁足鼎,河南郾城攔河潘村也出土一件獸面紋扁足鼎。這兩處出土的青銅器依同出器物的形制與紋飾分析,均屬商代中期。這件扁足鼎上的鳥紋與加拿大多倫多皇家安大略博物館收藏的鳥紋爵、鳥紋斝上的鳥紋相仿,所以也應將其視爲商代中期之器。

　　鳥紋瓿,臺北故宮博物院藏,該館稱之爲饕餮紋瓿,認爲肩部所飾的是夔紋,并定該器爲西周器[3]。此器肩部飾一周鳥紋,作同方向連續排列的形式,腹部也飾一周鳥紋,每兩個爲一組,作相背而居的形式,紋飾結構有如獸面紋的構圖,不仔細觀察,確有可能誤識爲

[1] 河南省博物館、靈寶縣文化館:《河南靈寶出土一批商代青銅器》,《考古》1979年第1期。

[2] Bagley, *Shang Ritual Bronzes in the Arthur M. Sackler Collection*, The Arthur M.Sackler Fourdation And The Arthur M. Sackler Museum, Harvard University,1987年,第448頁,圖80.2。

[3] (臺灣)故宮中央博物院聯合管理處編輯:《故宮銅器圖錄》下册,(臺北)中華叢書委員會,1958年,下編圖貳肆柒。

圖二十　鳥紋扁足鼎　　　　　　　　　　　　　　　　圖二十一　鳥紋瓿

獸面紋。這兩組鳥紋的式樣相同，均是圓睛、卷喙、短頸，長冠上卷，鳥首前有數條勾曲形條紋（圖二十一）。此器口略侈，束頸、圓肩、深腹，這種形制的青銅器極少，應視爲扁體圓肩瓿的一種變化形式。器上所飾鳥紋，與前述數件商代中期青銅器上的鳥紋相似，每一周鳥紋的上下均以連珠紋爲欄，這是商代中期青銅器上習見的裝飾特徵。圈足上還留有較大的圓孔，這也是早期青銅器上的形制特點。因此，這應該是一件商代中期的青銅器。

　　獸面紋觚，1937年河南安陽小屯M388出土[1]。觚的形制與商代中期流行的式樣相同，而與商代晚期盛行的大敞口、細高體、分段式的觚有很大的差別。腹部所飾獸面紋，也是商代中期青銅器上常見的式樣。圈足飾一周鳥紋，鳥紋作圓睛，下卷的勾喙，短頸，鳥首後有勾曲的冠飾（圖二十二）。發掘報告顯然已經注意到這一紋飾具有的鳥類特徵，指出"足部紋飾已經幾何形化了，若以眼睛爲標準，則頗象一個側體的鈎嘴卷尾鳥"。由於這類鳥紋通常只表現鳥類的頭部，沒有具體表現鳥類的體軀，因此所謂的卷尾部分，應該只是鳥紋頭部的冠飾。

　　獸面紋瓿，1937年河南安陽小屯M331出土[2]。肩飾一周鳥紋，圓睛、卷喙，冠飾自頭頂下垂平折再作内卷，上有一個横置的C形羽飾（圖二十三）。

　　獸面紋瓿，1936年河南安陽小屯M232出土[3]。器形猶如城固出土的折肩

圖二十二　獸面紋觚圈足紋飾

［1］　石璋如：《小屯·丙編·殷墟墓葬之五·丙區墓葬》，(臺北)中研院歷史語言研究所，1980年，第216頁，圖版一五四：2，插圖七一。

［2］　石璋如：《小屯·丙編·殷墟墓葬之五·丙區墓葬》，(臺北)中研院歷史語言研究所，1980年，第67頁，圖版四二：2，插圖二三。

［3］　石璋如：《小屯·丙編·殷墟墓葬之三·南組墓葬附北組墓葬補遺》，(臺北)中研院歷史語言研究所，1973年，第27頁，圖版一三，插圖八：1。

圖二十三　M331 出土獸面紋瓿肩部紋飾

深腹式瓿,唯器體比例較矮。肩部飾鳥紋,圓睛、卷喙、長冠下垂後分作兩枝,分別上卷和下卷,鳥首前有上下兩層卷曲形羽飾。腹部獸面紋兩側的下端各飾一個頭朝外的鳥紋,眼睛作臣字形目紋,圓睛突出,鳥喙較大,頸稍長(圖二十四)。

　　殷墟出土的這幾件飾有鳥紋的青銅器,分別出自 M331、M232 和 M388。在殷墟文化分期中,這幾座墓一般都劃分在殷墟早期或殷墟第一期。學術界比較一致地認爲這幾座墓出土的部分青銅器,包括飾有鳥紋的這幾件青銅器,在形制與紋飾上都比較接近二里岡上層文化的青銅器,而與以殷墟中期爲代表的商代晚期青銅器還存在着較大的差異[1]。雖然在習慣上,我們通常按史學界商代分期的方法,將盤庚遷殷以後的商代歷史稱爲商代晚期,并將殷墟出土的青銅器都劃分到這一時期中。然而根據器物形態學的觀點,我們認爲與其機械地將這一部分青銅器劃分到商代晚期,還不如依據形制、紋飾上所表現出的特點,將其劃歸商代中期青銅器的範疇之中。誠如陳佩芬先生所言:“商代中期青銅器的絕對年代,目前還不能斷得很確切,它的時代界限,上限在二里岡期以後,而它的下限應該在武丁早期。”[2]在殷墟文化分期中,無論將殷墟文化分爲早、中、晚三期,或分爲四期的,一般都認爲殷墟文化第一期的時代大約在盤庚遷殷至

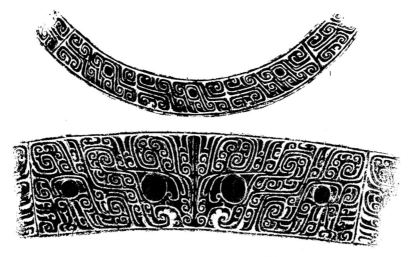

圖二十四　M332 出土獸面紋瓿肩部紋飾

[1]　張長壽:《殷商時代的青銅容器》,《考古學報》1979年第3期,第273—276頁;鄭振香、陳志達:《殷墟青銅器的分期與年代》,中國社會科學考古研究所編:《殷墟青銅器》,文物出版社,1985年,第27頁;楊錫璋、楊寶成:《殷代青銅禮器的分期與組合》,中國社會科學考古研究所編:《殷墟青銅器》,文物出版社,1985年,第79頁;鄒衡:《試論殷墟文化分期》,《北京大學學報》(社會科學版)1964年第40期,第37—58頁。
[2]　陳佩芬:《商代殷墟早期以前青銅器的研究》,《上海博物館集刊》第6期,上海古籍出版社,1992年,第108—149頁。

武丁時期。鑒於在殷墟早期墓葬中同時出土有一些風格、特徵與商代晚期相仿的青銅器，可以肯定這些墓葬中的青銅器不是同時鑄造的，它們應該存在時代上的先後區分。

綜觀以上介紹的這些商代中期青銅器上的鳥紋，它們的變化形式并不太大，均以鳥類的頭部形象爲主，其中勾喙、目紋，以及鳥類頭部的輪廓綫較爲明確。鳥冠的形式則無固定式樣，一般是按紋飾的圖案結構作或繁或簡的勾曲形條紋式樣，但這些勾曲形條紋通常都連接於一條自鳥紋頭頂上垂下來的長冠。除城固出土的鳥紋壺肩部所飾的鳥紋作勾喙上卷的式樣以外，其餘鳥紋的勾喙均是朝下內卷，只是有的較大，有的較小，有的卷曲多些，有的卷曲較少。在自然界，鳥類的勾喙一般都是向下勾啄的，所以城固鳥紋壺肩部鳥紋的勾喙作上卷的式樣，應該只是一種極個別的圖案變形現象。鳥紋的眼睛，多數作圓睛無眼眶的式樣，也有一些作臣字形目紋，這兩種目紋有時會出現在同一件器物的兩組鳥紋上。如城固出土的一件獸面紋瓿，其肩部的鳥紋作臣字形目，而在腹部獸面紋的上下欄及圈足的鳥紋上，則均作圓睛無眼眶的式樣。商代晚期以後青銅器上的鳳鳥紋，絕大多數均爲圓睛，極少有作臣字形目紋的，這更符合鳥類的自然特徵。在商代中期青銅器上出現較多臣字形目紋的鳥紋，也表明這一時期的鳥紋作爲一種裝飾題材還沒有完全成熟，它仍較多地受到當時流行的獸面紋裝飾方法的影響。商代中期的鳥紋均無明確的禽類體軀，也沒有商代晚期及以後青銅器上鳥紋中常見的那種長條形圖案化的體軀形象，通常只是表現了鳥類的頭部形象。但在一部分鳥紋的頭部前方，有數條用來表現鳥類羽毛的勾曲形條紋，如圖五器腹的兩道鳥紋。這些分作上下兩層的勾曲形條紋與鳥紋的頭部連在一起，應該可以視之爲鳥紋體軀的象徵，如此，則此類鳥紋可以看作是回顧式鳥紋。

如果細加分析，則這一時期的鳥紋大致可以分爲簡與繁兩種形式。簡式的鳥紋，通常綫條較爲簡潔，鳥類的形象也較爲明確，在用粗綫條勾畫出鳥紋的輪廓、冠飾及表現羽毛的勾曲形條紋外，別無繁縟的裝飾。而繁複的一類鳥紋，則在其鳥首周圍有較複雜的裝飾條紋，以致鳥紋的輪廓也融合於這些條紋之中而不易被發現，而且此類鳥紋的眼睛往往是作臣字形目紋的式樣。如圖五的肩部、圖六、圖八、圖十一等等，另外一些配置於獸面紋兩側的鳥紋，也屬於此種類型。

商代中期的鳥紋作爲一種裝飾題材，只有城固龍頭鎮出土的鳥紋壺，加拿大多倫多皇家安大略博物館收藏的鳥紋爵、鳥紋斝，美國夏威夷火奴魯魯藝術學院收藏的鳥紋扁足鼎，以及臺灣故宮博物院收藏的鳥紋瓿上的鳥紋是作爲主題紋飾裝飾於青銅器上的。另外藁城台西出土的爵，其鳥紋裝飾於爵的杯體下層，且紋飾較突出，也可視之爲主題紋飾。除此之外，其餘的鳥紋均是作爲輔助紋飾來裝飾青銅器的。這一現象表明，在商代中期，鳥紋雖然已經成爲青銅器裝飾的題材之一，但它還沒有得到充分發展，它的運用還具有較大的局限性。這種局限性還表現在，這一時期的鳥紋主要集中裝飾於瓿、尊、觚等少數幾種器形上。爵和斝上有少數的幾例，壺、卣、鼎均僅一例。在瓿和尊上，一般都飾於瓿或尊的肩部，個別也有在圈足上飾鳥紋的，另外在瓿腹部獸面紋的上下欄也有以鳥紋爲裝飾的。在觚上，則均飾於圈足。紋飾的布局基本上采用帶狀同方向連續排列的構圖，而作爲主題紋飾出現的，其構圖則多數采用對稱相背的形式，結構與獸面紋非常相

圖二十五　尊肩部紋飾

似，這也表明商代中期鳥紋的發展，受到了獸面紋的强烈影響。

對商代中期青銅器上鳥紋形象的認識，不僅有助於我們將中國古代青銅器上運用鳥類形象作爲裝飾題材的時間上推至商代中期，也能使我們對此類紋飾有個正確的認識，避免在定名時出現偏差，不再出現將此類紋飾稱之爲目雷紋、夔龍紋或獸面紋、饕餮紋的現象。這還能使我們對以往青銅器紋飾的認識有一個再檢討的機會。如上海博物館藏有一件八尊，在其肩部突出的獸首之間有一組紋飾（圖二十五），過去我們認爲是獸面紋[1]。從形式上看，它的結構也符合一般獸面紋構成的特點，但仔細觀察，可以發現其雙目是相背而置的。正如我們前面在介紹幾件青銅器上的鳥紋時說過的，在商周青銅器上，動物類紋飾的目紋如作臣字形的，其眼眶兩端的尖角通常有一處作向下的彎鈎形式。在獸面紋上，雙目的眼眶彎鈎處總是相向的，決不會出現相背的式樣。但在八尊肩部的紋飾中双目眼眶的彎鈎處是作相背的形式，因此它們決不可能是一個獸面紋上的双目。在這目紋眼眶彎鈎處的前端，我們可以看到一個朝下内卷的勾喙，目紋周圍的輪廓綫也表現出一個鳥首的形象，所以這組紋飾應該是兩隻相背的鳥紋。由於它們處於複雜的幾何形紋飾之中，如果我們對青銅器上早期的鳥紋形象沒有一個正確的認識，是很容易誤認爲獸面紋的。

圖二十六　獸面紋尊

到殷墟中期以後，青銅器上開始出現了完整的鳥紋形象，不僅具備了禽類的身軀，還有了足趾和羽毛，鳳鳥紋的冠飾也有了很大的改進，出現多種多樣的形式，如長冠、花冠、多齒冠等，據此我們可以區分出鳳紋和鳥紋。至此，青銅器上的鳳鳥紋才有較大的發展，逐漸成爲青銅器上的主要裝飾題材之一。但是用鳥類頭部形象作爲青銅器紋飾的裝飾方法，仍然在極少數的青銅器上可以看到，如美國著名的中國青銅器收藏家 Arthur M. Sackler 先生收藏有一件商代晚期的獸面紋尊，在腹部獸面紋兩側就飾有這樣的鳥紋（圖二十六）[2]。雖然其形象與商代中期青銅器上的鳥紋相比已有較大的改觀，但它無疑仍是商代中期青銅器上鳥紋的繼續。

原載《文物》1997年第2期

［1］　上海博物館青銅器研究組：《商周青銅器紋飾》，文物出版社，1984年，圖一六七。

［2］　Bagley, *Shang Ritural Bronzes in the Arthur M. Sackler Collection*, The Arthur M. Sackler Fourdation And The Arthur M. Sackler Museum, Harvard University，1987年，圖版四八。

館藏晋侯青銅器概論

　　近年來,山西省曲沃縣北趙村晋侯墓地的考古發現成績斐然,出土的青銅器中有以往不曾見過的器形,大量的青銅器銘文更是研究西周晋國歷史乃至西周歷史最爲確鑿可信的文字資料。其中多數記載爲史籍所無,故深爲學界重視。然而在1991—1992年間,北趙村晋侯墓地慘遭盜掘,有幾座大墓幾乎被盜掘一空,致使大量珍貴文物流失境外,對研究晋侯墓地的葬制,以及西周晋國青銅器和晋國歷史的系統研究,都造成了不可估量的損失。上海博物館自1992年以來,本着對祖國文化遺産負責的態度,盡其所能從香港坊肆陸續收購回來一部分流散在外的晋侯銅器,至今已有二十餘器。其中多數銅器爲北趙村晋侯墓地考古發掘中所没有的,但又能因考古資料的證實,確知其被盜於何墓,成爲系統研究晋侯墓地青銅器不可或缺的珍貴資料。爲盡快將這些資料介紹給大家,以供學術研究之需,本文就館藏的晋侯銅器作一概述。因馬承源老師在本刊已有專文詳論十四件晋侯蘇編鐘,本文從略。另外有部分館藏晋侯銅器,馬承源老師及李朝遠學兄已撰文作過詳盡的考釋和研究[1],然其文均發表於香港中文大學中文系編集的《第二屆國際中國古文字學術研討會論文集》上,部分讀者恐難看到,且因印刷等原因,器形及紋飾未予刊布,故本文擬再作簡述,并將器形與紋飾介紹給大家。

一、晋侯靳青銅器

　　館藏晋侯靳青銅器共六件,其中鼎一件,盨四件,匜一件。

　　晋侯靳鼎:口微斂,平折口沿,深腹圜底,三蹄足較細,頸飾鱗紋一周,下有一周凸起的弦紋。此鼎没有雙耳,與通常所見的鼎形器相異,口沿或器頸部未見有破損及修復痕迹,因此它不會是雙耳殘失所致,應是鑄器時即已設計好的形式。因其銘文中自稱爲鼎,無疑屬於鼎類中的一種特殊形制。鼎高27釐米,口徑31.2釐米,重8 750克。腹壁銘文五行三十字,重文二(圖一):

[1]　馬承源:《晋侯靳盨》,《第二屆國際中國古文字學術研討會論文集》,香港中文大學,1993年,第221頁;李朝遠:《晋侯𤰊方座簋銘管見》《第二屆國際中國古文字學術研討會論文集》,香港中文大學,1993年,第231頁。

圖一

佳(唯)二月既生霸
庚寅,晋侯覲
乍(作)鑄尊匎鼎,用
易(錫)眉壽萬年,
其子子孫孫永寶用。

　　此銘中晋侯覲之覲字,於聲符"辇"下多出一横,與多數晋侯覲之覲字稍有不同,應
爲"覲"字之異體。

　　匎,《説文》謂"重也",通匐。金文中僅見於牆盤銘文,假爲腹。在此當與鼎連
讀作"匎鼎",是爲這種無耳鼎的專名。朱启新先生於1994年1月在《中國文物報》
上撰文介紹上海博物館近年從境外搶救回歸的青銅器[1],其中也曾介紹這件鼎,當

────────────

[1]　朱启新:《不見文獻記載的史實》,《中國文物報》1994年1月2日。

時因爲没有去銹，銅鼎銘文不甚清楚，因而誤將其稱爲"晋侯廈鼎"。但是朱啓新先生根據這件無耳鼎自銘爲鼎這一材料，提出曾侯乙墓出土的十件無耳的鼎形器也可稱之爲鼎，這是十分正確的。《曾侯乙墓》的編者引高誘對《淮南子·説林訓》中"錯"字的注釋"錯，小鼎，又曰鼎無耳爲錯"，指出這種器"鼎形而無耳，似可名爲錯"[1]。曾侯乙墓出土的這十件無耳鼎，高度在20.6—21.4釐米之間，口徑在11.1—11.8釐米之間，屬於小鼎一類，鼎小且無耳，與"錯"相符。晋侯鮇鼎屬於中型鼎，根據銘文可以知道這一類鼎應爲匋鼎，與"錯"有別。晋侯鮇鼎爲深腹圜底的式樣，曾侯乙墓的無耳鼎均爲深腹，底圜如卵形；從現有的資料來看，這種器腹的形式是無耳鼎的通常式樣。

晋侯鮇盨：共四件，按器形、紋飾及銘文可分爲兩組，第一組三件，器形、紋飾及銘文均相同。器作長方形圓角，腹壁略下收，腹兩側設獸耳，蓋作長方形盝頂的形式，蓋鈕的形式與器足相同，均爲圓環形上有兩個長突的式樣。蓋壁及口沿均飾∽形回顧式龍紋一周八條，并飾有橫條溝紋。盨的形制爲以往盨形器中所無，較爲特殊，似爲長方形深腹盨，如翏生盨、伯寬父盨等的早期式樣。三器尺寸如下：一、高17.5釐米，口縱13.6釐米，口橫21.3釐米，重3 080克（圖二）；二、高17.8釐米，口縱13.5釐米，口橫21.4釐米，重3 220克（圖三）；三、高16.2釐米，口縱13.5釐米，口橫22.1釐米，重2 780克（圖四）。三器均器蓋對銘六行三十字，除其中一器的器銘後三行字的排列稍有不同外，其餘排列均相同：

> 隹（唯）正月初吉
> 庚寅，晋侯鮇
> 乍（作）寶尊彶盨，
> 其用田獸，甚
> 樂于邍（原）邐（隰），其
> 萬年永寶用。

馬承源老師對銘文及器主晋侯鮇已作詳盡的考釋，此處不再贅述，僅就銘文中之"彶盨"稍作詮釋。《説文》："彶，急行也。"所以彶盨當與行盨同義。西周晚期的甫人盨銘："爲甫人行盨，用征用行……。"是行盨用於征行。晋侯鮇盨銘"其用田獸"，知其乃狩獵時所用。相似的内容還可見於其他銅器銘文，山東黄縣出土西周孝王時期的啓卣銘："王出獸南山，……啓從征，……作祖丁寶旅尊彝。"同出的啓尊銘："啓從王南征，……啓作祖丁旅寶彝。"另外史免簠銘："史免作旅簠，從王征行，用盛稻粱。"由此可知，凡在田狩或征行等流動性活動時所用之器，可用彶、行、旅等字修飾器名，以表明器之用途。

---

[1]　湖北省博物館：《曾侯乙墓》（上），文物出版社，1989年，第216頁。

蓋銘

器銘

圖二

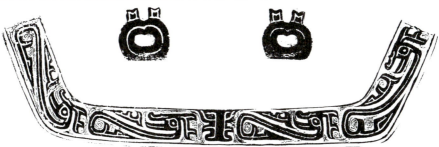

蓋銘　　　　　　　器銘

圖三

蓋銘　　　　　　　　　　　　　器銘

圖四

　　馬承源老師曾依據北趙村晉侯墓地的第一次發掘簡報,正確地指出這一組晉侯靯盨的蓋鈕與器足和2號墓中殘存的一件鈕相同,且根據我館所藏的一件盨上蓋鈕有缺失的情況,認定這組盨應出自2號墓。現在這一説法已爲學界普遍接受,成爲不疑之事實。

　　據我們所知,還有一件晉侯靯盨與這組盨在形制、紋飾和銘文上均相同,現爲美國一收藏家所有。

　　第二組晉侯靯盨一件(圖五),器蓋相合作長橢圓形,附耳,耳與器身有兩根小橫梁相連結。蓋鈕作四個圓環形,每個鈕上飾四條單綫鈎勒的龍紋。四足作蹲式人形,手臂上舉五指甚長,以手托頭頂負起盨身,人作巨目高鼻闊嘴,唇上有數個陰刻圓點以表示髭鬚,雙耳有穿耳環痕迹,足登平底翹頭靴。此盨形制也極爲罕見。蓋頂飾兩頭龍紋,蓋沿及口沿飾一周鱗紋,餘作橫條溝紋。器高22.2釐米,口縱20釐米,口橫26.7釐米,重5 200克。器蓋對銘三行二十四字,重文二:

> 唯正月初吉丁亥,晉
> 侯靯乍(作)寶尊盨,其
> 萬年子子孫孫永寶用。

　　晉侯墓地1號墓中出土有一塊青銅容器殘片,其殘存紋飾及銘文與這件晉侯靯盨的蓋頂紋飾和銘文的中段相同。馬老師在香港坊間曾看到一件相同的晉侯靯盨,其銘文已基本損壞。如此則1號墓中的銅殘片應爲此盨的劫餘之物,那麽我館的這件晉侯靯盨也無疑應出自1號墓。

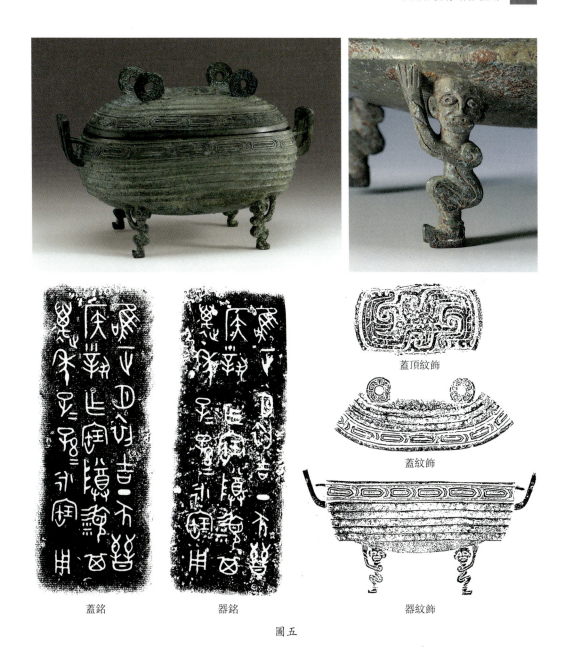

蓋頂紋飾

蓋紋飾

蓋銘　　　　　器銘　　　　　　器紋飾

圖五

　　晉侯靳匜：敞口，流略上昂，龍首形鋬，龍角較長，三足爲三個雙手托舉匜腹的人形。匜高15.3釐米，流至鋬長34.5釐米，腹寬15.6釐米，重1 750克。口沿飾↶形回顧式龍紋，下有數道橫條溝紋。器腹內銘文略有殘泐，存四行十九字，字或作反文（圖六）：

　　　　隹（唯）九月既望
　　　　戊寅，晉侯靳
　　　　乍（作）寶🔲🔲，其子
　　　　孫萬年永🔲。

圖六

"寶"下二字殘泐不可識,按晋侯墓地銅器銘文中的常見格式,後一字應爲器名,前一字乃修飾詞,如晋侯鮒盨的"伋盨"、晋侯鮒鼎的"剈鼎",以及晋侯断簋的"𣄡簋"等。

晋侯鮒匜銘文與晋侯墓地被盗後流入日本的一件晋侯鮒盤銘文相仿[1],記時也相同,均爲"九月既望戊寅",當是同一天所作的兩件器。晋侯鮒盤腹部也飾龍紋及横條溝紋,亦以四人形爲器足,這兩件器應屬同一組水器。

晋侯鮒匜紋飾與2號墓的晋侯鮒盨紋飾相同,但以人形爲器足的裝飾風格與1號墓出土的晋侯鮒盨相仿。這組匜、盤究竟出自1號墓還是2號墓,尚待進一步研究。

二、晋侯蘇、晋侯断青銅器

晋侯墓地出土的晋侯蘇(即鮇,下同)、晋侯断青銅器均出自8號墓。晋侯蘇是晋侯墓地出土的晋侯銅器中唯一見於史書記載的晋侯,《史記·晋世家》:"十八年,釐侯卒,子獻侯籍立。"《索隱》注曰:"《系本》(即《世本》)及譙周皆作蘇。"簡報發表以後,學術界就晋侯蘇究竟是晋獻侯還是晋穆侯,以及晋侯蘇與晋侯断是否爲同一人展開了討論。鄒衡先生據晋侯蘇鐘銘文有"唯王三十又三年"的記載,認爲《史記·晋世家》記載晋

[1]　李伯謙:《晋國始封地考略》,《中國文物報》1993年12月12日。

獻侯於宣王六年即位,宣王十六年去世,其在位王世與鐘銘紀年不相符合,指出晉侯穌應是晉穆侯,晉侯斷乃其子晉文侯[1]。裘錫圭先生則以《史記》所記晉穆侯伐條、伐千畝的年代有誤爲例,指出《史記》所載西周時期晉侯的年代有問題,所以晉侯穌仍應該是晉獻侯,并釋8號墓方座簋晉侯之名爲斷,讀若斯,認爲晉侯斷即晉侯穌,其關係只是一字一名的關係[2]。張頷先生也把該字釋爲斷,但他認爲斷是“匹”的初文,以匹、仇同義爲依據,認爲晉侯斷應是晉文侯仇,但他也認爲晉侯穌是晉獻侯[3]。

其實晉獻侯名穌已爲比《史記》成書更早的《世本》所明載,現在又被出土的青銅器銘文所證實,應該沒有什麽問題。認爲晉侯穌不可能是晉獻侯的唯一依據就是晉侯穌鐘銘文的紀年爲“唯王三十又三年”,與《史記》所記晉獻侯在位王世不相符合。馬承源老師已考證晉侯穌(穌)鐘銘所記的周王三十三年的月序、月相及干支不能與周宣王三十三年相合,而與西周厲王三十三年的月序、月相、干支完全吻合。因而他指出《史記·晉世家》載晉獻侯在位於周宣王時是不對的,他認爲如以西周成王至厲王末年約略250年計算,《史記·晉世家》記載在此其間僅有唐叔至厲侯五代晉侯,這顯然是不合理的。因此《史記》所記西周晉世家年代有誤,其間必有較大的疏漏,這才是晉侯穌(穌)鐘銘文紀年之所以與《史記》所載的晉獻侯在位王世不符的根本原因。所以晉侯穌仍然有可能就是晉獻侯穌(穌)[4]。

除晉侯穌編鐘之外,我館尚購晉侯穌鼎一件。鼎作斜折口沿,半球形器腹,圜底,附耳有兩根橫梁與口沿相連,三蹄足較細。口沿下飾大小相間的鱗紋一周,下有凸起的弦紋一道。鼎高28釐米,口徑32.7釐米,重7 850克。腹壁鑄銘三行十三字(圖七):

晉侯穌(穌)乍(作)
寶尊鼎,其
萬年永寶用。

北趙村晉侯墓地8號墓出土有一件晉侯穌鼎,形制、紋飾與此均相同,銘文字體更是出自一人之手,故我館這件晉侯穌鼎應爲8號墓隨葬的晉侯穌列鼎中之一件。8號墓出土的那件鼎高19釐米,口徑24.8釐米,兩鼎高度相差9釐米,口徑相差近8釐米,中間應該仍有缺失。李伯謙先生認爲8號墓出土的晉侯穌鼎可能是“五或七件一套列鼎中最小的一個”[5]。從以往出土的列鼎來看,如散伯車父鼎的最後兩件高度相差僅2.5釐米,口徑相差3.1釐米;此鼎的後兩件高度相差3釐米,口徑相差2釐米。如以此比例推算,則這兩件晉侯穌鼎之間可能還應有兩件,按鼎以奇數成列來算,這套晉侯穌鼎至少

[1]　鄒衡:《論早期晉都》,《文物》1994年第1期,第29頁。
[2]　裘錫圭:《關於晉侯銅器銘文的幾個問題》,《傳統文化與現代化》1994年第2期,第35頁。
[3]　張頷:《晉侯斷簋銘文初識》,《文物》1994年第1期,第33頁。
[4]　馬承源:《晉侯穌編鐘》,《上海博物館集刊》第7期,上海書畫出版社,1996年,第1—17頁。
[5]　李伯謙:《晉國始封地考略》,《中國文物報》1993年12月12日。

圖七

圖八

應有五件。

　　晉侯斷簋一件，器壁厚重，翻唇束頸，鼓腹，圈足外侈下連方座，雙獸耳頗具氣勢，失器蓋。圈足底部一環，應系懸鈴之用。頸、腹、圈足各飾獸目交連紋一周，間飾粗疏的橫條溝紋。方座每面的三邊亦飾獸目交連紋，方座面上四角各飾一個牛角形獸面紋。簋高27.8釐米，口徑24.5釐米，方座高11.6釐米，重13 200克。腹底銘文四行二十六字（圖八）：

　　　　　隹（唯）九月初吉庚
　　　　　午，晉侯 （斷）乍（作） 旅簋。
　　　　　用享于文祖皇
　　　　　考，其萬億永寶用。

<!-- image: glyph --> ，朝遠學兄釋爲斯，以田得聲，田可讀爲"咎"，"咎"與"仇"雙聲叠韵可以通假，所以他認爲晋侯斯即晋文侯仇[1]。8號墓資料發表以後，一些學者以墓中所出的方座簋銘文釋此爲"斷"字。對比金文中從臣之字，該字左邊所從之形，與金文中常見的臣形并不完全相同。金文中姬或姬，其匝形多作 <!-- glyph --> 形，上下兩筆多出頭。而8號墓出土方座簋及我館這件方座簋銘文中該字的外框均爲 <!-- glyph --> 形，上面一框形較小而下面一框形較大，與之明顯不符。從已發表的8號墓一件方座簋和一件方壺的拓本來看，方座簋該字左邊上下兩框中各有一點，而方壺銘文拓本此字較模糊，字劃不甚明確，難以判斷其所從之形。我館方座簋銘文中該字左邊所從與甲骨文中田字基本相同，且與魯侯尊銘中田字相仿。馬承源老師曾目驗一件已流失境外的晋侯斯簋銘文，器蓋銘文中此字左邊均作 <!-- glyph --> 形，其中所從亦爲卜形[2]。所以我們認爲此字現在仍應釋爲"斯"；當然，此字的全面正確釋讀，尚有待於8號墓方座簋及方壺銘文的全面發表，以及流失境外的那件簋銘的及早發表。

晋侯斯簋銘中的"鑘"字，張頷先生認爲是"鑄"字別構，與上文爲"作鑄"連讀[3]。此説似不確，作鑄連讀雖爲金文中習見，晋侯青銅器中也有此例，如92號墓出土的晋侯𩰬鼎銘"作鑄尊鼎"，我館所藏晋侯𩰬鼎銘"作鑄尊匋鼎"，然鑄字均爲金文中常見字體。與晋侯斯簋同日所鑄的晋侯斯壺銘文也僅爲"作尊壺"，其餘文字均與簋銘相同，且銘文字體風格相同，應爲一人所書，其中異體字的寫法也一樣，如文祖之祖字，也寫作"㚓"。如"鑘"爲鑄字的話，按慣例，晋侯斯壺銘文也應爲"作鑄尊壺"，可見此字不可讀爲鑄。我們認爲此字尚不能識，按辭例應爲修飾器名之字，當與簋連讀爲"鑘簋"，與前述晋侯銅器中所見的"彶盨""匋鼎"辭例相同，意在表述器物的用途或形制。

三、晋伯睦父甗

晋伯睦父甗一件，甗作甑、鬲分體式。甑敞口翻唇，腹下部内收，有子口可合於鬲口之内，算連鑄於甑底部。甑腹兩側設附耳，各有兩根短梁與甑口相連。鬲侈口，袋腹，蹄足，附耳，鬲部有較黑的烟炱痕迹。甑頸部飾變形獸體紋一周，并有一道凸起的弦紋，鬲部每一袋腹兩側各飾一個用單綫鈎勒的獸目。甗高42釐米，甑高22.2釐米，口徑30.7釐米，鬲高23釐米，口徑20.3釐米，重10 250克。甑内壁鑄銘文三行十六字，重文一（圖九）：

[1] 李朝遠：《晋侯 <!-- glyph --> 方座簋銘管見》，《第二届國際中國古文字學術研討會論文集》，香港中文大學，1993年，第231頁。
[2] 見馬承源：《晋侯穌編鐘》，《上海博物館集刊》第7期注①。又：本文完稿後，馬承源老師將香港朋友特地傳真來的晋侯斯簋銘文給我看，該字左邊上部小框中均無一點，則此字釋斯是對的。8號墓出土的簋銘中此字多了一點，是否爲銘鑄如此，因未目驗實物，不敢妄論。
[3] 張頷：《晋侯斷簋銘文初識》，《文物》1994年第1期，第33頁。

圖九

晋白(伯)舒父乍(作)
寶獻(甗),其萬年
子子孫永寶用。

　　器主舒父,按其排行當爲某一晋侯之長子,因此這件甗也可能是某一晋侯未即位時所鑄之器。"舒"字《說文》所無,字尚不能讀,所以也難以推斷他是哪一位晋侯。北趙村晋侯墓地64號墓出土有兩件晋侯邦父鼎[1],一件晋叔家父盤[2],93號墓也出土有兩件晋叔家父方壺[3]。李學勤先生認爲晋叔家父可能是一位晋國國君即位前的名號,"邦"和"家"意義呼應,可以是一名一字。同時他認爲晋侯邦父與晋叔家父也可以是兄弟關係,考慮到家父的排行爲叔,則兄弟關係的可能性要大一些。從而他推斷晋侯邦父即晋穆侯費王,晋叔家父爲其弟殤叔,并以此認爲晋叔家父即93號墓的墓主[4]。根據晋伯舒父與晋侯邦父、晋叔家父名字相近,且似乎存在着排行上的次序,加上晋伯舒父甗所飾變形獸體紋與晋侯邦父鼎口沿下之紋飾相同,其時代必相近;甑、鬲分體式的甗也是西周末年才出現的新形式,其時代也與64號墓、93號墓接近,而晋叔家父盤又與晋侯邦父鼎同出。因此,三者之間應該存在着一定的關係。我們推測晋伯舒父與晋

[1] 山西省考古研究所、北京大學考古學系:《天馬—曲村遺址北趙晋侯墓地第四次發掘》,《文物》1994年第8期,第4頁。
[2] 《晋侯墓地發掘告一段落》,《中國文物報》1995年1月15日。
[3] 北京大學考古學系、山西省考古研究所:《天馬—曲村遺址北趙晋侯墓地第五次發掘》,《文物》1995年第7期,第4頁。
[4] 李學勤:《〈史記·晋世家〉與新出金文》,《學術集林》卷四,上海遠東出版社1995年,第160頁。

侯邦父、晋叔家父的關係存在着三種可能：一、如果晋侯邦父與晋叔家父爲同一人，家父是邦父即位前之名號，則晋伯盉父可能是其長兄，因早亡而未能即位，由其弟邦父即家父繼位。二、如果晋侯邦父與晋叔家父爲兄弟的話，則三人的排行應是盉父爲伯、邦父爲仲、家父爲叔。盉父早逝，邦父即位爲穆侯，穆侯死，家父援引其例自立爲君，是爲殤叔，後四年爲文侯所殺。這樣似乎還可以作爲《史記·晋世家》所載穆侯二十七年卒，年已二十的太子仇未能繼位而殤叔自立的一個最好的解釋。三、盉父即晋侯邦父，盉父乃邦父即位前之名號，晋叔家父乃其弟，兩人關係密切，故晋叔家父銅器會出於晋侯邦父之墓，家父也因此能在邦父死後繼位晋國國君。如果這些推測可以成立的話，那麼晋伯盉父甗無疑爲研究西周晋國世系，乃至研究晋國歷史提供了一份史籍所缺的極爲可貴的銘文資料。

原載《上海博物館集刊》第七期

補記：

原藏美國范季融先生處的晋侯鞁盨已捐贈給上海博物館收藏。又，"鞁"字現學界已認定當即"對"字。

郾王職壺銘文初釋

近年，上海博物館由香港古玩市場購得一件戰國晚期的郾王職壺。壺高20.4釐米、口徑12釐米、腹徑19.8釐米。壺作小口，高直頸，寬肩，鼓腹下部略内收，圈足的式樣（圖一）。壺的頸、肩、腹分飾鑲嵌綠松石及紅銅絲的幾何形紋飾，腹部有三道寬凹紋，上飾兩條弦紋，以此作爲腹部紋飾之界欄。紋飾中鑲嵌的綠松石及紅銅絲，因時間久遠已部分脫落。經觀察，殘存的綠松石，部分爲銹蝕所掩，可知其爲原物，不是賈人後添之物。鑲嵌於紋飾綫條較寬處的紅銅絲作盤卷形，此爲當時青銅器中鑲嵌紅銅的流行做法（圖二）。

圖一　郾王職壺

類似形式的青銅壺并不多見，已知的考古資料中僅有1972年湖北江陵藤店一號墓中出土的兩件鑲嵌幾何紋壺[1]。藤店一號墓出土的壺，器形與郾王職壺完全相同，紋飾的裝飾工藝和風格也相同，紋飾的結構則略有差異。與郾王職壺不同的是，藤店一號墓出土的兩件壺均有蓋，由此推測郾王職壺原本可能亦應有蓋，惜已佚失。此外，1986年湖北荆門包山二號墓中出土了兩件鑲嵌龍紋壺[2]，其器形與郾王職壺非常相似，唯其壺腹兩側有一對鋪首銜環耳，此爲郾王職壺和藤店一號墓出土的鑲嵌幾何紋壺所沒有的。從現有考古資料來看，類似郾王職壺的青銅壺，均出土於南方長江流域，北方地區則未見報導。然而在河北易縣燕下都遺址的16號墓中，曾出土成套的彩繪仿銅陶器，其中的一件I式罐，形制與郾王職壺比較接近，然其頸部略低，腹部兩側也有一對獸首銜環耳，其彩繪的紋飾結構也與郾王職壺相類似[3]。由此可見，這種形式的青銅壺應該也曾行用於北方地區。郾王職壺的發現，可以説是彌補了這方面考古資料中的不足。

[1]　荆州地區博物館：《湖北江陵藤店一號墓發掘簡報》，《文物》1973年第9期，第7頁。
[2]　湖北省荆沙鐵路考古隊：《包山楚墓》，文物出版社1991年，第105頁，彩版五·4。
[3]　河北省文化局文物工作隊：《河北易縣燕下都第十六號墓發掘》，《考古學報》1965年第2期，第79頁。

圖二　鄲王職壺紅銅鑲嵌

　　這種形式的壺或被稱爲罍，林巳奈夫先生在其《春秋戰國時代青銅器の研究》一書中，就將藤店一號墓出土的鑲嵌幾何紋壺歸入罍類。段玉裁注《説文》"櫑"字時引《韓詩》："金罍，大器也。"《周禮·春官·鬯人》："凡祭祀社壝用大罍。"又《詩·小雅·蓼莪》："瓶之罄矣，唯罍之恥。"毛亨《傳》："瓶小而罍大。"凡此都説明罍是一種形體較大的青銅容器。從考古資料來看，自銘爲罍的青銅容器，形體一般都較大，而且器腹都比較深。1976年陝西扶風莊白一號青銅窖藏中出土的陵方罍，失蓋，高達38釐米[1]。1973年陝西鳳翔勸讀村出土的對罍，也失蓋，高達46釐米[2]。然而這幾件或被稱之爲罍的青銅容器，形體一般都不大，高度亦均在20釐米左右，故將其稱爲罍，恐不妥。按其形制，應該還是稱其爲壺較合適。此外，從西周中期以後，罍已逐步退出青銅禮器的序列，從考古資料來看，青銅罐與青銅罍有一個此消彼長的逐步替代過程。1890年陝西扶風任村和大克鼎等一起出土的仲義父罐，器形如罍，然自銘爲罐。春秋以後，罐的形體也發生較大的變化：器體偏矮，肩廣，有折肩的形式。如1983年河南光山出土的黃君孟罐、黃子罐[3]，以及河南潢川縣文化館收藏的伯亞臣罐[4]等。認爲春秋時期仍有罍這一器類的主要依據，是山東嶧縣出土的邾伯夏子罐，其自銘爲罍，但它的器形是典型的春秋

［１］　陝西省考古研究所等編：《陝西出土商周青銅器》（二），文物出版社，1980年，圖版五。
［２］　陝西省考古研究所等編：《陝西出土商周青銅器》（三），文物出版社，1980年，圖版一八九。
［３］　河南信陽地區文管會、光山縣文管會：《春秋早期黃君孟夫婦墓發掘報告》，《考古》1984年第4期，第310、317頁。
［４］　信陽地區文管會、潢川縣文化館：《河南潢川縣發現黃國和蔡國銅器》，《文物》1980年第1期，第46頁。

時期鑼的形制,與黃君孟鑼等相同[1]。它自銘爲罍,只能是鑼形器乃由罍形器演化而來的又一佐證,其情形就如同匜自銘爲盉,盨自銘爲簠一樣。所以應當承認到春秋以後,罍這一器物已由鑼所取代,罍已不復存在。此外無論罍或鑼,與我們稱之爲壺的這幾件青銅器在形制上還是有較大的差別。這種差別應該是同樣作爲盛酒器的罍或鑼與壺,在當時實際功用上有所區別的表現。由於這不是本文的重點,容不贅述。

壺的圈足上有銘文一行28字(圖三),字體與我們習見的燕王兵器銘文略有不同,筆畫的轉折處多爲圓弧形,而不作方折形,與傳世的襄安君鈚字體較接近[2]。銘文由利器鑿刻而成,因字體較大,故一筆往往由數刀連續鐫刻而成,此爲青銅器上刻銘文字的工藝特點。有少數幾個字,由於銹蝕的原因,字口變淺,以致墨拓難以表現。承蒙本館攝影部的數位大師採用微距攝影的方法,合理運用燈光照射的角度,使這幾個字基本都能清楚地表現出來,爲銘文的準確釋讀和研究,提供了極爲有用的材料(圖四)。

銘文中有數字,以往先秦文字中未曾見過,字書亦無。因此,本文對銘文的釋讀,只能是一項很初步的工作,意在將此材料公之於衆,希望能得到各位方家學者的勘謬正誤,使這份珍貴的戰國時期燕國文字材料,更有益於學術研究。

銘文試釋如下:

唯郾(燕)王職譯(涖)羃(酢)乔(承)祀兵幾卅,東戲(創)𢼨國。𢼨(命)曰任(壬)午,悳(克)邦燡(隳)城,威(滅)水𪾢(齊)之殺(殺)。

譯,字從立從叩從辛,立爲聲符,當讀如立,假爲"涖"。《周禮·地官·鄉師》"以涖匠師",鄭玄注:"故書涖作立,鄭司農云:'立讀爲涖。'"又《周禮·春官·大宗伯》"涖玉鬯",鄭玄注:"故書涖作立,鄭司農讀爲涖,涖,視也。"

羃,字從爪從乍從囪,囪乃黑字所從,《説文》:"黑,從炎,上出囪。"段玉裁認爲:"囪,古文囱字。"此字當從乍讀。燕國兵器銘文中有一字與此字相似,1973年河北易縣燕下都23號遺址中出土一批兵器,其中59號戈的銘文爲"郾侯職

[1]　王獻唐:《邿伯罍考》,《考古學報》1963年第2期,第59頁。
[2]　《三代吉金文存》卷一八,一五·1。

1

2

圖三

1. 拓片　2. 摹本

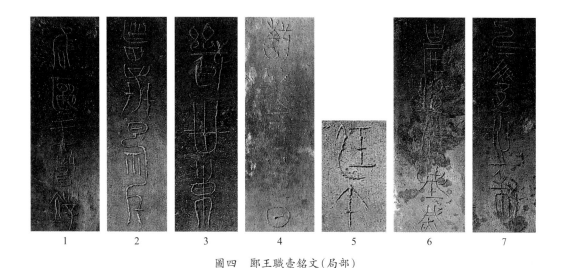

圖四　郾王職壺銘文（局部）

 市萃鋸”[1]。燕侯名後一字從爪從乍從心，發掘報告將此字釋爲“造”，然字形與造相去甚遠，不可能是造字。何琳儀先生在《戰國文字通論》一書中將此字隸定爲作，是非常正確的。同時出土的55號戈銘文“郾王詈 行義自夆司馬鈵”[2]，發掘報告也將郾王名後之字釋爲造，此字從乍從心甚明，當是乍字。1977年陝西洛川出土的一把郾王職劍銘文中，也有乍字[3]。按照燕國兵器銘文的常見格式，燕王或燕侯名後之字應是動詞，有製造、製作之意。這幾個乍字，或從爪從乍從心，或從乍從心，均應以乍爲聲符，假爲“作”。如此，在燕國兵器銘文中，此字可謂是字通義順。𢍱字與燕國兵器銘文中的乍字，在字形上非常相似，唯一字下從囧，另一字下從心。故𢍱字也應讀爲乍，可假爲“阼”。《説文》：“阼，主階也，從𨸏乍聲。”

譯𢍱即涖阼，《禮記·文王世子》：“成王幼，不能涖阼。”鄭玄注：“涖，視也，不能視阼階，行人君之事。”故涖阼，意指古代帝王嗣位登基視事。

𠂤，應即丞字的異體。五年相邦吕不韋戈銘中，丞字作 [4]，《十鐘山房印舉》卷二之六有一方印的丞字，篆作 ，均與此字相似。字當讀爲承，《史記·淮南衡山列傳》“以承輔天子”，《漢書·淮南衡山濟北王傳》則作“以丞輔天子”。

幾，字下人旁加飾女形，這在金文中實例甚多，特別乩旁下加女形最爲普遍。張桂光先生認爲，在金文中“表現人體的部件不僅有跪跽狀逐漸消失的趨勢，而且有加寫腳趾（）的習慣，……其腳部（）便與跪跽狀已消失的‘女’字（）十分相似了。訛爲的現象，西周中期以後（延續到春秋戰國）十分常見”[5]。《爾雅·釋詁下》：“幾，近也。”《漢書·高帝紀》：“豎儒幾敗廼公事！”顔師古注：“幾，近也。”

————————

[1]　河北省文物管理處：《燕下都第23號遺址出土一批銅戈》，《文物》1982年第8期，第44頁圖四。

[2]　同[1]，第46頁圖二〇。

[3]　王翰章：《燕王職劍考釋》，《考古與文物》1983年第2期，第19頁。

[4]　《三代吉金文存》卷二十，二十九·1。

[5]　張桂光：《古文字中的形體訛變》，《古文字研究》第15輯，第153頁。

"唯郾(燕)王職䟡(涖)阼(阼)弄(承)祀乇幾卅" 這句話的意思是燕王職登基嗣位將近三十年了。史載燕昭王二十八年伐齊,其時正值燕王職繼位將近三十年。

戲,不識,疑是創字之異體。《古文四聲韻》卷四,創字的古文作"釖、刱、刱、刱、戧、撊"等。戰國陶文中,創有寫作"創"[1],倉寫作"倉"[2]。戰國璽印中倉寫作"倉""倉"[3];蒼字寫作"蒼""蒼"等[4]。戲字在字形上與這幾個字較爲接近,故暫釋爲創。《尚書·益稷》"予創若時",孔安國傳:"創,懲也。"《詩·魯頌·閟宮》:"戎狄是膺,荆舒是懲。"孔穎達疏:"荆楚群舒叛逆者,於是以此懲創之。"此前齊曾伐燕,故此次燕伐齊,具有懲罰之意。燕國位於齊國之北,然齊國地處中原之東部,齊湣王曾自封東帝。此次燕國伐齊,聯合了秦、魏、韓、趙等國,應是由西、北方向發起進攻,故謂之東創。

創下之字,右从攴,左旁鏨刻不精,且字口甚淺,似爲口形,不識,待考。此字上爲東創,下連國字,故該字應與燕昭王東創之國相關。史載燕昭王即位三十年期間,僅有伐齊之役,所以此字當與齊國之名稱相關。

咒,即命字。戰國璽印中有一方"王命"私璽[5],命字也篆作咒。何琳儀先生認爲,這屬於戰國文字形體變化中的會意標音,即"在會意字的基礎上增加一個音符,所增音符與會意字音同或音近"。命和吅古音同屬真部[6]。命日,當指所選之日。《左傳·宣公十一年》:"令尹蔿艾獵城沂,使封人慮事,以授司徒。量功命日,……"杜預注:"命作日數。"吕祖謙《春秋左氏傳説》解釋道:"量功是量用功之多寡,命日是度其日子多少。"故命有計算、籌劃之意。此銘中"命日壬午",即指在擇定的壬午這一天。

克,此字的寫法與中山王譽鼎銘文中"克恐克卑"的克字寫法相近,唯其下从心,而中山王譽鼎銘文的克字从又。燕國文字中有將从又之字寫作从心之例,如前述燕國兵器中,乍有寫成怍的。戰國文字中"乍"通常从又,寫成复,如中山王譽方壺銘文中的"复斂中則庶民附",欒書缶中的"复鑄缶"。將从又之字寫作从心之字,可能是戰國時期燕國的文字特點之一。

𨻶,應與前述䠍字聲旁在左邊相同,此字以"左"爲聲符,當讀如"隓"。《説文》:"隓,敗城𨸏曰隓,从𨸏差聲。𡐦,篆文。"段玉裁注:"許書無差字,蓋或古有此文,或系左爲聲。……小篆隓作𡐦,隸變作墮,俗作隳。……墮本敗城阜之稱,故其字从阜。"《吕氏春秋·順説》:"隳人之城郭。"高誘注曰:"隳,壞也。"《老子》二十九章:"或載或隳。"陸德明釋文:"隳,毁也。"銘文中"克邦隳城",其義完全相符。

城字的寫法與傳世的戰國青銅器銘文及璽印文字中的城字相同。《三代吉金文存》卷十八第39頁著録一件"洵城都"銘文的小件青銅器,戰國璽印中有"洵城都司徒""洵城都

[1] 高明:《古陶文彙編》,中華書局,1990年,第258頁。
[2] 同[1],第559頁6·26。
[3] 羅福頤:《古璽彙編》,文物出版社,1981年,第144頁1323;第361頁3907。
[4] 同[3],第114頁0967;第368頁3996;第370頁4023。
[5] 同[3],第74頁0481。
[6] 何琳儀:《戰國文字通論》,中華書局,1989年,第201頁。

丞”兩方官印,其城字均作“埀”[1]。此外,在山西定襄出土的“辛城”尖足布,其城字的寫法也與此類似。[2]據黃盛璋先生考證,洵城爲燕國地名,可能是《水經注》中的臨洵城,在今河北三河縣境內。[3]所以這種字形的城字,可能是當時主要流行於燕國的一種寫法。

戉,即滅。《說文》:“戉,滅也。”

水噚,即水齊。水字的字形與中山王響鼎銘文中淵字所从之水相同,應該是燕、中山等國的一種比較特殊的寫法。噚或作郜。春秋戰國時期金文中用作郡國名的字,有从邑的。如徐,金文作邾;燕,西周時多作匽,戰國時作郾。水齊之名未見史載,當指齊國。《史記·封禪書》:“齊所以爲齊,以天齊也。……八神,一曰天主,祠天齊。天齊淵水,居臨菑南郊山下者。”《索隱》:“顧氏案:解道彪《齊記》云‘臨菑城南有天齊泉,五泉并出,有異於常,言如天之腹齊也’。”故水齊,有可能就是指臨菑。臨菑時爲齊國之都,樂毅率五國之兵大破齊軍後,率領燕軍獨自攻占臨菑。臨菑被攻占,意味着齊國的失敗,所以被稱爲“滅水齊”。

戔,應即殺。此字右旁之戈形,與同銘其他从戈之字的戈形略異,然按其結構仍屬戈形無疑。殺有勝義,《爾雅·釋詁一》:“勝、肩、戡、劉、殺,克也。”故此殺字,在此指伐齊之役大獲全勝。

這篇銘文記載的是燕王職在其登基承祀近三十年的時候,東征齊國,在擇定的壬午這一天,攻克其國、毀壞其城,取得了滅亡齊國的勝利。

燕昭王伐齊這一戰國時期重大事件,在文獻中主要記載於《戰國策》和《史記》。兩書的內容大同小異,主要內容有:“二十八年,燕國殷富,士卒樂軼輕戰,於是遂以樂毅爲上將軍,與秦、楚、三晉合謀以伐齊。齊兵敗,湣王出亡於外。燕兵獨追北,入至臨菑,盡取齊寶,燒其宮室宗廟。”[4]“昌國君樂毅爲燕昭王合五國之兵而攻齊,下七十餘城,盡郡縣以屬燕。”[5]對此,郾王職壺銘文僅用“東創𢽬齊克邦𡑍城滅水齊之殺”即予涵括了。雖然字數不多,但它畢竟是第一件以銅器銘文形式證實了燕昭王伐齊這一歷史事件的實物資料。

郾王職壺銘文的價值不僅在於它佐證了燕昭王伐齊這一歷史事件,而且正因爲如此,它爲徹底解決燕昭王究竟是誰這一自古以來的史學疑案,提供了最有價值的文字材料。對於燕之世系中有無燕王職一代,《史記》所載互有矛盾。《史記·燕召公世家》所記燕王世系中并無燕王職,《史記·燕召公世家》記燕王噲和子之死後二年“燕人共立太子平,是爲燕昭王”。然而《史記·趙世家》雲趙武靈王“十一年,王召公子職於韓,立以爲燕王,使樂池送之”。《史記·六國年表》趙武靈王十二年引《集解》:“徐廣曰:‘《紀年》云立燕公子職。’”對此《史記索隱》也指出其矛盾之處:“上文太子平謀攻子

---

[1] 羅福頤:《古璽彙編》,文物出版社,1981年,第3頁0017;第20頁0119。
[2] 張頷:《古幣文編》,中華書局,1986年,第137頁。
[3] 黃盛璋:《所謂“夏虛都”三璽與夏都問題》,《河南文博通訊》1980年第3期。
[4] 《戰國策·燕策一》;《史記·燕召公世家》。
[5] 《戰國策·燕策二》;《史記·樂毅列傳》。

之；而年表又云君噲及太子、相子之皆死；《紀年》又云子之殺公子平；今此文云立太子平，是爲燕昭王。"《竹書紀年》《孟子》《韓非子》等書對此的記載也互有異同。對於這一矛盾，《史記索隱》引裴駰的話認爲："此系家無趙送公子職之事，當是遙立職而送之，事竟不就，則昭王名平，非職明矣。"企圖將此矛盾調和。對於這一史學懸案，自古以來屢有討論，但終未有結論。隨着燕王職或燕侯職兵器的大量發現，可以說燕王世系中有無燕王職的討論應該已有定論。那麽，燕王職究竟是哪一代燕王，郭沫若先生在其《金文叢考・釋斡》中指出，是唐蘭先生首先提出燕王職是燕昭王，他本人亦執此說。楊寬先生經過將《史記》《戰國策》的相關記載分析研究後也認爲燕昭王就是燕王職，而不是太子平[1]。此說被學術界所接受，有燕王職或燕侯職銘文的青銅兵器多被定爲燕昭王之器。然而此說由推論而得，長期以來并無有力的文字材料予以證實，最直接的材料也僅限於燕王職或燕侯職兵器銘文，它們確能證明燕世系中存在燕王職這一代燕王，但要證明燕王職就是燕昭王，則顯得比較薄弱。所以仍有人對燕王職就是燕昭王持有異議，如張震澤先生雖然認爲燕昭王有可能正如楊寬先生所說是燕王職，但他還是認爲"公子職之爲王是在昭王前二年"[2]。如此則燕王職應是另一代燕王，而不是燕昭王。郾王職壺銘文不僅記載了燕王職即位將近三十年時東征齊國，與文獻所記燕昭王二十八年時伐齊完全吻合，而且銘文中"克邦殲城"的記載，也與史載燕伐齊時"下七十餘城，盡郡縣以屬燕"，"入至臨菑，盡取齊寶，燒其宮室宗廟"相符合。因此燕王職即位將近三十年時的東征齊國，就是燕昭王二十八年的伐齊之役，由此可以確證燕王職就是燕昭王無疑。至此可以說，郾王職壺銘文徹底解決了燕昭王是誰這一史學懸案。

附記：

銘文的釋讀得到北京大學李零教授的大力相助，謹此致以深切的謝忱。

原載《上海博物館集刊》第八期

延伸閱讀：

　　董珊、陳劍：《郾王職壺銘文研究》，《北京大學中國古文獻研究中心集刊》第3輯，北京大學出版社，2002年；

　　黃錫全：《燕破齊史料的重要發現——燕王職壺銘文的再研究》，《古文字研究》第24輯，中華書局，2002年；

　　張振謙：《郾王職壺"日"解——兼說樂毅破齊日期》，《河北大學學報（哲學社會科學版）》2015年第5期；

　　朱曉雪：《陳璋壺及郾王職壺綜合研究》，吉林大學2007年碩士學位論文。

---

[1]　楊寬：《戰國史》，上海人民出版社，1980年，第151頁注二。
[2]　張震澤：《燕王職戈考釋》，《考古》1973年第4期，第244頁。

長江中下游地區的青銅鼓、鐃及其他

　　中國自古被稱爲禮樂之邦，在商周時期，禮的物質載體就是青銅禮器，樂的載體除了石、陶、骨、竹、木等材質外，青銅也是最爲普遍的。不僅有比較詳細的文字記載古代禮制，而且陸續出土的文物資料正不斷地佐證和補充它們，我們現在已經可以比較從容地對其作研究和闡述。但古代的樂制，由於文字記載的語焉不詳，其詳情已難以確知。古譜的失傳，更使我們無法真正了解和研究古代音樂文化，孔子聞《韶》可三月不知肉滋味，如今我們已不可能再聞此音。現在對古代音樂文化的了解，只能局限於對古代樂器的認識，只有盡可能深入了解古代樂器，及其形制對樂器的發音和音階的組成等關係，以及各種樂器間的相互作用，我們才能更接近古代的音樂藝術。

　　長期的考古發掘，使得不少商周時期的樂器出土問世。其中，青銅樂器的發現尤其引人注目。成套成編的青銅樂器，如鐘、鐃、鎛等，以及錞于、鐸、鼓等樂器的出土，使我們對古代的樂器及其使用有了比較多的認識。經過多年努力，學術界對這些樂器的發聲原理有了正確的認識，對音階的組成也有了較科學的了解。從目前的考古資料來看，在商周時期，青銅樂器大體存在有兩大體系，一是以黃河流域爲主的中原地區青銅樂器體系，一是以長江流域爲主的青銅樂器體系。它們的樂器種類比較相似，均以鐘、鐃、鎛等樂器爲主，區別僅在於形制、紋飾上的區域特徵，表現出兩大區域的青銅樂器既互相融合而又各具特色。相對而言，人們對中原地區青銅樂器的了解和認識比較多一些，對以長江流域爲主的南方地區青銅樂器的認識和了解要少一些。這次上海博物館從湖北、湖南兩地借展了一些青銅樂器，目的就是企盼人們對南方地區的青銅樂器有一個深入了解的機會，從而對商周時期中華民族的青銅樂器有一個比較全面的認識。

一、鼓

　　鼓在古代是主要樂器之一，《詩經·周頌·執競》中有"鐘鼓喤喤，磬管將將"的記載，描寫了鼓與鐘、磬一起演奏的情景，這是鼓在祭祀、宴樂時奏樂所用。據記載鼓在演奏中具有和樂，即擊出節奏以指揮其他樂器起止的作用，《禮記·學記》謂："鼓無當於五聲，五聲弗得不和。"孔穎達《疏》云："鼓之爲聲，不宮不商，故言無當於五聲。而宮、商等之五聲,不得鼓則無諧和之節,故云弗得不和也。"由此可見鼓在古代樂器中的重要性。鼓也是古代主要的軍樂器之一,《詩經·邶風·擊鼓》:"擊鼓其鏜,踴躍用兵。"是以擊鼓指揮軍隊的進攻,所謂"一鼓作氣",其本意也即指此。

鼓是古代所謂的八音之一,屬革類,即以皮革發音的樂器,鼓字或作鼓,即其意。河南安陽侯家莊1217號大墓中就發現有商代晚期的蟒皮鼓及鼓架的痕迹:"鼓橫置,鼓腹桶狀,雙面蟒皮,鼓身可看出清晰的饕餮面。鼓架也有大型饕餮作爲裝飾。"這是我國目前所知木腔皮鼓最早的遺迹,可惜蟒皮和可能是木質的鼓身、鼓架均已朽蝕,現在只存一些痕迹而已[1]。

我們現在能够看到的這類鼓的遺存,只有兩件,均是銅制仿木腔皮鼓的式樣。一件雙鳥神人紋鼓,現藏日本京都的泉屋博古館,據湖南省的考古人員介紹,他們經過調查,了解到這件鼓相傳出土在湖南安化縣。雙鳥神人紋鼓爲橫置鼓身,兩鼓面作仿鰐皮的形式,鼓身兩端各有乳釘三列,猶如固定皮鼓面之用。鼓頂踞相背的二鳥作冠,鼓身兩側飾頭上有角的神人形象,鼓下有四個外撇的短足。依據紋飾的特徵,這件鼓的時代應相當於商代晚期。

另一件獸面紋鼓,也就是本次展覽特地從湖北省博物館借展的一件銅鼓,1977年6

圖一　汪家咀獸面紋鼓

月在湖北崇陽縣白霓鄉大市河邊的汪家咀出土(圖一)。大市河屬於陸水支流,這一帶河道彎曲,流水湍急,河床經常變遷,水土流失十分嚴重。據湖北省考古工作人員勘察,銅鼓出土於河流轉折處,在出土地點未發現其他文物,據此他們認爲該銅鼓可能是出自上游,經河水搬運至此地[2]。這件銅鼓高75.5、鼓身上寬49、下寬39、鼓面豎徑39.5、橫徑38釐米,重42.5公斤。鼓由冠、身、座三部分組成,其造型與甲骨、金文中鼓字作"🥁"之形相同。冠作兩端翹起的枕形,下方有一個前後相通的圓孔,似可穿繩或棍,以供搬運時用。或以爲這是供懸掛時搭鈎索之用,但此鼓有長方形圈足,使用時應爲置於地上,不必懸掛。又以爲此是固定羽葆飾物之用,在青銅器的畫像紋以及漢代的畫像石上,確

[1]　梁思永、高去尋:《侯家莊·1217號墓》,(臺北)中研院歷史語言研究所,1968年,第25頁;北京大學歷史系考古教研室商周組編著:《商周考古》,文物出版社,1979年,第86頁。

[2]　鄂博、崇文:《湖北崇陽出土一件銅鼓》,《文物》1978年第4期,第94頁;林邦存:《談談我國早期銅鼓》,《江漢考古》1980年第2期,第52—53頁。

有鼓上飾羽葆類飾物的圖案,但此鼓爲仿製木腔皮鼓的式樣,其象徵意義恐怕要大於其實用性,何況其冠本身就具有仿製鼓上飾物的意思,似無必要再飾羽葆。殷墟侯家莊1217號墓發現的蟒皮鼓上,也未見有鼓冠痕迹的報道,可見當時的木腔皮鼓上本無冠,現在崇陽鼓和泉屋博古館鼓上的冠正是爲了表現鼓上飾物而設置的。鼓身也是橫置,上略寬下略窄,鼓面傾斜。鼓身上部鑄有兩塊長方形覆蓋物,一大一小,四邊有凸起的乳釘,似爲固定之用。泉屋博古館的鼓上也有此類覆蓋物,估計當時的木腔皮鼓上有類似的紡織品或獸皮類的覆蓋物。西周大克鼎銘文中,鼓字的偏旁作“”,冠下也有一片覆蓋物。鼓面作橢圓形,光素無紋飾,應是當時以牛皮面蒙鼓的仿製。鼓身兩端各有三列乳釘,酷似固定牛皮鼓面的銅泡釘。鼓座爲長方矩形,四角略向外撇,座內中空與鼓腔相通。這件鼓通體飾有多個以陰紋單綫勾勒的獸面紋,鼓冠飾多個小獸面紋;鼓身上一塊小的覆蓋物上飾斜角雲紋;一塊大的覆蓋物上飾獸面紋,四邊飾斜角雲紋;鼓身兩面飾曲折角的大獸面紋,獸目巨大,雙睛突出;鼓座四角各飾一個獸面紋。這種以陰紋單綫勾勒的獸面紋,常見於介於二里崗和殷墟之間的商代中期青銅器上,如陝西漢中地區的城固、湖北黃陂盤龍城,以及河南鄭州等地出土的商代中期青銅器上都有類似的紋飾。這件鼓應該也是屬於商代中期的青銅鑄品,它的時代應該略早於泉屋博古館的雙鳥神人紋鼓。

　　崇陽出土的獸面紋鼓,以及相傳出土於湖南安化的雙鳥神人紋鼓,都是在長江以南地區發現的,這類銅鼓尚未見於中原地區,但在殷墟卻發現了此類銅鼓的母本——木腔皮鼓的遺痕,兩者之間究竟存在着一種什麼關係,是一個非常值得探討的問題。過去學術界一般認爲是中原文化影響了南方地區,如今有不少學者正在探索南方地區青銅文化的發展形成過程以及和中原文化相互間的影響關係,加強對這兩件銅鼓的研究應該有助於問題的解決。從目前的考古資料來看,崇陽地處湖北黃陂盤龍城和江西清江吳城兩處商代中期遺址之間,這一區域也是商代中期青銅文化比較發達的地區之一,在此地發現商代中期的銅鼓,對於探討長江流域地區的商代青銅文化具有積極的意義。

二、鐃

　　鐃是中國最早使用的青銅打擊樂器。其器腔似合瓦形,橫截面有如葉形,口內凹,或平,平底,有中空與器腔相通的圓管形柄。使用時用槌擊打其口下正中的部位,即正鼓部,故此處多作長方形或梯形突出。據文獻記載,鐃是用於軍旅的樂器,其用途是在行軍作戰時擊之以止鼓,以示退軍。《説文解字》謂:“鐃,小鉦也,軍法,卒長執鐃。”但考古發現有三個、五個或九個成編的鐃,其形制、紋飾相同,大小相次,屬於編鐃。據實測,有的編鐃已經可以組成較合理的音階,故鐃應該可以用於奏樂,其作用當不局限於軍旅。中原地區的鐃多出土於墓葬,南方地區的鐃則較多出土於山頂、山坡和山麓,故一般認爲南方地區的鐃很可能是當時在祭祀山川、湖泊、風雨、星辰等場合中使用的[1]。

就目前的考古資料來看,鐃有大小兩種形式。小鐃的高度一般在25釐米以下,器腔的寬度多大於長度,紋飾以獸面紋爲主,均無枚。小鐃通常發現在中原地區,多爲三或五個一組。大鐃的高度一般在30釐米以上,器體厚重,柄較粗大。紋飾的結構和風格與小鐃截然不同,多作綫條爲圓弧形凸起的變形獸面紋或陰刻的雲紋,有些有枚。大鐃都發現於湖南、安徽、江蘇、江西、浙江等長江流域地區以及南方數省如福建、廣西,其中以湖南出土最多。大鐃的出土以單個居多,僅在湖南寧鄉發現過五件一組和九件一組的編鐃兩例。

對於鐃或大小兩種形式鐃的定名,目前尚有較大的爭議。我們現在稱之爲鐃的這種樂器,都没有自銘爲鐃的,是因其形制特徵與文獻所記載的鐃之特徵相仿而命名的。有的學者根據其使用方式稱爲"執鐘"[2],或據其他文獻記載而稱爲"鐸"或"鐲"[3],但現在考古文物界還是通行以鐃名之。對於大小兩種形式的鐃,有的通稱爲鐃;也有根據《説文解字》對"鐃"與"鉦"的解釋,將小型的稱爲鐃,將大型的稱爲鉦,我們比較傾向於這種解釋;近年也有學者根據甲骨文中卜辭的記載與文獻結合考證,將小型的稱爲"庸",而將大型的稱爲"鏞"[4]。總之由於缺乏確鑿的出土資料佐證,討論仍將進行下去。本文爲了尊重文物界的習慣名稱,仍以鐃通稱之。

對於中原地區出土小型鐃的時代,由於考古資料的充分,一般没有爭議,均認爲是流行於商代晚期至西周早期的青銅樂器。但對於長江以南地區出土大型鐃的時代,尚有較大的爭議。湖南等地考古工作者認爲大型鐃主要發現於湖南出土商代晚期青銅器較多的地方,而且大型鐃的紋飾與中原地區商代晚期和西周早期青銅器上的紋飾相仿,所以應該是商代晚期到西周早期之物。并且認爲西周甬鐘是由南方出土的有枚鐃發展而來的[5]。但也有一些學者認爲,湖南的大型鐃出土時一般没有伴隨物,也缺乏地層關係,難以據此判斷其時代。它們的紋飾與商代晚期和西周早期的中原青銅器紋飾有着較大區别,相反它們與春秋時期的越族青銅器紋飾有相似處,都是既有本地區文化特色,又模仿中原青銅器紋飾而予以强烈變形的一種地域性紋飾。而且在浙江等地出土的鐃,有與東周陶片以及典型越族青銅器共出的例子,所以南方出土的鐃應該是春秋時期越族青銅文化的遺物[6]。

本次展覽向長沙市博物館借展了一些比較典型的大鐃,其中一件是1983年6月出

[1] 高至喜:《中國南方出土商周銅鐃概論》,《湖南考古輯刊》第2集,岳麓書社,1984年,第128頁。
[2] 陳夢家:《中國銅器概述》,《海外中國銅器圖録》上册,北平圖書館,1946年。
[3] 郭沫若:《彝器形象學試探》,《兩周金文辭大系圖編》,日本文求堂書店,1935年。
[4] 陳夢家:《西周銅器斷代》(五),《考古學報》1956年第3期,第105頁;李純一:《試釋用、甬、庸并試論鐘名之演變》,《考古》1964年第6期,第310頁;李純一:《中國上古出土樂器綜論》,文物出版社,1996年,第105、124頁。
[5] 高至喜:《中國南方出土商周銅鐃概論》,《湖南考古輯刊》第2集,岳麓書社,1984年,第128—135頁;高至喜:《論中國南方商周時期鐃的型式、演變與年代》,《南方文物》1993年第2期,第52—53頁。
[6] 馬承源:《新淦大洋洲遺存的啓示》,江西省博物館、上海博物館合編:《長江中游青銅王國——江西新淦出土青銅藝術》,兩木出版社,1994年,第12頁;陳佩芬:《記上海博物館所藏越族青銅器》,《上海博物館集刊》第4期,上海古籍出版社,1987年,第221頁。

土於湖南寧鄉縣月山鋪轉耳侖的象紋鐃[1]（圖二）。該鐃
高 103.5、銑間 69.5、鼓間 48 釐米，重 221.5 公斤，是迄今發
現最大的青銅鐃。鐃體主紋爲凸起的圓弧形粗綫條組成
的變形大獸面紋，獸目爲螺旋形塊狀，飾有雷紋。鐃體四
周飾雷紋，鼓部飾相對而立的舉鼻象紋。甬飾雲雷紋，旋
飾一首雙身的龍紋。這件鐃器壁厚重，形制巨大，氣勢雄
偉，且單獨出土於山坡，很可能就是當時祭祀山川後的埋
存之物。

　　1993 年 6 月在湖南寧鄉縣老糧倉師古寨山出土的
九件雲紋鐃，是目前所知數量最多的一組編鐃[2]（圖三）。
其中最大的一件高 53.5、銑間 37、鼓間 27.7 釐米，重 31 公
斤；最小的一件高 36.5、銑間 26、鼓間 18 釐米，重 9.5 公
斤。這九件鐃形制相同，鐃體有枚，前八件大小依次遞

圖二　月山鋪轉耳侖象紋鐃

減，但差別不大，一般高度差距在 0.5 到 2 釐米之間，唯最後一件尺寸較小，與前一件的
高度差距有近 11 釐米。此外這一件鐃的紋飾與其他八件略有差異，前八件鐃均滿飾雲

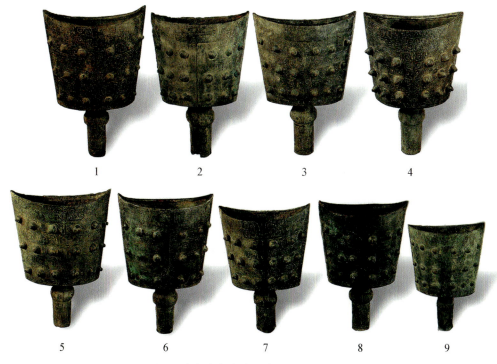

圖三　老糧倉師古寨山出土的九件雲紋鐃

［1］　盛定國、王自明：《寧鄉月山鋪發現商代大銅鐃》，《文物》1986 年第 2 期，第 44—45 頁。
［2］　長沙市博物館、寧鄉縣文物管理所：《湖南寧鄉老糧倉出土商代銅編鐃》，《文物》1997 年第 12 期，第 16 頁。

紋,正鼓部飾略凸起的獸面紋,甬旋以獸目紋爲主,個別飾C形耳紋,而第九件鎛則僅在鎛體的四周飾雲紋,甬與旋無紋飾。這是一個值得注意的現象,究竟是兩者間有缺環,還是最後一件是後補的。如果是這九件鎛中還有缺環,表明當時編鎛的實際使用數還要多,依前八件高度差距在0.5到2釐米之間計算,一套完整的編鎛至少還應該有五件。另外在這組編鎛中,第三件鎛的鼓部兩側飾有一個突出的虎紋,其他幾件鎛上均無此紋飾。據研究,西周中晚期的編鐘,有些鐘的鼓側飾有一個鸞鳥紋或龍紋,表明該鐘的側鼓音使用於整套編鐘的音階中,反之則不使用該鐘的側鼓音。這件鎛上鼓側的虎紋是否也具有類似作用,應該是可以研究的。這套編鎛經過測音,證實它們每一件都能發出兩個音,可以組成一個四聲音階。這與西周中晚期的編鎛以四聲音階結構爲主是基本一致的。與商代晚期中原地區編鎛以三聲爲主的音階結構相比,已有較大的發展。

圖四　老糧倉師古寨山出土的獸面紋鎛

與這九件雲紋編鎛一起出土的還有一件獸面紋鎛[1](圖四),鎛高54、銑間35.5、鼓間27.7釐米,重28.5公斤。鎛的鼓部飾獸面紋,兩側飾彎喙翹尾的鳥紋;鎛體以大獸面紋爲主,獸角上有一對龍紋;鎛的兩邊和底邊有十三個圓突的火紋;甬飾以雙目爲主的變形獸面紋,旋飾C形紋,通體有雲雷紋爲地紋。它的紋飾繁密縟麗,是南方出土的獸面紋大鎛中紋飾最爲精美的一件。這件鎛的紋飾結構與中原地區商代晚期青銅器的紋飾結構相仿,但其風格却具有強烈的地方特徵。它們與同爲寧鄉出土的商代晚期青銅器,如四羊方尊等相比,也有較大的區別。這種區別顯然不可以簡單地以製作方法不同爲由解釋,它們究竟是兩個不同族屬的製品,還是不同時期的遺存,有必要給以深入的研究。

三、新莽無射律管

律管是古代的定音器,據記載律管最初是用竹製,也用玉製,到漢代始用銅製。這與考古發現及傳世文物是相符的。迄今我國僅發現有兩例竹律,一是1986年湖北江陵雨臺山戰國中期楚墓中發現的兩支有銘文的殘律以及一些殘片和碎片;二是1972年湖南長沙馬王堆一號漢墓出土的十二支律管。經學者研究,前者是楚律,完整的應該有十二支,與其同時出土的有瑟一張,故其可能是用於調瑟之律[2]。後者經實測,其尺寸與

[1]　長沙市博物館、寧鄉縣文物管理所:《湖南寧鄉老糧倉出土商代銅編鎛》,《文物》1997年第12期,第16—27頁。
[2]　湖北省博物館:《湖北江陵雨臺山21號戰國楚墓》,《文物》1988年第5期,第35頁。

測音結果都與漢制不符,所以應該是明器,同出有一件明器竽,兩者可能是一套明器,律管用於調竽[1]。銅律迄今未見出土,唯有一件傳世銅律,現藏上海博物館(圖五)。此律曾經由《貞松堂集古遺文補遺》著録,其出土應該已有時日。該律殘長7.76釐米,刻有銘文二行"無射,始建國元年(正月)癸酉朔日制"。年字下半殘缺,"正月"二字是依據宋代薛尚功《歷代鐘鼎彝器款識法帖》著録的新莽大呂律管刻銘補的,除律名外,其刻銘與無射律管相同。大呂律管現已不知其下落,新莽銅律僅無射

1　　　　　　　　2

圖五　傳世銅律

律管存世,故其彌足珍貴。經過上海博物館馬承源和潘建明兩位學者的悉心研究,并依據銘文的排列距離、孔徑和頻率的數據等推算出了無射律管的確切長度,還據此復原了所有十二管。這一研究成果證實了漢代黄鐘的音高爲G_4-21的可信[2],也證實了黄鐘作爲十二律的基準對度量存在着校量關係,由此可以確認新莽律管是當時政府頒發的法定音高標準器[3]。

2000年1月11日初稿於上海博物館
原載《古樂新韵——中國古代青銅樂器》,上海人民美術出版社2000年

［1］ 湖南省博物館、中國科學院考古研究所:《長沙馬王堆一號漢墓》上册,文物出版社,1973年,第107頁。
［2］ 李純一:《中國上古出土樂器綜論》,文物出版社,1996年,第383頁。
［3］ 馬承源、潘建明:《新莽無射律管對黄鐘十二律研究的啓示》,《上海博物館館刊》第1期,上海人民出版社,1981年,第1頁。

關於晋侯蘇鼎件數的探討

　　晋侯墓地8號墓因遭盜掘，隨葬的器物有所流失，現在知道8號墓中出土青銅器中有晋侯蘇鼎五件。其中兩件被盜後，由當地公安機關收繳，現移交給了曲沃縣博物館。一件由上海博物館從香港古玩肆中購回。一件幸未被盜，由考古工作者在8號墓中清理發掘出來。此次在上海博物館舉辦《晋國奇珍——山西晋侯墓群出土文物精品》時，美國華裔收藏家范季融先生慷慨借展其收藏的晋侯青銅器，其中就有一件晋侯蘇鼎。這五件晋侯蘇鼎，形制、紋飾、銘文均相同，大小依次遞減，可知屬一套列鼎（圖一）。數年前，我在介紹我館收藏的晋侯青銅器的一篇小文章中，根據當時僅了解到兩件晋侯蘇鼎的情況，參照了陝西出土的散伯車父鼎和此鼎這兩套列鼎中各鼎之間的尺寸，推測晋侯蘇鼎可能是五件一套的列鼎[1]。此前李伯謙先生已經推測晋侯蘇鼎應該是"五或七件一套列鼎"[2]。以後孫華先生在《晋侯櫬/斷組墓的幾個問題》一文中也認爲晋侯蘇鼎應該是五件一套[3]。現在，這五件晋侯蘇鼎合璧於本次展覽，是非常難得的，至此應該説五件晋侯蘇鼎都已面世，原先的推測得到了證實，問題似乎已經解決。然而當我們將五件晋

圖一　五件晋侯蘇鼎

［1］　周亞：《館藏晋侯青銅器概論》，《上海博物館集刊》第七期，上海書畫出版社，1996年。
［2］　李伯謙：《晋國始封地考略》，《中國文物報》1993年12月12日。
［3］　孫華：《晋侯櫬/斷組墓的幾個問題》，《文物》1997年第8期，第33—34頁。

侯蘇鼎放在一起時，却發現，在第三鼎和第四鼎高度的差距似乎比起其他數鼎的差距要大很多。現將晉侯蘇鼎的尺寸列表如下[1]：

表一　晉侯墓地8號墓晉侯蘇鼎尺寸表

序號	器　名	編　號	高（釐米）	口徑（釐米）	收　藏　者
一	晉侯蘇鼎	9305-31-2	32.6	39	曲沃縣博物館
二	晉侯蘇鼎	9305-31-1	30.2	35.4	曲沃縣博物館
三	晉侯蘇鼎	76042	28	32.7	上海博物館
四	晉侯蘇鼎		23.5	26.6	美國范季融先生
五	晉侯蘇鼎	M8：28	21.3	24.8	晉侯墓地8號墓出土

由此可見，第三、第四鼎高度之間的差距在4.5釐米，而前三鼎高度之間的差距分別是2.4釐米和2.2釐米，後兩鼎高度之間的差距是2.2釐米。口徑的差距是，前三鼎之間分別是3.6、2.7釐米，後兩鼎之間是1.8釐米，但三、四鼎之間的差距却是6.1釐米。那麽，這一現象是原本應該如此，完全正常的呢，還是中間出現了一些問題？我認爲應該根據考古資料來討論和探究這個問題。

鄒衡、徐自强先生歸納出郭寶鈞先生對所謂列鼎概念的論述是"其形制、花紋、銘文彼此相同，而大小依次遞減"[2]。對"大小依次遞減"的理解，我認爲應該是一套列鼎自大而小是逐步遞減，每兩鼎之間的差距應該有一定的尺寸範圍，并非只要鼎有大有小即成列鼎。從目前收集到的一些考古資料來看，西周和春秋早期的青銅列鼎確實已經存在着符合上述列鼎概念的現象。春秋晚期和戰國時期的青銅列鼎出土資料儘管相對較多，但考慮到那個時期青銅列鼎的制度已趨於完善，與晉侯蘇鼎所處時代的列鼎制度可能有所不同，所以不予采用。基本上還是以與晉侯蘇鼎時代相近的考古資料爲主，并且爲了盡可能了解同一套列鼎中各鼎之間的依次遞減現象，也爲了探討晉侯蘇鼎的件數問題，我們以一套五件以上的列鼎資料爲主，五件以下的列鼎資料也予以省略。

現知西周時期最早的一套列鼎，應該是寶鷄竹園溝一號墓出土的一套獸面紋鼎，竹園溝一號墓的時代是西周早期的康王時期。該墓因人爲擾亂，部分隨葬器物被取出，後清理出土獸面紋鼎三件，加上隨後收集的兩件鼎，共計五件[3]。這五件鼎除了有三件爲索耳，兩件爲立耳外，器形和紋飾都相同，考慮到那時列鼎現象剛剛出現，其制度恐怕并不完備，我認爲它們應該屬於一套列鼎。這套鼎的尺寸列表如下：

---

[1]《晉國奇珍——山西晉侯墓群出土文物精品》（上海人民美術出版社，2002年）書中記録的晉侯蘇鼎尺寸有誤，第五次發掘簡報中記録的晉侯蘇鼎尺寸也有誤。
[2] 鄒衡、徐自强：《整理後記》，郭寶鈞：《商周銅器群綜合研究》，文物出版社，1981年。
[3] 盧連成、胡智生：《寶鷄強國墓地》，文物出版社，1988年。

表二　寶鷄竹園溝一號墓出土列鼎

序號	器　名	器　號	高（釐米）	口徑（釐米）	腹深（釐米）	重量（千克）	備注
一	獸面紋鼎	BZM1∶249	26.5	20.8	12	1.85	索耳
二	獸面紋鼎	BZM1∶2	25.6	21	10.9	1.65	方立耳
三	獸面紋鼎	BZM1∶1	25.2	20.4	11.1	1.65	索耳
四	獸面紋鼎	BZM1∶250	24.5	19.8	11.4	2.1	方立耳
五	獸面紋鼎	BZM1∶3	20.7	16.9	9.6	1.05	索耳

　　這套獸面紋鼎由高到低之間的差距分別是0.9、0.4、0.7、3.8釐米，口徑由於第二鼎比第一鼎要大，則由大到小是0.2、0.4、0.6、2.9釐米。這裏的第四、第五鼎之間的差距顯然要比其他幾鼎之間的差距要大。

　　寶鷄茹家莊一號墓甲室出土五件一套的兒鼎，該墓的時代是西周早中期之際的昭、穆時期。兒鼎均爲斂口，短頸，兩小圓環狀立耳，扁鼓腹，三小短足，通體素面無紋飾，形制相同，大小相次，應爲一套列鼎[1]。其尺寸如下：

表三　寶鷄茹家莊M1甲室出土列鼎尺寸

序號	器名	器號	高（釐米）	口徑（釐米）	腹徑（釐米）	腹深（釐米）	重量（千克）
一	兒鼎	BRM1甲∶1	17.7	17.4	22	11.2	2.25
二	兒鼎	BRM1甲∶2	15.3	15	18.7	9.6	1.8
三	兒鼎	BRM1甲∶3	15	14.5	18	8.7	1.85
四	兒鼎	BRM1甲∶4	13.5	12.6	15.8	8.1	1.1
五	兒鼎	BRM1甲∶5	11.5	10.2	13.8	7.2	0.8

　　這套鼎的高低之間的差距是2.4、0.3、1.5、2釐米，口徑間的差距是2.4、0.5、1.9、2.4釐米。第二、第三鼎之間的差距比較小。

　　河南三門峽虢國墓地2001號虢季墓出土列鼎一套，這套鼎共七件，形制、紋飾、銘文均相同，大小依次遞減，按銘文可稱之爲虢季鼎[2]。其尺寸如下：

表四　三門峽虢國墓地M2001（虢季墓）出土列鼎尺寸

序號	器名	器　號	高（釐米）	口徑（釐米）	腹徑（釐米）	腹深（釐米）	重量（千克）
一	虢季鼎	M2001∶390	39.8	44.2	42	21.4	17.4
二	虢季鼎	M2001∶66	36.8	42.6	39	19	15.55

［1］　盧連成、胡智生：《寶鷄強國墓地》，文物出版社，1988年。
［2］　河南省文物考古研究所、三門峽市文物工作隊：《三門峽虢國墓》，文物出版社，1999年。

（續表）

序號	器名	器　號	高（釐米）	口徑（釐米）	腹徑（釐米）	腹深（釐米）	重量（千克）
三	虢季鼎	M2001：82	34.6	39.6	36.6	18.6	14
四	虢季鼎	M2001：83	32.1	37.2	34	18.4	11.8
五	虢季鼎	M2001：106	29.6	32.4	29.4	15.1	8.2
六	虢季鼎	M2001：71	28.2	31.8	29.2	14.6	8.3
七	虢季鼎	M2001：72	25.4	28.6	25.8	14	5.6

　　虢季鼎自大而小，高度的差距分別是3、2.2、2.5、2.5、1.4、2.8釐米，口徑的差距分別是1.6、3、2.4、4.8、0.6、3.2釐米。

　　三門峽虢國墓地M2012梁姬墓也出土了五件形制、紋飾基本相同而大小依次遞減的一套垂鱗紋鼎[1]。尺寸如下：

表五　三門峽虢國墓地M2012（梁姬墓）出土列鼎

序號	器名	器　號	高（釐米）	口徑（釐米）	腹徑（釐米）	腹深（釐米）	重量（千克）
一	垂鱗紋鼎	M2012：1	36	37.2	36.3	17.8	11.35
二	垂鱗紋鼎	M2012：9	34	34.2	34	15.8	9.5
三	垂鱗紋鼎	M2012：2	30.4	29.6	29.6	13.6	7.2
四	垂鱗紋鼎	M2012：26	24.4	25	24.2	10.6	3.95
五	垂鱗紋鼎	M2012：33	22	21.2	20	10.8	3.15

　　這套鼎的高度差距分別是2、3.6、6、2.4釐米，口徑差距分別是3、4.6、4.6、3.8釐米。在這套鼎中第三、第四鼎之間的差距顯然要比其他各鼎之間的差距要大，但值得注意的是，第四鼎的耳部外側飾兩道凹綫紋，而其他四鼎的耳外側均飾重環紋，這裏不能排除第四鼎有另外配置的可能性。假設第四鼎爲另配的，那麼第三和第五鼎之間的高度差距有7.6釐米，除以2，就是3.6釐米。如此，第三、第四，第四、第五鼎之間的平均差距應該是3.6釐米左右，這個差距與第二、第三鼎之間的差距是接近的。

　　1890年在陝西扶風縣法門寺任村與克鼎等克器一起出土的有仲義父器數件，其中仲義父鼎有兩套。兩套鼎的形制、紋飾相似，器形都是立耳、方折沿、深腹、圜底、蹄足；紋飾都是在口沿下飾一道鱗紋，下有一條弦紋，兩套鼎鱗紋的式樣略有差異。但這兩套鼎的銘文内容不同，一套仲義父鼎有銘文六字，共五件，其中上海博物館藏三件，故宫博物院藏兩件。另一套仲義父鼎有銘文十六字現存四件，上海博物館藏兩件，故宫博物院

[1]　河南省文物考古研究所、三門峽市文物工作隊：《三門峽虢國墓》，文物出版社，1999年。

藏一件,另一件曾爲美國古董商所有,現不知何處。六字組的仲義父鼎尺寸如下:

表六　六字組仲義父鼎尺寸

序號	器　名	高(釐米)	口徑(釐米)	收藏單位
一	仲義父鼎	50	46.4	故宮博物院
二	仲義父鼎	45.5	43.1	上海博物館
三	仲義父鼎	39.6	39.2	上海博物館
四	仲義父鼎	39.2	37	上海博物館
五	仲義父鼎	33.6	35	故宮博物院

　　仲義父鼎的高度差距分別是4.5、5.9、0.4、5.6釐米,口徑差距分別是3.3、3.9、2.2、2釐米。其中三、四兩鼎間的高度差距較小,僅0.4釐米,但第四鼎的三足下各有一截較長的補鑄,可能是當時鑄造有缺陷後的修補,所以尺寸的偏高是肯定的。如果我們將第三和第五鼎之間的6釐米差距除以2,那麼第三、第四和第四、第五鼎之間的平均高度差距是3釐米。

　　晋侯墓地M93出土有一套波曲紋鼎,共五件,其尺寸如下[1]:

表七　晋侯墓地M93出土波曲紋鼎尺寸

序號	器　名	器　號	高(釐米)	口徑(釐米)
一	波曲紋鼎	M93∶33	36.8	44.6
二	波曲紋鼎	M93∶34	34	43
三	波曲紋鼎	M93∶35	32.4	39.9
四	波曲紋鼎	M93∶36	29.8	37.2
五	波曲紋鼎	M93∶37	28.2	33.9

　　M93波曲紋鼎的高度差距分別是2.8、1.6、2.6、1.6釐米,口徑差距分別是1.6、3.1、2.7、3.3釐米。

　　從以上各組列鼎的尺寸比較,特別是高度之間的差距比較數據來看,每套列鼎中由大到小的各鼎之間,高度和口徑基本上存在着依次遞減的現象。但僅就本文所收集到的資料數據來看,這種依次遞減似乎尚無規律可尋,也就是説并不存在着制度上對各鼎尺寸的規定,以及對遞減比例嚴格、具體的規定。然而就以上數據來看,我們也可以肯定,當時的工匠們在製作列鼎時,是在遞減尺寸相近的範圍內,由大到小的製作各鼎的。

---

[1]　上海博物館:《晋國奇珍——山西晋侯墓群出土文物精品》,上海人民美術出版社,2002年。

所以除了寶雞竹園溝一號墓出土的一套獸面紋鼎的第四、五鼎的高度差距比其他數鼎要大外,在其他出土資料的同一套列鼎中,并沒有發現各鼎之間尺寸差距很大的現象。寶雞竹園溝一號墓獸面紋鼎的這一現象,恐怕與前述此爲較早時的列鼎,當時的制度和製作均不完備有關。

　　還值得一提的是清光緒十六年(1890年)陝西扶風法門寺任村出土的七件一套小克鼎。當時一起出土的克器中共有八鼎,形制、紋飾均相似,其中一件特大,銘文有290字,習慣上被稱之爲大克鼎,另外七件形制、紋飾和銘文基本相同,是爲小克鼎。長期以來小克鼎分散收藏在中國和日本的七家博物館,有數鼎的相關數據長期未予公布,本文在收集資料的過程中,得到了本館同人和相關博物館的支持,收集到了小克鼎的主要數據。

表八　陝西扶風法門寺出土小克鼎尺寸

序號	器名	高(釐米)	口徑(釐米)	收藏單位	資　料　來　源
一	小克鼎	56.5	49	上海博物館	《上海博物館藏青銅器》
二	小克鼎	45.7	41.5	日本黑川古文化研究所	《黑川古文化研究所收藏品目録》
三	小克鼎	35.4	33.3	故宮博物院	《故宮青銅器》,口徑由劉雨先生惠告
四	小克鼎	35.2		日本京都藤井有鄰館	《有鄰館精華》
五	小克鼎	35.1	32.8	天津藝術博物館	承蒙本館徐汝聰女士惠告
六	小克鼎	29.5	29	日本書道博物館	承蒙在東京國立博物館工作的丁義忠先生惠告
七	小克鼎	28.5	29	南京大學博物館	承蒙本館宋健先生惠告

　　小克鼎的數據顯示,它們的高低大小明顯不同於本文所舉其他各套列鼎在一定尺寸範圍內的依次遞減,表現出一種無序的遞減現象,這是一種什麼現象,還有待於研究。此外,七件小克鼎和一件大克鼎的組合,也與本文其他數套列鼎不同,這種組合形式與小克鼎高低遞減的無序是否有關,也是可以研究的。

　　現在再來探討晉侯蘇鼎第三、第四鼎之間尺寸的差距問題,這兩鼎之間的高度差距是4.5釐米,比其他各鼎間的差距要大,口徑差距是6.1釐米,也比其他各鼎間的差距要大許多。與上述列鼎的數據資料相比(小克鼎的資料尚需研究,故不屬此例),這個差距顯然是不合理的。假設晉侯蘇鼎確爲五件一套的列鼎,第四鼎在製作時出現差錯,所以和第三鼎之間存在如此大的差距的話,我們將第三、第五鼎高度之間的6.7釐米差距除以2,那麼第三、第四和第四、第五鼎高度之間的平均差距應該是3.35釐米。這個數據比較前三鼎之間的高度差距,還是要大,恐怕還是未必合理,何況第四、第五鼎高度之間的2.2釐米的差距也與前三鼎之間的差距相近,表明第四鼎的高度是符合整套鼎的設計的。如果我們假設晋侯蘇鼎是七件一套的列鼎，缺失了第四、第五鼎，將現存第四鼎作爲第六鼎來看，把第三、第六鼎高度之間的4.5釐米差距除以3，則第三、第四，第四、第五和第五、第六鼎之間的平均差距是1.5釐米，這又比前三鼎和後二鼎之間的差距要小許多，這也未必合理。可如果依然以晋侯蘇鼎爲七件一套的列鼎，設想現第四鼎應該爲第五鼎，那麽以第三和第五鼎之間4.5釐米的高度差距除以2，則第三、第四和第四、第五鼎之間的平均高度差距是2.25釐米，這個數據是很接近現存前三鼎和後二鼎高度之間的差距了。但是，雖然按此設想各鼎之間的高度差距幾乎相等，可是由此却只有六鼎，這顯然不符合列鼎以奇數成列的原則。對此，我們大膽推測晋侯蘇鼎可能還缺失了第一或第七鼎，也就是説現存五鼎可能是第二、三、四、六、七鼎，或者是第一、二、三、五、六鼎。如果是前者，那麽現存的晋侯蘇鼎可能缺失了第一、五兩鼎，如果是後者，則應該缺失了第四、七兩鼎。

　　以上我們根據西周和春秋早期青銅列鼎資料中的一些數據，推斷晋侯蘇鼎很可能是七件一套的列鼎。這一推斷能否成立，除了期待有形制、紋飾和銘文相同的晋侯蘇鼎的出現外，還需解决幾個問題。一是根據現有資料，晋侯墓地M8中共有四件方座簋，儘管鼎和簋的器主名字不同，但一般認爲它們是晋獻侯同一人的名和字的關係。這樣，按照常例五鼎四簋是符合當時的制度的，如果是七鼎的話，那麽應該還須有兩簋才可以。二是晋獻侯的夫人墓，即M31是個未被盜擾的墓葬，其中出土三鼎二簋，按照夫人墓隨葬鼎數比其丈夫要次一等的常例推斷，晋侯蘇鼎還是應該屬於五件一套的列鼎。本文僅僅是提出一種可能，供學術界在研究中參考，其合理與否，尚有待於考古工作和研究工作的判斷，也有待於各位方家的指正。

附記：

　　本文在資料收集過程中，承蒙劉雨先生、丁義忠先生、宋健先生、徐汝聰女士、孫峰女士及天津藝術博物館、南京大學、日本書道博物館和東京國立博物館相關工作人員的大力支持，謹此致謝。

2002年11月22日修訂於上海博物館

原載《晋侯墓地出土青銅器國際學術研討會論文集》

補記：

　　原美國范季融先生所藏晋侯蘇鼎已捐贈給上海博物館。

晋侯墓地出土青銅器的器形、裝飾和功用的幾點分析

在20世紀的最後十年中,由北京大學考古學系和山西省考古研究所在山西省曲沃縣和翼城縣交界處的天馬——曲村晋文化遺址中聯合發掘的晋侯墓地中,共發掘清理了九組十九座晋侯及其夫人的墓葬。這輝煌的成果,當之無愧地成爲了20世紀中國最重要的考古發現之一。在西周早期至春秋初年的歷代晋侯及其夫人墓中,出土了大批的珍貴文物,其中青銅器是最爲精彩的一部分。晋侯墓地出土的青銅器不僅具有西周時期青銅文化的共性,也鮮明地表現出晋國青銅文化的特性,成爲了解和研究中國青銅器不可或缺的重要資料。

晋侯墓地出土的青銅器從已公布的資料來看,有下述幾個特點:

一、出現了一些新的器形

有些青銅器的器形是以往從未出現過的,它們無法歸屬於現知青銅器器類中的任何一種。這些器物甚至連它們的定名都未能確定。

1993年63號墓(晋穆侯夫人墓)中出土的立鳥人足筒形器就是晋侯墓地中出現的新器形之一,此器高23.1、筒徑9.1釐米。器作圓筒形,平頂蓋,上有圓雕彎喙、振翅的立鳥爲鈕,蓋沿與口沿各有一對貫耳。下有方座,座內斜挂有兩隻小鈴,四面各有一個人形足。人形髮髻高竪,赤身裸體,屈膝下蹲,作奮力抬舉狀,形象寫實生動。蓋頂飾斜角雲紋一周,蓋沿和口沿飾變形獸體紋,筒腹和方座飾波曲紋,筒下層飾鱗紋一周(圖一)。這種形制的青銅器尚屬首見,其功用和器名還有待於深入研究。

在113號墓,即晋侯𫘪父的夫人墓中,出土了兩件仿陶青銅器,一件是繩紋雙耳罐(圖二),另一件是直

圖一　立鳥人足筒形器

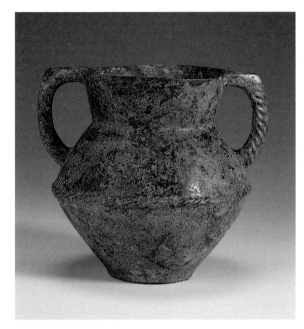

圖二　繩紋雙耳罐

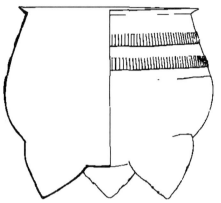

圖三　直稜紋三足瓮

棱紋三足瓮(圖三)，它們也是青銅器序列中首次出現的器形。繩紋雙耳罐高14.5、口徑10.7釐米。敞口高領、束頸斜肩、折腹下收、平底，繩索形雙折耳，腹部飾繩紋一周。此罐形制在青銅器中首見，相似的陶雙耳罐，在甘肅、青海等地的新石器時代，如齊家文化、馬家窑文化的遺址中却有較多的發現。這件青銅雙耳罐應該不會是中原地區的製品，它很可能是西北地區羌戎的遺物。青銅雙耳罐在晋侯墓地的出土，表明在晋國早期與外族有着比較廣泛的交往。也對了解當時邊遠地區的青銅文化有着非常重要的意義。直棱紋三足瓮出土時斜置在猪尊的口上，高10.5、口徑10.1釐米。侈口，折沿，圓鼓腹，圜底，下有三個大圓錐足。同墓出土有一件形制相同的陶三足瓮，表明這件青銅三足瓮應該是當地製作的，在青銅器器形序列和鑄造技術已相當成熟的當時，爲何要鑄造這麽一件仿陶三足瓮，是值得探究的一個課題，或以爲這是當地土著民族受到周人青銅文化影響後的一種嘗試。這兩件仿陶銅器在青銅器中是否屬於禮器系列，如是，則在禮器中有何用途？ 起何作用？ 如不屬於禮器，那用青銅製作代表了哪一種文化思想？ 這些都是非常值得注意的問題。

在晋侯墓地出土的青銅器中不少器形爲該器類中首次出現，特別是動物形青銅器的種類之多，是以往考古發現中難得一見的。動物形尊雖然是青銅器中固有的器類，但晋侯墓地出土的動物形尊的造型多是過去從未見過的。

M114(晋侯變父墓)出土的鳥尊，高39、長30.5釐米。尊作佇立回首的鳳鳥形，頭微昂，圓睛凝視，高冠直立。禽體豐滿，兩翼上卷，鳥背依形設蓋，蓋鈕爲小鳥形。雙腿粗壯，爪尖略蜷。鳳尾下設一象首，惜象鼻殘缺，依據象首曲綫分析，象鼻似該内卷上揚，與雙腿形成穩定的三點支撑。鳳鳥頸、腹、背飾羽片紋，兩翼與雙腿飾雲紋，翼、蓋間飾立羽紋，以雷紋襯地，尾飾華麗的羽翎紋(圖四)。鳥尊造型寫實、生動，構思奇特、巧妙，裝飾精緻、豪華，是一件罕見的藝術珍品。《周禮・春官・司尊彝》記載古代祭祀禮器中有所謂的"六尊六彝"，"鳥彝"即爲其一。鳥尊的蓋內和腹底鑄有銘文"晋侯乍向太室寶尊彝"，可證其確爲宗廟禮器。鳥形尊在商代晚期多以凶猛的鷙鳥和鶚的形象作器形，自西周以後鷙鳥和鶚的形象不見了，開始代之以美麗優雅的鳳鳥形象，這除了商、周在宗教理念上的區別外，恐怕與《國語・周語》中"周之興也，鸑鷟鳴于岐山"的傳說也有一定的關係，鸑鷟即古代鳳鳥，這也就是"鳳鳴岐山"的由來，鳳鳥成爲周人的祥瑞，所以西周以後在青銅器的器形和紋飾上就常見以鳳鳥爲題材的裝飾。1929年洛陽馬坡出土的西周早期守宮諸器中也有一件鳥尊，其

圖四　鳥尊

造型與晋侯鳥尊相似，但鳥頭不作回顧式，鳳尾長垂及地，形成支撐。守宮諸器一般認爲是西周早期，但其中守宮鳥尊的時代被認爲屬於西周早、中期之際。晋侯燮父是西周成、康時期之人，所以燮父墓出土的鳥尊比守宮鳥尊的時代要早，是現知最早的鳳鳥形青銅尊。

　　豬尊是M113出土的，高22.4、長39釐米。豬體碩壯，四足平踏。吻部略上翹，嘴角出獠牙，雙耳斜聳，背脊有鬃一道，尾上卷。豬背上有圓形口，上有蓋，蓋有圈形捉手。器腹中空，在頸部與豬首相隔。蓋沿有目雷紋一周，器腹兩側飾圓突的火紋，外有平凸的變形獸紋一周（圖五）。豬尊的器腹中空，頸、腹間鑄有隔，使頭部與腹部相隔開，它應該是盛酒器的一種。湖南湘潭曾出土一件商代晚期的豬尊，形制、紋飾與此均有較大的區別，分屬兩種不同的青銅文化。湘潭的豬尊作野豬形，這件則是家豬的模樣，且造型更爲寫實。《歐洲所藏中國青銅器遺珠》中著錄了一件春秋晚期的青銅豬形器，該器的器身飾鏤空的蟠龍紋，顯然不是容器。除此之外，青銅器中尚未見有其他形式的豬尊。

　　兔尊在晋侯墓地共出土有七件，其中8號墓，即晋獻侯蘇墓出土3件，獻侯之子

圖五　豬尊

圖六　八號墓的兔尊　　　　　　　　　　圖七　六四號墓的兔尊

晋穆侯費王之墓,即64號墓,出土4件。這些兔尊有兩種形式,一式現知有兩件,這兩件尊形制、紋飾相同,8號墓的兔尊高22.28釐米,64號墓的兔尊高22.1釐米,它們幾乎是一模所鑄,所以很有可能是同時製作的。這兩件兔尊,兔作匍匐狀,雙目前視,兩耳向後并攏,四腿蜷曲。腹部中空與背上突起的敞口長頸尊口相通,足間有矮長方形圈足(圖六)。從器形看,它們是傳統的大口長頸尊與動物形尊的結合體。這種形式的動物形尊在青銅器中僅此一例,現藏英國大英博物館和日本根津美術館的商代晚期雙羊尊,雖説背上也有筒形尊口,但它們都做長橢圓形,形式上更接近當時的扁壺。遼寧喀左出土的鴨尊,背上有敞口圓形尊口,但没有圈足。這兩件兔尊的形式表現出了晋文化獨特的造型藝術。兔身兩側飾三層依次凸起的圓形紋飾,由裏向外是火紋、四目相間的斜角雷紋和勾連雷紋。二式兔尊的形制、紋飾均相同,唯有大有小。兔作爬伏狀,前肢點地,後腿彎曲,猶如跳躍前之一瞬間,生動地表現出了兔子膽怯而又機警的特點。兔腹中空,背上開有圓角長方形口,并覆以與兔身渾然一體的蓋,蓋上有扁圓形鈕(圖七)。兔身兩側飾圓形的火紋、四目相間的雷紋和勾連雷紋。M8出土的二式兔尊中,大的一件高20.1、長35.8釐米,小的一件高13.8,長20.4釐米。這幾件兔尊造型生動、形象逼真。以兔作爲尊的器形,在青銅器中尚屬首見。

此外,上海博物館收藏的晋侯墓地1、2號墓出土的兩種形式的晋侯鞥盨,其器形都是以往同類器中從未見過的新式樣。

二、出現了一些新的藝術形式

在晋侯墓地出土的青銅器中,有的器形和紋飾雖見之於其他地方的考古發現之中,但它們獨特的藝術造型和裝飾却可以説是集衆器之長,而獨步天下。

晋侯斱壺出土於晋侯墓地8號墓。共兩件,一件高68.8、口縱18、口橫22.8釐米;另一件高67.2、口縱18、口橫22.2釐米。兩件壺的形制、紋飾、銘文均相同。壺作假蓋形長頸垂腹橢方形，從外形看，壺蓋似乎與常見的子口内插的壺蓋相同，實際不然，其壺口開在四周圍以鏤空波曲形華冠之中。蓋爲平蓋，上有山形鏤空捉手。雙耳作象首形，其上揚的長鼻又做成曲體的龍形，耳内各套一環。蓋面飾體軀交纏的吐舌龍紋，口下和圈足飾獸目交連紋，頸部飾波曲紋，腰横一道鱗紋，腹部以一個圓突的雙身龍首爲主，輔以多條身軀相交的龍紋（圖八）。整器造型別致、雄渾；紋飾華美、流暢。蓋内鑄銘文4行26字，記晉侯斷作此壺，用於祭祀其祖、父。8號墓中出土有晉侯穌鼎、鐘等，或以爲晉侯穌與晉侯斷爲同一人，穌爲其名，斷爲其字。晉侯斷壺的形制和紋飾在當時是非常新穎的，1940年陝西省扶風縣法門寺任村出土

圖八　晉侯斷斤壺

西周晚期的梁其壺，形制與此很接近，也作假蓋的式樣，唯蓋鈕作一臥牛的形式。梁其壺的腹部紋飾與晉侯墓地M64出土的一對方壺的紋飾相同：由寬帶組成的十字形界欄將腹部分爲四個區域，每個區域内飾一組獸目交連紋。時代稍晚的頌壺，雖然不作假蓋的式樣，但其腹部紋飾却與晉侯斷壺相同，在西周晚期和春秋早期有不少方壺的腹部都流行此類龍紋。然而以假蓋的方壺裝飾這種活潑的龍紋，晉侯斷壺是唯一的。

　　在晉獻侯穌的夫人墓M31中出土過一件鳥蓋人足盉，是扁橢圓體曲流盉，頂有長方形口，口沿外侈，上爲圓雕的振翅鳥形蓋，以熊形鏈與器相連。器前有昂首曲頸的龍首形流，後爲獸首形鋬。器足爲兩個裸體的半蹲人形，身前傾，背負器身，形象極其生動，非常逼真傳神地表現出這兩人負重時的姿態。盉身兩側飾三周圓形紋飾，中間是蜷體的團龍紋，其次是一周鱗紋，外圈是斜角雲紋。盉身上部飾體軀相交的龍紋，有細雷紋爲地，兩側爲鱗紋（圖九）。這件盉造型別致，構思奇特。西周晚期這種形制的鳳鳥蓋扁盉過去也有發現，如陝西扶風縣齊家村出土的它盉以及陝西臨潼零口出土的豐妊單盉。但是以人形作爲器足，却未曾見過。值得注意的是，在晉侯墓地出土了不少以人形爲器足的青銅器，除此之外，還有M1、M2出土的晉侯鞪盨、晉侯鞪

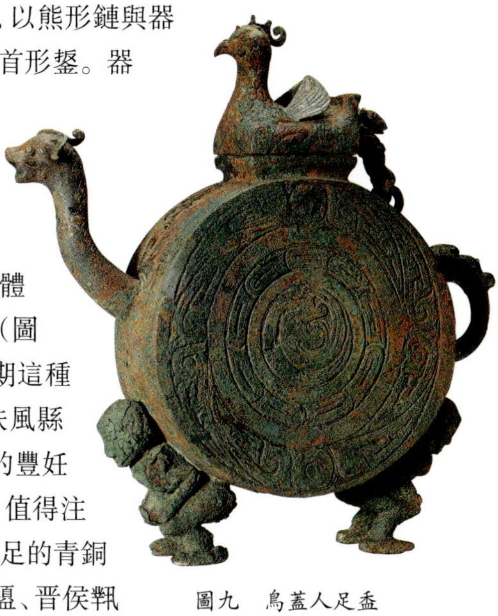

圖九　鳥蓋人足盉

匜；M63出土的立鳥人足筒形器和龍耳人足方盒等，這些人物的姿態、臉形、髮式各不相同，有的着衣，有的裸體，它們或舉、或抬、或扛起器物。如此集中的出土人形足的青銅器，是以往考古發現中非常罕見的，它們反映了什麼樣的文化現象，也是很值得探究的。

三、出現了一些青銅器功用的新證據

　　晉侯墓地出土的部分青銅器，爲解決長期以來困惑學術界的個別器類的功用問題提供了綫索。如在M63、M62分別出土了龍耳人足方盒和波曲紋虎足方盒，M63出土的龍耳人足方盒高9.3，長19.2釐米。器作長方形方盒，頂部有兩扇可以開啓的小蓋，其中一蓋設臥虎形鈕。方盒四面各攀爬一條回首吐舌的龍形耳，四隅有勾曲形棱脊。方盒以四個裸身踞坐的人形爲足，其背對方盒，雙手後擺，背負手抬以承其重。蓋面飾兩頭龍紋，四周圍着箭鏃形幾何紋。盒壁飾變形獸體紋，下爲波曲紋（圖十）。這種青銅方盒，過去被誤稱爲鼎形方盒，其實這類器物除了器底有四足外，與鼎類器毫不相干，其功用更是不得而知。這次在晉穆侯的兩位夫人墓中分別出土了青銅方盒，而且近年在甘肅禮縣圓頂山春秋秦墓中出土的青銅方盒也是在女性墓中發現的，這對解決青銅方盒功用問題具有非常重要的提示性意義。在M63中還發現了一件已經銹蝕成粉末的青銅盒，裏面盛放了玉人、玉熊、玉牛、玉羊、玉鷹、玉龜等玉器，這就爲解決青銅方盒的功用問題提供了最直接的依據，它表明青銅方盒應該是女性用來盛放飾件或其珍藏的小型物件的。至此，可以説青銅方盒的功用問題已經基本得到解決。

圖十　龍耳人足方盒

原載《歷史文物》（臺北國立歷史博物館館刊）第十二卷十二期（2002年12月）

晋韋父盤與盤盉組合的相關問題

一

上海博物館近來徵集了一件西周時期的晋韋父盤，高15、口徑34釐米，重3 850克。盤爲方折沿，淺斜腹，直壁的圈足上連鑄三條螺紋長蹄足，圓條形附耳由盤的腹壁近底部處歧出，雙耳緊附於器腹，與盤的口沿幾乎等高（圖一）。這種形制的青銅盤比較罕見，盤在商代早期出現以後，直至商代晚期，基本上都是折沿、淺斜腹，圈足的形式，幾乎没有加置雙耳的式樣，圈足上也未見有連鑄柱足的。至西

圖一　晋韋父盤

周早期偏晚的時候，方才出現帶附耳的盤，但數量還是較少。直至西周中期之後，附耳盤才逐漸成爲青銅盤的基本樣式，但雙耳通常低於口沿，或與口沿等高。到了西周晚期，附耳由圓條形開始演變爲寬厚的扁平條形，雙耳高出盤的口沿，并且出現了龍形鋬的形式。除了西周中期的免盤圈足下連鑄有三條短的柱足外，在西周中期及以前的青銅盤上很少有圈足下連鑄柱足或蹄足的，也是在西周晚期，青銅盤的圈足下連鑄三足的式樣逐漸出現，但三足的式樣與同時期青銅簋的圈足下連鑄的三足相似，以獸首形短扁足的式樣爲主，間或出現一些人形足和獸形足。

盤的腹部鑄有鳳鳥紋一周，下飾弦紋一道，附耳飾鱗紋。盤壁的鳳鳥紋，前後可分爲兩組。以兩耳橫置，圈足下一足向前爲放置方向的話，前一組鳳鳥紋兩邊各有三隻鳳鳥相向而立，後一組鳳鳥紋則是兩邊各有兩隻鳳鳥相向而立（圖二）。經測量，此盤的紋飾周長爲100.5釐米，前一組鳳鳥紋長53釐米，後一組鳳鳥紋長47.5釐米，所以儘管前後兩組紋飾中鳳鳥的數量并不相同，但它們所占面積的差別却不是很大的，以至粗略一看，兩組紋飾似乎是各占了盤壁的一半。前一組鳳鳥紋儘管兩邊各有三隻鳳鳥，但它們除了在中綫的相對處有一個鋪首形短扉棱相間隔外，每一側的三隻鳳

圖二　晋韋父盤腹壁紋飾拓片

鳥是首尾相連,非常緊凑。後一組鳳鳥紋則除了在中綫的相對處設置有鋪首形短扉棱作間隔外,每一隻鳳鳥之間也都設置了鋪首形短扉棱作間隔,所以雖然後一組鳳鳥紋只有四隻鳳鳥,但它們的紋飾帶却因此而拉長了許多。這種鳳鳥紋屬於馬承源先生所謂的花冠鳳紋[1]。陳公柔先生和張長壽先生在《殷周青銅容器上鳥紋的斷代研究》一文中,根據陝西長安張家坡出土的師旋簋口沿下的這類鳳鳥紋,將它排列爲3型6式2號[2],認爲這類鳳鳥紋的尾羽出現了向竊曲紋演化的迹象,并依據郭沫若先生將師旋簋斷代爲西周厲王時期的説法,推斷這類鳥紋出現的時間是在恭懿以後的西周中晚期之交。

　　盤的内底鑄有銘文兩行十三字,重文一,"晋韋父乍寶舟(盤)其萬年子子孫永寶"(圖三)。作爲器名,"盤"字在金文中一般寫作"般"或"般",也有的直接寫作"盤",寫成"舟"字的幾乎没有。根據《殷周金文集成》所録的盤銘統計,商代的青銅盤幾乎没有自銘的,一般是以"寶尊彝"等共名稱之,西周早期的盤銘也很少有自銘的。從字體分析,大概是在西周早期偏晚的時候,青銅盤上開始出現自銘,一般以自銘爲"般"字者居多。晋韋父盤自銘爲"舟",可能更多地保存了"舟"字的古義。從青銅盤自銘中的"盤、鑾、般、般"等字形中可見,"舟"是它們共有的意符。《周禮·春官·司尊彝》:"裸用鷄彝鳥彝,皆有舟。"鄭玄注引鄭司農云:"舟,尊下臺,若今時承槃。"元末陶宗儀《輟耕録》卷十七:"古器之名,則有鍾、鼎、尊、罍、彝、舟……之屬。""舟"下原注:"類洗而有耳。"《正字通·舟部》:"舟,一説古彝有舟,設而陳之,爲禮神之器,以酌以裸,皆挹諸其中而注之。舟與彝二器相須,猶尊之與壺,瓶之與罍。先儒謂舟形如盤,若舟之載物,彝居其上。非也。"雖然對"舟"即盤的説法持否定的態度,但也透露出"先儒謂舟形如盤"的信息。由此可見,舟的古義中確實具有盤的意思。[3]據本銘,舟可能是盤的本名,

[1]　上海博物館青銅器研究組編:《商周青銅器文飾》,文物出版社,1984年。
[2]　陳公柔、張長壽:《殷周青銅容器上鳥紋的斷代研究》,《考古學報》1984年第3期,第277頁。
[3]　朱鳳瀚先生在《古代中國青銅器》一書中引用林巳奈夫在《殷周青銅器研究》中的觀點,認爲"般"字在甲骨文中从凡从攴,"西周金文將凡寫作舟,乃形近而訛"。

"盤、鎜、般、舨"等字則可能是其後起字。

　　與晋韋父盤關係非常密切的一則考古資料，是20世紀80年代在山西曲沃和翼城之間的天馬——曲村晋文化遺址中M6384發掘的一件晋仲韋父盉和一件家父盤，兩器同出於該墓棺椁之間的南端[1]。晋仲韋父盉是一件帶蓋的四足盉，蓋上有圓雕的野猪形鈕，侈口，高頸，管狀流，扁圓腹，分襠較淺，襠下有相套的雙環，牛首鋬，有牛首形環與蓋相連，四柱足。蓋沿和盉頸部飾長尾鳳鳥紋，有雲雷紋地。蓋內和器口內各鑄有銘文十二字："晋中（仲）韋父乍旅盉，其萬年永寶。"晋仲韋父應該就是晋韋父，在金文中，同一人的器物，銘文中或省略其排行的例子有很多。1960年陝西扶風縣召陳村西周窖藏中出土的散車父器群中，四件鼎的銘文中器主是散伯車父，同出的五簋、二壺的銘文中器主爲散車父，顯然簋、壺銘文中的器主名中省略了其排行"伯"[2]。1976年陝西扶風縣莊白一號窖藏出土的㣈器中，兩件盆的器主是微㣈，但簋和匕的器主均爲微伯㣈[3]。1960年在扶風齊家村西周窖藏中出土有四件形制、紋飾和銘文都基本相同的簋，其中兩件簋的銘文中器主是"仲友父"，另外兩件簋的器主則只稱"友父"[4]。其他如梁其，又叫伯梁其；單伯昊生，又叫單昊生；曾仲斿父，又叫曾斿父等。

圖三　晋韋父盤銘文拓片

　　家父盤的器形和紋飾與晋韋父盤完全相同，連尺寸也幾乎一樣，所測數據的差別都在幾毫米之間。雖然没能目驗家父盤原器，但從已發表的照片、拓片和綫圖來看，家父盤的紋飾布局應該也是和晋韋父盤相同。即盤腹的鳳鳥紋分爲前後兩組，一組爲兩兩相對的四隻鳳鳥紋組成，另一組由一邊三隻共六隻鳳鳥紋組成。查上海博物館所藏的青銅盤，以及資料中所見的一些青銅盤，盤腹的紋飾一般都作三等分，分爲三組，或作一周連續排列，基本没有前後兩組的形式。可見這種紋飾的排列形式是非常罕見的。此外，家父盤內鑄有銘文兩行十三字："家父作寶盉其萬年子子孫永寶。"兩個盤的銘文內容基本相似，都是"子"字重文，而"孫"字不用重文，且字體也如出自一人之手。由此，我們幾乎可以確定，晋韋父盤和家父盤應該是同時、同地，由同一批工匠所鑄造的，它們之間應該有比較密切的關係。

　　天馬——曲村遺址M6384的時代被定爲西周中期偏早，晋韋父盤應該就是這個時

［1］　北京大學考古學系商周組、山西省考古研究所：《天馬——曲村遺址（1980—1989）》第二册，科學出版社，2000年，第495頁。

［2］　史言：《扶風莊白大隊出土的一批西周銅器》，《文物》1972年第6期，第31頁。

［3］　陝西周原考古隊：《陝西扶風莊白一號西周青銅器窖藏發掘簡報》，《文物》1978年第3期，第5頁。

［4］　陝西省博物館、陝西省文物管理委員會：《扶風齊家村青銅器群》，文物出版社，1963年。

期的器物。由此也可確定，在晉韋父盤、家父盤上裝飾的這種長尾鳳鳥紋，應該是出現在西周中期偏早，不會遲至西周中晚期之際。

二

晉韋父盤、晉仲韋父盉、家父盤之間的這種密切而又微妙的關係，給我們提出了一些問題，關鍵的問題是，爲什麽晉仲韋父盉與家父盤形成組合，而不是與同一器主的晉韋父盤形成組合。爲此有必要首先探討一下盤、盉組合的形式和特點。

爲了探討這些問題，我們將已收集到的部分盤、盉的出土資料列表如下：

出土地點	時代	數量 盤	數量 盉	盤的紋飾	盉的紋飾	盤銘文	盉銘文	資料出處和備注
湖北黄陂盤龍城李家咀 PLZM2	商代早期	1	1	獸面紋	獸面紋			《盤龍城》
北京市平谷縣劉家河墓葬	商代中期	2	2	I式盤外壁飾弦紋，盤内飾火紋、鳥首魚尾紋	II式盉飾弦紋			《文物》1977.11
				II式盤内壁飾黿紋、魚紋	I式盉飾獸面紋			
河南安陽婦好墓	商代晚期	2	6	龍紋	I式盉飾獸面紋、斜角雲雷紋	2件銘"婦好"	4件銘"婦好"	《殷墟婦好墓》
					II式盉飾龍紋、雲雷紋			
河南安陽郭家莊160號墓	商代晚期	1	1	腹部飾鱗紋圈足飾龍紋	弦紋	亞址	亞址	《安陽殷墟郭家莊商代墓葬》
河南安陽殷墟西區1713號墓	商代晚期	1	1					《考古》1986.8
陝西涇陽高家堡71SJGM1	西周早期	1	1	列旗式獸面紋	變形龍紋		戈父戊	《高家堡戈國墓》
陝西涇陽高家堡91SJGM4	西周早期	1	1	獸面紋、圈足四瓣目紋和火紋	鳥紋		子弓作尊彝	《高家堡戈國墓》
河南鹿邑太清宫長子口墓	西周早期	1	1	腹部龍紋圈足獸面紋	雲雷紋		子口	《鹿邑太清宫長子口墓》

（續表）

出土地點	時代	數量		盤的紋飾	盉的紋飾	盤銘文	盉銘文	資料出處和備注
		盤	盉					
陝西長安花園村 M17	西周早期	1	1	腹部蟬紋圈足目紋	鳥蓋，頸部目雷紋	公作寶尊彝	公作寶尊彝	《文物》1986.1
								銘文與同墓其他銅器銘文不同
陝西寶雞竹園溝 M13	西周早期	1	1	器腹和圈足：火紋和四瓣目紋	蓋沿，器頸：列旗式獸面紋	貫父辛□		《寶雞㠭國墓地》
河南平頂山 M84	西周中期	1	1	回首龍紋	目雲紋	作獸宮彝永寶	作獸宮彝永寶	《文物》1998.9
								銘文與同墓其他銅器銘文不同
陝西寶雞茹家莊 M1乙	西周中期	2	1	BRM1.乙：1 斜角雲雷紋	獸面紋、斜角雲雷紋	BRM1.乙：1 㠭伯自作盤鑑	㠭伯自作盤鑑	《寶雞㠭國墓地》
				BRM1.乙：2 斜角雲雷紋		BRM1.乙：2 㠭伯作用盤		
陝西臨潼零口南羅土坑墓	西周中期	1	1	竊曲紋	竊曲紋	貞作寶般其萬年子子孫孫永寶用		《文物》1982.1
								盤的紋飾看不清，按報告而定
河南洛陽北窯 M385	西周中期	1	1	素	素			《洛陽北窯西周墓》214頁
陝西扶風法門寺伯戔墓	西周中期	1	1	帶流盤回首龍紋	回首龍紋	白雍父自作用器	父作寶彝	《文物》1976.6
								兩器紋飾有差異
陝西扶風齊家村19號墓	西周中期	1	1	鳥紋	鳥紋			《文物》1979.11
陝西扶風齊家西周窖藏	西周晚期	1	1	鱗紋	扁盉腹部有一周鱗紋	它	它	《考古》1963.8
								同出有一匜飾鱗紋，無銘文
長安張家坡西周銅器窖藏	西周晚期	1	1	鱗紋	竊曲紋	伯百父作孟姬朕（媵）般	伯百父作孟姬朕（媵）鑑	《長安張家坡西周銅器群》
陝西岐山董家村一號窖藏	西周晚期	1	1	鱗紋	鱗紋			《文物》1976.5
山西天馬—曲村遺址 M5150	西周晚期	1	1	鱗紋	鱗紋			《天馬—曲村遺址1980—1989》第二冊445頁

（續表）

出土地點	時代	數量		盤的紋飾	盉的紋飾	盤銘文	盉銘文	資料出處和備注
		盤	盉					
山西晉侯墓地92號墓	西周晚期	1	1	盤腹鳥紋（頭尾有龍紋,式樣奇特）圈足是斜角雲紋	竊曲紋	唯五月初吉庚寅晉侯喜父作朕文考剌侯寶盤子子孫孫永寶用		《文物》1995.7
山西晉侯墓地8號墓	西周晚期	1	1		紋飾看不清			《文物》1994.1
								盤器形未見,報告認爲它們是明器
山西晉侯墓地31號墓	西周晚期	1	1	龍紋	人足扁盉龍紋	有銘文一篇,但模糊不清		《文物》1994.8
山西晉侯墓地63號墓	西周晚期	1	1					《文物》1984.8
								器形均未見
甘肅禮縣圓頂山98 LDM1	春秋早期	1	1	蟠龍紋	扁盉,蟠龍紋			《文物》2002.2
								紋飾與同墓出土的簋、B型壺、方盒以及轄害相同,與鼎、A型壺等不同;同出一匜,但紋飾不同

　　從表中我們可以看到,盤、盉出土於一個墓葬中的現象在商代早期已露端倪,在湖北黃陂盤龍城李家咀相當於商代早期的PLZM2中就出土了一件封頂盉和一件盤,但盉放置在棺與內槨之間的西南角,與爵和斝放在一起,而盤則放置在內外槨之間的西北角,與簋、尊等放在一起。從它們各自在墓葬中所處的位置來看,它們之間恐怕還未形成組合的關係。平谷劉家河商代中期墓葬的兩件盤和兩件盉,從其出土位置來看,應該是兩套組合。Ⅰ式盉與Ⅱ式盤相鄰,位於墓室西南的二層臺上。Ⅱ式盉出土時置於Ⅰ式盤上,位於墓室東南的二層臺上。因此,可以確定在商代中期,盤與盉的組合關係已經形成了。

　　婦好墓中同出有六件盉、兩件盤,其中兩件盉無銘文,四件銘"婦好"二字,兩件盤上均有"婦好"銘文。由於該墓葬的發掘報告中沒有描述盤、盉的出土位置及其放置的情況,這對於確定它們的組合關係比較困難。我們很難確定這幾件盤、盉之間應該是怎樣一種組合形式,是一盤一盉的組合,還是一盤二盉的組合。從其他考古資料中盤、盉基本都是一盤一盉組合的現象分析,在婦好墓中也應該是一盤一盉的組合可能性比較大。在六件盉中,我們認爲Ⅳ式、Ⅴ式盉的形制比較特殊,與我們通常所謂的盉有較大的區別,基本可以將它們排除於組合之外。Ⅱ式盉没有銘文,我們姑且也將它排除在組合之外。Ⅰ式和Ⅲ式盉都鑄有相同的"婦好"二字,但Ⅲ式盉通體光素無紋飾,與兩件盤滿飾花紋的裝飾特點反差較大。所以我們認爲在婦好墓中兩件Ⅰ式盉與兩件盤各自形成組合的可能性最大。由於我們仍然無法確定這兩件Ⅰ式盉各自與哪一件盤形成組合,所以在以下的討論中,我們除了確認婦好墓中已存在盤與盉的組合之外,在討論盤、盉的組合特點時,只能將婦好墓的資料排除在外。

根據上表中的資料,可以區分出盤、盉的幾種組合形式:

1. 紋飾相同,銘文也相同:扶風齊家窖藏中出土的它盤、它盉一組,寶鷄茹家莊M1乙出土的盤、鋶。它盤的腹壁飾鱗紋,圈足飾斜角雲紋,它盉的腹部飾一周鱗紋和一周斜角雲紋,各銘一個"它"字。同時出土的有一件鱗紋匜,從紋飾來看與盤、盉似有關聯,但其無銘文,且僅裝飾鱗紋,恐怕還是不宜將其歸入同一組合之中。寶鷄茹家莊M1乙出土的盤、鋶都飾有斜角雲雷紋,銘文稱"弜伯自作盤鋶",銘文中盤鋶(盉)連稱,其爲一組器應該確認無疑。張亞初先生將青銅器中自銘爲"鋶"的器物歸於其所排列的D型Ⅴ式盉,在例舉了陝西長安張家坡西周窖藏中出土的伯百父鋶自銘爲"鋶",而同器形的季良父盉則自銘爲"盉"後,他認爲"'鋶'即盉的異稱,或者説'鋶'是盉的一種,所以才會出現'鋶'盉互見的情况"[1]。

2. 紋飾相同,但無銘文:平谷劉家河墓葬的Ⅱ式盉與Ⅰ式盤,陝西扶風齊家村19號墓、陝西岐山董家村一號窖藏、山西天馬—曲村遺址M5150、甘肅禮縣圓頂山一號墓出土的盤、盉,雖然都無銘文,但它們的紋飾相同,可以看出它們之間的組合關係。特别是甘肅禮縣圓頂山一號墓中還出土一件匜,但由於它的裝飾風格完全不同於盤、盉,而與同墓出土的其他幾件青銅器相同,應屬另外一組器物,所以在該墓中,匜與盤并未形成組合。

3. 銘文相同,但紋飾不同:如郭家莊160號墓、長安花園村M17、平頂山84號墓、長安張家坡西周銅器窖藏出土的盤與盉。其中除了安陽郭家莊160號墓出土的青銅器多數鑄有相同的"亞址"銘文外,長安花園村M17和平頂山84號墓出土的盤、盉上的銘文都與該墓葬中出土的其他青銅器上的銘文不同,非常明確地表明它們是作爲一對組合器物被隨葬於此的。張家坡窖藏盤、盉的銘文也清楚地表明它們是同一組媵器。這幾組盤、盉的紋飾不同并不能够成爲妨礙它們是一組器物的理由。

4. 紋飾相同,一器有銘,另一器無銘:陝西臨潼零口南羅墓、晋侯墓地31號墓的盤與盉。它們都是盤有銘文,而盉無銘文。零口南羅的盤、盉紋飾因所發表的圖像質量較差,無法細辨,但據報告所述,均爲有雲雷紋作地紋的竊曲紋,可視爲紋飾相同的一組器物。晋侯墓地31號墓出土的盤、盉中,盤飾有回顧式龍紋,盉的腹部依器形飾有卷

[1] 張亞初:《對商周青銅盉的綜合研究》,《中國考古學研究——夏鼐先生考古五十周年紀念論文集(二)》,科學出版社,1986年,第49頁。

體的龍紋，雖然形式并不完全相同，但它們的裝飾工藝和風格是一致的，也應視爲同一組紋飾。

5. 紋飾不同，一器有銘文，另一器無銘文：陝西涇陽高家堡 71SJGM1、91SJGM4，河南鹿邑太清宮長子口墓，寶鷄竹園溝 13 號墓，晋侯墓地 92 號墓的盤與盉。其中 3 組中是盉有銘文而盤無，2 組是盤有銘文而盉無。

6. 紋飾不同，銘文也不同：只有扶風法門寺伯戓墓出土的盤、盉。雖然它們都裝飾了回顧式龍紋，但從龍紋的具體樣式以及裝飾的工藝和風格來看，它們顯然不屬於同一種類型的龍紋。盤銘中器主是“白雍父”，盉銘中器主是“鼄父”。

7. 紋飾不同，無銘文：平谷劉家河商代墓葬的 I 式盉與 II 式盤。

根據上述的分析歸類，我們可以發現在表中的 26 例盤與盉的組合中，除去商代早期的一例被認爲不屬於組合，以及婦好墓的資料暫時無法參與討論之外，還有器形、紋飾未見報道的兩例，無紋飾無銘文的兩例，可供討論的共 20 例。其中紋飾銘文完全一致的兩例；紋飾相同但無銘文的有五例；銘文相同但紋飾不同的有四例；紋飾相同但其中一器無銘文的兩例；紋飾不同，銘文也不同的一例；紋飾不同且其中一器無銘文的五例；紋飾不同也無銘文的一例。

上述的第一、第二和第三類，即紋飾及銘文完全一致的、紋飾相同但無銘文的、紋飾不同但銘文相同的，可以認爲是規範的盤、盉組合形式。此外，第四類即紋飾相同但一器無銘文的，也可以視爲屬於比較規範的組合形式。從第三類組合中我們可以看出，在規範的組合中，銘文的一致性顯然要比紋飾的一致性更爲重要。因爲在這幾例組合中，儘管紋飾不一致，但長安花園村 17 號墓、平頂山 84 號墓以及張家坡窖藏出土的盤、盉銘文都非常明確地表明了它們的組合關係。在規範的盤、盉組合中，商代中期有一例，商代晚期有一例，西周早期有一例，西周中期有五例，西周晚期有四例，春秋早期有一例。

第五、第六和第七類屬於不規範的盤、盉組合形式，各例的紋飾、銘文均不相同，其中或一器有銘文，而另一器無銘文等，在這幾種組合中，我們找不出盤與盉在紋飾或銘文之間有任何相關之處，它們的組合可能是臨時凑合的。在不規範的盤、盉組合中，商代中期有一例，西周早期有四例，西周中期有一例，西周晚期有一例。

從上述分析可以看出，在西周早期偏早的階段以前，盤與盉的組合尚未形成銘文或紋飾一致的規範形式，這與其他器物的組合在西周早期已具有紋飾和銘文相同的比較規範的組合形式不同。這種在組合器物中紋飾或銘文的一致，在西周早期卣和尊的組合上表現得非常充分。1976 年扶風莊白一號窖藏中出土的商尊和商卣、寶鷄竹園溝七號墓出土的伯各尊和伯各卣，以及傳世的召尊、召卣等等。盤與盉的組合形式開始進入規範，應該是在西周早期的偏晚時期。儘管在我們上述的分析中將平谷劉家河商代墓葬的 II 式盉與 I 式盤，安陽郭家莊 160 號墓的盤、盉組合也歸屬於規範形式的一類，但它們與西周以後規範的盤、盉組合還是有所區別。平谷劉家河商代墓葬中，除了 II 式盉與 I 式盤外，還有鼎、鬲、甗等僅飾弦紋，從紋飾上還不能凸顯出盤、盉的水器組合。郭家莊 160 號墓出土的銅器普遍鑄有相同的銘文“亞址”，同樣不能從銘文上凸顯出盤、盉的水器組合。因爲在西周時期規範的盤、盉組合，其紋飾或銘文往往在同出的銅器中具有相對獨立性。最早以規範形式出現的盤、盉組合，應該是長安花園村 17 號墓出土的盤與盉，李學勤先生已指出，它們的時代應該是西周的康昭時期[1]。這種規範的組合形式，在西周中、晚期已經比較普遍了，從上述分類中屬於規範組合形式的盤、盉，絕大多數出現在西周中、晚期可見一斑。

在天馬—曲村遺址 M6384 中，晋仲韋父盉與家父盤組合，它們紋飾相似，但銘文不同。按理晋仲韋父盉和晋韋父盤的器主爲同一人，它們可能是一組器物，可是晋韋父盤却沒有隨葬於此墓[2]。晋仲韋父盉無論與晋韋父盤還是與家父盤組合，其組合形式都不符合上述的幾種規範組合形式。它們的紋飾基本相同，但銘文却各不相同。雖然晋仲韋父盉應該與晋韋父盤更爲接近一些，正如我們前面論述的它們的器主爲同一個人，但是它們的銘文的內容存在着一些差別，盤銘"作寶舟（盤）"，盉銘"作旅盉"；盤銘"子子孫永寶"，盉銘只有"永寶"。銘文中的這些差別顯然與我們上述的在規範的組合器物中，銘文的一致性要比紋飾的一致性重要這一觀點是不符的。那麼晋仲韋父盉與晋韋父盤究竟是否是一組器物呢？我們認爲可能不是。從考古資料和一些傳世的文物來看，同一人製作兩套以上青銅禮器的現象是客觀存在的。最近在陝西眉縣窖藏出土的西周逨器群中，就分別有四十二年鼎兩件和四十三年鼎十件。很明顯它們應該分屬於兩套列鼎。傳世的仲义父鼎也有兩套，一套的銘文是"仲义父作尊鼎"，另一套的銘文是"仲义父作新家寶鼎"。傳 1942 年陝西扶風法門寺出土的梁其諸器中，有伯梁其盨和梁其簋，一般認爲簋和盨的性質相同，在同一套食器組合中，有簋就不必有盨，有盨則不必有簋。如此伯梁其盨和梁其簋一定是分屬於兩套食器組合，也就是説梁其當時是製作了兩套青銅禮器的。據此我們推測，晋韋父當時是製作了兩套盤、盉組合的水器，一套是器主稱爲晋仲韋父的"旅"器組，另一套是器主稱爲晋韋父的"寶"器組。這種現象在春秋早期番昶伯者君的盤、匜組合中也可看到。1979 年河南信陽出土的番昶伯者君盤和匜[3]，與上海博物館收藏的番昶伯者君盤、匜也可分成"旅"器組和"寶"器組。信陽出土盤的銘文是"作旅盤"，匜的銘文爲"作寶匜"，上海博物館收藏的盤和匜銘文都是"作寶盤"或"作寶匜"[4]。根據銘文的內容和字體，上博盤和信陽匜應屬一套水器。信陽盤與上博匜銘文的內容和字體都不合，可能尚有番昶伯者君作的一件"旅"匜和一件"寶"盤未被發現。如此，則番昶伯者君共製作了三套水器，其中一套爲"旅"器，兩套爲"寶"器。如果這一推論可以成立的話，從番昶伯者君盤、匜的組合情況來看，在當時也確實存在着同一套水器被分別埋藏的現象。此外，最近陝西眉縣楊家村西周窖藏

---

[1]　李學勤：《論長安花園村兩墓青銅器》，《文物》1986 年第 1 期，第 34 頁。

[2]　承蒙李朝遠兄告知，他曾請教過參加天馬——曲村遺址發掘的北京大學李伯謙、徐天進兩位先生，他們都表示 M6384 絕對沒有被盜掘過。這就排除了該墓中隨葬兩組盤、盉的可能性。

[3]　信陽地區文管會：《河南信陽發現兩批春秋銅器》，《文物》1980 年第 1 期，第 42 頁。

[4]　中國社會科學院考古研究所：《殷周金文集成》16 册 10139、10269，中華書局，1994 年。

出土的青銅器中有一件叔五父匜[1]，故宮博物院收藏有一件叔五父盤[2]，兩器銘文基本相同，只是匜銘"作旅匜"，盤銘"作寶盤"，這也表明叔五父同時製作了兩套水器，隨後由於用處不同，所以分散了。據此，晋仲韋父盉、晋韋父盤、家父盤也應該是分屬於三套盤、盉組合的水器。

三

　　我們再來探討一下在天馬——曲村遺址的M6384中晋仲韋父盉和家父盤形成非規範性組合的原因。從考古資料來看，在西周墓葬中經常出現多套青銅器隨葬的現象，有時這些青銅器分屬於不同的器主。以長安花園村15號和17號墓爲例，在15號墓中出土的有銘文銅器有禽鼎兩件、繘姃進方鼎兩件、繘爵兩件（其中一件銘文損坏）、戎珮玉人尊和戎珮玉人卣一組、麀父尊和麀父卣一組。17號墓中出土的有銘文銅器有伯鼎一件、伯姜鼎一件、繘姃進方鼎一件、繘姃甗一件、繘姃壺一件、繘姃進觶（報告稱爲方壺）一件、諓簋兩件、"作尊彝"尊和"作尊彝"卣一組、公盤和公盉一組。在這兩座墓中，以禽器和繘姃器爲主，在銘文中它們的父考都是父辛，族徽也相同，所以李學勤先生、黄盛璋先生都非常正確地認爲這是兄弟倆的墓葬[3]。禽應該是15號墓的墓主，繘姃應該是17號墓的墓主，但在15號墓中出土有四件其兄弟繘姃的銅器，同時還有兩組他人的尊、卣，同樣在17號墓中也出土了多組從銘文來看似乎與墓主没有直系家族關係的銅器。對這些現象的解釋，我們從曹瑋先生的《東周時期的賵賻制度》一文中得到了啓發，曹瑋先生在對文獻和考古資料研究的基礎上，特别是對曾侯乙墓出土的楚王酓章鎛的研究後指出："賵賻制度決定不但可以賵賻車馬、衣帛、錢財、貝含，而且也能賵送禮器，曾侯乙鐘就是賵贈禮器的實例。"[4]據此，我們認爲在西周墓葬中普遍存在的不同器主的銅器同葬於一墓的現象，完全有可能是賵賻制度在西周時期的表現。據曹瑋先生的研究，賵賻制度不僅是諸侯之間賵送助葬之物，"同姓兄弟以及母党和妻党的在服者，家族内部，只要血緣關係未出五服，無論貧賤或者富貴，都要賵贈物品"。長安花園村15號墓和17號墓的隨葬物品也確實反映出了這一現象，據發掘報告和李學勤先生的文章，15號墓要早於17號墓，15號墓中有其兄弟繘姃的銅器，而17號墓中没有禽的銅器。這就更能證明禽死後，其兄弟將自己的部分銅器賵贈助葬，而禽的銅器則不可能出現在繘姃的墓中。另外在兩墓中，也有一些可能是親屬所贈的銅器，如15號墓出土麀父尊、麀父卣的銘文是"麀父作姃是從宗彝□"，"姃"應該是17號墓主

［1］陝西省文物局、中華世紀壇藝術館：《盛世吉金——陝西寶鷄眉縣青銅器窖藏》，北京出版社，2003年。

［2］中國社會科學院考古研究所：《殷周金文集成》16册10107，中華書局，1994年。

［3］李學勤：《論長安花園村兩墓青銅器》，《文物》1986年第1期，第32頁；黄盛璋：《長安鎬京地區西周墓新出銅器群初探》，《文物》1986年第1期，第37頁。

［4］曹瑋：《東周時期的賵賻制度》，《考古與文物》2002年第6期，第41頁。

歸妘的名字，表明麃父與歸妘家族之間具有某種親屬關係。在扶風法門寺伯雍墓中出土有伯雍父盤，據彔卣、彔簋和方鼎銘文，參加了由伯雍父指揮的征伐淮夷的戰爭，并受到了伯雍父的賞賜。可見和伯雍父的關係應該是上下級的關係，伯雍父盤銘文是"伯雍父自作用器"，表明這是伯雍父的自用之器，它出現在墓葬中，不排除它爲伯雍父所賵之物的可能。

在晉侯墓地中，多座墓葬中有幾代晉侯的銅器隨葬，其中92號墓中隨葬有三代晉侯的銅器，64號墓中有晉侯邦父和晉叔家父的銅器，李學勤先生認爲晉侯邦父與晉叔家父很可能是兄弟倆[1]。晉侯墓地中這些數代晉侯的銅器或者兄弟銅器合葬的現象，也可能是賵賻制度的表現。天馬—曲村遺址M6384中晉仲韋父和家父的關係，我們認爲也非常有可能是兄弟關係。雖然我們尚無法確知M6384的墓主是誰，但應該不會是晉仲韋父或家父中的一位，因爲晉仲韋父盉與家父盤的組合，應該是當時賵賻制度的結果，是韋父與家父兄弟合贈的一套助葬的水器，就像伯雍父盤與䣽父盉在伯墓中形成組合的現象一樣。

原載《文物》2004年第2期

[1]　李學勤:《〈史記晉世家〉與新出金文》,《學術集林》卷四,160頁,上海遠東出版社,1995年。

源遠流長的中國古代青銅工藝

　　中國古代的青銅工藝出現的時間雖然比埃及、兩河流域晚，但是由於種類之繁多、造型之奇特、紋飾之瑰麗、銘文之豐富、鑄造技術之複雜，中國古代青銅器在世界藝術史上具有獨特的地位，其創造的青銅藝術的輝煌程度是世界上任何一個文明古國的青銅時代所無法比擬的。中國古代青銅器之所以能達到如此地位，與中國青銅時代所具有的特點有着極其密切的關係。

　　在中國青銅時代，青銅被廣泛用來鑄造工具、生活用具、裝飾品、武器等，其中最多的是兵器和容器，這與中國青銅時代的社會政治生活有着密切的關係。《左傳・成公三年》：“國之大事，在祀與戎。”這些社會政治生活的物質表現，就是青銅兵器和青銅容器的大量存在。統治者爲擴大和鞏固其統治，連年不斷進行軍事戰爭，對兵器的需求不斷增長，刺激和推動了青銅兵器的鑄造。用青銅容器盛放犧牲以供奉天神或祖先，則是統治者維護其對庶民統治的必要手段，因爲在政教合一的社會，統治者代表了天意，祭祀是他們作爲人間的代表與天神、祖先溝通的途徑，并以此强化他們的政權。故青銅製作的禮器、兵器成爲社會政治生活必不可少的的器物而得到長足的發展。

　　青銅器也是貴族階層在宴樂禮儀等場合使用的器物。無論是祭祀天神、祖先，還是宴饗賓客，使用者所使用的青銅器的種類和數量，都必須與他們的身份地位相符合，這就是所謂的“名位不同，禮亦異數”。在當時社會中，貴族階級內部依據等級的高低，享有不等的政治權力與經濟地位。這種等級制度既是爲了保證貴族階級對庶民的統治，也是爲了貴族階級內部的政治、經濟利益得到有秩序的分配。此種等級制度是通過多種具體的儀式化的行爲規範體現出來的，東周以後，這種反映等級制度的行爲規範被稱之爲“禮”，這種制度也被稱之爲禮制。青銅器在當時是這種制度具體化的物質表現，被用於貴族階層各種禮儀活動，爲維護禮制服務，成爲禮制的工具，因而被稱之爲禮器。

　　另外，青銅器還可用於婚媾、朝聘、會盟等場合。總之青銅器的使用和當時社會的政治生活密切相關，可以說是當時政治統治的工具之一。

　　青銅器在當時是統治的工具，一些特定的青銅器也是權力的象徵。據文獻記載，夏禹曾采九州之銅，鑄作九鼎，後來這九鼎就成了權力的象徵，誰擁有這九鼎，誰就等於擁有政權。夏被商滅亡後，鼎遷於商。周克商後，又將九鼎遷至洛邑，即郟鄏（在今洛陽附近），《左傳・宣公三年》有“成王定鼎於郟鄏”的記載。魯宣公三年（公元前606年），發生了歷史上非常著名的問鼎事件。當時楚莊王率軍征戰,來到中原,駐扎在周天子的國都附近,即今洛陽附近,由於當時諸侯稱霸,周王權力形同虛設,周王派大臣前去慰勞。楚莊王就向周王的使者"問鼎之大小,輕重焉",這表面上只是問鼎的大小、輕重,但實際上由於這九鼎象徵着國家政權,問鼎被認爲楚莊王覬覦王權,於是遭到王臣的訓斥,認爲他不該也没資格過問九鼎。另外,在當時,消滅一個王朝或一個諸侯國,都要"毁其宗廟,遷其重器"(《孟子·梁惠王下》)。就是要毁掉該國祭祀祖先和神祇的宗廟,把陳設於該宗廟中的青銅禮器拿掉,這樣做了,才表明這個國家徹底滅亡了。由此可見,青銅器在當時社會具有特殊意義。

中國青銅時代的特點是青銅器的重要性不僅表現在它對社會物質文化發展的作用,還表現於它同社會政治生活密切相關。張光直先生認爲從這個意義上説,"中國青銅時代的最大特徵"是"青銅便是政治的權力"(《中國青銅時代》)。也就是説,中國青銅時代最大的特點是青銅器不僅是統治者維護其統治的工具,也是權利的象徵。正是因爲如此,中國的青銅工藝從一開始就得到統治者充分的重視和支持,在這種情況下,中國古代青銅工藝的發展具有得天獨厚的基礎,它能發展到如此輝煌的程度也就不足爲奇了。

中國古代的青銅工藝主要存在於夏、商、周三代。在每個朝代的不同時期,青銅工藝都有一些發展過程中的不同特點,這些特點的變化過程,構成了中國古代青銅工藝產生、發展、興盛以及逐步衰落的過程。

一、夏代青銅器

夏是中國歷史上第一個國家政權,據文獻記載是傳説中的治水英雄大禹建立了夏,禹死後其子啓繼位,從此確立了王位世襲制度,開始了中國的王權統治時期。夏王朝自禹到桀,共傳十四世,十七個王,歷時四百七十一年。依據考古發掘所認識的夏文化遺址中出土物所作的放射性碳14測定,其時代約在公元前二十一世紀到公元前十六世紀,這與歷史學家據文獻記載所作的推斷是比較吻合的。它大致包含了河南龍山文化的晚期和偃師二里頭文化等考古學文化,所發現的夏文化遺址多位於現在的河南中、西部和山西的南部,這與文獻記載的夏人活動區域也是比較吻合的。

雖然史書上有夏禹用九州之銅製作九鼎的記載,在龍山文化晚期的遺址中也出土過一些銅煉渣、坩鍋殘片、孔雀石等鑄銅遺迹,表明當時確實存在鑄銅工藝。但考古發現的夏代早期銅器非常少,這一時期比較重要的發現有河南登封王城崗龍山文化城址的窖穴中出土的一件青銅器殘片,殘片高5.7釐米,殘寬6.5釐米,壁厚0.2釐米。殘片左端有一小段合範縫,表面有烟炱痕迹,説明它曾被使用,從它的弧度和形狀分析,可能是一件斝的殘片[1]。這是我國目前發現最早的一件用複合範鑄造的青銅容器,雖然它

---

[1] 河南省文物研究所等:《登封王城崗與陽城》,文物出版社,1992年,第99頁。

只是殘片，但它的存在表明中國的鑄銅工藝在這一時期產生了質的變化，從早期的鍛打成型或雙合範鑄造等簡單工藝，發展到了工藝要複雜得多的內外範拼合而成的複合範鑄造階段。這一變化爲之後青銅容器的大量鑄造，做好了技術上的準備。如果我們按照部分學者的意見，把山西襄汾陶寺龍山文化也看作是夏文化的話，那麼，在陶寺遺址的墓葬中出土的一件紅銅鑄造的鈴也能表明當時至少已具備了高溫冶煉的技術，同樣爲隨之而來的青銅時代創造了條件。銅鈴高2.65釐米，橫截面呈菱形，其長對角爲5.2—6.3釐米，短對角爲2.1—2.7釐米，頂部有一個直徑爲0.25釐米的小圓孔，係成器後再加工鑽出的[1]。陶寺紅銅鈴也是用複合範鑄造的，其含銅量爲98%。在世界各地出土的早期紅銅製品中，絕大多數爲鍛打成型的，很少有鑄造成型的，這是因爲除了紅銅具有質地較軟適宜鍛打的特性外，還因爲紅銅的熔點較高，約爲1 084.5℃；液態比較粘稠，鑄造性能較差。

河南偃師二里頭文化是夏代中、晚期文化的代表，夏代青銅器比較集中出土於二里頭文化的第三、四期遺存中，主要有刀、鑿、錐、魚鉤等生產工具，有戈、戚、鏃等兵器，有爵、斝、鼎、盉、觚等容器，有銅鈴等樂器，還有圓形銅牌和由綠松石鑲嵌的獸面紋牌飾。其中生產工具多出自遺址，兵器和容器多出自墓葬。在二里頭遺址中發現了面積超過1萬平方米的大型鑄銅作坊遺址，出土大量陶範，其中有的直徑達36釐米，這說明複合陶範鑄造是這時期青銅器的主要鑄造方法，也說明二里頭出土的青銅器應該是當地的鑄品。

圖一　夏代晚期管流爵

二里頭文化的青銅容器，有的具有手制陶器的外貌。1973年，偃師翟鎮圪墑頭二里頭遺址第八區出土的一件青銅爵[2]，與二里頭遺址中出土的陶爵，在形制上非常接近，它在鑄造設計中表現出來的仿陶特徵是非常明顯的。河南洛寧出土的一件管流爵，以及上海博物館收藏的一件夏代晚期管流爵（圖一），形制上都與二里頭遺址中出土的陶質管流爵非常相似。二里頭出土的青銅斝、鼎、盉，有些都與同時出土的陶斝、陶鼎和陶盉很相像，這些特點表明在夏代的青銅工藝中，青銅器的形制設計是以陶器中的同類器物作爲樣本的，表現出青銅工藝在其創建之初所具有的幼稚和原始。但二里頭也有一些形制上與陶器有着顯著區別的青銅器。如1975年在偃師翟鎮四角樓出土

［1］　中國社會科學院考古研究所山西隊、臨汾地區文化局：《山西襄汾陶寺遺址首次發現銅器》，《考古》1984年第12期，第1069頁。
［2］　中國科學院考古研究所二里頭工作隊：《河南偃師二里頭遺址三、八區發掘簡報》，《考古》1975年第5期，第302頁。

的銅爵,窄長流,尖尾,束腰,平底,三條細長的三棱形錐足,流口處有一對釘形短柱[1]。從這件爵的造型可以看出它的形制已明顯地擺脫陶爵形制的影響,綫條的流暢和優美已是陶爵難以達到的,也是同時期具有仿陶特點的銅爵所難以比擬的。同樣,在二里頭文化遺址中出土的青銅斝上也能够看到這種區別,如1984年M9出土的青銅斝[2],束腰,斜腹,平底,棱形錐足,形制與1987年出土的青銅斝作束腰,圓腹,圓錐形足的式樣顯著不同[3]。前者已很少受陶器形制的影響,而後者仍帶有明顯的仿陶痕迹。二里頭出土青銅器上的這些區別表明,中國古代青銅工藝在其初創階段就以非常快的速度發展和進步,由最初的仿製陶器快速地發展到了按照青銅容器的特性自主設計其器形。

夏代晚期青銅容器上紋樣的裝飾并不普遍,除了少量的青銅容器上有圓點、圓塊、弦紋等簡單的裝飾外,多數青銅容器都是素面無紋飾的。在這一時期裝飾最複雜的是1987年出土的一件青銅鼎,它的腹部裝飾了帶狀的網格紋[4]。但是在同一時期的青銅兵器和飾牌上却有着講究的裝飾,特別是采用了比較複雜的綠松石鑲嵌技術作爲裝飾的工藝。在二里頭遺址出土了一些在其他考古學文化中罕見的青銅飾牌,有圓形的和長橢圓形的兩種,在這些飾牌的兩側或背面通常有上下兩兩對稱的四個穿孔鈕,可用於繫繩或用其他方法固定。在長橢圓形的飾牌上一般都是用一片片磨成薄片的綠松石鑲嵌出形式不同的獸面紋,并用圓形的綠松石鑲嵌出圓凸的獸目,形象已非常生動。1975年在二里頭的一座墓葬中出土了一件圓形銅器[5],上面用綠松石鑲嵌出兩周連續的十字形紋飾,并用61片綠松石在其邊緣鑲嵌一周,猶如鐘錶的刻度,這件圓形銅器的作用雖然還不清楚,但其紋飾的規整和鑲嵌技術的精良是非常難得的。同墓出土的一把曲内戈,内部有凹凸分明的紋飾,從其出土時周圍散布有不少綠松石片,可以斷定原先在紋飾的凹槽處也應該是用綠松石鑲嵌的。二里頭出土青銅器上的這些裝飾不僅説明當時的鑄銅工藝已具備相當的技術水平,也表明中國的青銅工藝從一開始就非常注重表面的裝飾藝術。至於爲什麽在夏代晚期的青銅容器上不講究裝飾,而在青銅兵器和飾牌上却如此講究? 也許這與當時的禮制或習俗有關,但由於資料的缺乏,這個問題目前還難以解决,不過這應該是一個很值得探究的問題。

夏代晚期的青銅容器一般器壁都比較薄,有人認爲這是因爲中國青銅鑄造工藝尚處在初創時期,合範、鑄造技術比較原始。其實要保證所鑄器物的器壁匀薄,需要有比較成熟的工藝技巧。在青銅鑄造業的初期,恐怕還未必具備了這樣的技術條件。在這一時期,一些青銅器上有補鑄的痕迹,這是由於器壁較薄,技術條件有限,在澆鑄時出現

---

[1]　偃師縣文化館:《二里頭遺址出土的銅器和玉器》,《考古》1978年第4期,第270頁。

[2]　中國社會科學院考古研究所二里頭工作隊:《1984年秋河南偃師二里頭遺址發現的幾座墓葬》,《考古》1986年第4期,第318頁。

[3]　中國社會科學院考古研究所二里頭工作隊:《河南偃師二里頭遺址發現新的銅器》,《考古》1991年第12期,第1138頁。

[4]　中國社會科學院考古研究所二里頭工作隊:《河南偃師二里頭遺址新發現的銅器》,《考古》1991年第12期,第1138頁。

[5]　中國科學院考古研究所二里頭工作隊:《偃師二里頭遺址發現新的銅器和玉器》,《考古》1976年第4期,第259頁。

鑄造缺陷。我們認爲是夏代晚期銅礦的開采和冶煉尚未達到相當的規模,青銅原料的有限才使製作者不得不用較薄的器壁以減少青銅的消耗。同時爲防止因器壁薄而造成器物開裂,這一時期多數青銅器的口沿上都設有一周加厚的寬邊,這種設計表明製作者對於薄胎青銅器已有比較成熟的設計思想。

由於考古發掘的夏代晚期青銅器數量很有限,目前還不能據此確定這一時期的青銅器是否存在組合現象。從現有的考古資料來看,在墓葬中基本都只隨葬一件青銅爵,只有遺址第六區的M9隨葬了一爵一斝[1],遺址第五區的M1隨葬了一鼎一斝(應該還有一盉)[2]。可見青銅爵是這一時期最主要的青銅禮器。上海博物館收藏過一把青銅鉞,上面裝飾着鑲嵌綠松石的十字紋,根據二里頭出土圓形銅器上的十字紋,可以斷定它也是夏代晚期的作品。這件鉞形體較大,刃部并不鋒利,推測這是一件儀仗用的兵器,這也就證明了中國古代的青銅器從其一出現,就具有了禮器的特性。

在河南登封王城崗龍山文化遺址中出土的一件陶器上發現一個可釋爲“共”字的刻畫符號[3],在二里頭遺址出土的陶器上發現有24種刻畫符號,其中有些可能是當時的文字,由於它們多單獨出現在陶器上,現在還無法確識。但在這一時期的青銅器上目前還沒有發現過文字。

在近兩千年的中國青銅時代中,夏代的青銅工藝只能算作萌芽生長時期,但在二里頭遺址出土的夏代晚期青銅器,已經形成了酒器、食器、水器、兵器、樂器,還有工具、飾件等青銅器門類,它們構成了中國青銅時代青銅體制的框架結構,隨後的青銅器就是在此框架內不斷產生新的器形,同時在發展、變化或消失着各種器形,可以說這一時期的青銅工藝爲中國青銅時代的繁榮興盛奠定了基礎。

二、商代青銅器

商是中國東部地區發展起來的一個民族,公元前16世紀成湯在征服了不少夏的部落後,擴大了自己的勢力,隨後利用夏的最後一位王——桀的無道,舉兵征伐,滅夏建商。商朝從成湯到帝辛共傳十七世,三十一王,歷時約六百年。商朝的活動區域比夏朝有所擴大,其東至今山東和遼東半島,西及今青海東部,南達江淮流域,北抵今内蒙古南部。

歷史學家一般以商王盤庚遷都到殷,作爲劃分商代歷史的一個主要標尺,之前約三百年屬商代早期,之後約三百年屬商代晚期。但是商代青銅器的發展,是隨着青銅工

[1] 中國社會科學院考古研究所二里頭工作隊:《1984年秋河南偃師二里頭遺址發現的幾座墓葬》,《考古》1986年第4期,第318頁。
[2] 中國社會科學院考古研究所二里頭工作隊:《河南偃師二里頭遺址發現新的銅器》,《考古》1991年第12期,第1138頁。
[3] 河南省考古研究所等:《登封王城崗與陽城》,文物出版社,1992年。

藝的發展而在器形、紋飾、銘文及製作方法上表現出其階段性的特徵，學者們一般是按照商代青銅器上表現出來的這些階段性特徵，將商代青銅器的發展過程，分爲商代早期、商代中期和商代晚期這三個時期。

（一）商代早期的青銅器（公元前16世紀—前15世紀中葉）

商代早期的考古學文化以河南鄭州二里崗文化爲主，鄭州是商代早期的重要都城，所以這裏是商代早期文化最集中的地方。

二里崗文化可分爲上下兩層，在二里崗下層文化出土的青銅器數量仍然很少，主要有爵、斝、盉。器類雖然并沒有增加，但在器形上已與二里頭時期的同類青銅器有所區別，這種區別主要表現在器形的設計上基本擺脫了陶器形制的影響，如爵、斝的腹部不再僅作束腰的式樣，而是以下腹部凸出的分段式爲主，這是陶器上所沒有的式樣。這一時期青銅器的裝飾仍很簡單，以弦紋爲主，也有連珠紋的裝飾，最主要的是在個別器物上開始出現了之後在青銅器裝飾中占主要地位的獸面紋，獸面紋由凸起的單綫勾勒而成。由於出土的數量較少，二里崗下層文化的青銅器組合現象不是很清楚，僅有的數例還是爵、斝或爵、盉的組合。

二里崗文化上層的青銅器在遺址和墓葬中都有比較多的發現，這表明中國青銅工藝到了這一時期有較大的發展和突破。青銅器的器類在這一時期增加了不少，酒器中的觚、尊；食器中的鬲；水器中的盤等都是這時出現的。在同一種器類裏，器形的變化也比較豐富，如爵中有單柱爵和雙柱爵；觚有高體和矮體的區分；尊有大口和小口兩種形式，可以説每一種器形中都會有一些變化的形式。二里崗上層文化中青銅工藝最主要的變化在於青銅器的裝飾，這一時期青銅器上普遍有以獸面紋爲主題的紋飾，獸面紋的形式多樣，有以凸起的單綫勾勒輪廓的獸面紋，也有用剔地的陰綫反襯出主體的獸面紋；多數獸面紋都作圓睛突出的式樣，也有一些獸目出現了臣字形的眼眶。變形龍紋、目雷紋、火紋（或稱渦紋）也是這一時期常見的裝飾題材。連珠紋作爲輔助的裝飾常見於獸面紋等主體紋飾的上下兩欄，并成爲這一時期青銅器裝飾的標志性特點之一。青銅器器形的增加，表面裝飾的普遍説明商代早期青銅鑄造工藝有了比較大的發展。在鄭州就發現了數處鑄銅遺址，出土有煉渣、坩鍋殘片、木炭等鑄銅遺物，出土的各類鑄造青銅器陶範數以千計，表明當時的鑄銅業生產規模相當可觀[1]。

除了鄭州二里崗遺址，商代早期的青銅器也發現於河南其他地區，以及陝西、山西、湖北等地，湖北黃陂盤龍城遺址亦集中出土了不少青銅器。盤龍城遺址出土的青銅器達四百餘件，其中有的器物未曾發現於鄭州二里崗遺址，如簋、瓿、壺以及青銅大鉞等。遺址中的李家嘴2號墓，是一座高級貴族墓，墓內有精美的雕花塗彩墓椁，并有殉人和殉狗，墓內隨葬大量的青銅禮器、青銅兵器和工具，其中的一件大銅鉞表明墓主應該是位

[１]　河南省文物考古研究所：《鄭州商城：1953～1985年考古發掘報告》，文物出版社，2001年。

方國首領或高級軍事統帥。從該墓隨葬品的放置規律來看,作爲禮器,青銅器無疑被置於最重要的位置,可見以青銅器作爲禮器的青銅體制已經非常明確地建立了起來。盤龍城遺址也發現坩堝、銅渣和爐襯等與冶鑄銅器有關的遺物,表明當地具有一定規模的鑄銅作坊,説明盤龍城出土青銅器應該是當地生產的。其中,有一件青銅提梁壺的提梁套鑄於壺肩部的雙鈕中,爲防止壺蓋的遺失,用一銅鏈套鑄於蓋鈕并連接提梁。這表明當時已采用了分鑄的工藝,即先行鑄好部分部件,將其嵌於陶範中需與之連接的部位,再澆鑄銅液,使前鑄之部件套接於後鑄部件之中,從而使兩者既相互連接,又能活動自如。這種工藝的出現,使青銅器器形和功能的多樣化成爲可能。盤龍城遺址出土的青銅器,其時代一直延續到商代中期[1]。

(二)商代中期青銅器(公元前15世紀中葉—前13世紀)

在商代的青銅器中,有一批青銅器的器形、紋飾雖接近於早期青銅器,但又與之有着明顯的區别,而且這種區别表現出它們是由早期青銅器發展而來的。考古發現的此類青銅器多出土於二里崗上層文化的晚期,以及河南安陽商代晚期的殷墟文化早期墓葬中,所以學術界或以爲它們是處於商代早期和商代晚期之間的過渡期青銅器,其所處的時代應該是商代中期[2]。

商代中期青銅器出土的範圍更爲廣泛,除了鄭州之外,在河南各地,山西、陝西、河北、安徽、山東、湖北、江西等地都有發現。這種現象與該歷史時期商朝政局不够穩定,王室内亂,政權更迭頻繁,統治者爲此多次遷都有着密切的關係。

商代中期青銅器的器類進一步擴大,方鼎、瓶、盂、豆等都是在這一時期出現的新器類。器形的變化也層出不窮,主要表現在各類器物的鋬(耳)、腹、足等部位,比如鼎中出現了淺腹扁足鼎、深腹扁足鼎、深腹柱足鼎等式樣;斝中有袋腹斝、圓腹丁形足斝等;黃陂盤龍城和陝西城固出土的簋上還出現了獸首鋬的式樣[3],這種鋬的形式很快被青銅工藝所接受,并迅速成爲以後各類器物鋬的主要形式,流傳了很長的時間。尊的肩部普遍三等分地設置有凸出的獸首及相應的扁平條形的棱脊,令器物的造型更加富有變化和裝飾性。

商代中期青銅器最突出的變化表現在裝飾工藝上。裝飾的主題仍然是獸面紋,但獸面紋的結構形式出現了比較大的變化。在商代早期青銅器上的獸面紋,一般是以帶狀構圖裝飾在器物的頸部或腹部,到商代中期青銅器上就出現了依據器物形狀大面積裝飾的形式。如上海博物館收藏的一件商代中期獸面紋袋腹斝,其每一袋腹上都滿飾有一個雙眼凸出的獸面紋(圖二),雖然是平面的裝飾,但因爲是依着鼓出的袋腹而裝飾,所以給人有圓雕的感覺。此外,在尊、瓶、壺、鬲的器物上也常見有通體裝飾現象。

[1]　湖北省文物考古研究所:《盤龍城1963—1994年考古發掘報告》,文物出版社,2001年。
[2]　唐際根:《中商文化研究》,《考古學報》1999年第4期,第393頁。
[3]　湖北省文物考古研究所:《盤龍城1963—1994年考古發掘報告》,文物出版社,2001年,彩版二六;中國青銅器全集編輯委員會:《中國青銅器全集》(一),文物出版社,1996年,圖版一六五。

與商代早期相比，獸面紋的形象更爲具體，如果説商代早期的獸面紋主要是突出動物的雙目以及動物的顏面輪廓，那麼商代中期的獸面紋就有了比較具體的各類角形，獠牙交錯的口部和彎曲上揚的體軀。紋飾注重了疏密相間的裝飾方法，用粗細不等的綫條使花紋具有了層次感，鄭州回民食品廠出土的一件獸面紋壺[1]，就是采用這種裝飾方法使得在同一平面上的紋飾因綫條的粗細不等而繁縟複雜。同時在一些青銅器上開始出現了主體紋飾凸出於器表，形成富有立體感的裝飾，安徽阜南出土的龍虎尊最具有代表性[2]。龍虎尊的肩部飾三條龍紋，圓雕的龍首伸向器外，高浮雕的龍體蜿蜒於器肩；器腹的上部有三個凸出的虎首，體軀向兩側展

圖二　上海博物館藏商代中期獸面紋袋腹斝

開，虎口下飾一人形，過去常認爲這是猛虎食人，現在一般認爲這種紋飾與當時的宗教儀式有關，表現的應該是巫師的形象。龍虎尊的紋飾預示了中國青銅器裝飾工藝的嶄新時期即將到來。在商代中期龍紋、鳥紋及形式多樣的幾何形紋飾也常常被運用於青銅器的表面裝飾。

在商代中期的青銅器上，出現了一些類似文字的符號，中國國家博物館收藏有一件商代中期的青銅鬲，在它器腹内壁近口沿處鑄有一個銘文，可以説這是目前我們能够明確的時代最早的一件鑄銘青銅器。由於這個銘文與青銅器的紋飾非常相似，最初大家都以爲這只是個裝飾。後來有學者撰文認爲這是一個象形字。這是非常正確的，因爲在當時青銅器中内壁一般是不裝飾花紋的，尤其在青銅鬲的這個部位。這到底是個什麼字，目前還有較大的爭議，有人認爲是"戈"字或"耳"字，有人認爲是"回"字，現在學術界比較認可的是識爲"亘"字[3]。北京的保利藝術博物館近年徵集了一件有相同銘文的斝[4]，有意思的是它的銘文也鑄在斝的内壁，這種獨特的銘文字體以及銘文所處的特殊位置，表明它和中國國家博物館的鬲應該是同一器主所鑄的一組器物中的兩件。上海博物館收藏的商代中期獸面紋壺，在其圈足的内側，鑄有一個Ⅹ形符號（圖三），對此學術界有不同的意見。或以爲這就是一個符號，在當時的陶器上已有較多的刻畫符號被發現，

［1］　河南省文物考古研究所：《鄭州商城：1953～1985年考古發掘報告》，文物出版社，2001年，第821頁，彩版三七。
［2］　中國青銅器全集編輯委員會：《中國青銅器全集》（一），文物出版社，1996年，圖版一一七。
［3］　石志廉：《商戈鬲》，《文物》1961年第1期，第42頁；張既翕：《商戈鬲商榷》，《考古》1964年第9期，第461頁；張亞初：《殷虚都城與山西方國考略》，《古文字研究》第十輯，中華書局，1983年，第400頁。
［4］　保利藏金編輯委員會：《保利藏金》，嶺南美術出版社，1999年，第11頁。

圖三　上海博物館藏商代中期獸面紋壺

其意義還不清楚；或以爲這有可能就是一個文字，在商代晚期甲骨文中，"五"字就有寫作"×"形的，在陶器上發現的類似刻畫符號，也具有數字的意思。我們仔細觀察這個"×"形符號，可以看到它每一筆的兩頭，都是方方正正的，可見它不是隨意刻劃上去的，而是有意製作的，但也正因爲它的筆畫過於方正，又似乎缺乏中國文字特有的筆意。總之，對這個"×"究竟是文字還是符號的研究，對探討中國文字的起源具有較重要的學術價值。1955年在河南鄭州白家莊出土的一件獸面紋尊的頸部，裝飾有三個類似龜形的圖案。唐蘭先生認爲它們可能是個文字，或可釋爲"電"字[1]，也有人認爲它們應該是族徽。我們認爲這件獸面紋尊頸部的龜形圖案還不能算是文字，如果是作爲族徽或氏族名稱的文字，那麼應該有一個就夠了，完全没必要鑄三個，何況在青銅器上還從未有過三個相同的象形文字作如此排列的先例。而且在這件青銅尊的頸部共有三個這樣的圖案，它符合商周青銅器紋飾上常見的三等分裝飾手法，因此，這三個龜形圖案還只能是一種紋飾。儘管對商代中期青銅器上存在的銘文，目前還處在認識和探討的過程中，但這一時期的文字已經出現在青銅器上，應該是一個不争的事實。

　　總之，在商代早期和商代中期，青銅器在黄河、長江的中下游地區都有發現，青銅容器和兵器的種類明顯增多，數量的顯著增加和出土範圍的擴大，説明青銅器作爲禮器已被廣泛使用，表明青銅體制正在逐步形成。考古發現的資料表明，青銅禮器的使用已形成一定的組合關係。青銅器的造型已經擺脱了陶器的影響，開始形成自身的形制規範。獸面紋、龍紋、鳥紋等青銅器上的主要裝飾題材已被廣泛運用，裝飾手法由簡趨繁，由粗變精，開始向成熟的裝飾工藝發展。青銅器鑄造中，分鑄技術已被嫻熟應用，大型青銅容器的鑄造也較普遍。青銅器上的文字，在商代中期的青銅器上偶有發現。可以説商代早、中期的青銅工藝，正處在一個爲青銅藝術的鼎盛而奠定基礎的哺育成長時期。

（三）商代晚期青銅器（公元前13世紀—前11世紀）

　　自商王盤庚遷都至殷（今河南安陽），商王朝政局相對穩定，以後的近三百年歷史中

---

[1]　唐蘭：《從河南鄭州出土的商代前期青銅器談起》，《文物》1973年第7期，第5頁。

再未出現爲爭奪王位而引起的内亂，使得統治者可以集中精力内治外征，商王朝的勢力得以長足發展。這就是中國歷史上非常著名的"盤庚遷殷"，此後商人再未遷都。之後在武丁統治期間，據文獻和甲骨卜辭的記載，武丁曾率軍南征於江淮，北伐至河套，西征達渭汭，使四方諸侯臣服納貢，可謂武功赫赫。經過武丁五十餘年的文治武攻，商王朝達到了最爲强盛的時期。

　　20世紀20年代末在安陽開始的殷墟科學考古工作，一直延續至今，考古成果極其豐富。出土的青銅器數以萬計，這些青銅器以禮器和兵器爲主，其種類繁多，造型奇特，紋飾瑰麗，鑄造精良，集中體現了商代晚期青銅器的製作水平和藝術成就，標志着中國青銅工藝鼎盛時期的到來[1]。除此之外，商代晚期的青銅器在河南、河北、陝西、山西、山東、安徽、遼寧等地都有大量的發現。此外，在長江流域的南部地區，也發現了許多與商文化比較接近，但又具有很强烈地方特色的青銅器，這説明商代的青銅文化已經影響到了南方地區，反映出當時區域文化交流的頻繁和深度。其中比較著名的發現有四川廣漢三星堆遺址[2]、江西新幹大洋州遺址[3]和湖南的多處遺址。

　　從各地出土的商代晚期青銅器來看，大量新器形的出現，使得青銅器的種類與器形在這一時期已基本齊全，各種器物在食器、酒器、水器、樂器、兵器等器類中作用明確，按照禮儀要求而形成的器物組合關係確立。根據考古資料中酒器的數量和品種之多，可以確定禮器中重酒的體制是商代晚期青銅體制中最重要的部分。青銅器的器形豐富多彩，方形青銅器在一些地位較高的貴族墓葬中屢有發現。以動物作爲青銅酒器的器形設計，是商代晚期新出現的，其中以動物形的尊、卣，以及非常肖形的觥最爲常見。在安陽出土的動物形青銅器，以鴞尊、鴞卣爲主，在南方的湖南等地則出土有豕形、象形、牛形、虎形、羊形的青銅尊、卣及觥。也有一些青銅器是將動物形與青銅器的功用非常有機地融合於一體，使之既實用又富有裝飾性。父乙觥，就是這樣一件青銅器，它的蓋作成動物的頭部與脊背，器身除了傾倒液體的流部作成了動物的頸部形狀外，其餘部分就是個橢圓形的器物形式，兩者的結合天衣無縫（圖四）。同時，在各種器類中，同一

圖四　父乙觥

---

[1]　中國社會科學院考古研究所：《殷墟的發現與研究》，科學出版社，1994年；中國社會科學院考古研究所：《殷虛青銅器》，文物出版社，1985年。

[2]　四川省文物考古研究所：《三星堆祭祀坑》，文物出版社，1999年。

[3]　江西省文物考古研究所、江西省博物館、新幹縣博物館：《新幹商代大墓》，文物出版社，1997年。

圖五　上海博物館藏獸面紋鼎　　　　　　圖六　上海博物館藏射女鼎

種器物的造型也往往會有多種變化形式,有時只是添加、減除一些小小的附件,或者改變一些部位的綫條,就會使相同的器物呈現出完全不同的藝術效果。如上海博物館藏的獸面紋鼎(圖五)和射女鼎(圖六),前者兩耳稍高,略向外撇,腹壁稍斜,三足上部略鼓,腹部和足部各有三條勾曲形的棱脊;後者兩耳直立,平折方唇,腹壁直,三足等粗,腹上部的棱脊作扁平條形。兩相比較,前者造型優雅,顯得靈巧活潑,後者造型端莊,顯得莊重沉穩。

　　豐富多彩的青銅器紋樣裝飾是商代晚期青銅工藝的又一個亮點。全器滿花是裝飾上的特點之一,與之前的青銅器相比,商代晚期的青銅器多數是從上到下通體裝飾花紋,幾乎不留空白,有些青銅器甚至連目力所不及的底部也裝飾了花紋。紋飾一般是以寬窄不等的帶狀結構,自上而下地裝飾了各種動物紋、植物紋或幾何紋。充滿宗教色彩的動物紋依然是青銅器裝飾的主要題材,獸面紋則是其中最主要的內容。各種紋樣都有多種變化的形式,如獸面紋就因角型的不同,有體軀或無體軀而呈現出不同的藝術形式;龍紋也有爬形龍紋、卷體龍紋等式樣。青銅器的花紋比較多的是采用浮雕與平雕相結合的裝飾方法,即將主體紋飾用浮雕的方法使之突出於器表,并在其凸出的主體上加刻有表現其細部的花紋,在主體紋飾的周圍器表上則用平雕的方法鑄有精細的幾何形紋飾作爲地紋,這樣在一組紋飾中就形成了凸出的主紋、主紋上的細花紋、器表的地紋三個層次組成的花紋,使得花紋層次豐富,具有較強的立體感,這是商代晚期青銅器最典型的裝飾方法。同時也有些工匠喜歡在青銅器的表面用平雕的手法,利用綫條的粗細、寬疏來表現所裝飾的題材,這種紋飾一般都比較精細、縟麗。此外在商代晚期的一些青銅器上,還比較多地采用了圓雕和浮雕相結合的裝飾方法,如安陽殷墟五號墓出土了一件青銅觥,觥蓋作圓雕的虎首,虎身則平飾於器身,虎的前腿緊縮,後腿蹲踞,器蓋相合使虎首與虎身渾然一體[1]。美國哈佛大學福格博物館（The William Hayes Fogg Art Museum, Harvard University）也收藏了一件相似的青銅觥。這種圓雕與浮雕相結合的裝飾方法，雖然濫觴於商代中期的龍虎尊上，但直到商代晚期，它才使用得更爲嫺熟和更爲廣泛。在商代晚期稍晚的時候，也許是浸潤了太久的華麗和精緻，在青銅器的裝飾工藝中出現了簡約化的趨勢，一些青銅器的裝飾除了主體紋飾外，不再用精密的幾何紋作爲地紋裝飾，如上海博物館收藏的父乙觥紋飾就是屬於這種簡潔化了的裝飾。也有一些獸面紋不再以完整的形象出現，它們簡化了體軀，甚至包括獸首的顏面輪廓。只是把獸首的眼、眉、耳、口、角等部位組合成一個動物的頭部形象，上海博物館藏的一件獸面紋方彝就是這種分解式的獸面紋。

在商代晚期，在相當數量的青銅器上出現銘文，其中以使用者的氏族徽記和名號爲主，也有相當數量的青銅器因爲作祭祀用，所以銘文是被祭祀的祖先名字或加上祭祀者的氏族徽記和名稱。稍晚也出現了多達數十字的紀事體銘文，內容涉及當時的一些軍事戰爭、王室祭典、商王賞賜等。商代晚期的青銅器銘文較多保留了象形字的原始特徵，字體主要是以筆勢剛勁、筆畫渾厚的波磔體爲主。

商代晚期的青銅鑄造業已非常興盛發達，僅在安陽殷墟遺址就發現有多處的青銅鑄造作坊遺址，出土大量的陶範殘片，以及坩鍋、煉爐等鑄銅遺迹，從中可以管見當時鑄銅業的規模。商代晚期青銅器的器壁普遍比較厚重，説明當時的銅礦開采和冶煉較之過去有相當大的發展，已能够提供足够的原料滿足青銅鑄造業的需求。大器、方器、動物形器和一些造型複雜的青銅器，以及青銅器上繁複華麗的紋飾製作都表明當時制範技術的成熟和高超。在一些青銅器上出現了製範更爲複雜和講究的鏤空技術，如上海博物館收藏的黃瓿圈足就是用鏤空的綫條表現出龍紋的輪廓（圖七）。渾鑄、分鑄等澆鑄技術相當成熟，鑄焊、鉚接等技術也被廣泛采用。焚失法鑄造技術被運用於一些青銅器的提梁製作，這是僅發現於中國的一種鑄造技術，它是將繩索做成所需的提梁式樣，然後用範土將此包裹其中，再用高溫烘焙，使絲綫做的繩索焚燒成灰，去除灰燼，使得陶範中留出空腔，將銅液澆鑄其中，就能得到所需形狀的青銅提梁了[2]。這一工藝成型方便，製作省時省力，成爲以後失蠟法鑄造技術的先驅。

圖七　上海博物館藏黃瓿

［1］　中國社會科學院考古研究所:《殷墟婦好墓》，文物出版社，1980年，第59頁，圖版二六，1。
［2］　譚德睿:《中國青銅時代陶範鑄造技術研究》，《考古學報》1999年第2期，第243—244頁。

圖八　徙卣

徙卣的提梁就是采用了焚失法制作的（圖八），至今我們還能在提梁上看到清晰的繩索痕迹。

總之，在洋溢着藝術魅力的商代晚期青銅器上，可以感覺到，當時的工匠在製作青銅器時，除了工藝上的得心應手外，還充滿了藝術創作的欲望和衝動。這一切也只有在社會相對穩定和富足，并且宗教意識濃厚和講究禮儀的商代晚期才能實現，中國青銅工藝也只有在這時才能到達鼎盛時期。

三、西周青銅器

周人是中國西部的一個部族，因其建國前曾長期以周原（今陝西省鳳翔、岐山、扶風和武功四縣一帶）爲中心，故以“周”爲其部族的名號。周武王在滅了商朝後，建立了周朝，并定都於鎬（今陝西省長安縣灃河東岸），又稱宗周。後殷遺民勾結監管他們的周朝貴族發動叛亂，周武王的弟弟周公旦東征平叛後，在雒邑（今河南省洛陽市）建立東都成周，以鎮撫東方，安置殷遺民。當時周朝的統治地區東達今山東，西至今甘肅，南抵今江淮流域，北到今内蒙古和遼寧，并與四周民族有廣泛的聯繫。至周幽王十一年（公元前771年）被犬戎攻滅，周王朝遷都成周。歷史上將這一時期稱爲西周，將遷都成周後的周王朝稱爲東周。西周王朝從周武王到周幽王，共十二王，前後歷時約二百七十餘年。歷史學家把西周分爲三個時期，西周早期有武、成、康、昭四王，西周中期有穆、恭、懿、孝四王，西周晚期有夷、厲、宣、幽四王，其中包括共和執政時期。

西周建國後，政治上采取分封制，即以同姓宗親爲主，建立若干個諸侯國以藩屏周。實行嚴格的由父系家長制的氏族制度發展演變而來的宗法制度，并以此與政權機構密切結合，明確了貴族間的等級關係、繼承關係，確定了各自的權利和職責。這一整套嚴格的政治制度，及與之相輔的宗教禮儀制度，被後世稱之爲“禮制”。西周時期的青銅器就是這種“禮制”的物質載體，可以說周人對青銅器在禮制中的作用要重視得多，考古資料中西周青銅器的組合情況要比商代明確，而且很多文獻中記載的青銅禮制，也在考古發掘中逐步得到證實。如“列鼎”和“編鐘”制度。現在我們根據青銅器出土時的組合狀況以及青銅器銘文中記載的史實，還可以探究和了解當時青銅體制。

（一）西周早期青銅器（公元前11世紀）

由於周是一個在西部以農業爲主地區發展起來的民族，所以在手工業方面遠不及東方的商人,在滅商以後,西周的手工業大量采用的是商人的技術和工藝,西周早期的青銅器在器形和裝飾工藝上幾乎是商代晚期青銅器的延續。但由於政治制度和宗教禮儀的不同,西周早期的青銅器在器類及器物的組合上表現出與商代晚期不太相同的制度體系。陝西郿縣禮村出土的西周康王時期的大盂鼎腹壁鑄有一篇291字的銘文,記載了周康王對盂的誡辭,其中就提到殷商因朝野沉湎於酒而導致亡國。所以周初頒發了禁酒令,禁止多人聚衆飲酒。在這種情況下,西周早期以後的青銅酒器就相對減少,青銅食器則有所增加,大型青銅鼎在西周早期的鼎形器中所占比重有較大的增加,表現出青銅向重食體制轉變的傾向。

當然,西周早期的青銅工藝并非商代晚期青銅工藝的簡單重複,在一些青銅器上還出現了新的變化形式。西周早期鄂叔簋這種在圈足下加置了方座的青銅簋,就是在這一時期新出現的食器器形(圖九);上海博物館收藏的古父己卣,這種直筒形卣也是西周早期特有的新器形(圖十)。此外,在青銅器上也出現了一些局部的變化,如鼎的口部多呈橢三角圓形的式樣,鼎腹的下垂越加明顯,又如將簋的圈足加高,觚的器身變細等。三個一組的編鐘和五件一套的列鼎,在這個時期稍晚的時候開始出現。

獸面紋仍是西周早期青銅器上最主要的裝飾題材,儘管形式上主要還是延續了商代晚期獸面紋,但也有一些帶有周人風格的裝飾特點。如牛角形的獸面紋增多,有些牛角的尖端甚至翹出於器表。有人認爲這種現象可能與周人是農業民族有關,牛在中國古代農業社會中非常重要,甚至成爲周人崇拜的對象,所以被廣泛地運用爲青銅器的裝飾紋樣。同樣因崇拜而被裝飾較多的紋樣有鳳鳥紋,在周人的傳說中,周人的祖先是因爲看到鳳鳥鳴於岐山後,決定率族人遷居岐山腳下的周原地區,從此周人逐漸興盛,直至滅商建國,所以鳳鳥成爲周人的吉祥物而受到崇拜。在西周早期的青銅器上,鳳鳥

圖九　鄂叔簋　　　　　　　　　圖十　上海博物館藏古父己卣

圖十一　上海博物館藏青銅簋

紋不僅裝飾得比較普遍,而且與商代晚期青銅器上鳳鳥紋一般只作爲輔助裝飾的現象不同,它經常被作爲主體紋飾裝飾於青銅器上。在西周早期末的昭王時期開始,鳳鳥紋的裝飾更是達到了高潮,不同冠式,形態各異的鳳鳥紋紛紛出現,并通常大面積地裝飾在器物顯著部位。在西周早期,用鳳鳥作爲器物造型的青銅器也開始出現,在山西南部的晋侯墓地就出土了一件鳳鳥形尊[1],最近保利博物館也徵集到一件西周早期的鳳鳥形尊,造型之優美,裝飾之華麗是以前從未有過的。最具有特色的西周早期青銅器紋飾是蝸身獸紋,這種有着龍首蝸身的怪獸紋,僅出現在西周早期這段不是很長的時間内,如上海博物館收藏的一件青銅簋就是用這種紋飾作爲裝飾主體的(圖十一)。

　　西周早期的青銅器上普遍鑄有銘文,除了記載器主名號、族徽以及被祭祀者名字外,内容逐漸以紀事爲主,記載了諸多與器主或其家族有關的西周早期歷史史實,内容涉及政治、經濟、戰争等。銘文的字數一般都在數十字左右,也出現一些長達數百字的長篇紀事銘文。這種現象表明,在西周宗法制度的影響下,周人比商人更注重於將與家族榮譽有關的事迹銘記於青銅器上,并將它們放置於宗廟之中,希冀子孫後代以此爲榮。這也就是《禮記·祭統》中所謂的"自銘以稱揚其先祖之美而明著之後世者也"。這也説明周人和商人對於青銅體制的理念是有所不同的,商人更多的是將青銅器作爲祭祀用器來使用,而周人則可能更多的是將青銅器作爲宗廟禮器來對待。

(二) 西周中期青銅器(公元前11世紀末—前10世紀末)

　　西周建國以後,經過近百年的經營,到穆王時,社會經濟發展已進入繁盛時期。周初建立起來的各種政治制度已基本確立和完善,這從自恭王時期開始的青銅器銘文中,出現大量對大臣、貴族和官員的册命記載中可以發現。從考古發掘出土的大量青銅器可以看出,從西周中期開始,中國的青銅體制發生了一個比較大的轉變。這個轉變可以説是周人在通過近百年的革新除舊,逐步確立起來的具有本民族特點的政治、宗法、宗教等制度的物質體現。也是經過近百年後,殷商的政治、文化、宗教影響日益減弱,周人本民族的政治、文化、宗教和社會習俗得以在青銅器上充分表現。正因爲如此,中國青銅工藝自西周中期開始進入了轉變時期。

---

[1]　北京大學考古文博院、山西省考古研究所:《天馬—曲村遺址北趙晋侯墓地第六次發掘》,《文物》2001年第8期,第4頁。

在西周中期,青銅酒器的種類和數量繼續減少,青銅食器的種類和數量則逐步增加,盨、簠、鋪等正是在這一時期新出現的食器種類。列鼎制度也是在這一時期得以確立,所謂列鼎制度,是指統治者以制度的形式規定,使用者只能按其等級地位使用不同數量的鼎,其具體的規定是"天子九鼎,諸侯七鼎,大夫五鼎,元士三鼎"。列鼎一般是器形、紋飾及銘文均相同,大小則依次遞減。列鼎通常與以偶數組合的簋配套使用。列鼎制度的實質就是強化和鞏固爲其政治利益服務的宗法制度和等級制度,使統治集團內部的政治、經濟利益得到有秩序的分配。

從西周中期開始,青銅器的器形由青銅工藝鼎盛時期的雄奇莊重向端莊實用轉變,除了一些大器外,器形的設計一般都比較輕巧簡潔,如過去爲了增添器物氣勢而設置的棱脊在這一時期的青銅器上逐漸消失,一些器足也由粗壯變得細長,器物外形的綫條也以柔和委婉爲主。上海博物館藏的旁鼎,器形較之鼎盛期的青銅鼎,完全沒有了沉穩厚重的氣勢,而是以清新簡練的形象出現(圖十二)。而父庚壺(圖十三)的外形綫條簡潔流暢,表現出與以前迥然不同的審美意識。當然在一些地位較高的貴族所作之器上,還保留有部分豪門用器的奢華遺風,如陝西扶風法門寺出土,現收藏在上海博物館的小克鼎。

雖然鳳鳥紋在西周中期較早的一段時間極其流行,形式的設計和紋飾的製作也非常講究,但隨着整個青銅工藝轉變時期的到來,不久它們也就漸漸退出了青銅器裝飾的主體行列。西周中期青銅器裝飾的主要趨向是,豪華精麗的具象性紋飾轉變爲粗獷簡樸的抽象性紋飾,獸面紋、龍紋和鳳鳥紋多以變形的形式出現,這種變形主要表現爲具體的形象被抽象的綫條所取代,以致我們只有通過一些還被保留了的動物目紋,以及紋飾的結構,尚可依稀辨認出這是哪一種變形紋飾。由動物形紋飾

圖十二　上海博物館藏旁鼎　　　　　　圖十三　父庚壺

變形產生的波曲紋、獸體變形紋等成爲紋飾的主體，這些紋飾，給人以清新流暢的感覺。器形的簡潔實用和裝飾的樸實簡約相得益彰，使得這一時期青銅器的總體面貌煥然一新。

西周中期青銅器上鑄銘紀事的現象更爲普遍，字數多在數十字至數百字。銘文的内容以王室對器主的册命記錄最爲多見，這種册命辭具有一定的格式，形式雖然單調，但内容往往牽涉到許多當時的政治、經濟制度以及一些重大事件。此外，在這一時期的青銅器上還出現了不少土地交換、物物交換，甚至訴訟判決的記錄，征伐和記功。西周中期青銅器銘文用筆純熟，結體圓渾，筆畫無波捺，兩端平齊，號稱"玉箸體"。

（三）西周晚期（公元前9世紀上半葉—前771年）

西周晚期以後，統治集團内部的政治、經濟鬥爭日趨激烈，與外族的征戰連年不斷，導致社會矛盾迅速激化。隨着國力的衰敗，青銅工藝出現相對停滯。這種停滯主要表現爲青銅器的器形與紋飾多是前一階段的延續，很少有什麼創新，一些器形和裝飾則出現了程式化的傾向。特別是作爲青銅體制中最主要的三種食器，鼎、鬲和簋的器形和裝飾一般都固定於二三種形式，且每一種形式幾乎都有固定的紋飾搭配，鮮有以往那種千姿百態的變化。鼎的形制主要有兩大類，一種是自西周中期開始流行的寬體垂腹立耳鼎，但器腹更爲淺平，紋飾以口沿下飾一周變形獸體紋，腹部主要飾波曲紋；另一種是器腹作深腹圜底鍋形的式樣，鼎足主要是蹄足的形式，這種鼎有的幾乎不作裝飾，僅在口沿下飾一道弦紋，也有些在口沿下飾一周鱗紋，著名的毛公鼎就是這種式樣，晉侯對鼎也屬這種形式。青銅鬲的形式更爲單調，以平折沿淺腹弧襠的鬲爲主要式樣，上海博物館收藏的吕王鬲，就是這一時期鬲的流行形式（圖十四）。青銅簋則以斂口有蓋的扁圓體簋爲主，圈足下的三足多作獸首爪形或人形，僅在耳部的設計上會出現一些變化形式，除了傳統的獸首垂珥式環耳外，還有獸首銜環耳等。在青銅簋的形制缺乏變化的同時，在西周晚期的青銅器體制中，盨和簠常常取代了簋與鼎形成組合，可以説這段時間是盨和簠使用最頻繁的時期，在此之前和之後，青銅盨和簠都未有過如此廣泛的使用。在西周晚期有些器物上也出現了一些新的變化形式，如橢方體長頸的鼓腹壺，扁體圓形的盂等都是新出現的樣式。

西周晚期青銅器裝飾仍然是變形、抽象化的進一步發展時期，獸面紋等具像性的紋飾已完全變形爲以彎曲的綫條組成的各種變形紋飾。如果説在西周中期青銅器紋飾的變形過程中，尚可依據獸目依

圖十四　吕王鬲

稀辨認出各種具像紋飾的主題,到了這一時期則已幾乎無法識別。值得注意的是,在這裝飾變形化的進程中,具像性的龍紋卻不再繼續變形,而是重新以具像的形式出現,并有着比較大的發展和變化。其中最爲突出的是形象非常具體的一首雙身的蟠龍紋開始流行,此外對春秋時期青銅器上龍紋影響最大的所謂吐舌龍紋,也是在這時出現并迅速盛行的一種新的龍紋形式。

西周晚期青銅器銘文最能反映當時社會的狀況,連年的征戰和外族的入侵是這一時期青銅器銘文中最常見的内容。除此之外,反映當時諸侯間通婚聯姻的銘文内容也屢有記載。西周晚期青銅器上出現一種筆勢勻稱,書寫剛勁,刻意求工的銘文字體,著名的虢季子白盤銘文就是這種字體的代表作。但總體上看來,這時期青銅器上多數銘文書寫草率,結構鬆散。

四、春秋青銅器

公元前771年,由於周幽王與申侯的矛盾激化,申侯聯繫了犬戎和繒侯舉兵攻打鎬京,其他諸侯無人援周,周幽王被殺於驪山腳下。於是諸侯們擁立太子宜臼爲王,史稱周平王。公元前770年,面對滿目瘡痍的鎬京,和騷擾的犬戎,周平王決定將都城遷往東都成周(今河南洛陽),從此西周王朝的歷史徹底結束。

以東方的成周爲國都的周王朝被稱之爲東周,中國的歷史學家習慣上將東周分爲春秋和戰國兩大時期。"春秋"一般是指公元前770—前476年,"春秋"一詞源於中國古代的史書《春秋》,它是各諸侯國史官以編年體形式記載的本國歷史,其中又以魯國《春秋》所記載的年代與這段歷史時期相當而得名。

春秋時期周王室的實力大爲削弱,晋文侯與鄭武公輔佐平王東遷有功,掌握了王室的政治大權。從此周王就喪失了號令諸侯的權力,諸侯國不僅不向周天子納貢、朝覲、述職,相反無論在政治上,還是在經濟上,周王都要依賴於强大的諸侯國。這樣西周時期"禮樂征伐自天子出"(《論語·季氏》)的社會政治秩序被徹底打破,而一些勢力强大的諸侯國則在當時的政治活動中,起着越來越重要的作用。爲了在當時的政治生活中占據主導地位,一些大的諸侯國之間開展了十分激烈的爭霸鬥爭,取得霸主地位的諸侯國,可以對勢力弱小的諸侯國甚至周王發號施令,所以諸侯爭霸成爲這一歷史時期最爲引人注目的政治現象。春秋時期的青銅器,可以説無論在體制上還是工藝上都顯著地反映出了當時的社會政治特點。

(一)春秋早期青銅器(公元前770年—前7世紀上半葉)

春秋早期并未因政局的改變而使青銅工藝隨之出現新的氣象,相反在這一時期仍然延續了自西周晚期開始的青銅工藝停滯和衰敗的過程。這一時期的考古資料表明,王公貴族的青銅器較少,而屬諸侯國的青銅器則明顯增加。這是由於隨着周王統治的

圖十五　上海博物館藏秦公鼎　　　　　　　圖十六　上海博物館藏波曲紋鎛

衰弱,諸侯國權力和實力在加強,他們比過去更重視能代表和顯示他們地位的青銅器,這樣必然會對各諸侯國的青銅工藝産生深刻的影響,其顯著的特點就是具有地方文化風格的青銅器越來越多,而且其組合形式也因地域的不同逐步具有各自的特點。

地處西北的秦國青銅器保留較多了西周晚期青銅工藝的特點,器物的造型和裝飾總體上都是西周晚期同類器物的延續。這種現象集中體現在甘肅禮縣秦公墓地現存的青銅器上,現收藏在上海博物館的秦公鼎,是該墓地出土數套秦公鼎中的一件,它的形制仍是西周晚期程式化鼎形器中寬體垂腹立耳鼎的式樣,裝飾還是沿用了口沿下的一周窄帶紋和腹部寬帶紋結合的特點,僅在紋飾的製作和鑄造技術上略顯粗率,反映出秦國青銅工藝相對落後的特點(圖十五)。當然秦國的青銅工藝也是有所創新的,如可能是甘肅禮縣秦公墓地出土,現由上海博物館收藏的波曲紋鎛,就是頗具秦國特色的新器形(圖十六),這種器形被認爲是由於秦國位於北方草原文化和中原文化的連接點,所以它在汲取了草原文化的基礎上,結合了中原青銅工藝後産生的一種新器物。同時在江淮地區和長江下游地區的一些諸侯國,青銅工藝已比較明顯地開始出現具有地域風格的變化。值得注意的是這些變化多數是首先産生於一些中、小諸侯國,這或許是因爲各大諸侯國與周王室有比較密切的關係,它們的青銅工藝自覺或不自覺地在維護着正統的青銅體制,而中小諸侯國則較少受到傳統體制的束縛,所以當周王室的統治一旦衰落,它們就有較大的發揮餘地。比如在河南潢川的黃國墓中出土的青銅器就表現出強烈的地方特色,不僅有些青銅器的器形從未見於以往同類青銅器,而且裝飾的題材和形式也是非常具有特色的。伯遊父壺和伯遊父罐就是兩件非常具有創意的黃國青銅器,特別是壺的器形和紋飾,在同一時期其他諸侯國青銅器中是從未見過的。此時位於長江下游,過去被認爲是蠻荒之地的吳越地區,青銅工藝正以較快的速度在發展。它們的青銅器鑄品不僅有完全屬當地文化的,也有將中原文化與當地土著文化糅合爲一體的。上海博物館收藏的龍耳尊就是該地區特有的一種青銅器（圖十七），它的器身仿自中原地區大口有肩尊的式樣，但在器腹的兩側却增加了非常具有本地文化特色的龍形雙耳。

雖然我們在這裏强調了春秋早期青銅工藝出現的一些新現象，但總體上這些新的因素尚未能够達到改變整個青銅工藝和體制的程度，因此，這時的青銅工藝仍處於自西周中期以來的轉變時期。

圖十七　上海博物館藏龍耳尊

（二）春秋中期（公元前7世紀上半葉—前6世紀上半葉）

春秋中期以後，舊禮制的衰落減弱了對青銅工藝的束縛，各諸侯國的經濟發展促進了青銅鑄造業振興，青銅工藝逐漸展現出新面貌。舊的器形在式樣上有較大的改觀，表現出與以往青銅器很不相同的形式特徵，器形的設計因禮制的衰敗而較注重與實用相結合，使得式樣更富於變化。如鼎上普遍加蓋，因此附耳成爲鼎形器上常見的式樣。由於各諸侯國一些舊的器類如簋和盨等開始消失，出現了一些新的器形，如敦、盆、鑒等，由此逐漸形成新的青銅器組合形式。

春秋中期青銅器器形變化的最大特點是禮器的特性漸漸淡化，形式的設計向着兩個相反的方向發展，一種是以造型的美觀爲目的，外形華美、誇張；另一種則以實用爲目的，外形簡潔、輕巧。蓮瓣蓋龍紋壺屬前者，侈張的蓮瓣形蓋沿、誇張的龍形雙耳、碩長的器頸和圓鼓的器腹，以及鏤空的圈足，極其張揚地表露出對外形設計的追求（圖十八）。這是青銅工藝在經歷了較長時間的停滯之後，隨着各諸侯國政治的强大和經濟的發展，終於又得以復蘇并在青銅器的設計、製作上表現出來的一種更新態勢。龍紋鼎則屬後者，樸實無華和輕巧簡便的器形，表明設計者更注重其實用性（圖十九）。儘管這種講究實用的形式設計并不以華麗的外形來凸顯其創新的個性，但它同樣是中國青銅工藝的更新現象之一，

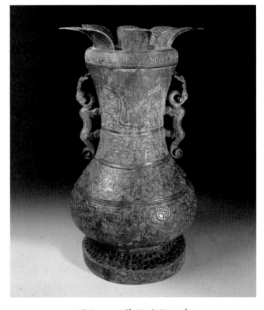

圖十八　蓮瓣蓋龍紋壺

圖十九　龍紋鼎

因爲在它的設計理念中是以淡化器物的禮器特性作爲設計的出發點之一，這是更新期青銅器的一個主要特點。

青銅器的紋飾在保留前期那種粗放、變形的裝飾特點的同時，也出現了活潑、寫實的裝飾方法。同樣在蓮瓣蓋龍紋壺上就融合了這兩種不同的裝飾風格，在壺頸部裝飾的是變形的龍紋，在壺的腹部裝飾的却是比較寫實而且富有動感的龍鳳紋。這些風格不同的裝飾方法同時存在，正是春秋中期青銅工藝處於由轉變期向更新期過渡初期所特有的現象。此外，龍紋也愈益成爲裝飾的主體題材，并逐步由過去兩方連續的構圖向四方連續的構圖發展，使得蟠龍紋、交龍紋等龍紋的構圖層累叠加，奠定了龍紋結構以後向繁複細密化發展的基礎。

青銅器銘文在春秋中期逐漸減少，内容一般以記載作器時期、器主名號以及祈福保佑爲主。在這一時期，記載諸侯間通婚媵嫁的銘文仍比較多，反映出春秋時期諸侯間爲政治目的通過聯姻組成利益集團，以便擴大勢力，參與爭霸的時代特點。銘文字體多較草率，并因各諸侯間的相對獨立而逐步形成各自的地域風格。

（三）春秋晚期青銅器（公元前6世紀上半葉一前476年）

春秋晚期是中國青銅工藝的又一個巔峰時期，在經歷了春秋中期對傳統工藝中舊的器形、裝飾、鑄造技術篩選、淘汰、改造和創新的過程之後，這時的青銅工藝展現出全面的更新面貌。雖然各諸侯國的青銅工藝仍以各自的地域文化爲基礎，形成各具特色的青銅文化，但在長期的爭霸過程中形成的以數個實力强大的諸侯國爲主體的勢力範圍，也逐漸將其中的青銅文化融爲一體，形成了數個風格不盡相同的青銅文化圈，其中，以黄河流域晋文化青銅器和長江流域楚文化青銅器的影響最爲廣泛。

鑄造技術的改進是春秋晚期青銅器的一大特點，不少青銅器的鑄造采用了分鑄法的製作技術，器物的耳、足等部位一般都是先做好預鑄件，然後將它們安裝於待鑄器物的陶範中，再澆鑄成型。分鑄法的普遍運用，雖然簡化了生産工序，提高了産量，但同時也使得青銅器製作不再具有個性化的創作，所以從此以後器物的造型往往比較單調，鮮見有往日的變化。從山西侯馬春秋晚期晋國鑄銅遺址出土的模具，可以了解到當時青銅器陶範上的紋飾製作較多采用印模法，它是用預先雕刻好各種花紋的泥模，燒製成質地堅硬的陶模，用它在泥片上壓印出花紋，根據不同器物的需要，按部位及大小切割後，貼敷於器物的外範上。這樣印模可以上下左右連續使用，可以遍印全器，也可移用到他器。這種工藝完全擯弃了從前青銅器製作時，每器需專門雕製紋飾的繁複工藝，具有省時省力、執簡就繁之功，是青銅器鑄造工藝中的一大進步。但這種進步同時也意味着青銅器表面裝飾從藝術性的創作轉變爲一種簡單的技術性操作。1923年山西渾源李峪村出土的蟠蛇紋鼎，就是一件由侯馬鑄銅作坊的作品，它的紋飾就是運用印模法制作的（圖二十）。在與侯馬鑄銅遺址幾乎同一時期的河南淅川楚國墓地中，考古人員在一座貴族墓中發掘出了一件放置酒器的蟠龍紋禁，它的四周有透雕的蟠龍紋，并有多條透雕的龍作爲器足和附飾[1]。經分析，這件青銅器采用了失蠟法，即熔模鑄造技術製作。它表明在春秋晚期，中國古代工匠已能熟練地運用失蠟法鑄造青銅器了。

圖二十　山西渾源李峪村出土蟠蛇紋鼎

　　龍紋是春秋晚期青銅器上最主要的裝飾題材，尤其是各類交龍紋，以其多變的構圖形式而風靡一時。印模法陶範製作工藝的出現，使青銅器的紋飾趨於細密繁縟，并成爲春秋晚期青銅器紋飾最大的特點。在擺脫了舊禮制的束縛後，青銅器裝飾的宗教色彩逐漸淡化，以人類活動爲題材的紋飾，開始用類似繪畫的形式裝飾於青銅器上。1923年山西渾源縣李峪村出土的鑲嵌狩獵紋豆，就是在青銅器表面用鑲嵌紅銅片來描繪手持兵器的武士獵殺禽獸的場面（圖二十一），同時出土的鑲嵌龍紋鼎，則是用鑲嵌的紅銅絲來勾勒出龍紋的輪廓，并用綠松石鑲嵌成龍的眼睛（圖二十二）。鑲嵌、錯金

圖二十一　山西渾源縣李峪村出土鑲嵌狩獵紋豆　　圖二十二　山西渾源縣李峪村出土鑲嵌龍紋鼎

[1]　河南省文物研究所、河南省丹江庫區考古發掘隊、淅川縣博物館：《淅川下寺春秋楚墓》，文物出版社，1991年，第128頁，圖版四九。

銀、鎏金、彩繪等表面裝飾新工藝的運用,使青銅器的裝飾色彩斑斕而呈現出全新的藝術風貌。

作器鑄銘似乎在春秋晚期已不再重要,在多數青銅器上已不鑄銘文,紀事體的銘文更是少見。由於諸侯的割據,也使得銘文字體地域化的區分愈加明顯,同時在青銅器上鑄銘文似乎更多是爲了裝飾,銘文的字體趨於藝術化,以鳥等小動物作爲筆畫裝飾的鳥蟲書,在南方的吳、越和楚國等地區廣爲流行。

五、戰國青銅器

公元前475年,中國歷史進入戰國時期。戰國初期只剩下了近二十個諸侯國,其中又以齊、秦、楚、燕、趙、魏、韓七國最爲强大。他們自立爲王,兼并小國,其戰爭規模比春秋時期更大,史稱"戰國七雄"。由於七國之間戰爭不斷,因而在當時就被人稱作"戰國",後人遂以"戰國"代稱這一歷史時期。公元前246年,秦王政繼位,在經過一段時間的國內政治鬥爭,穩固了其統治之後,他開始了消滅六國,統一中國的戰爭。公元前230—前221年,秦先後剪滅了韓、魏、趙、燕、楚、齊六國,完成歷時十年的統一戰爭。公元前221年,秦王政定都咸陽,自封號爲"秦始皇",建立起了中國歷史上第一個統一的中央集權制國家——秦。

從考古資料來看,這時已有大量鐵器,包括兵器、工具、農具以及生活用品,還有數處規模較大的鑄鐵作坊遺址。所以學術界一般認爲中國自戰國時期開始,已結束了青銅時代而進入了鐵器時代。然而中國青銅時代的結束,并不意味着青銅器鑄造和使用的停止,由於中國青銅器所具有的特殊性質,在鐵器時代早期,它們仍然在社會生活中具有不可或缺的作用。而且因爲冶鐵技術的發展,帶動了青銅冶鑄技術的發展,也爲青銅鑄造業增添了一些新的技術和工藝。戰國時期的青銅器就是在這樣的背景下,在生產出不少極其精美青銅器的同時,仍不可避免地踏上了衰敗之路。

(一)戰國早期青銅器(公元前475年—前4世紀中葉)

戰國早期的青銅器在很大程度上是春秋晚期青銅工藝的延續,從各地的出土資料來看,如果僅僅憑藉出土的青銅器,無論在器形還是紋飾上,要將它們與春秋晚期的青銅器作出明確的區分,那是非常困難的。只有憑藉其他的考古資料,或者青銅器上銘文的內容,才能對它們作出比較可靠的判斷。

戰國早期青銅器,以1978年在湖北隨州市擂鼓墩發掘的曾侯乙墓中出土的器物具有代表性[1]。這是戰國早期曾國國君乙的墓葬,墓中出土隨葬品有一萬餘件,其

---

[1]　湖北省博物館:《曾侯乙墓》,文物出版社,1989年。

中青銅禮器和用具有一百四十餘件，包括了當時酒器、食器和水器中最主要的各種器物。有些器物的組合是以往考古資料中從未見過的，如尊和盤、鑒和缶的組合等。不少青銅器采用了鑲嵌、鏤空等工藝，也有一些青銅器是用技術嫻熟的失蠟法製作而成。墓中出土的各類兵器達4 500餘件，其中不乏一些過去從未發現的兵器式樣。最引人注意的是在該墓出土了一套完整的青銅編鐘，這套編鐘共有六十五件，最大的一件高153.4釐米，重203.6公斤，整套編鐘重達2 500多公斤。這套編鐘按不同形制，以音高和大小爲序組成八組，懸挂在銅木結構的三層鐘架上。在每件鐘上都有用錯金銘文標注的音名和音階，經測音，整套編鐘的音階結構與現今國際通用的C大調七聲音階同一音列，總音域包括五個八度，中心音域十二個半音齊備，可以旋宮改調。這套編鐘音色優美，音域很寬，變化音比較完備，至今仍可以演奏各種曲調。由於曾是楚的屬國，所以曾侯乙墓出土的青銅器，在形制和裝飾上都具有比較鮮明的楚文化色彩。

　　各種形式的龍紋依然是戰國早期青銅器上最主要的裝飾題材，印模技術的成熟使得此類紋飾結構越來越細微化，上海博物館收藏的一件羽翅紋壺，其紋飾就是用印模技術製作的，在每一個紋飾單位內裝飾了數條體軀交纏的龍紋，龍身上的片片羽翅翹起，全器紋飾顯得精細綷麗（圖二十三）。不同組合的幾何形紋飾也在戰國早期廣爲流行，特別是在漆器上較流行的雲氣紋，逐漸被南北各地的青銅裝飾工藝所接受，在青銅器上的運用也越來越多。鑲嵌和鎏金仍然是戰國早期青銅器常見的表面處理技術，錯金銀的青銅器也有較多的發現。在反映人物活動的紋飾中，表現貴族生活的宴樂畫像紋和水陸攻戰紋是主要的題材（圖二十四）。

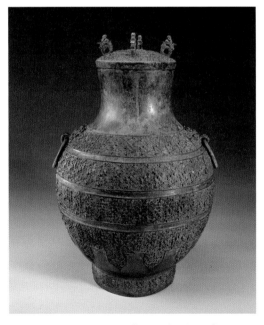

圖二十三　上海博物館藏羽翅紋壺　　　　　　圖二十四　錯金銀銅器

（二）戰國晚期青銅器（公元前4世紀中葉——前221年）

戰爭的頻繁和政治上的禮崩樂壞，伴隨着鐵器時代的到來，青銅鑄造業不可避免地走上了它的末路，戰國晚期的青銅器就明顯反映出這種衰退的趨勢。這種衰退表現爲器形的單調，除了沿用過去的一些器形之外，極少出現富有新意的形制變化；裝飾的

簡化，素面無紋的青銅器大量出現，即使裝飾有花紋，也往往是以窄條帶狀結構裝飾於器物上，以往那些全器滿花的裝飾已很少見了；鑄造的粗糙，因製範簡單而形成的錯範、裂範現象常出現，青銅器澆鑄後的精加工程序也往往被簡化，以致不少青銅器的表面失去了過去那種精緻和光潔。這些現象在1933年安徽壽縣朱家集楚王墓出土的青銅器上就集中地表現了出來，即使作爲曾經稱霸一時并創造過輝煌青銅文化的楚國，到了這一時期爲其君王所鑄的銅器也不僅製作粗糙，而且裝飾草率，難見以往青銅器上的帝王之氣。上海博物館收藏的鑄客鼎，就是該墓出土的一件青銅器，除了其高大的器形尚能與君王的身分相符合外，已不再具有王器的豪華與精緻（圖二十五）。

圖二十五　上海博物館藏鑄客鼎

在這段時間内，能夠延續并對以往青銅工藝有所發展的考古發現，是河北平山中山王墓出土的青銅器[1]。該墓出土有大量的青銅禮器和生活用具，有意思的是青銅禮器的製作，猶如當時各地的青銅器一樣，器形、紋飾都非常簡單，但幾件大器上都有長達數百字的長篇銘文，這在當時是非常罕見的現象。然而該墓出土的青銅生活用具却竭盡奢華，各種動物形的器座、燈座等，構思巧妙、造型生動、圖案新穎、鑲金錯銀，技藝極其精湛。這種現象表明，當時青銅工藝還是具備製作精美青銅器的能力和技術，只是由於當時禮制衰敗，青銅工藝的關注點已轉向了生活用具，所以使得青銅禮器的製作必然步入其末路。

戰國時期青銅器的銘文中長篇的紀事體銘文極其罕見，物勒工名的銘文内容開始出現，改變了以往青銅器上只注重器主事迹的慣例，使得青銅器製作工匠的名字也可以出現在青銅器上。這應該也是青銅工藝中禮器特性逐漸減弱過程的必然現象之一。

---

[1]　河北省文物研究所：《響墓——戰國中山國國王之墓》，文物出版社，1995年。

六、秦漢以後的青銅器和銅鏡工藝

秦統一中國後,其立國的時間只有15年,能够確認是這一時期的青銅器并不是很多。現在我們所知的秦朝青銅工藝,主要是陝西臨潼秦始皇陵出土的一些青銅鑄品。其中的彩繪乘輿,或稱銅車馬,采用多種鑄造技術,將各個部件鑄出後,組合拼裝而成,其工藝之複雜可謂是集當時青銅工藝之大成,代表了秦代青銅工藝的最高水平[1]。秦的青銅器皿則多爲素面無紋飾,反映了青銅製品正在繼續退出歷史舞臺的趨勢。

漢代的青銅器絕大多數是實用器物,鼎、壺、鍾、鈁等常見器皿已基本失去作爲禮器的特性,器物上的銘文往往注明該器的重量或容量,表明它們已經是比較單純地用於盛物的容器。這些器物一般都是素面的,除銜環的鋪首及幾道弦紋外,通常不作其他的裝飾。但是漢代,特別是西漢的銅器表面加工工藝別具特色,鎏金、錯金銀及彩繪等表面裝飾工藝發展到了相當的高度。西漢一些諸侯王墓中出土的青銅器,表現出精湛的工藝水平。各種以人物或動物爲造型的生活用具,如長信宮燈及雁魚燈等,成爲漢代青銅工藝中頗有成就的鑄品[2]。

漢代邊遠地區民族的青銅器,表現出與中原地區截然不同的民族特色,無論其種類、形制、紋飾等方面都有其獨特的風貌。特別是雲南地區西南夷創造的青銅文化,最爲引人注目。五十年代以來,在雲南晉寧石寨山古墓中出土的一大批青銅器等文物[3],其中有一枚"滇王之印"的金印,從而表明此處青銅文化的族屬。出土的青銅器種類繁多,貯貝器是滇文化青銅器中最具有代表性的器物。這些青銅器鑄造精緻,失蠟法、錯金銀、鎏金及寶石鑲嵌技術的運用,具有很高的水平。器物上綫刻的紋飾及各種圓雕的人物、動物、建築等形象極其豐富和生動逼真,表現了當時該民族社會生活的各個方面,如祭祀、樂舞、生產、貿易以及戰爭、狩獵等,是了解滇族當時社會狀況最爲直觀的實物資料。與此同時北方草原地區的匈奴族,北方的東胡族,南方的越族等邊遠民族也創造了各具風采的青銅文化,構成了中國青銅器發展史的完整畫卷。

魏晉之後的青銅鑄造已成爲比較純粹的日常生活用品的生產製造業,單純的器形、單薄的器壁、單調的裝飾,使得生產出的器皿毫無昔日青銅禮器所具有的藝術創作成分。

　　　　2004年爲在阿根廷布宜諾斯艾利斯舉辦的《中國青銅器》展覽所撰寫,
　　　　　　　發表在《中國青銅器》,五洲傳播出版社,2004年。

---

[1]　秦始皇兵馬俑博物館、山西省考古研究所:《秦始皇陵銅車馬發掘報告》,文物出版社,1998年。
[2]　中國社會科學院考古研究所、河北省文物管理處:《滿城漢墓發掘報告》,文物出版社,1980年。
[3]　雲南省博物館:《雲南晉寧石寨山古墓群發掘報告》,文物出版社,1959年。

論法國吉美博物館收藏的象尊

　　象尊是商周時期祭祀禮儀中使用的盛酒禮器之一，《周禮·春官·司尊彝》記載："春祠夏禴，裸用雞彝、鳥彝，皆有舟；其朝踐用兩獻（犧）彝，其再獻用兩象尊，皆有罍，諸臣之所昨（酢）也。"以後的經學家們可能未見過這些禮器的實物，所以在注疏中多望文生義，如鄭玄注："雞彝、鳥彝，謂刻而畫之爲雞鳳皇之形。"幷引鄭司農語，謂："犧尊，飾以翡翠。象尊以象鳳皇，或曰以象骨飾尊。"這是將雞、鳥、犧、象等作爲禮器上的裝飾來看了。對經籍中"犧尊"和"象尊"等記載的正確認識，應該是由三國時魏人王肅提出的。《詩經·魯頌·閟宮》中孔穎達的《疏》提到："王肅云：……犧尊以犧牛爲尊，然則象尊，尊爲象形也。……二尊形如牛、象而背上負尊。"北宋時王黼編撰的《宣和博古圖》中著録了兩件犧尊和一件象尊，表明當時已經有犧尊和象尊出土幷被收藏，而且已被正確認識，如《宣和博古圖》的"象尊"條下在評判先儒對"犧尊、象尊"的誤解時寫到："三代之器遭秦滅學之後，禮樂掃地而盡，後之學者知有其名而莫知其器，於是爲臆説以實之，以疑傳疑，自爲一家之論牢不可破，安知太平日久，文物畢出，乃得是器以證其謬耶。"[1]但由於王肅曾僞造《孔子家語》與鄭玄學派相抗，故其説多爲群儒所不恥，謂其説爲臆想，以至清代的王念孫還是認爲："宋《宣和博古圖》所載周犧尊二，皆爲牛形，則又襲王肅之説而僞爲之。"山東臨淄商王村和江蘇漣水三里墩出土過戰國時期牛犢形的犧尊[2]，其形制與《宣和博古圖》著録的兩件犧尊相同，可見《宣和博古圖》著録的犧尊確實是有實物資料作爲依據的，幷非"襲王肅之説而僞爲之"。《宣和博古圖》著録的象尊與我們現在看到的青銅象尊不太一樣，它似乎更爲寫實一些，而且象背的尊口處有個類似戰國時期青銅盉上提梁形的蓋，其形象更接近1967年河北易縣燕下都武陽臺出土的戰國晚期象形燈[3]。從現在的考古成果看，我們仍然可以認爲《宣和博古圖》對《周禮》中記載的"犧尊"和"象尊"的認識是正確的。另外在《周禮》等文獻中記載的"雞彝、鳥彝、犧尊、象尊"等動物形禮器均有出土資料予以證實，如傳爲河南濬縣出土現由日本白鶴美術館收藏的太保卣就是公雞的造型；山西曲沃附近晉侯墓地114號墓出土的晉侯

［1］　王黼撰：《重修宣和博古圖》，《文淵閣四庫全書》子部第840册，臺灣商務印書館，1983年，第512頁。
［2］　《中國青銅器全集·9》，文物出版社，1997年，圖版45、46。
［3］　河北省文物研究所：《燕下都》下册，文物出版社，1996年，彩版49。

尊則作鳳鳥的形象；牛形犧尊在陝西岐山賀家村和山西渾源李峪村都有出土；象尊在湖南醴陵縣仙霞獅形山出土。此外，尚有虎、兔、魚、駒等動物形尊出土。這些實物資料表明，動物形尊應該就是文獻記載的先秦時期祭祀禮儀中使用的專門禮器，并且根據祭祀儀式的不同，需使用不同造型的動物形尊。

　　吉美博物館收藏的這件象尊高65釐米，長96釐米，是現存動物形尊中最大的一件（圖一）。象鼻上翹中空，與腹相通，似有流的作用，然此象尊形體較大，盛放酒液後恐難以傾倒。據德凱琳女士的文章介紹，象鼻的大部分已殘缺。若此，則其原先很有可能如同湖南醴陵出土的象尊和美國弗利爾美術館收藏的象尊一樣，象鼻上揚後鼻端前伸。象背上有一個長26，寬21釐米的長橢方形的口，在德凱琳女士的文章中提到1903年在拍賣這件象尊的圖錄中介紹象尊的"背上附鼓腹形壺，可能爲後代加制"。（圖二）到了1914年，羅浮宮遠東分部編制的卡蒙多收藏目錄中在介紹象尊時"未提及鼓腹形壺，推測當時物主或入藏羅浮宮之際，接受象尊的博物館員已拿除這件添加物"[1]。從現在的象尊背上口部來看，其口內有一周薄的邊沿（圖三），這種情形表明，應該就像德凱琳女士所說的那樣，"它原先應有蓋，而非如數件尊上的筒形高口"。象尊的腹底部經過修補，四足中空，其中有的足內似乎還保存了當年鑄造時的陶範（圖四）。

　　象尊的腹部兩側各飾一個巨目圓睜、闊口齜牙的大獸面紋（圖五），在兩側獸體上卷的尾部上方，即象尊的頸部和接近臀部處各飾一個鳥紋（圖六）。在獸面紋的下面有一個狹長形的紋飾，從結構來看其兩側與獸面紋的體軀部分很接近，中間原本應該是獸面的部分也成了狹長形的構圖，盡管在其中間有兩個非常像獸目的裝飾，但極度的變形已使人看不出獸面紋

圖一　法國吉美博物館藏象尊　　　　　圖二　1903年的拍賣圖錄中的象尊

---

[1]　德凱琳（Catherine Delacour）：《吉美博物館的象尊》，《象尊與犧尊》2004年中法文化交流展，上海博物館，2004年。

圖三　象尊背上口部有一周薄的邊沿　　　　圖四　象尊足部保留陶範

1　　　　　　　　　　　　　　　　　　2

圖五　象尊腹部的大獸面紋

1　　　　　　　　　　　　　　　　　　2

圖六　象尊頸部和接近臀部處各飾一鳥紋

的本來面目了。在象尊四條粗壯的腿上各裝飾了一個橫置的鳥紋（圖七），在前面兩條
腿橫置的鳥紋上部，分別裝飾有一個倒立的變形龍紋。我們之所以稱其爲變形龍紋，是
因爲它的形體結構與商周時期青銅器上這種倒立的龍紋很相似，但由於省略了龍的眼
睛，致使其形象發生一些變形，但它們仍然保持了倒立龍紋的基本結構（圖八）。在商代

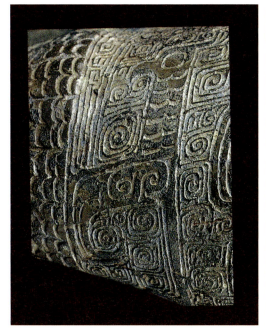
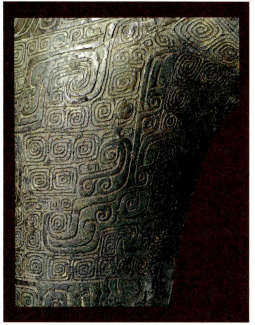

圖七　象尊腿上裝飾的橫置的鳥紋　　　　　　圖八　象尊上的變形龍紋

晚期青銅器上獸面紋的兩側以及一些青銅觚的腹部往往裝飾着這種兩條相對的倒立龍紋，如上海博物館收藏的工册觚的腹部就裝飾有這種龍紋（圖九），1956年湖南石門出土獸面紋壺的獸面紋兩側也有和象尊上很相似的倒立龍紋，但它們仍然保留了龍紋上的眼睛（圖十）。在商周青銅器上，獸面紋常作爲主題紋飾，同時配置有龍紋和鳥紋，在這些獸面紋和龍紋、鳥紋的組合中，有一種就是在獸面紋的兩側，各裝飾一個倒立的龍紋和一個鳥紋。馬承源先生對這種獸面紋和

圖九　工册觚腹部龍紋

龍紋、鳥紋的配置作過研究，他認爲獸面紋的主題是神、是帝，鳥紋和龍紋其實應該是神的使者，它們負有向世俗傳達信息的使命，所以獸面紋的這種配置，其作用"是向帝和神人即上天表達世俗的願望，簡言之，就是希冀天人相通"[1]。

　　德凱琳女士提到："一向傳此象尊來自湖南長沙，但無文獻資料證明。"她結合紋飾、工藝以及日本學者樋口隆康先生對泉屋博古館收藏的銅鼓來源和斷代的考證，傾向

[1]　馬承源：《中國青銅藝術總論》，《中國青銅器全集・1》，文物出版社，1996年。

圖十　湖南石門出土獸面紋壺的獸面紋兩側的倒立龍紋

於認爲象尊應該是"長江流域中部盆地工匠的創作"。湖南的考古工作者曾作過很認真仔細的調查工作，他們已經調查到流失在海外的一些青銅器的出土地點，如日本泉屋博古館和法國賽努斯基博物館收藏的虎卣，日本根津美術館收藏的雙羊尊等[1]，但在他們的文章中都没有提到這件象尊。儘管如此，我們認爲德凱琳女士的意見是值得重視的。

首先，象尊的額頭上有兩個凸出的圓形，上面裝飾由較粗綫條的連續雷紋組成的類似龍形體軀的紋飾（參見圖一），在湖南醴陵縣仙霞獅形山出土的象尊額頭兩側也有這種裝飾了龍紋的圓形凸出。由於造型、工藝以及裝飾風格與湖南醴陵縣仙霞獅形山出土的象尊極其相似，美國弗利爾美術館收藏的象尊普遍被認爲應該是在湖南出土的，在它的額頭上也有這種裝飾了龍紋的圓形凸出。但在陝西寶雞強國墓地出土的一件象尊的額頭上却没有這種凸出的圓形，這表明在象尊額頭兩側有凸出的圓形，應該是與中原地區有所區别，具有地方色彩的做法。

其次，象尊腹部的獸面紋雖然與中原地區殷墟早期一些青銅器上闊口齜牙、巨目怒張的獸面紋很相似，如河南安陽小屯M232出土青銅瓿上的獸面紋（圖十一）[2]，但其用鱗片形裝飾的額飾和狹長鼻梁却在中原地區及其他地方出土的青銅器的獸面紋上從未出現過。同樣的裝飾倒是出現在1982年湖南岳陽魴魚山出土的一件青銅尊的獸面紋上（圖十二）。再次，象尊的雙耳、長鼻，背上口沿的周邊，腹底和四腿都有鱗片形的紋飾。

圖十一　河南安陽小屯M232出土青銅瓿獸面紋

這種紋飾是長江流域中部地區出土的青銅器上常見的一種裝飾，湖南醴陵縣仙霞獅形山出土的和美國弗利爾美術館收藏的象尊長鼻上，日本根津美術館和大英博物館收藏的雙羊尊，以

[1] 高至喜：《論中國南方出土的商代青銅器》，《中國考古學會第七次年會論文集》，文物出版社，1992年，第76頁；熊傳新：《湖南商周青銅器的發現與研究》，《湖南省博物館開館三十周年暨馬王堆漢墓發掘十五周年紀念論文集》。
[2] 李濟、萬家保：《殷墟出土伍拾三件青銅容器之研究》，中研院歷史語言研究所，1972年，插圖三十二·2。

及湖南湘潭船形山出土的豕尊上都有這種
鱗片形紋飾,江西新幹大洋州出土的扁足
鼎等器物上也有此類紋飾。但在中原地區
的同時期青銅器上則很少有這種鱗片形紋
飾的裝飾,雖然偶有數例,也誠如羅森教授
所認爲的那樣:"這些紋飾是南方而不是殷
墟發明的,當它們出現在殷墟時,它們是從
南方借鑒來的。"[1]另外,從商代晚期的動
物形尊在中原地區出土青銅器中所占的比
例和使用的種類來看,似乎并不像湖南地
區使用得那麼多。這也許是對動物形尊的
使用,中原地區與湖南等地具有禮制或宗
教、文化上的區別。根據上述的幾點分析,
我們有理由相信吉美博物館收藏的這件象
尊應該是湖南地區製作和出土的。

圖十二　湖南岳陽魴魚山出土青銅尊的獸面紋

　　湖南的考古工作者曾對湖南出土的
青銅器作過綜合的研究,比較一致的意見是把在湖南出土的商代青銅器分爲三個類型:
中原型、混合型、地方型。對中原型青銅器的看法似乎比較統一,都認爲它們是在中原
鑄造後,由南下的商人帶來此地的。但對混合型和地方型青銅器的意見則分歧較大。
熊傳新先生認爲:"定居湖南的商人,一方面利用中原商文化的先進技術,另一方面吸收
當地土著文化中的因素,就地鑄造青銅器,這些青銅器,它不僅表現在冶鑄技術上水平
較高,而且反映在造型、紋飾上與中原青銅器有一定的差異,這就是所謂的混合型青銅
器。"他把湖南出土的動物型尊和獸面紋圓尊,以及鐃、鎛等器物都歸於混合型之中。他
認爲湖南的地方型青銅器主要是指"造型、紋飾上具有濃厚的地方,如湘潭窖藏中的鼎,
湘陰的罍、仿竹形簋,桃江的方座馬紋簋,春秋時期的鼎、鎛、甬鐘、羊角鈕鐘、鉞、刮刀
等"。并認爲這些地方型青銅器應該是古越族的青銅器[2]。何介鈞先生認爲湖南出土的
中原型青銅器中應"包括中原暫時未出,但無論風格或鑄造水平都表明必定產自中原的
人面鼎、四羊尊、牛尊、象尊、豕尊等"[3]。但他也認爲湖南的混合型青銅器"應是商人到
湖南後吸收了當地的文化特徵而在本地鑄造的"[4]。另外他認爲湖南的地方型青銅器主
要是以大型銅鐃爲主,而且他認爲這些大型銅鐃:"應是南下的商人在中原銅鐃的基礎
上吸收了南方越民族的某些文化因素,加以改造和發展的產物,它是南方類型商文化的

[1]　羅森:《殷商時期中原地區與南方的青銅文化交流》,《吳越地區青銅器研究論文集》,香港兩木出版社,1997年。
[2]　熊傳新:《湖南商周青銅器的發現與研究》,《湖南省博物館開館三十周年暨馬王堆漢墓發掘十五周年紀念文
　　集》,湖南省博物館,1986年。
[3]　何介鈞:《湖南商時期古文化研究》,《湖南先秦考古學研究》,岳麓書社,1996年,第135頁。
[4]　何介鈞:《商文化在南方的傳播》,《華夏文明》第三集,北京大學出版社,1990年。

構成部分,而不是越文化的組成。"[1]向桃初先生在《湖南商代銅器新探》一文中將湖南出土的商代青銅器按地域劃分爲"資水上游類群"和"潙水類群"兩大類,他認爲"前者僅爲典型商式銅器,後者包括中原型、混合型和地方型三類銅器"[2]。他在其後的《湖南商代晚期青銅文化的性質及其與殷墟商文化的關係》一文中更進一步表明"'潙水類群'青銅器是商末周初商人(或與商文化關系密切)的一支受周人所迫進入本地的結果"可見他也認爲湖南混合型青銅器的族屬應該是商人。同時他也認爲湖南的地方型青銅器只有大鐃這一種器形,但他認爲:"南方銅鐃的出現肯定與本地方青銅文化的發達有關,它應是南方民族青銅文化的代表器物之一。"他在對費家河文化做了認真的研究之後,認爲作爲商代晚期古代越族的土著文化,當時并不具備鑄造精美青銅器的技術和能力,湖南的商代晚期青銅器"屬於原來生存在漢水流域地區的古代三苗文化集團,爲商末周初三苗集團受周人所迫進入湖南時帶來的,因而湖南獨有的特大獸面紋鐃可能就是三苗集團來本地後鑄造的,年代應在西周早期"[3]。

對湖南商周青銅器的分類和族屬研究,上述三種意見是比較具有代表性的,儘管他們對中原型、混合型和地方型青銅器所包含的器物以及地方型青銅器的族屬認識不同,但他們都認爲混合型青銅器是商人吸收了當地文化後的產物。

我們不太同意何介鈞先生將人面紋方鼎、四羊方尊、牛尊(應該是牛觥)、象尊、豕尊等歸入中原型青銅器的意見,雖然它們的風格和鑄造水平確實與中原出土的商代青銅器非常接近,但都有各自的地方特點。如人面紋方鼎,不僅紋飾未見於中原青銅器上,而且器形上也有自己的特點,其雙耳頂端兩側的翹起,扁平的棱脊上有數個尖突,這些都是中原商代青銅器上沒有的現象。當這些在造形和紋飾上都具有特點的器物集中出現在湖南地區時,我們認爲這是一種文化現象的表現,有必要將它們與中原型青銅器區分開來,因爲這種現象不是能用諸如當時青銅器的鑄造是一器一範,所鑄出的器物各不相同,所以中原暫時未有出土等理由可以解釋的。我們認爲這些湖南出土的青銅器屬於混合型青銅器。

按照上述學者對湖南商周時期混合型青銅器的定義,我們認爲吉美博物館收藏的象尊也應歸入混合型青銅器中。但我們不太同意將湖南出土的商周時期混合型青銅器都説成是商人在吸收了當地文化因素後所鑄造的。我們認爲在湖南的商周時期混合型青銅器中,從紋飾和鑄造工藝來看,可以分爲兩大類:湖南醴陵縣仙霞獅形山出土的象尊以及弗利爾美術館收藏的象尊、1977年衡陽市郊出土的鳳紋牛觥、日本泉屋博古館和法國賽努斯基博物館收藏的虎卣、1938年寧鄉月山鋪出土的四羊方尊、傳寧鄉出土的羊角獸面紋瓿等爲一類。這一類青銅器在器形、紋飾或制作工藝的方面,都在其中的某幾

[1] 何介鈞:《試論湖南出土商代青銅器及商文化向南方傳播的幾個問題》,《湖南先秦考古學研究》,岳麓書社,1996年,第124頁。
[2] 四川大學考古專業:《四川大學考古專業創建三十五周年紀念文集》,四川大學出版社,1998年,第165頁。
[3] 向桃初:《湖南商代晚期青銅文化的性質及其與殷墟商文化的關係》,《考古耕耘録——湖南中青年考古學者論文選集》,岳麓書社,1999年,第111頁。

圖十三　日本根津美術館藏雙羊尊

圖十四　大英博物館藏雙羊尊

方面突出地表現出中原地區青銅文化的特
點。如虎卣、象尊的紋飾層次豐富，鑄造工
藝精良，都與殷墟時期青銅器的紋飾和鑄
造工藝非常接近，可以說這一類青銅器上
的中原文化因素要大於地方文化因素。

　　1959年寧鄉黃材出土的人面紋方鼎、
日本根津美術館（圖十三）和大英博物館
收藏的雙羊尊（圖十四）、1981年湖南湘潭
船形山出土的豕尊（圖十五）、1982年湖南
岳陽魴魚山出土的獸面紋小口尊、1973年
華容縣出土的獸面紋大口尊、1971年岳陽

圖十五　湖南湘潭船形山出土豕尊

縣費家河出土的獸面紋大口尊、1956年石門縣出土的獸面紋壺、日本泉屋博古館收藏的
雙鳥神人紋鼓[1]，以及吉美博物館收藏的象尊等爲另一類。這一類青銅器一般只在器
形、紋飾或制作工藝的某些方面反映出中原青銅文化的影響，而且就在這些影響上還流
露出當地文化的痕迹。如前述人面紋方鼎的器形雖然來自中原地區，但在造型上已有
明顯的地方性特點。又如前述吉美博物館象尊的獸面紋和龍紋，雖然都與中原地區青

[1]　2000年爲籌備《古樂新韵——古代青銅樂器展》我們曾去長沙市博物館借展文物，當時黃綱正館長告訴我
　　們，經他們的調查泉屋博古館收藏的這件鼓的出處可能是在湖南安化一帶。後來在我爲該展覽圖錄撰寫的
　　《長江中下游地區的青銅鼓、鐃及其他》一文中也提到了這一調查結果。可惜黃館長因病不幸去世，未及將他
　　們的調查結果公之於世。

銅器上的紋飾相似，但都在局部表現出地方性的變化，象尊的器形與前一類青銅器中的象尊相比，也表現出截然不同的藝術風格，而且這種不同又顯然不能簡單地用工藝技法的差別等理由來作解釋。石門出土的獸面紋壺，造型有如商代晚期中原地區的青銅扁壺，紋飾也是中原青銅器上常見的獸面紋，但其勾曲形或小鳥形的棱脊是中原商代青銅器上所沒有的，獸面紋圓凸的雙睛上有深凹的圓形瞳孔也是典型的地方性特點，而且其提梁上用了鱗片形這種典型的南方紋飾來表現龍體。可以説在這一類青銅器上，中原文化的因素明顯要少於前一類青銅器，而地方性的文化因素則明顯增加。

我們認爲，在湖南出土的混合型青銅器中，這兩類有着一定文化差異的青銅器，很有可能是由兩個不同民族鑄造的，前者有可能是南下的商人在吸收了部分當地文化因素後所生産，而後者很有可能是當地土著民族在受到中原青銅文化影響後的産物，其中就包括吉美博物館收藏的這件象尊。

原載《上海文博論叢》2004年2期

2019年6月略作修訂

銅鏡使用方式的考古資料分析

　　銅鏡是中國古代用於照容梳妝的主要用具[1]，從新石器時代晚期直到清代綿延使用了近4000年。由於中國古代銅鏡的鏡背在各個時期裝飾了不同題材的紋飾，并采用了各種形式的裝飾手法，所以長期以來學術界對銅鏡的研究比較集中於鏡背紋飾，對銅鏡的使用方式論述較少。臺灣故宮博物院朱仁星女士所著的《鏡臺與鏡架》[2]，以及美國納爾遜—阿特金斯美術館楊曉能先生所著的《納爾遜—阿特金斯美術館收藏的漢代銅鏡和鎏金鏡架》[3]，可以說是論及銅鏡使用方式最主要的兩篇文章。他們的文章比較具體地闡述了銅鏡使用時的置放方式以及多種鏡架的形式，使我們得以認識和了解銅鏡的一些主要使用方式。

　　從現有的考古資料來看，中國古代銅鏡的使用方式主要有兩種，一種是手持，一種是放置於金屬、木質或其他材質的支架上。現存英國大英博物館，傳爲東晉時期顧愷之所繪的《女史箴圖》中，就有當時人們使用銅鏡梳妝的情景（圖一），其中右側一人手持銅鏡，對鏡照容；左側一人則跽坐於懸挂在鏡架上的銅鏡之前，侍女正爲其梳理頭髮。《女史箴圖》上的這一場景，可以說是集中表現了中國古代銅鏡最主要的兩種使用方式。本文試圖用考古資料闡述銅

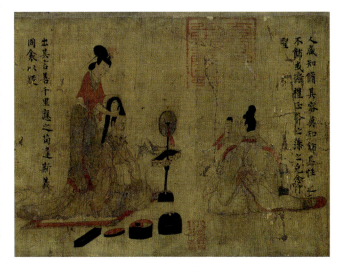

圖一　女史箴圖

---

［1］　在中國，古代銅鏡的使用并不局限於映照面容，考古資料表明銅鏡也有懸挂於墓室、棺椁中的，文獻資料中也有用銅鏡裝飾房屋的記載，如《北齊書·帝紀八》中有承光元年在後宮中建造鏡殿的記載。這些銅鏡的使用與宗教、迷信或裝飾藝術相關，不在本文的討論範圍之內。

［2］　朱仁星：《鏡臺與鏡架》，《故宮文物月刊》1990年第6期，第4頁。

［3］　Xiaoneng Yang, A Han Bronze Mirror and Its Gilt Bronze Stand in the Nelson-Atkins Museum of Art, *Oriental Art*, 1996, 1.

鏡這兩種主要使用方式中的各種具體方法。

一、手　持

手持銅鏡也有多種使用方法，圓鏡加長條形手柄大概是銅鏡最早的使用方法之一。1976年青海貴南縣尕馬台25號墓出土過一面公元前2000年左右齊家文化的七角星紋鏡，鏡鈕已經殘損，鏡的邊緣有兩個小孔[1]。一般都認爲這兩個小孔作繫繩穿挂之用，2002年底，青海省文物考古研究所副所長任曉燕女士在上海博物館青銅器研究部舉辦的年終學術報告會上，作了題爲《青海地區的青銅文化及青銅器》的報告，其中她介紹這面七角星紋銅鏡時指出，這面銅鏡出土時在鏡背的這兩個圓孔間有朽木的痕迹，據他們研究這是銅鏡的木柄遺痕，兩圓孔應該是用作穿繩捆扎木柄的。如此，則齊家文化這面銅鏡在使用時應該是手持木柄以映照面容的，它可以説是目前所知中國古代銅鏡中最早的有柄銅鏡。

1979—1980年河南淮陽平糧台戰國晚期16號楚墓中出土有一件鑲玉的鎏金銅"鏡架"[2]，該"鏡架"高6.2釐米，寬3釐米，因爲作梯形狀，其上端應該還要窄許多，簡報没有描述其上端凹槽部位的形狀以及尺寸。楊曉能先生在他的文章中對該"鏡架"作了比較詳細的描述，也發表了該"鏡架"的側面圖像（圖二），從而使我們可以比較清楚地

認識它的形狀和作用。楊曉能先生根據它的凹槽形狀，認爲它不可能是與其共出的一面直徑達17釐米的四山紋鏡的鏡架，他認爲有可能是適用於橋形鈕的小型銅鏡的鏡架[3]。以這件器物的形狀及在墓中與銅鏡共處的現象，我們認爲它確實應該是一件與銅鏡使用有關的器物，但將它稱爲"鏡架"似乎不妥，以其尺寸和形狀，我們認爲它并不能作爲銅鏡的支架來使用，而應該是將銅鏡插入其凹槽中，然後手持以映照容貌比較符合實際情況，因此將其定名爲"鏡柄"應該更爲合適。它可以説是目前保存下來最早的一件鏡柄了。

在此後千餘年歷史時期的考古資料中，似乎尚未見有類似的鏡柄資料公布，再見鏡柄的考古資料，

圖二　淮陽玉鏡柄

［1］　李虎侯：《齊家文化銅鏡的非破壞鑒定——快中子放射化分析法》，《考古》1980年第4期，第365頁。
［2］　河南省文物研究所、淮陽縣文物保管所：《河南淮陽平糧台十六號楚墓發掘簡報》，《文物》1984年第10期，第26頁。
［3］　Xiaoneng Yang, A Han Bronze Mirror and Its Gilt Bronze Stand in the Nelson-Atkins Museum of Art, *Oriental Art*, 1996, 1

已經是銅鏡和鏡柄聯鑄爲一體的形式了：
1955年陝西東郊高樓村14號唐代墓葬中
出土了一件帶柄的雙鳳紋鏡（圖三）[1]，這
應該是我們現在所知銅鏡中最早出現的
柄鏡形式。由於該鏡紋飾與常見的宋鏡
中雙鳳紋比較接近，其詳細的出土報告也
未見發表，故對其時代的判斷，尚存有異
議。但1948年陝西長安縣嘉裏村裴氏小
娘子墓出土了一件高30釐米彩繪女陶俑，
其右手握持有一面帶柄銅鏡（圖四）[2]，這
表明，柄鏡至少在盛唐時期[3]是存在的。

　　帶柄的銅鏡在宋代及明清時期比較
多見，表明在這一時期手持銅鏡梳妝的方
式中，握持帶柄銅鏡是一種比較主要的方
法。1955年發現的鄭州南關外北宋磚室
墓，其四壁皆用磚雕出家居布置，在其東
壁有一磚雕的梳妝臺（圖五），臺上倒插有
一面帶柄的圓鏡[4]。據此推測，帶柄銅鏡不
僅可以從梳妝臺取下後手持使用，也可插
於梳妝臺上使用。

　　根據古代墓葬中畫像石、壁畫或古
代繪畫作品中有關使用銅鏡的圖像資料
分析，在手持銅鏡的使用方式中，應該是
以在鏡鈕中穿繫紡織品或植物編制的綬
帶，然後手持綬帶映照面容爲主要的方
法。位於山東嘉祥縣的東漢武梁祠，在
其後壁最上一排的右側刻有表現所謂列
女“梁高行割鼻拒聘”的故事，其中梁
高行右手持鏡，左手握刀的畫像，明確

圖三　陝西唐墓出土雙
鳳紋柄鏡

圖四　陝西長安縣出土
彩繪女陶俑

圖五　鄭州南關外宋墓磚雕鏡架

［1］　陝西省文物管理委員會：《陝西省出土銅鏡》，文物出版社，1959年，第147頁。另《考古學集刊》第5集中《河
　　　北平山三汲古城調查與墓葬發掘》一文記錄了春秋時期的M8002中出土有一面“柄鏡”，該“鏡”的直徑4.8
　　　釐米，柄僅2.2釐米，柄端有一方孔。我們認爲從其尺寸來看，該物是否是鏡有待探討，即便是鏡，其柄長不
　　　足以用手握持，故未將其列爲柄鏡。
［2］　李秀蘭、盧桂蘭：《唐裴氏小娘子墓出土文物》，《文博》1993年第1期，第50頁；彩圖見冀東山主編：《神韵與
　　　輝煌——陝西歷史博物館國寶鑒賞》（陶俑卷），三秦出版社，2006年，第103頁，圖67。
［3］　對女俑時代的判斷，可參見程義：《裴氏小娘子墓出土陶俑年代再探討》，《文博》2007年第6期，第37頁。
［4］　河南省文化局文物工作隊第一隊：《鄭州南關外北宋磚室墓》，《文物參考資料》1958年第5期，第52頁。

圖六　武梁祠後壁梁高行圖

圖七　靖邊楊會墓思力照鏡圖

描繪了她手持銅鏡綏帶的持鏡方法（圖六）[1]。1991年陝西靖邊發現的唐楊會墓中，石棺内壁有一幅彩繪的"思力照鏡圖"，圖中仕女的持鏡方式應該也是如此（圖七）[2]。現存國外傳爲五代時周文矩所繪的《宮中圖》中也有一組描繪宮中婦女梳妝時的圖像（圖八），其中一位仕女持鏡映容，即采用手持鏡鈕上綏帶的方法；另有一位仕女面對侍女手持的銅鏡整理髮髻，雖然畫面上表現的是銅鏡的正面，侍女持鏡的手隱於鏡背，但鏡後有一條綏帶垂下，所以她應該也是采用同樣的方法持鏡的。在河北宣化遼代張匡正墓的後室東壁壁畫上，遼寧庫倫遼代一號壁畫墓的天井

圖八　宮中圖

［1］　蔣英炬、吳文祺：《中國美術分類全集·中國畫像石全集》第1卷《山東漢畫像石》，山東美術出版社、河南美術出版社，2000年，圖版五十一。
［2］　郭延齡：《靖邊出土唐楊會石棺和墓志》，《考古與文物》1995年第4期，第40頁；香港歷史博物館：《中國考古新發現》，2007年，第43頁。

2

3

1

圖九

1.宣化遼代張匡正墓後室東壁捧鏡侍女　2.庫倫遼代壁畫墓一號墓天井北壁捧鏡侍女綫圖

3.山西平定縣西關金墓壁畫

北壁壁畫上,以及山西平定縣西關村金代一號壁畫墓的東北壁壁畫上,都描繪有侍女持鏡的内容,其持鏡方法都是握持住穿繫於鏡鈕上的綬帶(圖九)[1]。在考古發掘資料中,也常有出土銅鏡上穿繫綬帶的報告,1982年江陵馬山一號戰國楚墓中出土一件銅鏡(8—4B)的鈕上有黄色絲綫束深紅色的綬帶[2]。1972年湖南省長沙馬王堆西漢一號墓出土一件銅鏡(441—2),鏡鈕上穿繫兩條絳色絲帶(圖十)[3]。廣州象崗西漢南越王墓的西耳室中也出土多面鏡鈕保存有綬帶的銅鏡,其中一面龍紋鏡(C170)的鏡鈕上有雙綬,經檢測“爲多股織成辮子樣的絲帶絞扭合成”,一件繪畫鏡的鏡鈕中則殘存有綬結,另一件彩繪鏡(C171)的鏡背存有“麻纖維”編制物的痕迹,報告者將其稱之爲“組”,《尚書·禹貢》“厥篚玄纁璣組”,孔傳:“組,綬類。”同時出土的一面錯金銀鑲嵌緑松石帶托鏡(C231)的鏡背有三個鈕,以三叉形連接有綬帶,估計使用

[1]　河北省文物研究所:《宣化遼墓》下册,文物出版社,2001年,彩版一四;王健群、陳相偉:《庫倫遼代壁畫墓》,文物出版社,1987年,圖一四;山西省考古研究所、陽泉市文物管理委員會、平定縣文物管理所:《山西平定宋、金壁畫墓簡報》,《文物》1996年第5期,第5頁。

[2]　湖北省荆州地區博物館:《江陵馬山一號楚墓》,文物出版社,1985年,第74頁,圖版三四。

[3]　湖南省博物館、中國科學院考古研究所:《長沙馬王堆一號漢墓》上册,文物出版社,1973年,第128頁。

圖十　馬王堆銅鏡　　　　　　　　圖十一　南越王墓出土西漢銅鏡C231

時應該是握住其三條綬帶的中間連接處，這是一種比較特殊的銅鏡綬帶連接方式（圖十一）[1]。楊曉能在他的文章中認爲這面銅鏡的直徑達28.5釐米，是面比較大的銅鏡，不易手持，且其鏡背邊緣的三環鈕設計也表明它應該是懸挂於鏡架之上的。我認爲如果該銅鏡懸挂於鏡架之上，其三條綬帶的連接方式應該不會像現在的形式，應該是各自與鏡架上的某一點相連接，這樣就不應該出現現在三條綬帶有規律地相互連接在鏡背中心的現象。而且根據發掘報告中西耳室器物分布平面圖，該銅鏡出土前上面叠壓另一面銅鏡，周圍也沒有可用於懸挂銅鏡的鏡架或類似器物，所以這面銅鏡的使用方式，恐怕還應該是手持。

圖十二　庫倫遼代壁畫墓北墓道照鏡壁畫

遼寧庫倫遼代一號壁畫墓墓道北壁有一組描繪墓主出行的圖像，其中女主人臨上鹿車前還不忘對鏡整容，從畫面上可以看到不僅有侍女雙手捧鏡，而且連女主人也雙手扶鏡（圖十二）[2]。由此可見，雙手捧鏡應該也是手持銅鏡的方法之一。從該圖來看，在較近的距離間，銅鏡中映出了女主人的完整頭像，這應該是一面較大的銅鏡，單手握持肯定不穩，故必須采用雙手捧的方法。這也許是當時使用大銅鏡時一種最簡便的方法了。

[1]　廣州市文物管理委員會、中國社會科學院考古研究所、廣東省博物館：《西漢南越王墓》，文物出版社，1991年，上册，第84—85、138頁；下册，圖版四〇·1，彩版二一。
[2]　王健群、陳相偉：《庫倫遼代壁畫墓》，文物出版社，1987年，圖版一〇、圖一六。

二、鏡架、鏡臺等置放銅鏡的用具

除了手持之外,將銅鏡置放於金屬、木質或其他材質的鏡架、鏡臺上,應該是銅鏡使用時最常見的方式了。

目前所能確定考古發現中最早和最簡單的支撐銅鏡方式,應該是1992年山東臨淄商王村戰國晚期一號墓中出土的一件彩繪鏡及其支架(M1:76)。該鏡出土時鏡背有一支架,由細竹、空心木塞、八棱體銅件和圓形箍組成,竹尖套在木塞中,木塞又嵌入八棱體銅件內,銅箍則固定在細竹下端(圖十三)。該鏡直徑為36釐米,支架長13釐米,短於銅鏡的半徑,據考古人員推測,使用時用絲綢等將支架系於鏡鈕上,用支架相撐,鏡面傾斜,正適合鑒容[1]。這種簡單的銅鏡支撐形式,延續的時

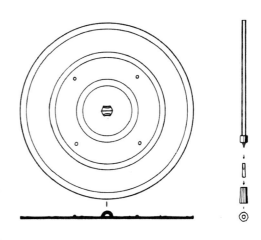

圖十三　臨淄商王村戰國一號墓銅鏡和支架

間似乎很長,2002年河南泌陽縣發掘了三座北宋墓,在一號墓中出土有一面錢紋鏡,當時銅鏡下壓着一根長19.2,直徑0.5釐米,圓柱形的銅鏡支架,可惜發掘報告中未注明這根支架是用哪種材質製作的。[2]

在宋代的一些考古資料中,這種用一根支柱支撐銅鏡的使用方式,出現有連鑄於鏡背的現象。1990年福州市茶園山南宋許峻墓中出土的香爐形銅鏡(M1:35),鏡背附有一個獸足形支柱(圖十四),可以用作銅鏡的支撐[3]。上海博物館收藏的南宋時期月宮鏡,鏡下有卷雲形鏡托,鏡鈕上連鑄有一根活絡的銅支柱,打開它就可以將銅鏡支撐起來(圖十五)。四川綿陽出土有一件南宋雲紋八卦銘文鏡,鏡下方連鑄有卷雲形鏡托,長方形的鏡鈕位於鏡的右下方[4],其作用應不是穿繫綬帶供手持或懸掛,否則因重心不在中間會導致銅鏡傾斜,它的作用應該是借助短棍形支柱使之穩定地立於桌面。1984年四川資中縣也出土了一件類似的南宋月宮故事鏡,鏡鈕也位於鏡的下方,其用法應該是一樣的[5](圖十六)。這兩件銅鏡的形制與上海博物館藏的月宮鏡非常接近,只是上海博物館的這面銅鏡的鏡鈕基本位於鏡的中心,而綿陽和資中出土兩件銅鏡的鏡鈕位於

[１] 淄博市博物館、齊故城博物館:《臨淄商王墓地》,齊魯書社,1997年,第31頁,圖二六:1、2。
[２] 駐馬店市文物考古管理所:《河南泌陽縣宋墓發掘簡報》,《華夏考古》2005年第2期,第28頁。
[３] 福建省博物館:《福州茶園山南宋許峻墓》,《文物》1995年第10期,第28頁。
[４] 何志國:《四川綿陽出土的古代銅鏡》,《文物》1992年第1期,第94頁。
[５] 胡清友:《四川資中出土一件雲紋托月宮銅鏡》,《文物》1990年第4期,第96頁。

圖十四　福州茶園山南宋香爐形鏡　　　　　圖十五　上博藏南宋月宮鏡

圖十六　四川綿陽、資中出土南宋雲托鏡

鏡的下方，雖然略有差異，但它們的使用方法應該是一樣的。

　　我們探討鏡架的起源，有兩條先秦時期的考古材料是值得注意的。1995年山東長清縣仙人台邦國墓地四號墓中出土一件春秋晚期的鳥飾支架（圖十七），其頂上鳥飾的頸部有挂痕，系垂挂物體所致[1]。由於該墓的具體發掘資料尚未公布，我們不知道該支架出土於該墓的哪一部位，以及周邊隨葬品的分布情況，其中是否有銅鏡出土，但其造型與《女史箴圖》上銅鏡的支架很相似，且其頂上鳥飾的挂痕，也與《女史箴圖》上銅鏡

［1］　山東大學考古系：《山東長清縣仙人台周代墓地》簡略提到此支架，《考古》1998年第9期，第11頁；圖像及描述見《中國青銅器全集》第9卷，文物出版社，1997年，圖版九二。

縛扎於鏡架頂部可產生聯想。我們推測
這件鳥飾支架很有可能是一件鏡架，當然
正確的結論尚有待於該墓詳細的考古發
掘資料的發表。

　　1965年江蘇漣水縣三里墩發掘了一
座西漢墓，出土了一些被認爲是戰國時
期的器物，其中有一件鑲嵌綠松石的臥
鹿，鹿角高聳，在墓中與該鹿共葬一處的
有一面三鈕銅鏡（圖十八），發掘者據此
認爲它應該是一件鏡架[1]。從該臥鹿犄角
槎丫的形狀，以及銅鏡上有三鈕，一鈕上
還吊有兩個一串的玉璧等特點分析，如
果該臥鹿確是鏡架的話，那麼銅鏡的懸
挂方式應該是兩鈕在上，分別與一鹿角
相連接，挂有玉璧的一鈕應該是朝下，下
垂的玉璧正可作爲銅鏡的垂飾，而現在
看到的這面銅鏡圖版，幾乎都是將有玉
璧的一鈕朝上。

圖十七　山東長清鳥飾支架

圖十八　漣水戰國臥鹿及銅鏡

[1]　南京博物院：《江蘇漣水三里墩西漢墓》，《考古》1973年第2期，第80頁。

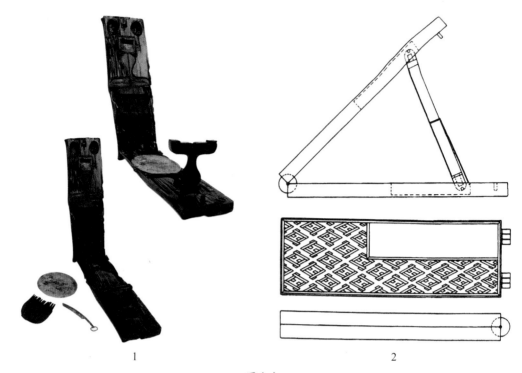

圖十九
1. 九連墩鏡盒　2. 九連墩鏡盒綫圖

　　考古資料中比較確切的鏡架資料,最早的應該是2002年湖北棗陽九連墩戰國中期楚墓中出土的漆木梳妝盒中的鏡架[1]。該梳妝盒由兩塊木板雕鑿鉸接而成,盒內相應部位挖孔以置放銅鏡、木梳、脂盒、刮刀等。盒上下兩面各有一個可以豎立或平置的活絡鏡架,其支架作瓶形,托架爲兩端略高的凹字形。由於詳細的考古報告尚未發表,我們現在還不清楚盒內圓形的銅鏡如何穩固地放置在這個幾乎平直的托架之上,雖然如此,它無疑是目前我們可以確定爲鏡架的,最早的考古資料了(圖十九)。

圖二十　洛陽金村出土東漢鏡架

　　在漢代以後的文物中,比較具體和確切的鏡架資料開始逐漸增多。《洛陽故城古墓考(Tombs of Old Lo-yang)》一書記載了一件20世紀20年代洛陽金村漢墓出土的東漢時期的鎏金鏡架:半圓形帶槽的鏡架兩端各飾一個龍首,架下有方形柱(圖二十)。這種鏡架的形式,顯然是由九連墩楚墓出土漆木梳妝盒中鏡架的形式發展而來的,只是它成爲了一種獨立的梳妝用

[1]　湖北省博物館:《九連墩——長江中游的楚國貴族大墓》,文物出版社,2007年,第85頁。

圖二十一　LALLY 鏡架　　　　　　　　　圖二十二　息齋藏鏡架

具了。根據該書中對鏡架的文字描述，我們可以知道該鏡架原來是被插在一個四壁作斜面的方形木質底座上的，其形狀也許與長清仙人台邿國墓地出土的鳥飾支架的底座相似（可惜的是所發表的圖版僅有鎏金銅鏡架，而沒有木底座），根據作者的介紹，當時這樣的鏡架共發現了兩件[1]。相同的鎏金鏡架以後又陸續發現了幾件，一件出現在20世紀90年代美國 J. J. Lally & Co. 的拍賣圖錄上（圖二十一）[2]，一件由臺灣收藏家王度收藏（圖二十二）[3]，另一件就是楊曉能文章中重點論述的美國納爾遜—阿特金斯美術館收藏的鎏金鏡架（圖二十三），這三件鎏金鏡架都被認爲是東漢初期的作品。在這三件鎏金鏡架中，納爾遜—阿特金斯美術館收藏的一件比較完整，它還保留了帶有鎏金青銅邊扣的漆木底座，儘管楊曉能先生根據日本大阪市立美術館收藏的一件漆木鏡架底座，已指出該底座在經過後人修復後變薄而與原狀相去甚遠，但同樣根據大阪市立美術館的這件漆木鏡架底座上相同的鎏金青銅邊扣，我們至少可以確定它的鎏金青銅邊扣應該就是這件鏡架底座上原配的部件。楊曉能認爲在鏡托與底座之間的漆木支柱中間還應該有一個木質的托盤，他的這一推斷是有根據的，臺灣息齋收藏的鎏金鏡架與另外幾件相同的鎏金鏡架相比，多了一節插入銅插座的方形中空鎏金銅立柱，它與半圓形鏡托下的方形插口應該是通過漆木立柱連接的，在東漢以及隨後的三國魏晉時期的一些畫像中，鏡架的漆木立柱中間無一例外都有一個長方形的托盤。不僅《女史箴圖》上鏡架的中間有一個長方形的漆木托盤，1954年山東沂南縣北寨村出土的東漢晚期墓中畫像石上，鐫刻有一人

［1］　W.C.White, *Tombs of Old Lo-yang*, Plate XLVI, p.86.

［2］　這件鏡架很可能就是曾由美國洛杉磯扣岑先生收藏，并於2012年捐贈給上海博物館的鏡架，參見《The Lloyd Cotsen Study Collection of Chinese Bronze Mirrors Volume I: Catalogue》一書；以及陳燮君：《鏡印乾坤——羅伊德・扣岑先生捐贈銅鏡精粹》，上海書畫出版社，2012年版。

［3］　王度：《息齋藏鏡》，臺北國立歷史博物館，圖版79。

圖二十三　納爾遜美術館藏東漢鏡架

圖二十四　沂南畫像石中鏡架

圖二十五　東吳朱然墓出土貴族生活漆盤

手持鏡架的圖像中鏡架的立柱中間也有一個長方形的托盤(圖二十四)[1]。1984年安徽省馬鞍山市發掘的三國時期東吳大將朱然的墓中，出土了一件描繪貴族生活畫像的漆盤，畫像中有一女子跽坐在鏡架前梳妝，鏡架的中間也有一個長方形的托盤(圖二十五)[2]。由此可見在鏡架的立柱中間設置一個長方形托盤是當時流行的式樣。河北涿州東漢墓出土過一套彩繪陶鏡和鏡架(圖二十六，1)，鏡子和整個鏡架均是陶質的，是仿銅製作的

[1]　蔣英炬、吳文祺：《中國美術分類全集·中國畫像石全集》第1卷《山東漢畫像石》，山東美術出版社、河南美術出版社，2000年，圖版二二二。
[2]　安徽省文物考古研究所、馬鞍山市文化局：《安徽馬鞍山東吳朱然墓發掘簡報》，《文物》1986年第3期，第3—4頁。

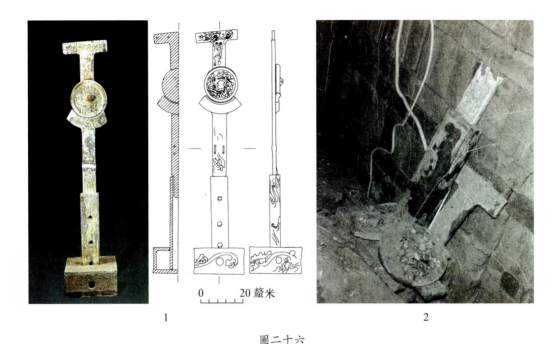

圖二十六

1.河北涿州東漢墓出土彩繪陶鏡架　2.河北涿州東漢墓出土彩繪陶鏡架現場照

陶明器。[1]這件明器的形式和王度先生收藏的雙龍頭的鏡架是一樣的。從其在墓室中的現場照片來看,在陶鏡下壓有一塊長方形板狀物(圖二十六,2),從復原的陶鏡架上我們可以看到斷裂處上下有四個孔洞,它們很可能就是當時用來固定這塊長方形案板的,這種鏡架立柱之間的長方形案托盤應該是用於放置梳妝用品的。涿州出土的這件彩繪陶鏡架是我們目前看到最爲完整的漢代鏡架的實物,對了解此類鏡架的樣式和使用方式非常重要。

　　1959年河南安陽隋代張盛墓中出土有一件瓷的器座(圖二十七)[2],錢柏泉先生根據該器座與銅鏡同出的現象指出它應該是一件鏡臺,他還認爲該器座的形制與《女史箴圖》中鏡架的形制是非常相似的[3]。我們認爲錢柏泉的意見是值得重視的,然而在一些問題沒有解決前,恐怕還是不能貿然定論。首先,該器座的尺寸未注明,發掘報告是將其歸入日用器物模型一類,同出的其他一些瓷模型的尺寸都比較小,最大的一件瓷獸座也僅高13釐米,按照當時的一些畫像,使用鏡架梳妝的人雖然都是跽坐於地,但鏡架高度太低的話仍無法映照面容了。

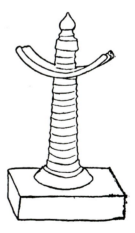

圖二十七　安陽隋張盛墓瓷支架

[1]　楊衛東等:《涿州文物志》,北京燕山出版社,2005年,第61頁;楊衛東等:《涿州文物藏品精選》,北京燕山出版社,2005年,圖版30。
[2]　考古研究所安陽發掘隊:《安陽隋張盛墓發掘記》,《考古》1959年第10期,第545頁。
[3]　錢柏泉:《鏡臺小説》,《考古》1961年第2期,第118頁。

其次,從該器座的綫圖來看,其螺紋形的立柱上部貫穿着一個弧形托架,但托架的中間被立柱占據,如此銅鏡是無法安放在此托架上的。當然銅鏡也可以是用穿繫於鏡鈕上的綬帶連接於立柱的頂端,這樣的話該器座的高度就成爲它是否是鏡架的關鍵了。即使該器座確實用懸掛銅鏡,那麼它的定名也應該是瓷鏡架,而不應該如錢柏泉先生所謂的"鏡臺"。如果它可以作爲鏡架,那麼它就是漢魏時期流行的立柱式帶弧形托架之鏡架的最後形式了。

　　1998年南京市博物館在南京東郊的仙鶴觀發掘了幾座東晉墓,其中六號墓中西側的女性棺中有一面鐵鏡,邊上有一件鎏金銅支架,該支架長78.8釐米,有"三隻細長的竹節形支腿,頂端出榫,中央有小孔,中部一側各有一小環鈕,可以鏈環相連接固定,下端爲獸蹄形足。另有一圓形臺板,中央有圓孔,周圍有3組卡銷,兩邊皆有孔,可以細釘固定連接臺板與支架頂端"[1]。王志高等發掘者認爲:"此支架結構基本完整,使用時三竹節形細長支脚着地撐開,中以鏈環相連接固定,頂端出榫處插入臺板卡銷中栓死,不用時三支脚可并攏收起。撐開後支架高當60—70釐米,與人席地而坐時的身高大致相仿,我們認爲它極有可能就是當時用於妝飾的鏡架。……臺板中央圓孔估計原應有支杆固定鐵鏡,惜已不存。"[2]他們還據此畫出了支架與鐵鏡使用的示意圖(圖二十八)。

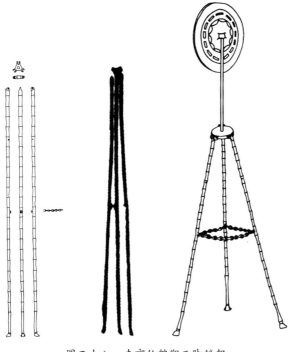

圖二十八　南京仙鶴觀三脚鏡架

相似的支架於2004年在河南新安縣洛新開發區西晉墓(C12M262)中也有發現,該支架的形制與南京仙鶴觀東晉墓中出土的支架非常相像,長度也差不多,爲73釐米。區別在於新安西晉墓出土支架的三條支脚不作竹節形,且可折疊,每條支脚的上部設一個彎鈎,兩個朝上,一個朝下。頂上固定三根支脚的臺板上有一個雙手交置於胸前的跽坐人形[3]。(圖二十九)

　　我們贊同王志高等先生將南京仙鶴觀出土的支架推定爲鏡架的觀點,同時認爲河南新安西晉墓出土的支架也應該是鏡架。但在其具體的使用方式上,我們有些不同的意見。王志高等先生認爲支架頂端臺

［1］ 南京市博物館:《江蘇南京仙鶴觀東晉墓》,《文物》2001年第3期,第9—10頁。
［2］ 王志高、周裕興、華國榮:《南京仙鶴觀東晉墓出土文物的初步認識》,《文物》2001年第3期,第88頁。
［3］ 洛陽市文物工作隊:《河南新安縣西晉墓(C12M262)發掘簡報》,《文物》2004年第12期,第20頁。

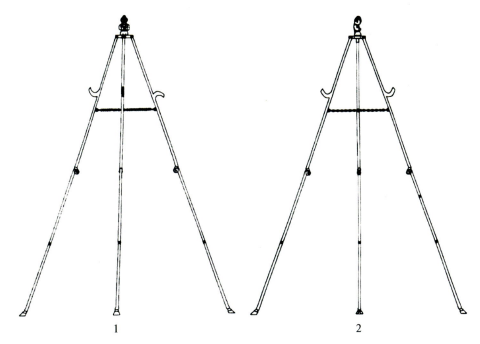

圖二十九　新安西晋墓支架
1. 正視　2. 側視

板上的圓孔應該是有一根支杆固定鐵鏡。我們根據河南新安西晋墓出土的支架，認爲
南京仙鶴觀出土支架臺板上的圓孔，很可能當時也是設置的一個圓雕飾物。這個飾物
可能并不用作裝飾，而是用以懸挂銅鏡，并以兩條支腿上向上的兩個彎鈎承托銅鏡。至
於南京仙鶴觀東晋墓出土支架的支腿上并没有彎鈎可以承托銅鏡，我們認爲一般銅鏡
懸挂在支架上即可使用，并不一定需要彎鈎承托。新安西晋墓支架上的彎鈎，説明它們
一定具有某種承托作用，在我們認定該支架爲鏡架的前提下，那麽它們應該就是用於承
托銅鏡的了。

　　河南登封城南莊北宋墓壁畫中一件器物也許是這種三脚形銅鏡支架的延續，在該
墓室下部西北壁的壁畫中，有一件發掘者認爲是燭臺的器物，該"燭臺頂部爲筒狀，用以

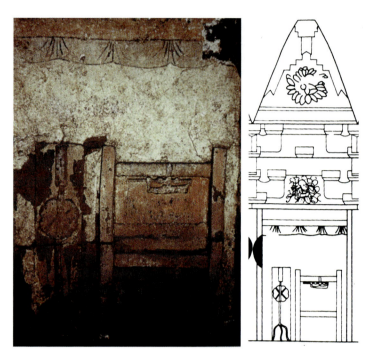

圖三十　登封城南莊壁畫燭
臺鏡架

承燭,柄中部飾荷葉,足呈曲齒狀"[1]。(圖三十)我認爲位於該燭臺柄中部的所謂荷葉,
很有可能是一面銅鏡。因爲壁畫及綫圖中該"荷葉"的背面有叉形與柄連接的痕迹,這
或許就是爲了將銅鏡縛扎在直柄上,如果它僅僅是燭臺柄部中間的一個裝飾,似乎没必
要有這樣的縛扎痕迹。在燭臺下同時裝置銅鏡,在情理上應該也説得通,在夜間或光綫
較差的環境中,可以使用這種帶燭臺的鏡架梳妝整容。

　　立柱式帶弧形托架的鏡架及三脚架式的鏡架集中出現在兩漢魏晋時期,之後就很
少出現,代之而起的可能就是框架式的鏡架了。

　　框架式的鏡架比較集中出現在宋、遼時期的考古資料中,但它的出現肯定還要早
一些。朱仁星女士在她的《鏡臺與鏡架》一文中推測,1959年河北省定縣北莊發現的
一座東漢初期墓中出土的鎏金鑲嵌緑松石雲紋器架應該是鏡架。根據發掘報告描述
這件器架是"以刀形飾兩件立於兩側,山形飾一件橫置其間構成,形如'H'狀。……刀
形飾兩件的側面,各外伸一勾向上,……山形飾中部底端,也外伸一勾,勾彎向下"(圖
三十一)[2]。朱仁星認爲"若是將此一橫置之飾片向上移至頂端,則中間彎鈎與兩側之
彎鈎恰可形成一個等腰三角形之支點,且彼此鈎尖向內,可以扣住銅鏡,亦即當銅鏡被
置於架上時,其下緣被兩側刀形飾片上兩枚向上之彎鈎托住,上緣則被山形飾片底部之
彎鈎向下扣住不致傾倒,如此銅鏡就被穩穩的扣於鏡架之上,由於兩件刀形飾片之上端
略向後彎,使鏡子也略向後仰,更合於映照之角度,而底部之四葉形座則有穩定鏡架之

---

[1]　鄭州市文物考古研究所、登封市文物局:《河南登封城南莊宋代壁畫墓》,《文物》2005年第8期,第64頁。
[2]　河北省文化局文物工作隊:《河北定縣北莊漢墓發掘報告》,《考古學報》1964年第2期,第127頁。

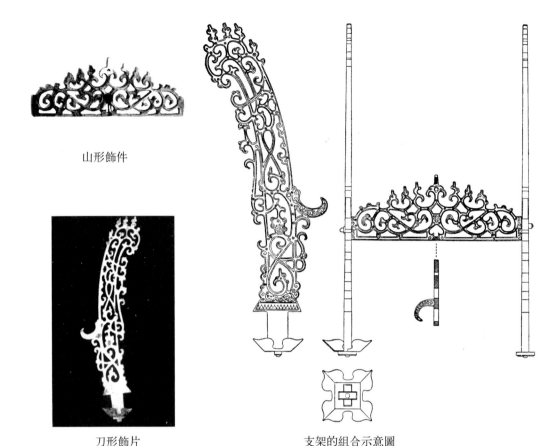

山形飾件

刀形飾片

支架的組合示意圖

圖三十一　河北定縣東漢墓鏡架

作用,甚或另有一較大或較重之台座可以與此鏡架相連使其更加穩固。"朱仁星的推斷
是有些道理的,只是發掘報告未提供該器架的尺寸,特別是兩側刀形飾之間的尺寸,否
則我們可以根據當時銅鏡的常見直徑,特別是該墓出土銅鏡的直徑,來推斷它是否可以
像朱仁星推測的那樣,以三個彎鉤形成的等腰三角形支點來扣住銅鏡。楊曉能認爲如
果該器架確實是鏡架的話,那麼銅鏡的放置方法可能不是朱仁星推測的那樣,而應該是
橫置的山形飾的彎鉤向後,垂直的刀形飾上的彎鉤可以作爲鏡托,而鏡鈕上穿系的綬帶
可以連接於山形飾上的彎鉤加以固定。如果朱仁星的推斷是正確的,那麼這件鏡架應
該就是之後框架式鏡架的最早的樣式了。

　　1983年河南偃師杏園發掘了一批唐代墓葬,其中唐代晚期鹿邑縣主簿李歸厚墓
(M1819)中出土了一件鐵支架,它是用鐵條鍛打成大小兩個梯形框架,框架間用一軸連
接,大的框架上寬15釐米、下寬23.5釐米、高48釐米,小的框架上寬14釐米、下寬22釐
米、高38釐米(圖三十二)[1]。該支架的形狀與朱仁星文章中引用的韓國漢城國立中央

[1]　中國社會科學院考古研究所:《偃師杏園唐墓》,科學出版社2001年,第220頁。

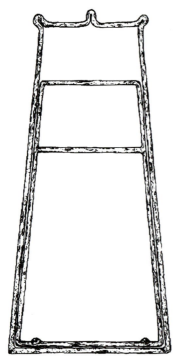

圖三十二　偃師杏園 M1819唐墓
鐵支架

圖三十三

博物館收藏的兩件高麗時代鏡架非常相似（圖三十三），我們可以設想，如果將該鐵支架大小兩個框架張開後，可以將銅鏡用綬帶懸挂於大框架上鐵條彎曲成的突出物上，銅鏡的下部可擱在小框架的上端形成一個斜面，以適合照容梳理所需的角度，這樣它就完全可以作爲鏡架使用了。

　　結構相仿的木質鏡架在河北宣化遼墓中較集中出土，1993年發掘的遼代張匡正墓（M10）、張文藻墓（M7）以及1989年發掘的張世本墓（M3）各自出土了一件木質的鏡架[1]。這三件鏡架雖然形制上略有差異，且都有不同程度的殘缺，但張文藻墓出土的一件保存相對完整，所以都可以對照修復。根據張文藻墓出土的鏡架，可以知道這幾件鏡架都是大小兩個長方形的木框交叉組成，每個木框的上下橫木都稍長於框架的寬度，下置的橫木爲足，大木框的上橫木中間置一個生花裝飾，用於繫挂銅鏡（圖三十四）。張文藻墓鏡架出土時，銅鏡上的綬帶尚繫連於生花裝飾上，非常清楚地表明瞭此類鏡架的使用方法（圖三十五）。張匡正墓出土木鏡架（M10：73）復原後高55釐米、上下橫木寬33釐米；張文藻墓出土木鏡架（M7：68）高46釐米、上下橫木寬41.5釐米；張世本墓出土鏡架（M3：28）存高38.5釐米、寬22釐米。從尺寸上分析，杏園唐墓出土的鐵支架與宣化遼墓出土的木鏡架在高度上相差無幾，只是寬度要稍窄於木鏡架的木框寬度，但這似乎并不妨礙其可以作爲鏡架來使用。

　　河北五代王處直墓的東西耳室各有男女主人梳妝用品的彩繪壁畫一幅，東耳室壁畫描繪的是男主人的梳妝用品，桌上有三足鏡架一個，上有方鏡一面（圖三十六）。西耳室壁畫描繪的是女主人的梳妝用品，桌上有鏡臺一座，上有圓鏡一面（圖三十七）。

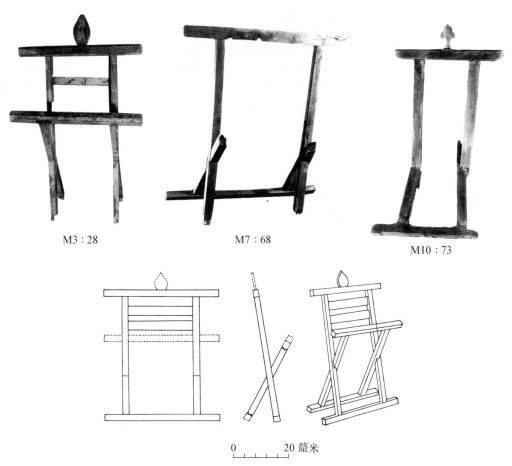

M3：28   M7：68

M10：73

0   20 釐米

張文藻墓出土木鏡架（M7：68）復原圖

圖三十四　宣化遼墓木鏡架

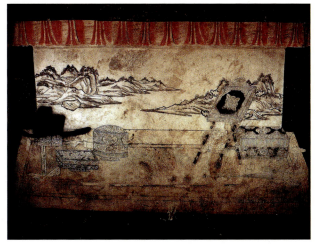

圖三十五　宣化遼墓M7鏡架出土時現場

圖三十六　曲陽五代王處直壁畫墓東耳室壁畫

圖三十七　曲陽五代王處直壁畫墓西耳室西壁壁畫　　圖三十八　江陵馬山一號墓出土西漢鏡衣

圖三十九　法門寺出土刺綉鏡袋

從壁畫上可見兩面銅鏡上都有花卉圖案，按理銅鏡應是鏡面朝外方可用於梳妝，故這些花卉圖案不會是鏡背的紋飾，它們表現的應該是平時銅鏡不用時所罩着的鏡衣或鏡袋。銅鏡上罩鏡衣或裝入鏡袋自戰國以來一直沿用，湖北荆州馬山戰國一號楚墓中銅鏡出土時就有刺綉鏡衣罩着的（圖三十八）[1]，陝西扶風法門寺地宮中銅鏡也是置於刺綉鏡套之中的（圖三十九）[2]。

王處直墓的這兩幅壁畫對我們認識和了解五代及隨後宋遼時期的銅鏡使用方法具有重要的意義，可以說它首次直觀地表現了當時男女所使用的鏡架是有所區別的。男子使用的鏡架較簡練，壁畫上的鏡架僅用三根漆繪的圓木柱組成，兩根前伸用於斜置銅鏡，一根向後作爲支撐。前述宣化遼墓中出土的三件木鏡架形制也非常簡練，它們都是前後交叉形結構的鏡架，且都出土於男性墓中，可見五代之後男性使用的是以簡練爲主的前後交叉形鏡架。而女性則開始使用結構趨於複雜的鏡臺，壁畫中女性使用的鏡臺以方形木塊作爲底座，上有前後兩排高低不同的并列直立木架。這種鏡臺的形制在宋代比較多見，現藏臺北故宮博物院的北宋畫家王詵所繪《綉櫳曉鏡圖》、波士頓藝術博物館藏兩宋之際的《調鸚圖》以及天津藝術博物館藏南宋《盥手觀花圖》上都有這種鏡臺的圖像（圖四十）。1998年河南新密市平陌村發掘的北宋大觀二年（公元1108年）壁畫墓中有一幅仕女

［1］　湖北省荆州地區博物館：《江陵馬山一號楚墓》，文物出版社，1985年，第27頁，彩版八，1。
［2］　趙豐：《王予予與紡織考古》，香港藝紗堂／服飾出版社，2001年，第122頁，圖6。

圖四十

1.北宋綉欄曉鏡圖　2.調鸚圖　3.盥手觀花圖

圖四十一　新密壁畫

圖四十二　白沙宋墓第一號墓
後室西南壁壁畫

梳妝圖,圖中的鏡臺也是這種形制(圖四十一)[1]。1951年河南禹縣白沙鎮發掘的北宋元符二年(公元1099年)一號墓,壁畫中有仕女對鏡理鬢的畫像,其中的鏡臺結構比較複雜,鏡臺上端的橫木均作雲紋出挑,銅鏡即用綬帶穿繫於頂上的雲紋裝飾,鏡臺底座作雲形足(圖四十二)[2]。河南登封城南莊北宋壁畫墓的墓室下部的東北壁有一幅鏡臺壁畫,據發掘者報告:"東北壁……一鏡架。鏡架頂設三層搭腦,搭腦兩端飾六枚五瓣蕉葉,上搭腦中部飾一枚三瓣蕉葉,兩足間設一根,根上雕半鏡,根下爲三層抽屜。由於有抽屜,此鏡架也可能爲四足。"(圖四十三)[3]此鏡架的樣式應該與前面幾件是相同的,但它下面有三層抽屜,當是放置梳妝用具或化妝品的。四川瀘縣奇峰鎮南宋一號墓墓壁右側的石刻侍女手捧一鏡臺,上端作兩頭雲紋出挑的弓形,頂上有雲紋裝飾,底部是橢圓形雙層海棠座(圖四十四)[4]。奇峰鎮一號墓與二號墓是同穴異室合葬墓,二號墓的墓志表明墓主是承奉郎陳鼎,所以一號墓應該就是其妻的墓室。這種形制的鏡臺至少一直沿用到明代,明代畫家仇英所繪的《漢宮春曉圖》中,在一扇敞開的門後有一長桌,上面就有一鏡臺,形制與王處直墓壁畫和《繡櫳曉鏡圖》等

[1]　鄭州市文物考古研究所、新密市博物館:《河南新密市平陌宋代壁畫墓》,《文物》1998年第12期,第27頁,彩色插頁肆:1。
[2]　宿白:《白沙宋墓》,文物出版社,2002年,第41頁,圖版陸。
[3]　鄭州市文物考古研究所、登封市文物局:《河南登封城南莊宋代壁畫墓》,《文物》2005年第8期,第62頁。
[4]　四川省文物考古研究所、成都市文物考古研究所、瀘州市博物館、瀘縣文物管理所:《瀘縣宋墓》,文物出版社,2004年,第86頁、彩版二四:2。

圖四十三　登封城南莊壁畫鏡架

圖四十四　瀘縣宋墓奇峰鎮
一號墓墓壁右側捧梳妝架的
侍女

圖四十五　明仇英所
繪《漢宮春曉圖》中
的鏡臺

宋畫中的鏡臺形制是一樣的（圖四十五）[1]。這種形制的鏡臺流行時間較長，相關的
考古資料也最爲豐富，可見它是在相當一段時間内，女性使用最廣泛的鏡臺式樣。

　　2008年河南滎陽槐西發現一座北宋時期的壁畫墓，在墓室的東壁下部有一幅梳妝圖，
描繪了倆女子對鏡梳妝的情境。鏡架爲長方形兩端彎鈎出挑的圓弧頂式樣，銅鏡用綬帶懸

[1]《中國古代繪畫名作輯珍・明仇英畫集》，天津人民美術出版社，2001年。

圖四十六　滎陽槐西壁畫墓鏡架　　　　　　圖四十七　《雲笈七籤》鏡架

挂於鏡架頂端的桃形飾上,鏡架是直接置於地上使用的(圖四十六)[1]。成書於北宋年間的道教類書《雲笈七籤》卷七十二中有一幅鏡架插圖,其與槐西北宋壁畫墓中的鏡架式樣及銅鏡的懸挂方式幾乎完全相同(圖四十七)。可見這種式樣的鏡架也是宋代常見的鏡架之一。

　　自宋代以後,銅鏡使用時的置放方法不會僅局限於上述的幾種,但能找到的其他置放方法的相關材料多比較單一,數量也比較少,這也許意味着銅鏡置放方法出現了多樣化的趨勢。1978年在江蘇武進縣村前鄉清理的南宋墓中有一件漆木鏡箱,把箱蓋打開,將支架竪起,可以擱置銅鏡,鏡箱下有兩抽屜,應可放置梳妝用品(圖四十八)[2]。這種鏡箱也許流行了一段時間,明萬曆年刻本的《魯班經·匠家鏡》中繪有明代鏡箱的圖案,其形制與此鏡箱非常相似。

　　1975年福州市北郊發現一座三壙并列的南宋墓,據出土的磚質買地契可知,右壙墓主爲黃昇,左壙墓主是“孺人李氏”,當是黃昇之妻。在李氏墓中有一件髹漆木鏡架,報告中介紹比較簡單:“木胎,通體髹黑漆。作成可以開合的活動支架,用黑色羅帶綁結,長15.5釐米,寬12.5釐米。”[3]從《福州南宋黃昇墓》一書的圖版和發掘簡報中的圖像[4](圖四十九),較難認識和確定這個鏡架的使用方式,我們懷疑這種結構的鏡架應該是和明定陵中孝端皇后棺內出土的鏡架爲同類型的鏡架。明定陵出土的鏡架“下部爲方框形座,兩邊框的兩端作抱鼓形,兩邊框之內釘二橫撐,後端兩抱鼓中心貫一帶支柱的活軸,支柱

[1]　鄭州市文物考古研究院、滎陽市文物保護管理所:《滎陽槐西壁畫墓發掘簡報》,《中原文物》2008年第5期,第23頁。

[2]　陳晶、陳麗華:《江蘇武進村前南宋墓清理紀要》,《考古》1986年第3期,第247頁;陳晶:《中國漆器全集·第4卷·三國～元》,福建美術出版社,1998年,圖版一二六。

[3]　福建省博物館:《福州南宋黃昇墓》,文物出版社,1982年,第77頁、圖版九九。

[4]　福建省博物館:《福州市北郊南宋墓清理簡報》,《文物》1977年第7期,第1頁、圖三八。

圖四十八　江蘇武進縣南宋鏡箱　　　　　圖四十九　黃昇墓報告和簡報鏡架

扁方形，下部兩側嵌花牙；前端兩抱鼓中心貫一帶鏡托的活軸，鏡托下部作月牙狀，中間有凹槽，用以放置銅鏡，上部爲圓形鏡靠，鏡靠背後中部有階梯狀凸起，用以調節鏡面高低"（圖五十）[1]。如兩件確爲同一類型的鏡架，則圖版中黃昇夫人李氏墓出土鏡架後面的兩根弧曲形立柱應該是該鏡架的底座，前面的 H 形方框可以翻起放置銅鏡，我們把

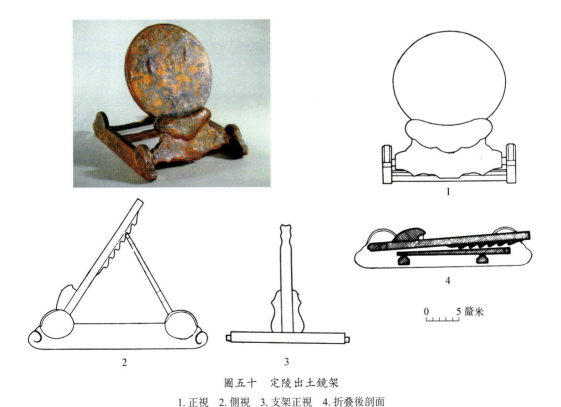

圖五十　定陵出土鏡架
1. 正視　2. 側視　3. 支架正視　4. 折叠後剖面

［1］　中國社會科學院考古研究所、定陵博物館、北京市文物工作隊：《定陵》，文物出版社1990年，上冊，第212頁、圖134；下冊，圖版一三六。

圖五十一　黄昇墓鏡架調整方向後

發掘報告中鏡架圖版的方向作些調整,認爲李氏墓鏡架如此置放與使用也許更爲合理一些(圖五十一)。無論如何,這也許是唯一一件現存的宋代鏡架實物了。

兩宋之際的宮廷畫家蘇漢臣所繪《妝靚仕女圖》中的銅鏡只是斜擱在一個簡潔的三角形支架上(圖五十二),由於鏡架被銅鏡所擋,具體的形制不得而知,但明代崇禎刻本《金瓶梅》九十七回插圖中有類似鏡架的圖像,通過它我們可以了解此類鏡架的完整結構(圖五十三)。

元代的相關考古資料發現較少,1964年蘇州發掘的元末吳王張士誠父母合葬墓中出土的銀鏡架是最爲重要的一項發現。該鏡架可折合,展開後上下各有H形構件固定前後支架,銅鏡擱置於固定鏡架上部的H形構件上,形成一個正好映照面容的傾斜角度,鏡下有雲形裝飾托住使之不易滑落。鏡架的後背及用作固定的H形構件上有精雕細鏤的鳳凰、牡丹等圖案,通體裝飾華麗,製作精緻,是考古發掘的鏡架資料中最爲豪華的一件(圖五十四)[1]。

明清時期銅鏡的使用已大不如前,銅鏡的置放多沿用前朝方法,相關資料散見於明清時期各種書籍刻本的插圖之中,因爲鮮有創意,故不予細述。

通過以上對一些考古資料的分析,我們可以勾勒出中國古代銅鏡使用方式及發展、變化的大致脉絡:

圖五十二　南宋妝靚仕女圖

---

[1]　蘇州市文物保管委員會、蘇州博物館:《蘇州吳張士誠母曹氏墓清理簡報》,《考古》1965年第6期,第289頁。

圖五十三　萬曆本《金瓶梅》九十七回插圖　　圖五十四　蘇州張士誠父母合葬墓銀鏡架

1. 使用方式以手持和置放於各種形式的鏡架、鏡臺或鏡箱上為主。

2. 手持方式主要有手執鏡柄、手握綬帶和雙手捧鏡等方法，這些執鏡方法應該是與整個中國古代銅鏡使用過程相始終的。

3. 中國古代鏡架的產生應該是在戰國晚期，如果先秦時期的數例考古資料可認定為置放銅鏡的鏡架，那麼時間還可以提前到春秋時期，但這尚需更多的考古工作予以證實。

4. 漢魏乃至隋代（如果張盛墓出土的瓷器座可認定為鏡架的話）主要是使用支柱式或三脚式的鏡架，有用弧形鏡托托起銅鏡和用綬帶繫扎於立柱頂端兩種主要方法。

5. 唐（如果偃師杏園M1819出土的鐵支架可以被認定為鏡架的話）、五代直至宋代，男性主要是使用框架形交叉式鏡架，女性主要是使用前後支架并行直立的鏡臺。

6. 宋代及以後銅鏡的置放方法趨於多樣化，不僅有簡易的三角形支架，也有鏡箱及銅鏡本身附帶支撐柱等等式樣。

附記：

在本文寫作和資料收集的過程中，得到了李朝遠、馬今洪、王正書諸位同人以及蘇州博物館錢公麟館長、美國納爾遜—阿特金斯美術館楊曉能先生的大力相助，一些外語資料承蒙趙佳、吳旦敏兩位小姐的翻譯，謹致謝忱。

2005年2月25日晚完稿於龍昌苑寓所
2011年12月2日修訂於上海博物館
2012年12月18日再修訂於上海博物館
2014年5月10日再修訂於上海博物館
原載《練形神冶　瑩質良工——上海博物館藏銅鏡精品》

伯遊父諸器芻議

　　上海博物館近年陸續徵集到五件春秋時期黃國的青銅器，其中壺一對兩件，鑰一件，盤一件，鉶一件。這幾件青銅器在器形、紋飾及銘文中或多或少都有一些比較特殊的內容，現公之於衆，以求教於方家、同好。

　　伯遊父壺，共兩件，器形、紋飾及銘文均相同，應該是一對壺。一件壺高37.4、口縱11.8、口橫14.9、腹縱21.6、腹橫26.2釐米；另一件高37.9、口縱12、口橫15.1、腹縱21.6、腹橫27.1釐米。壺的器形截面作橢圓形，淺弧蓋，蓋上有繩索形鈕。器爲長頸略收，斜肩，鼓腹，圈足的式樣，肩部兩側設圓雕的回首獸形耳（圖一）。器形與1983年河南光山縣寶相寺黃君孟夫婦墓出土的黃夫人壺非常相似[1]，圓雕的回首獸形耳更是如出一轍，

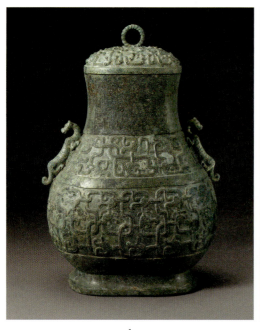

1　　　　　　　　　　　　　　　2

圖一　伯遊父壺一對

[1]　河南信陽地區文管會、光山縣文管會：《春秋早期黃君孟夫婦墓發掘報告》，《考古》1984年第4期，第310頁。

只是黃夫人壺的蓋面更淺一些。伯遊父壺的蓋作子口，子口每邊歧出一個半圓形薄片，上有穿孔，共四個(圖二)，在青銅器的蓋上鮮見有此類圓穿的報道。在黃君孟夫婦墓的發掘報告中，對黃夫人壺的器形描述中沒有提到其蓋上是否有此類圓穿設置，但在其綫圖上，蓋口有類似的半圓形裝置，由於綫圖未畫出上面的穿孔，且我不曾目檢該壺，故不知其是否爲圓穿形。伯遊父壺蓋上的這種圓穿裝置，由於器口內側的相應位置沒有任何可以與之呼應的設置，所以它們應該不會與器蓋的扣合有關。馬承源先生認爲很有可能是當時爲用於

圖二　伯遊父壺蓋

懸掛香料袋而特意設置的，我們認爲這個意見是非常值得重視，有必要在今後作進一步的探討[1]。如果黃夫人壺蓋口的圓形裝置，也是圓穿的話，這種在黃國青銅壺上特有的裝置，對了解和研究黃國青銅壺的使用方法以及飲食文化都具有很重要的意義。

其中的一件壺在剛徵集來時，壺蓋被銹封住，壺內存有液體。經去銹打開壺蓋後，本館的文物保護與考古科學實驗室將此液體委託給華東理工大學分析測試中心，使用氣相色譜法進行檢測。檢測的結果是“液體中無醇、酯等揮發性有機物存在”，結論是“此液體可能是外界地下水滲入而致”。

伯遊父壺和黃夫人壺的形制非常特殊，類似的形制只有黃君孟壺，但黃君孟壺無蓋，且雙耳作獸首環耳。它們應該是由流行於西周晚期和春秋早期的橢方形壺簡化而來的。李學勤先生曾認爲黃君孟壺與1978年信陽平橋出土的樊夫人壺非常相像[2]，從器形的輪廓綫來看，兩者的確非常相像，但由於樊夫人壺所發表的圖像未能表現出它的截面形象，報告中壺的尺寸又是以直徑記錄的，所以樊夫人壺很可能是圓壺。日本根津美術館收藏的孫叔師父壺[3]，器形與伯遊父壺和黃夫人壺相似，雙耳也是圓雕的回首獸形，只是其口沿有一周寬邊，鼓腹下垂，無蓋(或失蓋)。壺的肩部和腹部飾繁密的、體軀交纏的變形龍紋，從紋飾上看，孫叔師父壺應該晚於伯遊父壺和黃夫人壺。銘文記載，孫叔師父的官職是邛(江)太宰，江是春秋時小國，《左傳·僖公二年》：“秋，盟于貫，服江、黃也。”杜預《注》云：“江、黃，楚與國也。”《通志·氏族略》：“江氏，舊云汝南安陽縣江亭，按：此在信陽縣之東南，新息縣之西，安陽故城是也，嬴姓之國，顓帝玄孫伯益之後也。文四年，楚滅之，子孫以國爲氏。”可見，江國與黃國相鄰，且均爲楚之屬國，故其文化有相似之處。因此，我們認爲這種特殊形制的青銅壺只是這一時期該地區流行的式樣。

---

[1]　這是馬承源先生在對伯遊父壺作徵集鑒定時提到的意見。

[2]　李學勤：《光山黃國墓的幾個問題》，《考古與文物》1985年第2期，第49頁。

[3]　中國青銅器全集編輯委員會：《中國青銅器全集》(7)，文物出版社，1998年，圖版10。

圖三　伯遊父壺（79241）紋飾拓片
1. 蓋　2. 肩部　3. 腹部

　　伯遊父壺的蓋面飾龍紋和鳥首蛇體相互交纏的紋飾，這種紋飾過去曾被簡單地誤以為是體軀交纏的龍紋，在伯遊父壺蓋面上，我們可以清楚地看到尖喙下彎的鳥首形象（圖三：1、圖四：1），它們與同組紋飾中龍首作張口的形象具有明顯的區別，所以這是一種龍、鳥連體的紋飾。紋飾的截面作較細的半圓形凸起，龍和鳥的眼睛部位以及體軀的轉折處都有凸出的圓點。這種紋飾與 1979 年河南羅山高店出土奚子宿車盆所飾花紋是一樣的[1]。奚氏之器，因為有奚君叔單鼎銘文自稱為"黃孫子"，早被郭沫若先生在《兩周金文辭大系圖錄考釋》中定為黃國之器。山東沂水劉家店子一號墓有一件黃太子伯克盆[2]，其器形、紋飾都與奚子宿車盆相同。1979 年湖北隨縣季氏梁出土的一對陳公子

［1］ 信陽地區文管會、羅山縣文化館：《羅山縣高店公社又發現一批春秋時期青銅器》，《中原文物》1981 年第 4 期，第 18—19 頁。
［2］ 山東省文物考古研究所、沂水縣文物管理站：《山東沂水劉家店子春秋墓發掘簡報》，《文物》1984 年第 9 期，第 5 頁。

圖四　伯遊父壺（79242）紋飾拓片
1. 蓋　2. 肩部　3. 腹部

仲慶簠，其器、蓋的腹壁也都飾有類似的這種紋飾[1]，陳的國都在今河南淮陽縣，地處黃國之北，所以這種式樣的紋飾是黃國及其周邊地區青銅器上比較流行的。孫叔師父壺的紋飾與此類紋飾相似，但它們的頭部已發生圖案化變形，幾乎已無法辨認出龍頭或鳥首的形象，其時代應略晚一些。

　　器肩、器腹飾體軀盤繞、相互糾纏的交龍紋。肩部是上下兩排回首曲體的吐舌龍紋，龍頭或正或倒（圖三：2、圖四：2）。腹部是上中下三排的回首龍紋，上下兩排均是回首吐舌的龍紋，只是上排龍紋作倒置（圖三：3、圖四：3）。中間一排龍紋爲張口的龍首，不吐舌，頭上有繩索形前後覆蓋的冠飾，形象既不同於同一器上的其他龍紋，也罕見於以往所知青銅器上的龍紋。相似的冠飾僅見於黃君孟鱬肩部的交龍紋上，在幾種不同形式的龍紋中有一種頭部變形的龍紋，其頭上也覆蓋有繩索形的冠飾。也許具有這種

［1］　隨縣博物館：《湖北隨縣城郊發現春秋墓葬和銅器》，《文物》1980年第1期，第35頁。

圖五　伯遊父壺(79241)銘文拓片

圖六　伯遊父壺(79242)銘文拓片

圖七　伯遊父罐

冠飾的龍紋正是黃國及周邊地區青銅器上特有的一種裝飾,它的冠角裝飾有別於其他龍紋,或許表明這種龍紋具有某種特殊的寓意。

壺的頸部外側各鑄有銘文七行三十字,重文二:"隹六月初吉丁亥,馬頸君白(伯)遊父乍其旅壺,其眉壽無疆,子子孫孫永寶用之。"兩器銘文相同,只是行次略有不同(圖五、圖六)。

伯遊父罐,一件,高36.3釐米,口徑25釐米,肩徑46.3釐米。平折沿,短頸,斜折肩,腹斜收,平底略凹,器兩側設有獸首銜環耳,器形是春秋早、中期罐的常見式樣(圖七)。罐在西周晚期從罍形器中蛻變而來時,還保持了罍形器的基本形式,小口、短頸、圓肩、深腹是西周時期罐形器的主要形式,但已經不再設有作爲罍形器特點之一的腹下部的鋬。陝西扶風法門寺出土的西周晚期仲義父罐,應該是西周時期罐形器的典型式樣。自春秋早期開始,罐的器形開始發生變化,1965年山東鄒縣七家峪村墓葬出土的蟠龍紋罐[1],1964年河南堰城縣冢周村出土的蟠龍紋罐[2],以及美國弗利爾美術館收藏的波曲紋罐[3],反映出了這種變化:它們的頸部縮短,腹部變淺,整器比例趨於粗矮,除此之外它們的造型基本還是延續了仲義父罐的式樣。但山東沂水出土的瓦紋罐[4],和湖北隨縣勻川出土的曾伯文罐[5]雖然同屬

[1]　王軒:《山東鄒縣七家峪出土的西周銅器》,《考古》1965年第11期,第542頁。雖然報告將出土銅器的時代定爲西周晚期,但從其中的獸首封口匜,以及這件罐的兩耳形式分析,該墓出土銅器的時代,應該屬於春秋早期。

[2]　新來、周到:《河南省博物館所藏幾件青銅器》,《考古》1966年第4期,第220頁。

[3]　The Freer Chinese Bronzes, p.83. Washington, 1967.

[4]　山東省文物管理處、山東省博物館:《山東文物選集: 普查部分》,文物出版社,1959年,圖98。

[5]　鄂兵:《湖北隨縣發現曾國銅器》,《文物》1973年第5期,第22頁。

春秋早期，它們的肩部却不再作廣圓肩的形式，而作廣折肩的式樣，肩以下的腹壁也不再是弧形下收，而是作直壁斜收，使罐的高與寬比例愈加趨於接近。同時，還出現了無耳無鋬的折肩罐，1964年河南桐柏縣左莊出土昶伯庸器，其中的昶伯庸罐就作無耳無鋬廣折肩的式樣[1]。這些現象都表明，春秋早期罐的器形正在逐步擺脫罍的器形的影響，并最終使得折肩罐成爲春秋早、中期青銅罐的主要形式，完成了罐從罍中變化而來的過程。值得一提的是，迄今仍有不少文章將罐稱之爲罍，這不僅忽略了罐與罍在器形上的區別，而且也忽視了不少青銅罐的自銘。罐在其出現之初就有自銘，西周晚期的仲義父罐、鄭義父罐的銘文中都自銘爲罐。春秋早期的曾伯文罐、伯亞臣罐等也自銘爲罐[2]。可以説這幾件青銅罐都代表了不同時期罐的主要器形，因此儘管罐在西周晚期和春秋早期，器形上發生了較大的變化，但不能否認這些在器形上有較大區別的青銅器都屬於罐形器。

　　信陽出土有春秋時期黃國的青銅罐五件，其中黃君孟罐兩件、黃子作黃甫（夫）人孟姬罐兩件、伯亞臣罐一件[3]。兩件黃君孟罐的形制相同，都是平折沿、短頸、廣折肩、斜腹，據發掘報告所述兩器紋飾稍異。黃君孟爲其夫人孟姬所作兩件罐的器形與黃君孟罐相同，但是有平頂蓋，而且折肩處設有獸首耳，底部略小。黃孫須頸子伯亞臣罐的雙耳作環形，且設於肩部，除此之外與上述二罐的式樣是相同的。伯遊父罐除了雙耳的形式有所變化，以及雙耳套有銜環之外，器身的形制與這五件罐是非常接近的。由此可見，春秋時期黃國青銅罐的器形變化并不是很大，變化主要集中在耳部，除了有耳和無耳的區別之外，耳的式樣也各不相同。黃子作黃甫（夫）人孟姬罐與伯遊父罐的雙

耳雖然都是獸首耳，但前者的獸首較小，獸面緊貼環耳，猶如鋪首的形式；後者則作圓雕獸首，獸耳較大且翹起。伯亞臣罐則僅作簡單的環耳，與其通體素面無紋飾的簡樸風格相適應。

　　伯遊父罐的肩、腹裝飾兩種結構略有不同的交龍紋（圖八）。肩部的交龍紋爲三疊式，在每一個紋飾單元内有七條龍紋，其中都只有一條作張口的龍紋，其餘作吐舌龍紋，它們交錯排列，龍體相糾。腹部的交龍紋爲雙疊式，

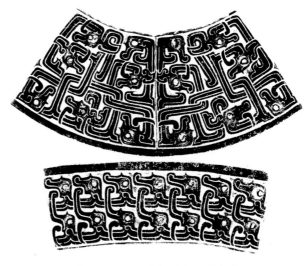

圖八　伯遊父罐肩、腹部紋飾拓片

［1］　王儒林：《河南桐柏發現周代銅器》，《考古》1965年第7期，第371頁。
［2］　山東出土的邾伯夏子罍雖然自銘爲罍，但其器形應該還是屬於罐形器，其自銘爲罍，只是罐由罍演變而來的一種遺痕，就像匜有自銘爲盂，盙有自銘爲簠一樣。
［3］　信陽地區文管會、潢川縣文化館：《河南潢川縣發現黃國和蔡國銅器》，《文物》1980年第1期，第46頁。

圖九　伯遊父罐銘文拓片

龍首與龍首之間排列整齊,相互交接,下層龍紋的上唇似象鼻形上翹至上層龍紋的口部,猶如上層龍紋的下吻,也猶如上層龍紋作吐舌狀。伯遊父罐所飾龍紋的龍目皆圓瞪,高凸於器表,與伯遊父壺蓋上紋飾的目紋相同。這種高凸中空的目紋在春秋早中期之際的青銅器紋飾中比較流行,在信陽平橋M1出土的樊君夔盆、羅山高店出土的奚子宿車盆以及1870年山西萬榮縣廟前村出土的輪鎛等春秋早期的青銅器上龍紋的目紋都作這種式樣。春秋中期青銅器上龍紋作高凸中空目紋的現象更爲普遍,1923年新鄭李家樓鄭公大墓出土的青銅器中就有不少具有這種目紋的裝飾,如著名的蓮鶴方壺、龍耳虎足方壺等;1963年山東莒縣天井汪出土的龍紋罐[1]、1957年河北懷來甘子堡出土的龍紋罐等青銅器的龍紋上也有這種形式的目紋[2]。由此可見,龍紋上用高凸中空形式的目紋,是春秋早中期之際青銅器上一種比較具有時代特徵的裝飾。伯遊父罐的兩獸首耳之銜環飾有一圈鱗紋。

伯遊父罐的頸肩連接處鑄有銘文一周共三十五字,其中重文二:“隹五月初吉丁亥黃季氏白(伯)馬頸君遊父乍其尊罐其眉壽萬年無疆子子孫孫永寶用之。”(圖九)

伯遊父盤,高10.7釐米,口徑38.5釐米。口沿平折寬厚,淺腹,附耳,圈足,是西周晚期和春秋早期青銅盤比較普遍的式樣(圖十)。伯遊父盤比較特殊的是在附耳兩側上各攀爬有一隻圓雕的虎(圖十一),這是這一時期青銅器上重新出現的一種裝飾形式。在器耳上攀附相對的圓雕動物,是西周早期青銅方鼎上常見的裝飾手法,如天津藝術博物館收藏的西周早期大保方鼎,美國堪薩斯城納爾遜美術館收藏的西周早期成王方鼎,以及美國舊金山亞洲藝術博物館收藏的西周早期㝎方鼎等的附耳上都裝

圖十　伯遊父盤

[1]　齊文濤:《概述近年來山東出土的商周青銅器》,《文物》1972年第5期,第11頁,圖版捌:1。
[2]　賀勇、劉建中:《河北懷來甘子堡發現的春秋墓群》,《文物春秋》1993年第2期,第26頁。

飾有兩兩相對的圓雕龍形。這種裝飾形式流行的
時間很短,大保方鼎和成王方鼎被認爲是西周成
康時期的器物,甕方鼎陳夢家先生認爲是成王時
器物[1],所以大約只是在西周成王康王這一較短
的時期內,在此之後的青銅器上已經很少見到類
似的裝飾。到春秋中期左右,在附耳上裝飾動物
形象,在一些青銅盤上又重新出現,如1977年山
東沂水劉家店子出土的春秋中期交龍紋盤,其附
耳兩側各攀附有一條圓雕的龍紋[2]。故宮博物院
收藏的春秋中期齊縈姬盤的附耳上裝飾的圓雕動
物不是攀附於附耳兩側,而是在附耳的上面設兩

圖十一　伯遊父盤附耳

個圓雕的伏獸[3]。河南博物院收藏的新鄭李家樓鄭公大墓出土獸足鷹鈕盤,其附耳是
以兩條相對的螺旋角型龍紋口銜一根短棍組成的,雖然它們不是以圓雕的形式攀附
於器耳上,而是作爲附耳的組成部分,但它們應該是受到在附耳上飾以動物形象的這
一裝飾手法的影響而出現的一種裝飾形式[4]。從這幾件盤的時代來看,山東沂水劉家
店子墓,據研究是春秋中期偏晚時期的莒國國君夫婦墓[5]。故宮博物院收藏的齊縈姬
盤,所飾龍紋變形較甚,與春秋晚期的孟子洹姜壺圈足紋飾相似,推測其時代也是在
春秋中期偏晚。新鄭李家樓鄭公墓墓主一般認爲是春秋中晚期之際的鄭成公或鄭僖
公[6],獸足鷹鈕盤也應該就是這一時期的鑄品。伯遊父盤的器主是黃國公族,黃國在
公元前648年被楚所滅,故伯遊父盤製作時間的下限應該是在公元前648年前,也就
是春秋中期偏早的這段時間內。因此據現有資料分析,在耳部附飾圓雕動物形象這
種具有復古色彩裝飾方法的青銅盤,伯遊父盤可以說是最早的一件。

　　伯遊父盤的腹壁飾一周龍紋,以張口龍紋與吐舌龍紋相間隔而飾,龍體相連,排列
有序;附耳飾鱗紋,圈足飾垂鱗紋(圖十二)。

　　伯遊父盤的內底鑄有銘文五行三十字,重文二:"隹六月初吉丁亥馬頸君白(伯)遊
父乍其盨(沫)盤其眉壽無疆子子孫孫永寶用之。"(圖十三)其中"盨(沫)"字的寫法與
春秋時期青銅盤上習見的寫法略異,細察原器銘文,可知除了書寫者對此字不熟悉,筆
劃描摹有誤外,范鑄時筆道被損也是造成此字字形稍顯怪異的原因之一。

　　伯遊父鋪,高14.9釐米,口縱10.5釐米,口橫14.8釐米,腹縱12.5釐米,腹橫18.2釐

[1]　陳夢家:《西周銅器斷代》上册,中華書局,2004年,第54頁。
[2]　山東省文物考古研究所、沂水縣文物管理站:《山東沂水劉家店子春秋墓發掘簡報》,《文物》1984年第9期,
　　　第5頁。
[3]　故宮博物院:《故宮青銅器》224,紫禁城出版社,1999年。
[4]　河南博物院、臺北國立歷史博物館:《新鄭鄭公大墓青銅器》,大象出版社,2001年,第129頁。
[5]　山東省文物考古研究所、沂水縣文物管理站:《山東沂水劉家店子春秋墓發掘簡報》,《文物》1984年第9期,
　　　第5頁。
[6]　李學勤:《新鄭李家樓大墓與中國考古學史》,《新鄭鄭公大墓青銅器》,大象出版社,2001年,第8頁。

1

2

3

圖十二　伯遊父盤紋飾拓片
1.耳部　2.腹部　3.圈足

圖十三　伯遊父盤銘文拓片

米。有蓋，口微侈，束頸，鼓腹，平底。(圖十四)
腹部兩側設獸首耳，青銅器上的獸首耳一般都
是獸首向外，但伯遊父鉶的雙耳獸首朝着器壁，
在目前所知的青銅器資料中非常罕見，現在所
知除了這一件外，山西聞喜上郭村曾出土過兩
件雙耳也是作此形式的青銅鉶[1]。鉶蓋設繩紋
環鈕，鈕兩端飾一道繩紋橫貫蓋面并與蓋沿一
周的繩紋相連。器頸下和腹下部各飾一周繩
紋，以兩側的獸首耳爲界，也有一道豎繩紋連接
上下的繩紋。裝飾雖然比較簡練，但其上下相

[1]　山西省考古研究所:《1976年聞喜上郭村周代墓葬清理
記》,《三晉考古》,山西人民出版社,1994年第一輯,第
127頁,圖八·3、圖版八·1;山西省考古研究所:《聞喜
縣上郭村1989年發掘簡報》,山西人民出版社,1994年,
《三晉考古》第一輯,第145頁,圖七·1。

圖十四　伯遊父錙

連的繩紋形式，似乎已形成了網格結構，春秋晚期以後比較盛行的網格紋應該是在此基礎上發展而來的。

伯遊父錙器腹的一面以獸首耳爲界，兩側各鑄有銘文三行，共26字。由於此錙表面的氧化較嚴重，多數銘文的筆畫和字口受到銹蝕，殘泐較甚，有數字因此而剥落，已完全不可辨識，但根據上下文及其他幾件遊父器銘文，尚能通讀全篇。因拓片已不能完整地反映銘文的筆劃，故采用逐字拍攝的方法，盡可能地將全篇銘文表現出來，以供學界研究。伯遊父錙全銘如下："隹正月 初 吉 丁 亥黄季之白（伯）遊父乍作其旅觚其眉壽無疆永寶是尚。"（圖十五、圖十六）

銘文中值得注意的是對器名的自銘，此字左邊從"角"甚明確，右邊所從作"𠂇"，依字形看與欒書缶銘文中"余畜孫書也"的"也"字相似。欒書缶銘文中的此字有釋"巳""兄"等，然"巳"字上邊所從應該是兩端不出頭的，而"兄"字下面所從應該是

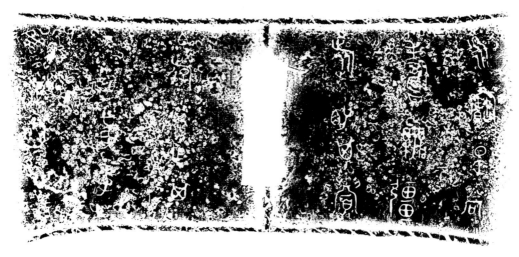

圖十五　伯遊父錙銘文拓片

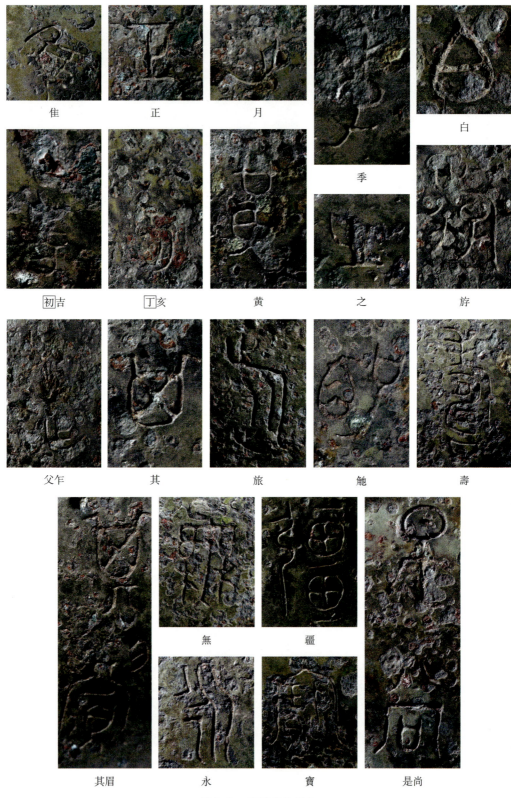

圖十六　伯遊父鈉銘文

作人形,因此作"巳""兄"在字形上都有不妥之處[1]。唯釋"也"字不僅與文意通順,而且在字形上也是有依據的,由《説文》"𠃌,秦刻石'也'字"可知。如此,則該字從角從也,爲'觚'字。"觚"字未見於各種字書,青銅器銘文中也從未出現過,由於此字是器物的自銘,因此十分重要。武漢市文物商店收藏的蔡太史鉌器形與伯遊父鉌非常接近,銘文中自銘其器名爲"鉌",值得注意的是"鉌"字的寫法,其中"和"的口部也寫作"𠃌"[2],由此可知"口"在當時有這種寫法。如此則伯遊父鉌銘文中的這個字也可識爲"觚",此字字書亦無,作爲器名當與"鉌"有關,然而"鉌"由"禾"得聲,"鉌"與"觚"無論在字形還是在讀音上似乎都不存在必然的關係。故此字的準確釋讀,尚俟方家賜教。

根據上述五件伯遊父器的銘文,伯遊父的稱呼有三種:馬頸君伯遊父(壺、盤銘),黃季之伯遊[父](鉌銘),黃季氏伯馬頸君遊父(鑃銘)。其中鑃銘中的"黃季氏伯馬頸君遊父",根據其餘四器銘文中的名稱判斷,顯然應該是"黃季氏馬頸君伯遊父",伯字是誤被前置了。器主應該是黃國季氏中封邑在馬頸的伯遊父。其完整的稱呼格式與河南潢川出土的伯亞臣鑃銘文中器主自稱"黃孫須頸子伯亞臣"的稱呼是一致的,潢川早年出土的侯君叔單鼎銘文自稱"黃孫子侯君叔單",應該也是這種格式的稱呼。這種以國族加譜系加封邑加器主名字的完整稱呼格式,在青銅中并不多見,但在黃國青銅器中却屢見,應當與黃國的禮儀習俗有關。

在五件伯遊父器中,壺和鑃的器形都與黃君孟夫婦墓出土的壺和鑃相似,發掘報告認爲黃君孟夫婦墓屬春秋早期,此後李學勤先生指出該墓的墓主有可能是黃國最晚的國君[3],黃國於公元前648年被楚所滅,如此則該墓的時代應該在春秋中期偏早階段。也有學者從器形及紋飾判斷,得出了與此相同的結論[4]。伯遊父鉌的器形、紋飾與羅山縣高店出土的一件鉌以及蔡太史鉌的器形、紋飾非常接近。羅山高店墓的時代,發掘者根據同墓出土的奚子宿車鼎等青銅器,認爲在春秋早期偏晚階段[5],朱鳳瀚先生認爲該墓出土的青銅器應該在春秋早、中期之際[6],郝本性先生則認爲"此墓時代爲春秋中期前段"[7]。蔡太史鉌或以爲屬於春秋晚期[8],但其器形與紋飾與羅山高店出土的鉌及伯遊父鉌相似,銘文布局也與伯遊父鉌相同,因此其時代當不至於太晚。伯遊父盤的器形在上面我們已經談到,其用圓雕動物作爲附耳的裝飾是春秋中期青銅盤上出現的一種復

---

[1] 這一意見承蒙李零先生賜教,特此致謝。
[2] 經本館徐汝聰女士聯繫,武漢市文物局的劉彥女士爲我特意觀察了蔡太史鉌的銘文,并發來數碼照片。經劉彥女士介紹和查看數碼照片,確定"鉌"字的口下一筆并非鑄造缺陷或銹蝕所致,確實是與"口"相連的筆劃。對徐汝聰和劉彥女士的幫助,特致謝忱。
[3] 李學勤:《光山黃國墓的幾個問題》,《考古與文物》1985年第2期,第49頁。
[4] 朱鳳瀚:《古代中國青銅器》,南開大學出版社,1995年,第894頁。
[5] 信陽地區文管會、羅山縣文化館:《羅山縣高店公社又發現一批春秋時期青銅器》,《中原文物》1981年第4期,第18頁。
[6] 李學勤:《光山黃國墓的幾個問題》,《考古與文物》1985年第2期,第895頁。
[7] 郝本性:《虢、鄭、秦、蔡、黃等國青銅器概述》,《中國青銅器全集》(7),文物出版社,1998年,第1頁。
[8] 馬承源主編:《商周青銅器銘文選》(四),文物出版社,1990年,第402頁。

古現象,而伯遊父盤是其中時代較早的一件。總之,與伯遊父諸器在器形、紋飾上比較接近的相關考古資料,其時代都在春秋早中期之際或春秋中期,伯遊父器的下限又不會晚於黃國被滅的公元前648年,故伯遊父諸器的時代應在春秋中期偏早的階段。

伯遊父諸器的紋飾,特別是罍、壺、盤所飾的龍紋,其結構形式粗看與同時期青銅器上的龍紋結構相差無幾,但仔細觀察,可以發現每一種龍紋都具有各自的特點。正如我們在前面介紹的,遊父壺腹部的交龍紋上有一道繩紋冠飾;遊父盤腹壁的龍紋以張口龍紋與吐舌龍紋相間隔裝飾的形式;罍腹部有上唇翹起的交龍紋等,這些特點都有別於同一時期其他青銅器上的龍紋,應該是春秋時期黃國青銅器上比較具有地方特點的龍紋形式。在黃國的青銅器上,龍紋的形式如此集中地表現出獨特的風格特徵,恐怕與黃國地處南北文化的交匯地帶有關。黃國的北面是中原地區,南面是楚國,東面是蔡、舒等國,雖然從出土資料來看,黃國的青銅文化以中原青銅文化爲主,但周邊地區的文化浸潤不會不對它產生一定的影響,黃君孟夫人的青銅禮器組合中包括具有群舒文化特徵的所謂"甗形盉、鬲形盉",就是非常明確的例證。從伯遊父諸器紋飾上表現出來的這種獨特風格,應該是黃國在受到周邊文化的影響下,對中原青銅文化中龍紋的一些變化或變形。

本館徵集的伯遊父壺、罍、盤、鉩諸器顯然只是伯遊父所作之器的一部分,在與伯遊父差不多同一時期而且保存較完整的黃君孟夫婦墓中,黃君孟墓(G1)出土的青銅禮器有:鼎二、豆二、壺二、罍二、盤一、匜一;黃夫人墓(G2)出土的青銅禮器有:鼎二、鬲二、豆二、壺二、盉二、罍二、罐一、盤一、匜一。與之相比較,伯遊父器群中至少尚缺鼎、豆、匜等器形,雖然伯遊父的地位要低於黃君孟,但就當時青銅器的組合而言,鼎等器物是其中最基本的器形。此外,根據伯遊父諸器的銘文,其作器的時間分別爲"正月""五月"和"六月",而且所作的器物分屬"旅"器(壺、鉩)和"尊"器(罍)。我們曾在一篇小文章中談到,同一人所作器物中分別用"旅""寶""尊"等字與器名形成組合名詞的,應該是分屬於不同的器組[1],黃君孟夫婦墓出土器物均作"行器",亦爲佐證。所以伯遊父所作器物至少應該有"旅"器組與"尊"器組兩套,這樣伯遊父器尚有多件還未出現,我們期待着其餘諸器早日出現,以便對伯遊父器群作出完整、準確的研究。

2004年10月18日晚完稿於龍昌苑寓所

補記:

在本文即將付印前夕,看到李學勤先生在香港中文大學《第四屆國際中國古文字研討會論文集》中《釋東周器名卮及有關文字》的論文,才知道李先生文章中提出討論的這件青銅器即爲本文中的伯遊父鉩。李先生將該器的自名之字釋爲"舥",他認爲該字右邊所從的"𠂤"應該就是"只"字,與《説文》中所謂"只从口,象氣下引之形"相符合,

---

[1] 周亞:《晋韋父盤與盤盉組合的相關問題》,《文物》2004年第2期,第68頁。

且可以清楚看到其直接衍變爲戰國楚簡中"只"字的變化軌迹。"只"與"厎、氏"古音相同，可以通假，文獻中"厎"又作"舭"，所以"舭"應該就是"舭"字。同時李學勤先生認爲過去將哀成叔鉌、蔡太史鉌中釋爲"鉌"的這個字，中間所從均爲"木"而非"禾"，另外根據史孔鉌、左關鉌上器名的自銘，可以知道蔡太史鉌、哀成叔鉌以及史孔鉌、左關鉌上的這個器名之字應該釋爲"鈲"和"枳"，均不從"禾"得聲，應從"只"聲，是"厎"字的通假字，故這種器形青銅器的器名應該就是"厎"。李學勤先生的文章，不僅對該字的釋讀，而且對我們一直稱之爲"鉌"或"舟"的這類青銅器的定名，都是非常重要的，特補記於此。

2005年6月28日補記於上海博物館

原載《上海博物館集刊》第十期

楚大師登編鐘及相關問題的認識

一

楚大師登編鐘是上海博物館近年徵集的9件一組的鈕鐘，館藏編號以鐘型自大而小分別爲76606—76614（各鐘的尺寸詳見表一）。

表一　楚大師登編鐘各鐘尺寸

藏品號	高（釐米）	于		舞		重量（克）
		縱（釐米）	橫（釐米）	縱（釐米）	橫（釐米）	
76606	25	10.8	16.8	8.9	13.7	2 900
76607	24.1	10.9	15.9	8.2	13	3 130
76608	23.5	10.1	15	9.2	12.9	2 680
76609	21.7	9.2	13.8	8.3	11.6	1 970
76610	20.1	9.1	13	8.1	11.5	2 020
76611	19.5	8.3	12.3	7.3	10.3	2 020
76612	16	6.8	10.1	6.1	8.6	1 100
76613	14.9	6.7	9.5	5.9	8.2	1 050
76614	14.2	6	8.6	5.4	7.2	760

鐘的形制、紋飾基本相同，作扁橢圓體，條形鈕，於部弧度較淺，圓渦形枚（圖一、圖二）。

一般認爲，鈕鐘的形制來源於青銅鈴形器，陳夢家先生認爲：“有鈕之鐘而直懸者，其制本於鈴而稍晚於有甬之鐘，第三期已有之。鈕鐘若楚王領鐘銘曰‘自乍鈴鐘’，許子鐘銘曰‘自作鈴鐘’，可證鈕鐘之源於鈴矣。”[1]陳夢家所謂的第三期即“平王東遷至春秋之終”。但李純一先生認爲：“鈕鐘是甬鐘和鈴，具體説來就是甬鐘的體和鈴的鈕結

[1]　陳夢家：《中國銅器概述》，《海外中國銅器圖録》第一集上册，國立北平圖書館，1946年，第40頁。

圖一　楚大師登編鍾

合的產物。從形制上看，鈕鐘的主體是體，而不是鈕。從
考古發現記錄上看，鈴的出現雖然早於甬鐘和鎛，而鈕鐘
的出現却晚於後二者。因此，我們認爲，鈕鐘當是甬鐘吸
收鈴或鎛的鈕制，派生出來的一種較小的新式鐘。"[1]

　　從考古資料和傳世鈕鐘實物來看，早期鈕鐘的形制
更接近於鈴，而與甬鐘的鐘體有所差異。陝西扶風莊白
一號窖藏出土有7件一組的編鈴，屬西周中期。報告者
認爲："舞上鑄半環形鈕，中有孔，以備懸舌。"[2]由於發掘
簡報沒有報告這組編鈴，《陝西出土商周青銅器》的圖版
上未見有鈴舌，編撰者也未詳述相關的資料，僅憑舞部
中間有孔就認爲是"以備懸舌"，恐失穩妥。從考古資料
來看，早期鈕鐘的舞部中間多有孔，如湖北隨縣城郊季氏

圖二　76606

梁出土的5件一組的春秋中期獸面紋鈕鐘、隨縣八角樓出土春秋早期的兩件獸面紋鈕
鐘[3]，包括楚大師登鐘的舞部也都有孔。其他有一些鈕鐘資料因圖像不夠清楚，或描述
未及，也不排除舞部有孔的可能。所以，舞部有孔未必就是懸掛鈴舌的，相反這一現象

[1]　李純一：《中國上古出土樂器綜論》，文物出版社，1996年，第246頁。
[2]　陝西省考古研究所、陝西省文物管理委員會、陝西省博物館：《陝西出土商周青銅器》（二），文物出版社，1980年，圖版75説明。
[3]　隨縣博物館：《湖北隨縣城郊發現春秋墓葬和銅器》，《文物》1980年第1期，第35頁。

倒有可能是鈕鐘源於鈴的又一佐證。如果此說成立，莊白一號窖藏出土的"編鈴"，很有可能是目前所知最早的一套鈕鐘。

如果把莊白一號窖藏出土的"編鈴"作爲最早的鈕鐘，再加上河南三門峽虢國墓地1052號墓出土兩周之際的雲雷紋鈕鐘[1]、隨縣出土的春秋早中期獸面紋鈕鐘、山東沂水劉家店子出土的春秋中期陳大喪史中高鈕鐘[2]等，我們可以看到西周和春秋早中期的鈕鐘，鐘體多未設鉦、篆、枚等甬鐘鐘體上必備的部位，其形制與同時期青銅鈴非常接近，特別是陳大喪史中高鈕鐘自銘爲"鈴鐘"，如同楚王領鐘自銘"鈴鐘"，許子鐘自銘"鈴鐘"（古文字中"令""命"相通，故"鈴鐘"即"鈴鐘"）一樣，清楚表明了鈕鐘與鈴的關係。應該說"鈕鐘源於鈴"之說是可以成立的。

河南三門峽虢國墓地2001號虢季墓出土6件一組的編鈴，腔內有"槌狀鈴舌"，可以確認是鈴而非鈕鐘，它們的正反面都飾陽紋凸起的倒置獸面紋[3]。紋飾與莊白一號窖藏出土的"編鈴"、隨縣季氏梁和八角樓出土的春秋早中期獸面紋鈕鐘的陽紋倒置獸面紋非常接近，器形也非常相似，它們的區別僅僅在於有無鈴舌，這應該也可以證明鈴與鈕鐘之間的緊密關係。

從已知考古資料來看，最早設鉦、篆、枚等甬鐘上基本部件的青銅鈕鐘，是山東長清仙人台邿國墓地出土的一套春秋早期青銅鈕鐘[4]。從器形來看，它們可能是鈕鐘在鈴形器基礎上吸收鐘形器的影響後，處於轉變過程中出現較早的形態，因爲它們鐘體的每一面都只設三排12個枚，每排僅4個枚，全鐘只有24個枚，而不是像甬鐘那樣，每排設6個枚，每個鐘共36個枚。此外，這套鈕鐘的篆、鉦等部位是用陰綫作爲界欄，而不是在甬鐘上是用凸起的陽綫作爲界欄。這些現象說明這套鈕鐘的設計和製作，尚未具備嚴格的規範，只是模仿而已，表現出一種比較原始的形態。

在傳世的有枚鈕鐘中，春秋早期的天尹鐘和楚王領鐘應該是屬比較早的兩件，但天尹鐘有枚却無鉦部、篆部，應該還是無枚鈕鐘的一種變化形式。楚王領鐘的斷代，一般都是針對楚王領究竟是哪一位楚王討論的，過去學術界基本上有三種不同的意見：羅振玉先生認爲是楚成王（公元前671—前626年）[5]；郭沫若先生認爲是楚悼王（公元前401年—前381年）[6]；陳夢家、周法高、劉彬徽、李零、馬承源等先生認爲是楚共王（公元前590年—前560年）[7]。前二說較早已被否定，後來李學勤先生根據海外出現的楚王酓

[1]　中國科學院考古研究所：《上村嶺虢國墓地》，科學出版社，1959年，第28頁。

[2]　山東省文物考古研究所、沂水縣文物管理站：《山東沂水劉家店子春秋墓發掘簡報》，《文物》1984年第9期，第5頁。

[3]　河南省文物考古研究所、三門峽市文物工作隊：《三門峽虢國墓地》第一卷上冊，文物出版社，1999年，第105頁。

[4]　山東大學考古系：《山東長清縣仙人台周代墓地》，《考古》1998年第9期，第23頁；圖像見山東大學考古學系、山東大學博物館：《山東大學文物精品選》，齊魯書社，2002年，第57頁。

[5]　羅振玉：《貞松堂集古遺文》卷一·4。

[6]　郭沫若：《兩周金文辭大系圖録考釋》168。

[7]　陳夢家：《長沙古物聞見記序》，《長沙古墓聞見記》，金陵大學中國文化研究所，1939年；周法高：《楚王領鐘的時代》，《金文零釋》，1956年，第113—118頁；劉彬徽：《楚國有銘器編年概述》，《古文字研究》第九輯，中華書局，1984年，第331頁；李零：《楚國銅器銘文編年匯釋》，《古文字研究》第十三輯，中華書局，1986年，第353頁；馬承源等：《商周青銅器銘文選》第四冊，文物出版社，1990年，第422頁。

審盞銘文,認爲酓審才是楚共王,從而又基本否定了共王説[1]。爲此,劉彬徽改變了自己的意見,他認爲:李學勤的結論"可信。……楚王領鐘的相背雙龍紋倒是和春秋早期的秦武公(公元前697—前678年)鐘的同一部位紋樣較爲接近,但楚王領鐘的龍軀内已有渦雲形填紋,不見於秦武公鐘。這種渦雲形填紋爲時代偏晚的特徵。同時篆間的小三角螭紋也不見於秦武公等春秋早期銅器。因此,筆者推定此鐘的年代範圍在公元前678年—前600年之間,曾考慮可能是楚王堵敖即熊囏(艱)(公元前676—前672年)之鐘。現在看來,年代似定得稍早,也可能還要晚一點。"[2]劉彬徽修正後的意見是對的,楚王領鐘的鼓部紋飾,與春秋中晚期鈕鐘上流行的相背四龍紋比較,時代明顯要早,但與西周晚期和春秋早期青銅鐘鼓部相背的雙龍紋比較,又有諸多時代稍晚的特點。因此,我認爲楚王領鐘的時代在春秋早中期之際的可能性比較大。

　　與楚王領鐘比較,楚大師登鐘的器形顯然要較早一些。楚大師登鐘的鈕,是橢方形的條形鈕,整體比例上要寬短一些。這種鈕的形制應該還是保存了許多鈴形器鈕制的特點,與陝西扶風莊白一號窖藏出土的"編鈴"、河南三門峽虢國墓地1052號墓出土兩周之際的雲雷紋鈕鐘的鈕制比較接近。而楚王領鐘的鈕是扁平條形,整體比例上要窄高一些,這種鈕後來成爲春秋中晚期鈕鐘上較普遍的鈕制。

二

　　各件楚大師登鐘的紋飾基本相同,鼓部飾對稱相背的俯首卷體龍紋,龍的上吻部有象鼻狀條紋歧出,龍頭上各有一條小龍紋。篆部飾一正一反斜角對稱的龍紋,龍的下吻作吐舌狀下垂。舞部四等分飾四組兩頭龍紋,每組兩頭龍紋中位於尾部的龍頭上吻作象鼻狀翹起,其中部分龍頭因眼睛被省略而不易被辨認出,如編號爲76606(圖三,1)、76613(圖三,7)兩鐘,形象比較完整的兩頭龍紋中又以編號爲76608鐘的紋飾比較清晰明確(圖三,3)。

　　楚大師登鐘的紋飾多見於西周晚期和春秋早期的青銅鐘上。目前所知最早在青銅鐘鼓部上裝飾這種俯首卷體龍紋的,應該是1976年陝西扶風縣莊白村一號窖藏出土的二式、三式和四式癲鐘,癲鐘的時代一般都認爲應該是西周懿、孝時期,屬於西周中期晚段。

　　此後在一些西周時期比較著名的青銅鐘上常見有用俯首卷體龍紋作爲鼓部裝飾的,如克鐘、虢叔旅鐘、𩵋鐘、梁其鐘、士父鐘、魯遵鐘,以及柞鐘、仲義鐘、南宮乎鐘、速鐘等。其中虢叔旅鐘和南宮乎鐘的俯首卷體龍紋的角形,與其他各鐘俯首卷體龍紋的角形樣式有所區別。

[1] 李學勤:《楚王酓審盞及有關問題》,《中國文物報》1990年5月31日。
[2] 劉彬徽:《楚系青銅器研究》,湖北教育出版社,1995年,第301頁。

1

2

3

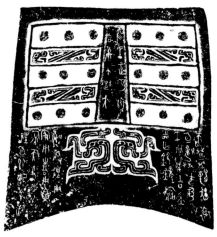

4

5

6

7

8

圖三　編鐘紋飾

1. 76606　　2. 76607　　3. 76608　　4. 76609　　5. 76610　　6. 76611　　7. 76612　　8. 76613

青銅鐘在篆部飾斜角龍紋最早也應該是出現在癲鐘上，六件三式癲鐘中有四件的篆部飾斜體的兩頭龍紋，其餘癲鐘的篆部則以飾變形獸體紋爲主。在西周晚期的梁其鐘、邢人鐘、默鐘、士父鐘、魯邍鐘、以及柞鐘、仲義鐘、師㝬鐘的篆部也都裝飾有斜體的兩頭龍紋。

這種斜體的兩頭龍紋與楚大師登鐘篆部裝飾的龍紋是有區別的，前者是一體兩頭斜角構圖的龍紋，後者是一正一反斜角對稱的兩條龍紋。楚大師登鐘篆部所飾這種形式的龍紋，很少見於西周青銅器上，目前看到較早裝飾這種龍紋的有西周晚期的楚公豪鐘篆部紋飾、河南三門峽上村嶺M1052出土青銅簠的盤壁紋飾，以及M1704出土獸形豆的盤壁紋飾[1]。所以這種正反斜角對稱的雙龍紋，應該是西周和春秋之際新出現的一種龍紋形式，它可能是由西周常見的一體兩頭的斜角龍紋變化而來的。

在多數已發表的青銅鐘資料中，舞部紋飾的圖像資料相對較少，文字描述又往往因各自對花紋樣式的認識不同而表述各異。從目前能够看到的西周青銅鐘舞部的資料來看，多數裝飾的是雲雷紋或稱卷雲紋，如癲鐘、柞鐘、師㝬鐘、克鐘、梁其鐘、邢人鐘等。裝飾龍紋的很少，僅虢叔旅鐘的舞部四等分各飾一條龍紋；仲義鐘中有數件的舞部四等分各飾一組三頭龍紋，它是在兩頭龍紋中一個龍頭的上吻部翹起形成又一個龍頭；秦公鐘舞部則是四等分各飾一組兩頭龍紋，無論龍紋的結構還是樣式都與楚大師登鐘舞部的紋飾最爲接近。

通過對西周中、晚期和春秋早期部分青銅鐘紋飾的統計和分析來看，楚大師登鐘的紋飾是西周晚期和春秋早期青銅鐘上流行的題材和樣式，其中在鼓部、篆部和舞部紋飾的組合形式中，它與仲義鐘的組合樣式最一致，都是鼓部飾俯首卷體龍紋，篆部飾龍紋，舞部四等分飾龍紋。僅就鼓部和舞部的紋飾而言，楚大師登鐘則與秦公鐘是一致的，鼓部飾俯首卷體龍紋、舞部飾兩頭龍紋。就篆部的紋飾而言，楚大師登鐘篆部紋飾，除了與西周晚期楚公豪鐘篆部的斜角雙龍紋比較相似外，與西周時期其他青銅鐘的斜體兩頭龍紋還是有所區別的。另外，春秋晚期的者汈鐘、子璋鐘等的篆部也裝飾了斜角雙龍紋，只是這幾件鐘的篆部紋飾都是由兩到三組斜角雙龍紋組成的，且龍體上裝飾有細密的幾何紋，是春秋中晚期此類紋飾的特點。所以從紋飾的角度分析，楚大師登鐘的時代也應該屬於春秋早期。

三

9件楚大師登鐘中，除了第5件（76610）外均鑄有銘文。仔細觀察，第5件鐘的兩側鼓部及鉦部均有經過刮磨的痕迹，甚至可以找到少量淺細的銘文殘迹，由此可以知道該鐘原先也鑄有銘文，不知是何原因銘文被刮磨掉了。而且因爲銘文被刮除後，整件鐘曾

---

[1]　中國科學院考古研究所：《上村嶺虢國墓地》，科學出版社，1959年，圖八·8、圖九·6。

1　　　　　　　　　　　　　　2

圖四　76610

1.編鐘全貌　2.編鐘局部圖

經打磨，所以鐘上的紋飾模糊不清，與其他各鐘紋飾的清晰度有明顯的差別（圖四）。其餘8件鐘的鉦間和鼓側鑄有銘文，各鐘銘文內容基本相同，只是大鐘的銘文內容完整，小鐘的內容有所節選。8件鐘的銘文字數不盡相同，最多72字（包括重文或衍文），最少29字。根據銘文內容，71字是楚大師登鐘銘文內容最完整的，其餘均屬銘文中有缺字、衍文或節選（詳見表二）。

表二　楚大師登編鐘銘文字數統計

藏品號	銘文字數	缺字	衍字	重文
76606	69	2（毋、孫）		3（慎、□、子）
76607	70	1（□）		3（慎、子、孫）
76608	71			4（慎、□、子、孫）
76609	70	1（既）		4（慎、□、子、孫）
76610				
76611	72		1（侯）	4（慎、□、子、孫）
76612	24	銘文爲節選		
76613	47	銘文爲節選		1（慎）
76614	29	銘文爲節選		

現以銘文內容最完整的第3鐘（76608）銘文爲例，釋讀如下：

　　隹（唯）王正月初吉庚午，楚大師登臂（辥）惢（慎），惢（慎）裻（獨），圅諆，武于戎工（功），用其吉金，自乍（作）鈴鐘，穌鳴虡（且）骰（皇），用宴用喜用樂庶（諸）医（侯）及我父兄，既圅既記，余保薛（辥）楚王，俴段□□，萬年毋改，子子孫孫永寶鼓之。

　　楚大師登鐘銘文字體多粗率潦草，減筆漏筆甚多，有幾個字是靠各鐘銘文中同一字的相互比對後方才識得（詳見表三）。從銘文的體勢特點看，銘文當時應該是由數人分別製作的，故同一字會出現不同的寫法，給我們的識讀增添了困難。

表三　楚大師登鐘各鐘銘文比較

藏品號／序號	釋文	76606	76607	76608	76609	76611	76612	76613	76614
1	隹（唯）								
2	王								
3	正								
4	月								
5	初								
6	吉								
7	庚								
8	午								
9	楚								
10	大								

（續表）

藏品號 序號	釋文	76606	76607	76608	76609	76611	76612	76613	76614
11	師								
12	登								
13	臀（辥）								
14	愻（慎）								
15	裻（獨）								
16	函								
17	鼻								
18	武								
19	于								
20	戎								
21	工（功）								
22	用								

（續表）

序號	釋文	76606	76607	76608	76609	76611	76612	76613	76614
23	其								
24	吉								
25	金								
26	自								
27	乍（作）								
28	鈴								
29	鐘								
30	穌								
31	鳴								
32	虡（且）								
33	皝（皇）								
34	用								

（續表）

序號 藏品號 釋文	76606	76607	76608	76609	76611	76612	76613	76614
35	宴							
36	用							
37	喜							
38	用							
39	樂							
40	庶（諸）							
41	医（侯）							
42	医（侯）							
43	及							
44	我							
45	父							
46	兄							

（續表）

<table>
<tr><th>藏品號 / 序號</th><th>釋文</th><th>76606</th><th>76607</th><th>76608</th><th>76609</th><th>76611</th><th>76612</th><th>76613</th><th>76614</th></tr>
<tr><td>47</td><td>既</td><td colspan="8"></td></tr>
<tr><td>48</td><td>圅</td><td colspan="8"></td></tr>
<tr><td>49</td><td>既</td><td colspan="8">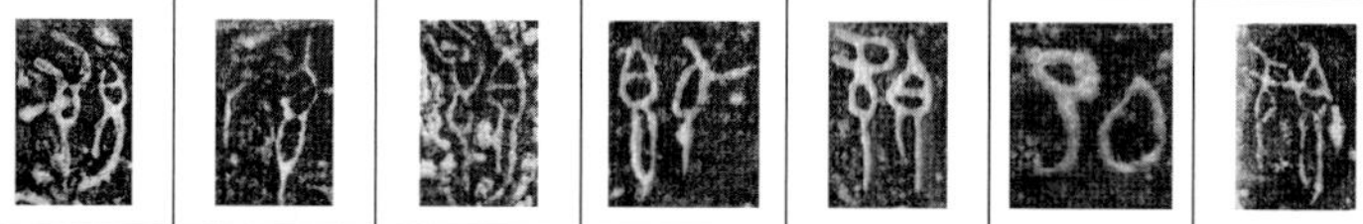</td></tr>
<tr><td>50</td><td>記</td><td colspan="8"></td></tr>
<tr><td>51</td><td>余</td><td colspan="8"></td></tr>
<tr><td>52</td><td>保</td><td colspan="8"></td></tr>
<tr><td>53</td><td>薛（辥）</td><td colspan="8">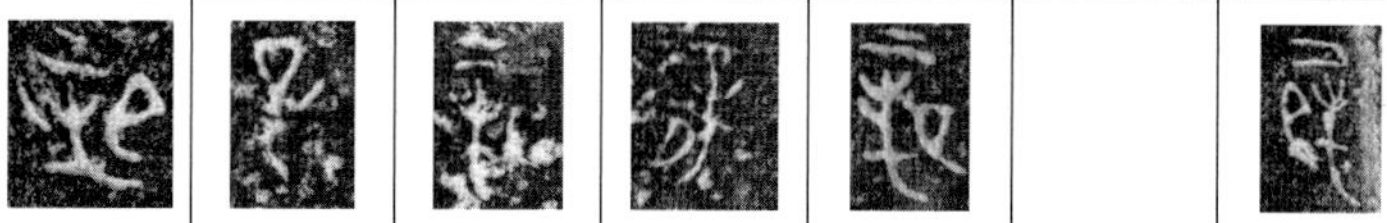</td></tr>
<tr><td>54</td><td>楚</td><td colspan="8"></td></tr>
<tr><td>55</td><td>王</td><td colspan="8"></td></tr>
<tr><td>56</td><td>俍</td><td colspan="8">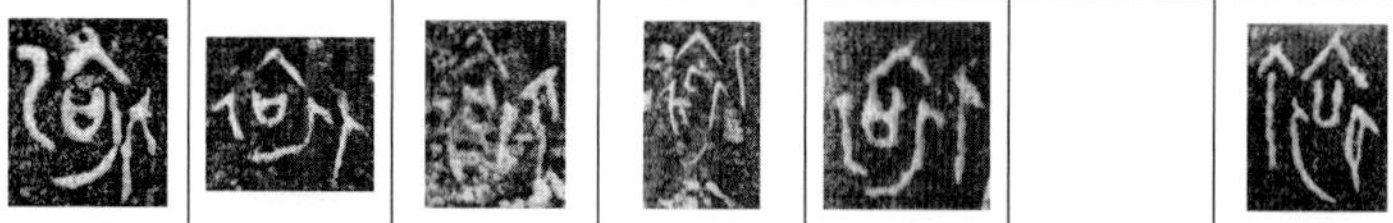</td></tr>
<tr><td>57</td><td>叚</td><td colspan="8"></td></tr>
<tr><td>58</td><td>□=</td><td colspan="8"></td></tr>
</table>

（續表）

序號 藏品號	釋文	76606	76607	76608	76609	76611	76612	76613	76614
59	萬								
60	年								
61	毋								
62	改								
63	子=								
64	孫=								
65	永								
66	寶								
67	鼓								
68	之								

　　現就部分銘文的釋讀談一些個人的初步看法，以求教於方家。

　　"大師"，《詩·大雅·常武》"大師皇父，整我六師，以修我戎"，可知大師是軍事首長。《周禮·春官·大師》"掌六律六同以合陰陽之聲，教六詩，凡國之瞽矇正焉"，則是掌六律的樂官。張亞初、劉雨先生認爲《詩》"反映的情況才符合西周的真實情況，西周的大師是武官,是顯職,而不是‘歌巧言七章’之類的微末樂官。……總之,西周銘文中的大師與《詩經》所載比較一致,《周禮》《左傳》所説的樂官只符合東周的情況"[1]但《左傳·文公元年》記載楚穆王任潘崇"爲大師,且掌環列之尹",《史記·楚世家》記載爲"使爲太師,掌國事",《史記·十二諸侯年表》則記爲任潘崇"爲相"。如此,在春秋戰國之時,大師在楚國應即丞相,但當時楚之丞相應爲令尹,大師顯然不是丞相。楊伯峻先生指出:"沈欽韓《補注》曰:‘環列之尹若漢之衛尉矣。《唐六典》,十二尉大將軍掌統領宫廷警衛之法令,後人謂之環列官。’《楚世家》云‘使爲太師,掌國事’,《年表》云‘爲相’,則俱是臆測之辭,蓋此時楚以成大心爲令尹,後又以成嘉繼之,見十二年《傳》,則潘崇非‘爲相’‘掌國事’明矣。"[2]楊先生所言甚是,當時楚之大師既不是樂官,更不是令尹,應屬禁衛軍之長,楚大師登應該是當時楚國的禁軍首領。

　　"臂(辪)愻(慎),愻(慎)裻,函韓,武于戎工(功)","辪"字在鐘銘中多從月,作"臂",76609鐘銘此字不從月,應即"辪"字,晉姜鼎銘文中"臂我萬民",辪也從月。辪通嬖、乂,《説文》"嬖,治也,從辟乂聲"。《尚書·康王之誥》"用保乂民""惟民其康乂""用康乂民",《尚書·多士》"保乂有殷",孔安國《傳》乂均作治解。大克鼎銘文"敕辪王家"、晉公䀋銘文"整辪爾公(容)"、叔趯父卣銘文"敬辪乃身",辪也均可作治解。

　　愻,銘文中此字多潦草,不易辨認,76612銘中此字下有一鑄孔,但上半部可看出是衻字,76608和76613兩銘中該字下從心,可知此字當識作愻。此字當即郭店楚簡中之諰,郭店楚簡中《五行》第16、17簡中此字分別作諰、諰[3]。郭店簡《五行》中此字,因與長沙馬王堆漢墓帛書《老子甲本卷後古佚書》中《五行》對校,可以確定爲"慎"字。[4]

　　裻,金文中首見。《説文》:"從衣叔聲。"《周禮·冬官·弓人》"恒角而短",《注》:"鄭司農云:‘恒,讀爲裻緅之緅。’"《疏》:"裻音督。"《左傳·昭公十二年》"司馬督",《釋文》:"督音篤,本亦作裻。"《禮記·檀弓下》《注》引作"馬裻,音篤,本亦作督"。字當可讀作"獨"。裻、督均爲端紐覺韵入聲字,獨是定紐屋韵入聲字,屬於旁紐韵近字,可旁轉。

　　"愻裻",即慎獨。郭店楚簡和馬王堆帛書《五行》中有"君子慎其獨也",《禮記·中庸》"故君子慎其獨也",《注》:"慎獨者,慎其閒居之所爲。"

　　"函韓",多見於楚器,王子午鼎、王孫遺者鐘、王孫誥鐘銘文中都有"函韓鈇屖"句。馬承源等認爲:"函韓即函恭,當爲經典之嚴恭,《尚書·無逸》‘嚴恭寅畏’。函、嚴古韵同部……秦公鐘銘‘嚴恭夤天命’。嚴恭義爲嚴恪恭敬。"[5]

　　"武于戎工",最早見於虢季子白盤銘文"壯武于戎工",嘉賓鐘、王孫遺者鐘和王

［1］　張亞初、劉雨:《西周金文官制研究》,中華書局,1986年,第4頁。
［2］　楊伯峻:《春秋左傳注》第二册,中華書局,1995年,第515頁。
［3］　荆門市博物館:《郭店楚墓竹簡》,文物出版社,1998年,第32頁。
［4］　馬王堆漢墓帛書整理小組:《馬王堆漢墓帛書》(一),文物出版社,1994年,第5頁。
［5］　馬承源主編:《商周青銅器銘文選》(四),文物出版社,1990年,第424頁。

孫詰鐘銘文中也有"武于戎工"句。《爾雅·釋詁》曰:"武,繼也。"《詩·大雅·下武》"下武惟周",毛亨《傳》:"武,繼也。"工與功通,一般認爲"戎工"即經籍中的"戎功"。"武于戎工"其義當與《詩·周頌·烈文》"念茲戎功,繼序其皇之"相同。毛亨《傳》:"戎,大;皇,美也。"孔穎達《疏》:"此戎功則是戒諸侯使念父祖之大功也。"不嬰簋和叔夷鎛、叔夷鐘銘文中有"汝肇敏于戎工",則其義當即《詩·大雅·江漢》中的"肇敏戎公"。

"龢鳴虘(且)皷(皇)",辭例爲金文首見,沇兒鐘、王孫遺者鐘、郘王子旃鐘等均作"元鳴孔皇(煌、煌)。"《説文》:"龢,調也,從龠禾聲,讀與和同。"《一切經音義》卷六"和鳴"條下:"《説文》'音樂和調也',謂音聲調和而鳴也。《詩》云'和鈴央央'是也。"龢鳴虘(且)皷(皇)"與"元鳴孔皇(煌、煌)"其義相似,應該都是贊美鐘之音色的。

"庶侯",即諸侯。庶,《説文》:"庶,屋下衆也。"《爾雅·釋詁》:"庶,衆也。"庶、諸,均屬魚韻字,屬於叠韻相通。子璋鐘銘文"用樂父兄、者(諸)士",郘公牼鐘銘文"以宴大夫、以喜者(諸)士",而沇兒鐘銘文作"以樂嘉賓,及我父兄、庶士",可證庶、諸可以相通。

"既函既記",其義未解。

"余保薛(辥)楚王","薛"的字形比較清楚的有76606、76611兩鐘的銘文,與薛侯匜銘文中的薛字相同。薛即辥,《廣韵》:"辥,凡從辥者,經典通作薛。""保薛(辥)楚王"詞義與大克鼎銘文"保辥周邦"、晉公蠹銘文"保辥王國"、郘嬰鼎和簋的銘文"保辥郘國"等相同。

"俀叚□□",俀字金文首見。《禮記·雜記下》"童子哭不俀",《注》:"俀,聲余從容也。"《集韵》:"慫,痛聲也,或作俀。"後二字爲重文,一半從親,另一偏旁難以辨認,故整句詞義不明。

楚大師登鐘銘文雖然没有太多的新内容,也没有比較重要的史料,但還是出現了一些新的金文字形,新的金文辭例。正是因爲有了這些新的内容,對整篇銘文的釋讀還存在諸多的誤區或盲點,希冀學者方家勘誤正謬。

四

早年出土的楚公豪鐘、1998年陝西扶風出土的楚公豪鐘和晉侯墓地出土的楚公逆鐘,從銘文上看,三器還是以當時中原文化爲主,鮮有楚文化的特點。楚大師登鐘銘文的内容多與春秋晚期楚器,特別是春秋晚期楚國青銅鐘上的銘文内容相似,一些辭例如"函毄""武于戎工"等,都是楚器銘文中特有的或主要見於楚器銘文中的,楚大師登鐘的銘文應該是楚器中同類辭例中最早的一件。這種現象説明自春秋早期,楚國青銅器銘文中的楚文化因素開始逐步出現,大約到春秋晚期,才形成了楚器銘文中一些相對固定、特有的辭例和内容。關於這一點,張昌平先生在他的文章中也已經提到了,他以金文中"用其吉金"和"擇其吉金"爲例,指出"'擇其吉金'和'用其吉金'大約首先形成於周文化中心地區,兩周之際前後得以在鄂北豫南地區發展,其中'用其吉金'流行較早,并且在春秋中期之後消亡。相反,春秋中期後'擇其吉金'在楚系國家大爲盛行,并孳生出'擇厥吉金'辭例"[1]。楚大師登鐘銘文中有"用其吉金"辭例,這不僅印證了張昌平"目前未見兩周之際楚國青銅器用'用其吉金'辭例,不過是因爲年代較早的楚國青銅器發現有限而已"的推測,也因爲同時與春秋晚期楚國青銅器上才流行的一些辭例出現在同一篇銘文中,從而表明楚大師登鐘所屬的春秋早期,在楚器銘文特點形成過程中處於承上啓下的階段。

同樣可以證明楚大師登鐘所屬的春秋早期,是楚國青銅文化尚未成熟時期的一個例證是,楚大師登鐘銘文的排列次序,没有此後的楚鐘銘文來得比較有規律。王世民先生曾做過研究,西周時期青銅鐘的銘文排列,基本以鉦部和左鼓部爲主,春秋戰國時期青銅鐘的銘文排列,則以從正面鉦部開始向左環讀一周的形式較多[2]。從我們收集到的一些楚鐘銘文排列順序來看有以下幾種:

1. 獻編鎛、編鎛,王孫遺者鐘,邲子受編鐘、編鎛之部分,王孫誥編鐘之部分采用的是:正面鉦部→正面左鼓→反面右鼓→反面鉦部→反面左鼓→正面右鼓,即王世民先生所謂的從正面鉦部開始向左環讀一周的排列順序。部分鐘銘由於字數較少,未能鑄滿全器,但排列順序應該還是屬於此類,如楚王領鐘。

2. 邲子受編鐘有部分采用的排列順序是:正面鉦部→正面左鼓→正面右鼓→反面鉦部→反面左鼓→反面右鼓。

3. 敬事天王鐘有部分采用的排列順序是:正面鉦部→正面右鼓→正面左鼓→反面鉦部→反面右鼓→反面左鼓。

4. 敬事天王鐘另有部分采用的是:正面鉦部→正面右鼓→正面左鼓→反面右鼓→反面鉦部→反面左鼓

5. 王孫誥鐘有部分采用的排列順序是:正面右鼓→正面鉦部→正面左鼓→反面右鼓→反面鉦部。

在這些排列順序中,以第一種排列方式最多,當是春秋中晚期最普遍的楚鐘銘文排列方式。

楚大師登鐘現存8件有銘鐘上出現了7種銘文的排列方式:

1. 76606、76607兩鐘銘文采用的排列順序是:正面鉦部→正面右鼓→正面左鼓→反面右鼓。

2. 76609鐘銘采用的排列順序是:正面鉦部→正面右鼓→正面左鼓→反面右鼓→反面左鼓。

3. 76612鐘銘采用的排列順序是:正面鉦部→正面右鼓→正面左鼓。

---

[1] 張昌平:《"擇其吉金"金文辭例與楚文化因素的形成與傳播》,《中原文物》2006年第4期,第47頁。

[2] 王世民:《西周暨春秋戰國時代編鐘銘文的排列形式》,《中國考古學研究——夏鼐先生考古五十年紀念論文集》(二),科學出版社,1986年,第106頁。

4. 76608鐘銘采用的排列順序是：正面鉦部→正面右鼓→正面左鼓→反面左鼓。

5. 76614鐘銘采用的排列順序是：正面鉦部→正面右鼓→正面左鼓→反面鉦部→反面右鼓→反面左鼓。

6. 76611鐘銘采用的排列順序是：正面鉦部→正面左鼓→正面右鼓→反面鉦部→反面左鼓。

7. 76613鐘銘采用的排列順序是：正面鉦部→正面左鼓→正面右鼓→反面鉦部→反面右鼓。

在這7種排列方式中，可以分爲兩大類：第一類是其中的前5種銘文排列方式，它們總體上有相似性，鐘的正面銘文排列都是一樣的，只是在鐘的反面銘文排列上有不同的順序，或鐘的反面沒有銘文。第二類是後2種的排列方式，它們也是相似的，同樣是正面銘文的順序相同，反面有所變化。

第一類的鐘銘排列方式與敬事天王鐘的銘文排列方式相似，第二類與部分蒍子受編鐘的銘文排列方式相似，與春秋中晚期鐘銘從正面鉦部開始向左環讀一周的典型排列順序毫無關係。敬事天王鐘被認爲是楚成王初年之器，即公元前671年—前656年間，屬春秋中期前段[1]。蒍子受編鐘因銘文有"唯十有四年"的紀年，被認爲是楚莊王十四年之器，即公元前600年，屬春秋中期中段[2]。蒍子受編鐘中還有一部分銘文的排列，是采用了從正面鉦部開始向左環讀一周的典型排列順序，同樣采用這種排列方式的還有黝編鐘、編鎛，王孫遺者鐘和部分王孫誥鐘。黝編鐘、編鎛被認爲是楚穆王年間或楚莊王初年之器，即公元前625—前595年，屬春秋中期中段。王孫誥鐘被認爲是楚康王早年之器，即公元前558—前552年，屬春秋晚期前段。[3]王孫遺者鐘一般都認爲是春秋晚期之器。因此，從目前所知的資料來看，楚鐘銘文采用從正面鉦部開始向左環讀一周這種典型的排列順序，是春秋中期中段開始的，在春秋中晚期成爲楚鐘銘文的主要排列方式。由於在春秋中晚期的楚鐘銘文上，已經相對比較集中地出現一些楚器特有的內容和辭例，所以我們可以把這一時期看作是楚國青銅器自身特點的確立時期。

楚大師登鐘銘文的行次排列也比較混亂，基本是從右至左書寫，如76606、76607、76608、76609、76612和76614諸鐘，也有的是鉦部從左自右，左鼓部從右至左，右鼓部從左至右，如76611和76613兩鐘。

這些現象似乎可以表明，楚大師登鐘的銘文，既不像西周晚期楚公領鐘和楚公逆鐘那樣深受中原文化的影響，也不像春秋中晚期的楚鐘那樣，在銘文內容和排列方式等方面都已經具有比較明顯的楚國青銅器特色。

通過以上對楚大師登鐘形制、紋飾、銘文等方面的探討，我們可以發現，楚大師登鐘

---

[1]　河南省文物研究所、河南省丹江水庫考古發掘隊、淅川縣博物館：《淅川下寺春秋楚墓》，文物出版社，1991年，第434頁。

[2]　河南省文物考古研究所、南陽市文物考古研究所、淅川縣博物館：《淅川和尚嶺與徐家嶺楚墓》，大象出版社，2004年，第118頁。

[3]　河南省文物研究所、河南省丹江水庫考古發掘隊、淅川縣博物館：《淅川下寺春秋楚墓》，文物出版社，1991年，第434頁。

在器形、紋飾方面還是以中原文化爲主,在銘文的内容和形式方面則已出現具有楚地特色的文化因素。所以,楚大師登鐘所處的春秋早期,楚國青銅器的本土風格應該尚在形成過程中。而且在以上的分析研究過程中,我們不僅對楚大師登鐘本身有了比較深入的認識,對鈕鐘與鈴或甬鐘的關係、春秋早期青銅鐘紋飾的組合以及楚國青銅器本土風格的形成時間等問題也有了一些新的認識。由於春秋早期楚國青銅器資料,特別是有銘文的青銅器資料相當缺乏,楚大師登鐘的相關資料,對探究這一時期楚國青銅文化應該具有比較重要的價值和意義。

我們曾請原上海音樂學院東方樂器博物館常務副館長林培安先生對楚大師登鐘做過測音,其測音數據見表四。林先生因病去世已有數年,藉以此文緬懷林培安先生。

表四　楚大師登鐘各鐘測音數據

藏品號	鼓	鼓　側	備　注
76606	4A+06		正鼓部有裂紋一條,測音供參考
76607	5#C+06	5F−28	大三度
76608	5E+18	5G+16	
76609	5#F+23		鐘體有裂紋一條,測音供參考
76610	5A−46	3F−31	
76611	6#C+01 6#C+04	4E+27 6E+43	
76612	6#A−05	6#A−08	兩側正鼓部各有裂紋一條,測音供參考
76613	6#G+27	7C−48	
76614	7#C+28	7E−29 7#D+28	

延伸閱讀:朱鳳瀚《關於以色列耶路撒冷國家博物館所藏出大師編鎛》,《楚簡楚文化與先秦歷史文化國際學術研討會論文集》,湖北教育出版社,2013年,第45頁。

鼓座、建鼓及其他

　　鼓在古代是主要樂器之一，在所謂的八音之中，屬革類，即以皮革發音的樂器，鼓字或作“鼓”，即其意。

　　在新石器時代的仰韶文化、馬家窑文化等遺址中就有陶鼓出土，特別是在陶寺遺址的大型墓葬中還有多件成套的陶鼓出土。河南安陽侯家莊1217號大墓中發現有商代晚期的蟒皮鼓及鼓架的痕迹：“鼓橫置，鼓腹桶狀，雙面蟒皮，鼓身可看出清晰的饕餮面。鼓架也有大型饕餮作爲裝飾。”這是我國目前所知最早的木腔皮鼓遺迹，可惜蟒皮和木質的鼓身、鼓架均已朽蝕，現在只存一些痕迹而已[1]。我們現在能够看到的這類鼓的遺存，只有兩件，均是銅制仿木腔皮鼓的式樣。一件是商代中期的獸面紋鼓，1977年6月在湖北崇陽縣白霓鄉大市河邊的汪家咀出土[2]。另一件是商代晚期的雙鳥神人紋鼓，現藏日本京都的泉屋博古館。這兩件鼓均作橫置鼓身，兩鼓面作仿皮的形式，鼓身兩端各有乳釘三列，猶如固定皮鼓面之用。崇陽出土獸面紋鼓下有矩形圈足，泉屋博古館收藏的雙鳥神人紋鼓下有四個外撇的短足，表明了商代鼓使用時的放置方式。

　　《隋書·音樂下》：“革之屬五：一曰建鼓，夏後氏加四足，謂之足鼓。殷人柱貫之，謂之楹鼓。周人懸之，謂之懸鼓。近代相承，植而貫之，謂之建鼓。蓋殷作所也。”這段話對各時期鼓的描述，從現在的考古資料來看，雖未盡其然，但也道出了商周時期鼓放置方式的幾個現象。泉屋博古館所藏之鼓有四足，《隋書》所謂的“加四足，謂之足鼓”指的應當就是這種鼓，崇陽出土的鼓有圈足，也應屬此類。鼓字偏旁作“壴”，其下就作圈足之形，應該是當時鼓的基本放置方式了。

　　西周時期有關鼓的考古資料極少，目前對這一時期鼓的相關情況還没法作初步的探討。春秋戰國時期，鼓的直接考古資料依然不多，這與鼓的木腔、皮面均爲有機物，容易朽蝕有關。但在這一時期有不少青銅鼓座的資料，對了解當時鼓的形制及使用情況具有非常重要的作用。

　　目前已公布資料的春秋戰國時期青銅鼓座有六件：

　　1980年安徽舒城縣九里墩春秋晚期墓中出土的一件鼓座，鼓座已殘缺，從發掘報告

---

[1]　梁思永、高去尋：《侯家莊·1217號墓》，（臺北）中研院歷史語言研究所，1968年，第25頁。

[2]　鄂博、崇文：《湖北崇陽出土一件銅鼓》，《文物》1978年第4期，第94頁。

中鼓座圖版、圖二"墓葬平面圖"的描繪以及報告中的介紹,可以知道這是一件造型奇特的鏤空四龍鼓座。該鼓座殘高29、直徑80釐米,重47公斤[1]。根據鼓座上的銘文,結合墓葬的規格,一般認爲該墓是春秋晚期徐國國君之墓[2]。

1996年山西太原金勝村附近674號墓出土的一件春秋晚期蟠龍紋鼓座,該鼓座高39、底徑79釐米,重86公斤。鼓座作弧面形,中央有一中空的圓筒,鼓座下爲一周直壁圈足,設四個鋪首銜環。鼓座弧面及直壁飾數道式樣不同的蟠龍紋。從紋飾特點來看,這是春秋晚期晋國所鑄之器。該墓的發掘報告尚未正式發表,從發掘者的介紹中得知,該墓出土了七件鼎,墓的主人至少是趙氏貴族[3]。

1978年湖北隨縣擂鼓墩一號墓出土的一件戰國早期鼓座,該鼓座由多條圓雕蟠龍相互穿插糾結而成,插鼓柱的圓筒爲群龍所圍,下有圓形底座,設四個環耳。鼓座高54、底徑72釐米,重192.1公斤。根據鼓座銘文可知器主即墓主,曾國的國君曾侯乙[4]。

1981年湖北隨縣擂鼓墩二號墓出土的一件戰國早中期之際的鼓座,該鼓座作半球體,自上而下飾三道各不相同的蟠龍紋。鼓座高17.2、腹徑38.6、底徑37.5釐米。該墓的發掘報告認爲,此墓緊鄰曾侯乙墓,位於曾國國君陵區内,墓中隨葬有九鼎八簋,編鐘編磬,使用的是當時諸侯國國君的葬制,墓主應該是曾國的一代國君,只是當時曾國可能已經淪爲楚的附庸,所以從墓葬形制與規模、隨葬遺物的數量、器物形制和紋飾的精美程度、鑄造工藝的質量、陪葬人數的多寡,都與曾侯乙墓無法相提并論[5]。

2002年河南葉縣舊縣四號墓出土的一件春秋晚期鼓座,鼓座已殘,從發掘簡報中圖三之"M4底部出土器物"分布圖的描繪來看,該鼓座的位置散落有多條體軀相纏的蟠龍,估計它的形制很可能與曾侯乙墓出土的鼓座比較相似,也是由多條圓雕的蟠龍糾結而成。考古人員根據墓中出土青銅戈銘文中的"許公寧",結合該墓的葬制,認爲墓主就是《左傳》等文獻中記載的公元前592—前547年在位的許國國君許靈公[6]。

保利博物館藏的春秋晚期蟠龍紋鼓座,底徑64.3、高46.5釐米,重19.4公斤[7]。鼓座作半球體,上有插鼓柱之中空圓筒,鼓座直壁圈足上設四個鋪首銜環。自上而下飾數道蟠龍紋,間隔以凸起的絢紋,其中一道蟠龍紋中還間飾有八個凸起的圓形對獸紋裝飾。從紋飾風格可知,這是一件春秋晚期晋國鑄銅作坊的作品。

除了這六件鼓座外,上海博物館也收藏有兩件春秋晚期的青銅鼓座,其中一件是蟠龍鼓座。該鼓座,高31.6、腹徑50.4、底徑48.2釐米,重20.7公斤。鼓座作中空的半球體,下有一周垂直盤壁的圓形圈足,半球體的中間是一個用於插鼓柱的中空圓筒,半球

[1]　安徽省文物工作隊:《安徽舒城九里墩春秋墓》,《考古學報》1982年第2期,第229—233頁。
[2]　陳秉新:《舒城鼓座銘文初探》,《江漢考古》1984年第2期,第78頁。或以爲此墓是舒國君主之墓,見上引《安徽舒城九里墩春秋墓》。
[3]　侯毅:《鼓座、建鼓與戰鼓》,《中原文物》2006年第4期,第49頁。
[4]　湖北省博物館:《曾侯乙墓》(上),文物出版社,1989年,第152頁。
[5]　隨州市博物館:《隨州擂鼓墩二號墓》,文物出版社,2008年。
[6]　平頂山市文物管理局、葉縣文化局:《河南葉縣舊縣四號春秋墓發掘簡報》,《文物》2007年第9期,第17頁。
[7]　孫機:《蟠螭紋鼓座》,《保利藏金》,嶺南出版社,1999年,第248頁。

體上有三條體軀作高浮雕相互盤繞蜿蜒而上的蟠龍，圓雕的龍首昂起，嘴銜圓筒的口沿（圖一）。龍體上飾有鱗片，圈足直壁上飾蟠龍紋，有四個鋪首銜環四等分置於外壁，可供移動時提拎之用。從圈足直壁上裝飾的蟠龍紋式樣分析，它們與晉文化區域出土的春秋晚期青銅器紋飾比較相似（圖二），應該也是由這一地區鑄銅作坊所製作的。這種形制的青銅鼓座，在目前已公布的鼓座資料中爲首見。江蘇無

圖一　上海博物館藏蟠龍鼓座

錫鴻山越國貴族墓地曾出土數件青瓷或硬陶鼓座，其中萬家墳一號墓出土的硬陶鼓座（D Ⅵ M1：169）上有四條昂首、直頸、卷體的蛇，其式樣與我們這件青銅蟠龍鼓座比較相似[1]。發掘者認爲這些青瓷或硬陶的鼓座是懸鼓座，似可再議。

　　上海博物館收藏的另一件鼓座是鏤空蟠龍鼓座，鼓座高30、腹徑59、底徑53釐米，鼓柱插孔內徑爲8.4釐米，重37.9公斤。該鼓座基本還是屬於半球體上設中空圓筒，下有一周直壁圓形圈足的式樣，它的獨特之處在於它的裝飾。在半球體的鼓座面上，分別攀附着十二條大小不一、相互噬咬的圓雕蟠龍。其中三條龍的龍首和龍身朝下，龍尾盤繞於插鼓柱的圓筒周邊，龍口咬住圈足上攀爬之龍的龍身。有三條龍的龍首和龍身彎曲朝上，龍尾盤繞於圈足之上，龍口咬住朝下之龍的尾部。還有三條龍則繞鼓座一周攀爬於圈足上部，龍口咬住朝上之龍的龍尾。在其翹起的龍尾下分置有三條小龍，小龍的龍首作圓雕形，口銜圓環，龍體則以高浮雕的形式置於鼓座面上。幾條大龍的雙目作圓形中空，原本應該鑲嵌有綠松石，現基本都缺失了。龍角兩端均爲空槽形，估計原先應該插有裝飾物，可惜均已不存。插鼓柱的圓筒外壁作盤條狀，飾有重環形鱗紋。鼓座的臺階形半球面上裝飾有密布的羽翅紋，圈足的直壁上則裝飾有四行頭尾相互倒錯的變

圖二　蟠龍鼓座紋飾

[1]　南京博物院、江蘇省考古研究所、無錫市錫山區文物管理委員會：《鴻山越墓發掘報告》，文物出版社，2007年，第106頁，圖版三七。

圖三、圖四　上海博物館藏鏤空蟠龍鼓座

形卷體龍紋，圈足底邊飾有一周絢紋。（圖三、圖四）雖然在以往的考古資料中未見有類似該鼓座上的圓雕蟠龍形象，但據其風格特點分析，它們應該是晋文化區域的作品。鼓座上裝飾的羽翅紋與侯馬晋國鑄銅遺址出土的ⅡT514H549：3陶範紋飾極其相似；圓筒外壁裝飾的重環形鱗紋則與XXⅡT637H98：3陶範紋飾非常接近[1]。我們認爲這件鼓座也應該是春秋晚期晋地所鑄之器。這件鼓座的造型别致、獨特，雖構思奇巧，但又不失莊重雄偉，頗具氣勢。而且鼓座上之蟠龍均爲立體鏤空圓雕裝飾，表現出高超的鑄造技術。

在以上八件青銅鼓座資料中，五件鼓座是考古發掘所獲，其中有四件出土於春秋晚期或戰國時期的諸侯國國君墓中，有一件的墓主身份尚未正式報道，從其隨葬七鼎的規格來看，至少也應該是掌握實權的諸侯國重臣，發掘者侯毅認爲墓主應該是當時晋國的執政，權傾一時而地位比一些諸侯國國君都顯赫的趙卿[2]。根據山西太原金勝村251號趙卿墓的發掘報告，該墓使用的是一椁三棺，并有積石積炭，故報告認爲“從棺椁制度分析可以看出，趙氏墓葬制已潜（僭）用諸侯之禮”[3]。由此估計金勝村674號趙卿墓的葬制很有可能也使用了諸侯之禮。在這些出土鼓座的墓葬中多出土有編鐘、編磬[4]，據此分析，當時很可能只有諸侯國的國君以及少數僭用了諸侯之禮的權貴，才能將木腔皮鼓及其青銅鼓座作爲與其身份相符的樂器組合之一部分隨葬，因爲迄今爲止還没見到有一般貴族墓中出土這種半球體青銅鼓座的報道。

在曾侯乙墓的考古報告中我們可以看到當時鼓的最完整樣式，隨葬於曾侯乙墓之中室的鼓有三件，形式不同，鼓腔上所蒙之皮均已不存在。其中一件鼓的鼓柱斷裂，但鼓柱一段貫穿鼓之木腔中部，另一段插於鼓座之中。經修復後可知，它是由兩端蒙皮的

［1］　山西省考古研究所《侯馬鑄銅遺址》（下）圖版一八四·1；圖版一九三·1，文物出版社，1993年。
［2］　侯毅：《鼓座、建鼓與戰鼓》，《中原文物》2006年第4期，第52頁。
［3］　山西省考古研究所、太原市文物管理委員會：《太原晋國趙卿墓》，文物出版社，1996年，第239頁。
［4］　山西太原金勝村674號墓考古報告未正式發表，隨葬品内容尚不清楚。

橫筒形木腔鼓、木質鼓柱和青銅鼓座組成（圖五）。

　　現在考古學家一般認爲這種形式的鼓即古代文獻中所謂的建鼓，這也就是《隋書》中所謂的"植而貫之，謂之建鼓"。《儀禮·大射》"建鼓在阼階西"，鄭玄注："建猶樹也，以木貫而載之，樹之跗也。"《説文》"柎"字，段玉裁注謂："柎、跗，正俗字也，凡器之足皆曰柎。"安徽舒城九里墩墓出土鼓座的銘文中自銘爲"隻鼓"，有學者認爲"隻"可讀作"晋"[1]，晋鼓即建鼓，《國語·吳語》"十旌一將軍，載常建鼓"，韋昭注："鼓，晋鼓也。"

圖五　曾侯乙墓中室鼓

　　從春秋戰國時期青銅器上畫像紋中可知，建鼓既可用作宴樂禮儀場合的樂鼓，也可用作戰場上的戰鼓，如成都百花潭中學十號墓出土戰國鑲嵌畫像紋壺，在壺身第二層宴樂部分和第三層水陸攻戰部分的畫像中分別有建鼓的出現（圖六）[2]。在宴樂場合中，建鼓位於編鐘、編磬之側，正如《詩經·周頌·執競》中"鐘鼓喤喤，磬管將將"的記載，描繪了鼓與鐘、磬一起演奏的情景，這是鼓在祭祀、宴樂時奏樂所用。其作用當如《禮記·學記》所謂："鼓無當於五聲，五聲弗得不和。"孔穎達《疏》云："鼓之爲聲，不宮不商，故言無當於五聲。而宮、商等之五聲，不得鼓則無諧和之節，故云弗得不和也。所以五聲必鼓者爲俱，是聲類也，若奏五聲必求鼓以和之。"可見鼓在演奏中具有和樂，即擊出節奏以指揮其他樂器起止的作用。在水陸攻戰場合中，建鼓位於兩軍對壘之行列中，其作用當即《詩經·邶風·擊鼓》中："擊鼓其鏜，踴躍用兵。"是擊鼓以指揮軍隊的進攻，鼓舞士氣，

圖六　戰國鑲嵌畫像紋壺壺身畫像

[1]　陳秉新：《舒城鼓座銘文初探》，《江漢考古》1984年第2期，第73頁。

[2]　四川省博物館：《成都百花潭中學十號墓發掘記》，《文物》1976年第3期第40頁，圖版二。

圖七　曾侯乙墓鴛鴦形漆木盒腹部圖

圖八　河南輝縣刻紋盉紋飾

所謂"一鼓作氣",其本意也即指此。

在出土的春秋戰國時期器物上,我們還可看到與上述鼓座樣式不同的另一種建鼓的鼓座。曾侯乙墓出土的鴛鴦形漆木盒腹部一側繪有擊鼓圖,圖中建鼓的鼓座作獸形(圖七)[1],1937年河南輝縣琉璃閣出土刻紋盉的紋飾中也有一個動物形的建鼓鼓座(圖八)[2]。只是迄今為止,考古資料中只有動物形懸鼓的鼓座出土,尚未有動物形建鼓鼓座的出土報道。

《隋書》"周人懸之,謂之懸鼓"應該指的是春秋戰國時期楚文化區域內流行的另一種形式的鼓。在河南、湖北、湖南等楚文化區域內,先後出土有數十件懸鼓,如河南信陽長台關一號墓、二號墓[3];湖北江陵天星觀一號墓[4]、二號墓[5];江陵望山一號墓、二號墓[6];長沙馬益順巷一號墓[7]等。這些懸鼓的式樣多數屬於虎座鳥架鼓,其基本形式是兩虎相背臥伏,兩鳥也相背立於虎背上,鳥尾相連;鼓為扁鼓,鼓邊框上設三環或鋪首銜環,分別繫挂於兩鳥之冠及鳥尾相連處,使鼓懸於鼓架上(圖九)。也有少量懸鼓的鼓架僅作兩鳥相背的式樣,如湖北鄂州百花台三號墓、四號墓出土的鳥架懸鼓(圖十)[8]。據陳振裕先生介紹,這兩個昂首長頸、體態肥碩的鳥原本"置於一長方體木塊上,鼓框架於兩鳥之間"。[9]此外,河南淅川徐家嶺九號墓出土有一對鑲嵌綠松石的青銅異形怪獸,有學者認為它們也是懸鼓的鼓架[10]。

總之,無論是虎座鳥架,還是雙鳥架或雙獸架,當時完整懸鼓的基本形式就應該是兩個動物(或禽或獸)相背而立,木腔蒙皮的扁體鼓懸挂中間。上海博物館藏的戰國宴樂畫像紋杯內壁紋飾中,就有一人跽坐於地,敲擊一個雙鳥相背的懸鼓圖案,其上方有不完整的演奏編鐘的圖案(圖十一)。可見在當時宴樂等禮儀場合中,懸鼓與建鼓一樣,也能與編鐘及編磬形成組合,合奏音樂。根據我們不完全的統計,虎座鳥架懸鼓或雙鳥

[1]　湖北省博物館:《曾侯乙墓》(上),文物出版社,1989年,第362頁,圖二二四·1,圖版一三〇·1。
[2]　郭寶鈞:《山彪鎮與琉璃閣》,科學出版社,1959年,第65頁,圖二九。
[3]　河南省文物研究所:《信陽楚墓》,文物出版社,1986年,第32、93頁。
[4]　湖北省荊州地區博物館:《江陵天星觀1號楚墓》,《考古學報》1982年第1期,第97頁。
[5]　湖北省荊州博物館:《荊州天星觀二號楚墓》,文物出版社,2003年,第24頁。
[6]　湖北省文物考古研究所:《江陵望山沙塚楚墓》,文物出版社,1996年,第91、149頁。
[7]　長沙市文物考古研究所:《長沙市馬益順巷一號楚墓》,《考古》2003年第4期,第63—65頁。
[8]　《中國音樂文物大系》總編輯部:《中國音樂文物大系·湖北卷》,大象出版社,1999年,第116頁。
[9]　陳振裕:《談虎座鳥架鼓》,《江漢考古》1980年第1期,第65頁。
[10]　曹桂岑:《淅川徐家嶺春秋楚墓出土銅獸》,《中國文物報》1992年12月13日3版。

圖九　望山一號墓虎座鳥架鼓

圖十　荊州百花台鳥架縣鼓

圖十一　上海博物館藏戰國宴樂畫像紋杯內壁紋飾

懸鼓的高度多在80至100釐米之間，最低的可能是湖北江陵九店295號墓出土的虎座鳥架懸鼓，通高只有67釐米[1]。最高的可能是河南信陽長台關二號墓出土的虎座鳥架懸鼓，通高是162釐米[2]。根據多數懸鼓的高度判斷，懸鼓在演奏時，鼓者只有跽坐於地才能自如地擊鼓，所以上海博物館藏宴樂畫像紋杯中一人跽坐擊鼓的圖案，應該是比較真

［1］　湖北省文物考古研究所：《江陵九店東周墓》，科學出版社，1995年，第263頁之表二四。
［2］　河南省文物研究所：《信陽楚墓》，文物出版社，1986年，第94頁。

實地表現了當時懸鼓演奏的方式。

陳春做過一個統計,她根據墓葬的大小、規格,將楚墓分爲三類,第一類是七室或五室墓,第二類是三室墓,第三類是二室墓。她認爲第一類墓的墓主是楚國高級大夫,第二類墓的墓主是中等或中下等貴族,第三類墓的墓主是低等貴族,懸鼓一般出土於第一、第二類楚墓中[1]。也就是説在當時楚國的貴族中,應該只有中、高級貴族才能使用懸鼓。

如果陳春的統計以及由此得出的結論是能够成立的,那麼根據我們在本文前面統計出多數建鼓的青銅鼓座出土於諸侯國國君人墓的資料,可以推測,在春秋戰國時期的樂器組合禮制中,諸侯國國君使用的是建鼓與編鐘、編磬的樂器組合,高級或中級貴族使用的是懸鼓與編鐘、編磬的組合。

2008年6月19日晚完稿於龍昌苑寓所
2016年1月14日修改於上海博物館
原載《上海文博論叢》2008年3期

補記:

寫這篇小稿的時候,隨州擂鼓墩二號墓的正式報告尚未出版,當時根據發掘簡報的結論認爲墓主是曾侯夫人墓,現在必須根據正式的發掘報告予以改正,這是修改本文的初衷。但爲了保持原稿基本不變,有兩點認識在此略記一下。

一是許公寧墓出土的鼓座已基本修復,修復報告可看2012年第3期《華夏考古》上馬新民、郭移洪、李元芝《葉縣舊縣四號春秋墓蟠龍紋建鼓座修復與保護》一文。從修復後的圖像來看,證實了我當時的推測:"它的形制很可能與曾侯乙墓出土的鼓座比較相似,也是由多條圓雕的蟠龍糾結而成。"這就爲楚系風格的鼓座增添了一個完整的圖像資料。

二是原文中我指出:"西周時期有關鼓的考古資料極少,目前對這一時期鼓的相關情況還没法作初步的探討。"雖然現在并没有太多太充實的考古資料來改變這一看法,但是結合所了解的一些考古資料,想談一些自己的想法。陝西韓城梁帶村芮國墓地的二十七號墓,被認爲是芮桓公之墓,該墓除了出土七鼎六簋、成套的編鐘、編磬外,據報道還出土了一件木質皮腔的建鼓,雖然没有出土鼓座(很可能當時采用的是木質鼓座,已朽蝕),但足以説明在兩周之際的諸侯墓中編鐘、編磬加建鼓的樂器組合,已經成爲諸侯隨葬禮儀中的一個部分了。在該墓的建鼓下,出土了一件青銅鐃,這是非常值得關注的一個現象。在戰國時期的畫像紋中,我們可以看到凡建鼓的鼓座上都有一個歧出物,鼓者一般是一手擊鼓、一手擊此物,我們認爲這個歧出物,應該就是鐃。《周禮·地官·鼓人》:"以金鐃止鼓。"《注》:"鐃如鈴,無舌,有秉(柄),執而鳴之,以止擊鼓。"《釋

---

[1] 陳春:《略論曾侯乙墓鼓樂器的組合與功能》,《江漢考古》2006年第4期,第56—57頁。

文》："又引《司馬職》'鳴鐃且退'者，欲見軍却退時鳴之，是止鼓時所用也。"所以鼓、鐃是一組配合使用的樂器。特別是在戰國時期的水陸攻戰紋中，這種圖案屢見，我們有理由相信這就是所謂的"擊鼓進兵、鳴金收兵"的真實寫照。我們知道，鐃在商代晚期之後幾乎絕迹於西周時期的青銅樂器序列，直到西周晚期的諸侯墓中才偶有發現，比如山西晉侯墓地64號墓，即晉穆侯墓出土有編鐘和一件鐃，河南三門峽虢國墓地2001號虢季墓出土編鐘、編磬和一件銅鉦（應該是鐃），墓1052和墓2011也都出土編鐘和一件鐃。這些單個出土的鐃，在這一時期重新出現，一定是與它早期成編使用的功能變化有關。梁帶村芮國墓地二十七號墓中，建鼓與鐃的同時出土，以及畫像紋上建鼓與鐃的圖像，應該是很好地解釋了這個問題，它表明在這個時期凡單個出土的鐃，很可能與鼓形成了組合。就我們現在所知道兩周之際出土的青銅鐃，一般都是在諸侯一級的墓葬中出土的，那麼我們似乎可以說凡是西周晚期之後出土青銅鐃的諸侯墓裏，應該很可能會有建鼓的存在，我們現在在這些墓裏發現的建鼓不多，也許和建鼓的材質爲木腔皮質有關，它們極有可能已朽蝕於土中，發掘時稍不留意，就可能被清理掉，所以這是以後考古發掘時應該加以關注的一個方面。

2016年1月18日

首陽齋藏金二三議

范季融先生説他自小接受的是西方文化的教育，自從接觸中國古代青銅器以後，他感覺其中藴藏了豐富的中國古代文化和歷史知識。爲了能够從青銅器中學習中國的文化和歷史，他和夫人開始收藏中國古代的青銅器。所以他不僅注重有銘文青銅器的收藏，也盡可能地收集夏商周各個時期的青銅器，因而他不算太多的青銅器收藏，基本能够涵蓋中國古代青銅工藝發展過程中各個時期。

此次范季融、胡盈瑩伉儷從其首陽齋收藏的中國古代青銅器中，精心挑選了70件（組）來上海博物館展出。在展覽的籌備過程中，我們得以對每件器物作仔細觀察，於是對這批青銅器有了一些認識。

一

早期青銅器因爲關係到中國青銅工藝的産生、青銅禮制的形成等問題的研究，一直被學術界所關注。雖然在甘肅、青海等地的馬家窑文化遺址、齊家文化遺址中出土有刀、錐、鑿、斧、鏡、飾件等青銅製品，但它們均爲單範澆鑄或鍛制而成。一般認爲只有用複合範製作的青銅容器出現，才意味着中國青銅工藝的真正産生。目前可以看到的比較完整的早期青銅容器，基本上都是二里頭文化遺址中出土的。二里頭文化現在一般被認爲屬於夏代晚期，這是中國青銅工藝真正的萌生發展時期，所以這一時期的每一件青銅器，對於了解當時的青銅工藝、研究中國青銅工藝的産生發展過程都是極其重要的實物資料。

根據2003年出版的《中國考古學·夏商卷》的統計，在當時已公布的資料中，偃師二里頭遺址共出土青銅容器18件，其中青銅爵13件、青銅斝3件、青銅鼎1件、青銅盉1件。在其他二里頭文化遺址中也出土有少量的青銅容器，主要是爵、斝。此外在一些博物館也收藏有少量的二里頭時期青銅容器[1]。

在首陽齋藏金中就有一件形制特點和製作工藝都屬於二里頭文化時期的青銅爵。

[1]　中國社會科學院考古研究所：《中國考古學·夏商卷》，中國社會科學出版社，2003年，第109頁。

這件爵作窄流、寬短尾、束腰、平底、三錐足的樣式，口緣內側有一周凸邊，半環形鋬自口沿直至腹底，鋬上有鏤孔。足與腹底連接處有三角錐形凸出，這種現象與1980年河南洛寧出土的一件二里頭時期管流爵（或稱之爲角）相似[1]。在爵腹一側，有兩條隨器腹束放走向而設的凸起弧綫（圖一），這是我們在以往二里頭時期青銅爵上沒有注意到的現象。它們是用作裝飾的綫條，還是爲加强器腹牢度所設，抑或是兩種用途都有，這是一個值得關注的問題。

圖一　首陽齋藏二里頭文化時期爵

　　二里頭文化的青銅爵一般有兩種形式，一種製作較原始，具有較强的仿製當時陶爵的特點；另一種則較爲精緻，造型與綫條都表現出青銅爵自身的設計理念。根據考古資料和杜金鵬先生的統計和分類研究，前者一般出土於二里頭文化的第三期，後者則多數出土於二里頭文化的第四期[2]，兩者在時間上的更替，表明青銅工藝當時正在迅速地發展和成熟。首陽齋所藏二里頭時期青銅爵的形制與1973年二里頭遺址三期文化中出土的一件青銅爵（Ⅷ T22③：6）非常接近，應該也是屬於二里頭文化三期的青銅製品。

　　與二里頭文化相連接的二里崗文化下層的青銅容器，關係到對夏商之際青銅工藝、青銅體制的沿承及發展變化的研究，自然也備受關注。但這一時期的青銅容器考古發現并不多見，據《鄭州商城》一書：“二里崗下層二期是目前鄭州商城遺址二里崗各期中最早出土有青銅容器的一期。但所出土的青銅容器僅11件，器類也不多，只見斝、爵和盉三種。”[3]

　　首陽齋收藏的商代早期聯珠紋斝（圖二）與《歐洲所藏中國青銅器遺珠》著録的聯珠紋斝非常相似，《歐洲所藏中國青銅器遺珠》作者認爲它屬於二里頭文化時期，但同時也指出“此器錐足較短，腹形更接近商代前期的斝，年代也可能稍晚一些”[4]。我們認爲首陽齋的這件斝整體形制更接近河南鄭州白家莊商代二里崗下層二期出土的青銅斝，斝頸部一側裝飾的空心聯珠紋，也是商代二里崗時期才開始在青銅器上運用得比較多的一種紋樣，二里頭文化時期青銅器上裝飾的一般都是實心聯珠紋。由此，我們認爲這件斝應該還是屬於二里崗下層文化時期，亦即商代早期的青銅器。值得注意的是，這件斝口沿上的三棱形釘形柱的形式常見於二里頭文化遺址出土的青銅斝上，如二里頭遺

[1]　中國青銅器全集編輯委員會：《中國青銅器全集》(1)，文物出版社，1996年，第11頁。

[2]　杜金鵬：《商周銅爵研究》，《考古學報》1994年第3期，第265—277頁。

[3]　河南省文物考古研究所：《鄭州商城》(中)，文物出版社，2001年，第674頁。

[4]　李學勤、艾蘭：《歐洲所藏中國青銅器遺珠》，文物出版社，1995年，第311頁，黑白圖版二。

圖二　首陽齋藏商代早期聯珠紋斝

址 1984 年發掘的 M9 中出土的斝[1]，1987 年發掘的 87TLVM1 出土的斝[2]。這種柱的形式與二里崗時期青銅斝之柱的常見形式有別，從已知的考古資料來看，二里崗時期青銅斝之柱的形式已普遍采用了菌形方柱。這表明首陽齋收藏的這件斝，應該是處於二里頭文化與二里崗文化過渡時期的器物。如此，這件斝無疑又爲了解、研究二里崗下層文化時期的青銅器增加了一件實物資料，也爲探究青銅斝的形制在二里頭文化向二里崗文化發展、過渡時期的演變過程，提供了一件不可多得的實物資料。

湖北荊州的荊南寺遺址出土一件聯珠紋斝，形制、紋飾與此幾乎完全相同[3]。

二

首陽齋藏金中的筒形器也是我很感興趣的兩件青銅器，其中一組爲 5 件套，素面無紋飾，形制相同，大小依次遞減，最大的一件有蓋，相互套裝後即組成一件。另一件的形制相同，但在筒身處飾三道體軀交纏的兩頭龍紋。（圖三、圖四）

這種形制的青銅器在考古資料中并不多見，在目前收集到的資料中有河北平山三汲出土的一組 5 件套[4]，山東諸城藏家莊莒公孫潮子墓出土的二件[5]，山東臨淄商王村一號戰國墓出土一件[6]，河南桐柏月河鄡子伯受墓中出土的一件（無蓋）[7]，河北滿城中山靖王劉勝墓出土一件[8]，廣西貴縣羅泊灣漢墓出土一件[9]，上海博物館收藏一件。另

［1］中國社會科學院考古研究所二里頭工作隊：《1984 年秋河南偃師二里頭遺址發現的幾座墓葬》，《考古》1986 年第 4 期，第 319 頁。

［2］中國社會科學院考古研究所二里頭工作隊：《河南偃師二里頭遺址發現新的銅器》，《考古》1991 年第 12 期，第 1138 頁。

［3］王宏：《鄂西南地區的古代文化鏈環——荊南寺遺址》，荊州博物館編著：《荊州重要考古發現》，文物出版社，2009 年，第 49 頁；荊州地區博物館、北京大學考古系：《湖北江陵荊南寺遺址第一、二次發掘簡報》，《考古》1989 年第 8 期，第 687 頁。

［4］劉昀華：《青銅套杯和套鉢》，《文物春秋》1996 年第 1 期，第 83 頁。

［5］山東諸城縣博物館：《山東諸城藏家莊與葛布口村戰國墓》，《文物》1987 年第 12 期，第 49 頁。

［6］臨淄市博物館：《山東臨淄商王村一號戰國墓發掘簡報》，《文物》1997 年第 6 期，第 17 頁；淄博市博物館、齊故城博物館：《臨淄商王墓地》，齊魯書社，1997 年，圖版一六。

［7］南陽市文物研究所、桐柏縣文管辦：《桐柏月河一號春秋墓發掘簡報》，《中原文物》1997 年第 4 期，第 13 頁。

［8］中國社會科學院考古研究所、河北省文物管理處：《滿城漢墓發掘報告》（上），文物出版社，1980 年，第 78 頁，圖版三十九・3。

［9］廣西壯族自治區博物館：《廣西貴縣羅泊灣漢墓》，文物出版社，1988 年，第 36 頁。

圖三、圖四　首陽齋藏筒形器

外在林巳奈夫先生的《春秋戰國時代青銅器の研究——殷周青銅器綜覽三》132頁之長
壺類中也著録有兩件筒形器，然未注明收藏者。除了上海博物館收藏的一件飾有綯紋
和貝紋，劉勝墓出土一件通體飾菱形鳥紋外，其餘幾件均爲素面，諸城出土的兩件、上海
博物館收藏的一件及林巳奈夫著録的兩件在器腹兩側均有環耳。其中林巳奈夫先生著
録中"長壺3"不僅作鋪首銜環耳，而且在器腹下側設一個獸形鋬，有如商周時期罍形器
上所設，器蓋設獸形鈕。

　　這種形制的筒形器，定名各不相同，平山筒形器的介紹文章直呼爲"杯"，諸城出土
報告和貴縣出土報告中名爲"杯形壺"，桐柏出土報告中稱之爲"筒杯"，滿城出土報告
作"盒"，林巳奈夫先生則定爲"長壺"。定名的不同表明對其用途認識的不同，杯是飲
酒器，壺是容酒器。我們覺得對此類器物用途的認識，還必須從其形制特點等因素來考
慮。我們將所知筒形器資料列表如下：

首陽齋藏1	最大的高14.8釐米	最大口徑5.6釐米	無環耳、蓋三環鈕	五件套
首陽齋藏2	高22.7釐米	口徑9釐米	無環耳、蓋三環鈕	
平山出土	最大的高15釐米	最大口徑5.8釐米	無環耳、蓋三環鈕	五件套

（續表）

滿城漢墓	高 14.5 釐米	口徑 5.5 釐米	無環耳、環鈕	
桐柏出土	高 17.7 釐米	口徑 9.3 釐米	無環耳	失蓋
臨淄商王	高 26.9 釐米	口徑 9.8 釐米	鋪首銜環耳、蓋三環鈕	
諸城出土	高 32.9 釐米	口徑 11.5 釐米	環耳，蓋三環鈕	
貴縣出土	高 39.3 釐米	口徑 13.6 釐米	環耳，蓋四環鈕	
上博藏	高 32 釐米	口徑 11.3 釐米	鋪首銜環耳、蓋四鳥形鈕	
林著 1	高 32.4 釐米		環耳，蓋四環鈕	
林著 2	高 43.4 釐米		鋪首銜環耳，蓋四獸形鈕、獸形鋬	

　　根據列表可見，筒形器大致可分爲兩類，一類無環耳，一類有環耳。前者高度在14.5 到 22.7 釐米之間，後者高度在 26.9 到 43.4 釐米之間。如果説前者的高度尚適合作飲酒器使用的話，後者的高度已無可能用作飲酒器使用。而且從現有青銅器資料來看，有蓋銅器絶大多數都是容器，很少用作飲酒器。

　　值得注意的是滿城中山靖王劉勝墓中還出土一套形制相同，大小依次遞減的鎏金菱形鳥紋杯（報告稱之爲橢圓形杯），根據《滿城漢墓發掘報告》中圖十六的“一號墓中室器物分布圖”所標位置，它們與鎏金菱形鳥紋筒形器（報告稱之爲盒）放置在一起，表明它們之間存在組合關係。另外從紋飾及鎏金裝飾來看，它們之間也應該存在組合關係，根據報告描述，五件鎏金菱形鳥紋杯的紋飾可分爲兩組，依器物由小到大排列，前三件飾一組圖案，後兩件飾另一組圖案，報告指出鎏金菱形紋筒形器的蓋、腹、底部則同時兼飾有這兩組圖案。在這一組合中杯爲飲酒器甚明，因此，我認爲筒形器不可能是飲酒器，當用作容酒器無疑。我們根據報告中鎏金菱形紋筒形器的外形尺寸，在減去推算出的蓋的高度後，計算出它的容量約爲 200 毫升。這個容量與報告所列鎏金菱形紋杯中第二件（1：4283）的容量爲 196 毫升是很接近的。依照存在五件一組筒形器的考古資料，我們推測完全有可能當時製作有五件容量與鎏金菱形鳥紋杯對等的鎏金菱形鳥紋筒形器，只是由於某種原因，其餘四件未被入葬而已。劉昫華在介紹平山三汲出土五件套裝的筒形器時，也將其與平山三汲中山王墓出土的五件一組的套鉢作比較，雖然沒有明確指出它們之間存在組合關係，但也給了我們足夠的提示和聯想。

　　既然筒形器不可能是飲酒器，只能是容酒器，那麽將其定名爲杯顯然是不對的。我們同時也認爲將其歸爲壺類器，定名爲“長壺”“杯形壺”也是不準確的。縱觀商周時期所有的壺類器，都是小口、有頸、鼓腹、圈足的式樣，從金文“壺”字的常見字形也可得出相同的結論。筒形器的器形均爲敞口，斜直腹下收，矮圈足，與壺類器的器形差距實在太大。我們認爲在尚未找到給此類器形定名的依據之前，將其稱之爲“筒形器”不失爲一種比較妥當的權宜之計。

首陽齋藏交龍紋筒形器之紋飾，多見於戰國中晚期青銅鼎上，甘肅平涼廟莊出土的鼎[1]、陝西咸陽塔兒坡出土中𢿌鼎和平鼎[2]，河南洛陽針織廠出土的Ⅱ式和Ⅳ式鼎[3]都裝飾有這種體軀交纏的兩頭龍紋。從鼎的器形來看，這幾件鼎都應該是東周王畿或三晋地區的器物。

上海博物館藏的筒形器（圖五），蓋設四個鳳鳥形鈕，蓋面飾兩道綯紋，中間飾一道貝紋。器口沿及器底各飾一道綯紋。器身飾三組由綯紋、貝紋組成的紋飾帶：上下各以一道綯紋作界欄，中間是三道貝紋。貝紋與綯紋，是三晋地區春秋戰國時期青銅器上流行的裝飾紋樣，侯馬鑄銅遺址出土有多塊綯紋范和貝紋範，但是像這樣以綯紋作界欄，間飾數道貝紋組成大面積的主體裝飾并不多見。

圖五　上海博物館藏筒形器

除了河南桐柏月河墓屬於春秋晚期，河北滿城漢墓及廣西貴縣羅泊灣漢墓屬於西漢早期外，其餘數件筒形器從器形、紋飾分析都屬於戰國時期，特別是戰國中晚期。根據僅有幾件筒形器具有的出土地點分析，其分布的地域除了羅泊灣漢墓地處西南，桐柏月河墓屬於楚文化區域外，其餘的幾件應該都屬於中原地區。

三

經過長時間無數學人的研究探討，特別是隨着近百年來考古學的發展，青銅器學中已解決了多數器類的定名及用途問題。一些器類因爲本身有自銘，而且見於文獻的記載，加之又有考古資料的佐證，其定名與用途已無異議。如鼎類器，不僅常見其自銘爲“鼎”，器形也與《説文》“鼎，三足，兩耳”的描述一致；考古發現不少鼎的器底、三足都帶有明顯的烟炱痕迹，這就證明了《玉篇》所謂鼎是“所以熟食器也”的表述；而考古資料中一些鼎出土時器腹内尚存牛、羊、猪骨，這與《周禮·天官·亨人》鄭玄注中所謂“鑊，所以煮肉及魚臘之器，既熟乃脀于鼎”的解釋是一致的，表明鼎同時兼具盛食器的功用，這樣就從諸多方面確定了鼎的定名及用途。

但是仍有部分器類的定名與用途迄今尚未解決，如我們現在稱之爲瓡的這類器物。這種大敞口長斜頸直筒腹斜坡形高圈足的銅器，從未發現有自銘器名，稱其爲瓡是由宋

[1]　魏懷珩：《甘肅平涼廟莊的兩座戰國墓》，《考古與文物》1982年第5期，第27頁。
[2]　咸陽市博物館：《陝西鹹陽塔兒坡出土的銅器》，《文物》1975年第6期，第69—70頁。
[3]　洛陽市文物工作隊：《洛陽市針織廠東周墓（C1M5269）的清理》，《文物》2001年第12期，第41—43頁。

人《考古圖》所定,沿用至今。器名的不確定,使得對其用途的研究就缺少了由文獻入手的途徑,現在一般只是根據器形及相關考古資料做推論。觚的形制有如酒杯,在商周時期的考古資料中,其與爵通常都是成對出土的,它們構成了當時,特別是商代晚期青銅禮器組合中的基本内容。這一現象表明觚與爵在使用上必定存在一定的關聯,容庚、張維持先生認爲:"如需温酒而飲則用爵,不需温酒而飲則用觚。"[1]這就肯定了觚是飲酒器。

朱鳳瀚先生在《古代中國青銅器》一書中雖將觚歸於飲酒器類,但他引用林巳奈夫先生在《殷周時代青銅器の研究・殷周青銅器綜覽一》中的研究意見:"在殷中期時,觚口部張開程度不大,用作酒杯是可以的……。但到殷後期時,觚大口極度外張,且器腹小而容量少,此種形制如仍用來飲酒,則酒很容易灑出來,所以不適合再盛液體了。他估計此種大口極度外張的觚乃專用以盛甜酒(醴),用柶(匙)舀取而食,引《儀禮・士冠禮》言'冠者即筵坐。左執觶,右祭脯醢,以柶祭醴三,興,筵末坐。啐醴,建柶興……'爲證。"并指出林巳奈夫還以商代晚期銅尊銘文中的象形圖案爲證(圖六),認爲其中

圖六 商代晚期銅尊銘文

"人形手持觚,其上即有一垂直匙形器放於腹中,認爲此當即如上引《士冠禮》所言於盛醴的酒器中建柶之形。……器銘圖像中似觚(或觚形尊)中所插立者確是柶一類挹取器,則上述林巳奈夫對殷代大口極張的觚用以盛醴之推測有相當的道理。"[2]《周禮・天官・酒正》"二曰醴齊",鄭玄注:"醴,猶體也,成而汁滓相將,如今恬酒矣。"(《周禮・漿人》鄭玄注:"飲醴用柶者,糟也;不用柶者,清也。")可見醴猶如今日之酒釀,故林巳奈夫先生認爲需用匙舀取而食。但商代晚期的觚形器雖口部極其侈張,其容器部分却漸收成細筒形,如盛放接近固態類的酒釀,再用匙形器舀取而食,恐怕并不便利,此説值得商榷。

春秋晚期和戰國時期,在青銅器上出現的畫像紋中常有表現宴樂場面的内容,其中就常見有人用柶從壺形器往觚挹酒,并執觚敬賓客的場景,如上海博物館藏宴樂畫像紋杯[3]、保利博物館藏畫像紋壺[4]、成都百花潭出土畫像紋壺[5]等。

首陽齋藏戰國畫像刻紋匜,内壁鏨刻有畫像紋,内容也以當時流行的射禮、宴樂爲主,雖然與其他一些青銅器上的畫像紋相比,該匜的畫像紋稍顯簡略,但就我們討論觚形器的作用而言,它非常重要。在這件匜流部下方的内壁上鏨刻了一組圖案(圖

[1] 容庚、張維持:《殷周青銅器通論》,文物出版社,1984年,第62頁。
[2] 朱鳳瀚:《古代中國青銅器》,南開大學出版社,1995年,第119頁。
[3] 馬承源:《漫談戰國青銅器上的畫像》,《文物》1961年第10期,第28頁。
[4] 保利藝術博物館:《保利藏金》(續),嶺南美術出版社,2001年,第186頁。
[5] 四川省博物館:《成都百花潭中學十號墓發掘記》,《文物》1976年第3期,第40頁,圖版二。

圖七　首陽齋藏戰國畫像刻紋匜內壁圖案

七），從左至右分別是一人執觚躬身敬客，對立一人則欠身以對；中間一案上放置兩個壺形器，一人執觚欲往盛酒，另一人則執柶從壺中往觚裹舀酒；最右面是兩人相對跽坐於地，其中一人正執觚作飲酒狀。這組畫像説明兩個問題，一是在當時柶是用作挹酒於觚的，而不是用來從觚中舀取而食的；二是觚是可以用作飲酒的。

　　可以認爲，首陽齋所藏這件畫像刻紋匜的内容，是迄今爲止能够證明觚形器爲飲酒器最直接最可靠的依據。就此而言，這件匜就彌足珍貴了。

2008 年 5 月 28 日完稿於上海博物館

2009 年 1 月 13 日修改於上海博物館

原載《首陽吉金——胡盈瑩、范季融藏中國古代青銅器》

湖南新寧出土獸面紋瓠壺斷代的商榷

圖一　新寧獸面紋瓠壺

1990年湖南新寧飛仙橋村出土一件獸面紋瓠壺（圖一），《文物》1997年第10期上發表了這一簡訊。簡訊認爲這件獸面紋瓠壺是商至周初的青銅器[1]。2006年11月，我有幸參與考察湖南出土青銅器時看到了這件瓠壺。從而得以仔細觀察這件瓠壺。

在瓠壺置龍形鋬一側的頸部上端，有一個凸出的青銅殘痕（圖二），我們認爲它應該是一個殘缺了的環鈕，這件瓠壺原來應該有蓋，這個環鈕就作維繫器與蓋連接的活鏈之用。

如果單憑瓠壺紋飾來看，的確很容易被判斷爲是商周之際的青銅器，腹部所飾的獸面紋是比較典型的商代晚期或西周早期獸面紋樣式（圖三），頸部裝飾的龍紋和器身及圈足所飾的斜角雲紋也都具有商代晚期青銅器紋飾的特點，但如果綜合器物的造型等因素，我們認爲對它的斷代應該是可以商榷的。

這種形式的曲頸瓠壺，目前所知時代最早的應該是上海博物館和臺北故宮博物院分別收藏的一對垂鱗紋瓠壺，從紋飾來看，它們應該屬於春秋早期。春秋晚期之後的瓠壺有比較多的發現，如1988年山西太原金勝村趙卿墓出土的鳥形蓋蟠虺紋瓠壺[2]、1967年陝西綏德出土鳥形蓋蟠龍紋瓠壺[3]、1988年山東莒縣於家溝出土的莒大叔瓠壺[4]、1962年河北行唐李家莊出土的瓠壺[5]。這些瓠壺雖然在器形和裝飾上不盡相同，但它們小口、長曲頸、圓腹、單鋬的瓠壺特點都是非常明確的，這幾件瓠壺都

［1］　邵陽市文物管理處、新寧縣文管所：《湖南省新寧縣發現商至周初青銅器》，《文物》1997年第10期，第86頁。
［2］　山西省考古研究所、太原市文物管理委員會：《太原晉國趙卿墓》，文物出版社，1996年，第51頁，圖版39。
［3］　朱捷元：《綏德發現戰國鳥蓋銅瓠壺》，《考古與文物》1980年第2期，第32頁。
［4］　劉雲濤、張建平：《莒縣博物館館藏青銅器》，《東南文化》2001年第4期，第54頁。
［5］　鄭紹宗：《行唐縣李家莊發現戰國銅器》，《文物》1963年第4期，第55頁。

圖二　瓠壺上的青銅殘痕　　　　圖三　瓠壺腹部獸面紋

屬於春秋晚期或戰國早期。此外，國外一些博物館收藏的瓠壺也有不少，從形制、紋飾來看與上述出土瓠壺都頗爲相似，應該也都是春秋晚期或戰國時期的器物。在南方地區的考古工作中，除了新寧出土的這件瓠壺之外，迄今未曾發現其他與此相似的青銅瓠壺，這就缺乏能夠證明這件瓠壺的器形是商周時期由南方地區獨自設計成型、未受中原文化影響的考古資料。因此，我們認爲新寧出土的青銅瓠壺，其器形樣式應該是仿自北方地區春秋戰國時期的青銅瓠壺，那麼它的製作時間，最早大約也只能是在春秋晚期之後了。

　　新寧瓠壺的鋬，作回首曲體卷尾的爬龍式樣，與陝西綏德、山西太原金勝村出土瓠壺鋬的形式比較接近。在商代和西周早期的青銅器上很少有用龍形或獸形作爲器鋬的。用回首曲體卷尾的龍或虎作爲壺形器的鋬，這是在中原地區也是春秋中晚期和戰國早期才比較盛行的做法，如新鄭李家樓出土春秋中期的蓮鶴方壺[1]、安徽壽縣出土春秋晚期的蔡侯方壺[2]及山西太原金勝村出土的蟠龍紋圓壺[3]等。從新寧瓠壺的龍形鋬樣式來看，它與北方地區出土瓠壺的龍形或獸形鋬的樣式又不一樣，其形制、風格似乎又是屬於中原地區時代較早的西周中晚期。與1984年陝西長安張家坡西周墓出土的西周中期鄧仲犧尊前胸及臀部裝飾的回首曲體卷尾龍形[4]、1976年陝西扶風莊白村西周窖藏[5]和1985年內蒙古寧城小黑石溝出土的西周中晚期的刖人守門方鼎腹部四隅裝飾的回首曲體卷尾龍形非常相似[6]。

［1］　河南博物院、臺北國立歷史博物館：《新鄭鄭公大墓青銅器》，大象出版社，2001年，第108—109頁。
［2］　安徽省文物管理委員會、安徽省博物館：《壽縣蔡侯墓出土遺物》，科學出版社，1956年，圖版七。
［3］　中國青銅器全集編輯委員會：《中國青銅器全集·東周2》，文物出版社，1995年，圖版七四。
［4］　中國社會科學院考古研究所澧西發掘隊：《長安張家坡西周井叔墓發掘簡報》，《考古》1986年第1期，第24頁。
［5］　陝西省考古研究所、陝西省文物管理委員會、陝西省博物館：《陝西出土商周青銅器》（二），文物出版社，1986年，彩版六。
［6］　項春松、李義：《寧城小黑石溝石椁墓調查清理報告》，《文物》1995年第5期，第6頁。

　　所以從器形、紋飾及鍪的樣式來看，新寧出土的這件瓠壺，應該是南方地區在廣泛吸取了中原地區不同時期包括商代晚期、西周和春秋時期青銅器特點後，製作而成的一件青銅器。其器形以春秋戰國時期的瓠壺爲藍本，紋飾則以商代晚期和西周早期青銅器紋飾特點爲主，鍪的形式采用了西周中晚期一些青銅器上的樣式。可以説它是一件集中原商代晚期到春秋時期青銅器特點於一體的南方青銅器。

　　如果這個斷代是可以成立的，那麽新寧出土的這件青銅瓠壺在南方青銅器研究中是一件比較具有代表性的青銅器，在它身上出現的這種集中原地區不同時期青銅器特點於一體的現象表明，至少在春秋時期，中原地區商代、西周青銅文化在南方地區具有比較强大的影響力。在它們的影響下，當地在春秋時期仍製作了一些具有中原商代晚期或西周時期青銅文化特點的青銅器，這是我們在對南方地區青銅器斷代時必須考慮到的一個現象，也是在研究南方地區青銅器時應該予以重視的一個問題。以往在研究南方地區青銅器時，儘管不少學者提出不要以中原青銅器作爲南方青銅器斷代的標準，但由於南方青銅器在器形、紋飾等方面與中原青銅器有着諸多聯繫，以致學人們不得不在南方青銅器斷代時，將它們與中原青銅器聯繫起來研究。以往討論的南方青銅器中仿中原類型器物，絕大多數都是以中原單一時期的青銅器爲仿製對象，在器形、紋飾等方面都與中原同一時期青銅器相仿，這就很容易將這些南方青銅器判斷爲與中原相同青銅器屬於同一時期，并由此得出中原文化在南方地區的傳播是同步或相隔不久的結論。就此而言，新寧出土的獸面紋瓠壺就顯得尤爲重要，雖然單憑這件瓠壺，不足以否定過去對多數南方地區仿中原型青銅器的斷代，但它足以説明直至春秋戰國時期，在南方地區製作青銅器時，仍存在仿製中原地區商代、西周時期青銅器的現象。

　　根據《文物》上簡訊的介紹，與這件瓠壺一起出土的還有一件青銅鼎和一個凸棱玉環。在本次會議期間，承蒙湖南省博物館將它們從新寧借來，并在特展中展出。從鼎的器形及紋飾，以及玉環的形制等特點來看，這兩件器物的確應該是商代晚期，或至少是商周之際在中原地區製作的。在會議期間的討論中，有先生認爲，瓠壺和這兩件商代晚期的器物一起出土，是否可以考慮將瓠壺的時代定在西周時期。我認爲這是不妥的，我們應該實事求是，按這件瓠壺本身存在的特點來作斷代。相反我認爲瓠壺和商代晚期的鼎和玉環一起出土，恰恰説明在春秋戰國時期，當地對中原商文化和西周文化還存在追慕、崇尚之風氣，這也正是製作出這件集中原商文化、西周文化、春秋文化於一體的瓠壺的真實的歷史文化背景。

原載《湖南省博物館館刊》第五輯

延伸閱讀：

　　熊建華：《論商周瓠壺——兼論新寧出土青銅回首龍鍪瓠壺的年代》，《湖南省博物館館刊》第五輯。

　　張懋鎔：《瓠壺的斷代研究——從新寧瓠壺談起》，《湖南省博物館館刊》第十二輯。

越王劍銘與越王世系

——兼論越王丌北古劍和越王不光劍的斷代問題

随着考古工作的不斷發現和一些新材料的陸續公布,已知有越王名字的越王劍越來越多。一個諸侯國國君之劍如此之多,在東周時期是絕無僅有的。經過學者們的考證,一些越王劍的歸屬已成定論,越王句踐劍、越王者旨於賜劍、越王州句劍等即如此。這些比較充足的材料,使得學者們對越王世系的研究成爲可能。曹錦炎先生就做過一個歸納總結,他在《新出鳥蟲書越王兵器考》一文中根據已知越王兵器上的越王名字,按《史記·越王句踐世家》記載的越王世系,結合陳夢家先生的《六國紀年》,做過如下表之排列[1]:

文獻中的越王名字	兵器中的越王名字	在位時間
句踐	欨淺、欨戔	公元前496—前465年
鼫與	者旨於賜、旨於	公元前464—前459年
盲姑、不壽	不壽	公元前458—前449年
朱句、翁	州句、州㠯	公元前448—前412年
翳、不揚	者旨不光、旨不光、不光、者殹、殹	公元前411—前376年

需要説明的是,越王不壽劍僅見於曹錦炎先生發表的一件[2],吳鎮烽先生在《商周金文資料通鑑》檢索系統的附錄中編號爲20546的越王不壽劍條目之備注中指出:"本人曾親自摩挲這把所謂的'不壽'劍,發現此劍的長度和重量都超過常規,劍格上下系兩層互相粘貼起來的,上層即有銘文的一層厚1毫米左右,銹色發紅,從格的兩端可明顯看到粘貼的兩條縫綫,有一端的一條縫綫已經脫開,劍格和劍身相接處也可看到塗抹的假銹爲紅色物質,與劍身的銹色明顯不同,可以肯定銘文是先在一毫米厚的銅鈑上做好

---

[1] 曹錦炎:《新出鳥蟲書越王兵器考》,《古文字研究》第24輯,中華書局2002年,第245頁。
[2] 曹錦炎:《記新發現的越王不壽劍》,《文物》2002年第2期,第66—69頁。

以後再粘貼上起去的。另外，劍莖上所纏的人字形編結的絲緱相當嶄新，氣味刺鼻，并不是泥土味或絲織物的朽味，用手摸起來很堅硬，顯係新作。譚德睿先生也對劍身的製作工藝提出質疑，認爲打磨方法與古人不同。"[1]此外，曾被認爲是者旨於賜太子所作的越王大子不壽矛，因銘文被正確釋讀爲"於越嗣王旨医之大子冒昌自作元用矛"[2]，就被排除了器主是者旨於賜之子不壽的可能性。如此，在越王兵器銘文中，尚不存在與不壽相對應的一代越王的名字。

除此之外，在曹錦炎先生根據越王劍中有名字越王排列的世系中，只有越王丌北古劍中的丌北古未有着落。馬承源先生認爲："越王丌北古就是越王盲姑，盲姑即不壽，……按丌、北同屬之部韵，韵尾相同，連讀時易於省去一個音，……北盲旁紐雙聲字，借盲聲爲北聲，乃是聲轉關係，古、姑是雙聲叠韵字，所以，越王丌北古即越王盲姑。"[3]曹錦炎先生則認爲："從音理上説，'丌北古'即'盲姑'，是有這個可能的。但越王不壽銅器銘文作'勹壽'，已見前越王大子矛。而且，從本劍的形制及銘文字體風格來看，雖與州句劍接近，但似不太可能會早於州句時。所以，越王丌北古只能是州句之後某位越王。從史籍記載的越王名來看，尚不能與之對應，丌北古究竟是哪位越王，有待進一步研究。"[4]此後他又進一步指出："越王丌北古之名，劍首作'丌北'，頗疑越王丌北即越王亡彊。"[5]

越王丌北古劍的斷代研究，對於排列可靠的越王世系具有非常重要的意義，在文獻、古文字以及考古資料方面暫時還没有突破性研究成果的情況下，我們不妨換一種研究方法對越王丌北古劍和越王不光劍的斷代作些嘗試。

我們將曹錦炎先生的《鳥蟲書通考》，施謝捷先生的《吳越文字彙編》，張光裕、曹錦炎先生主編的《東周鳥篆文字編》，以及吳鎮烽先生主持編製的《商周金文資料通鑒》檢索系統中收録的歷代越王劍做了一個統計。在現已發表資料的有王名的越王劍中，越王句踐劍一件；屬於越王者旨於賜的劍共有十四件，其中兩件爲"越王句踐之子"；越王州句劍共有二十件；屬於越王不光的劍共有十五件，包括越王嗣旨不光劍三件[6]、越王旨医劍一件[7]。

我們對這些越王劍銘文所處的位置及排列方式做了一個統計，越王句踐劍僅湖北江陵望山出土一件，其銘文在劍身近格處。兩件傳世的越王句踐之子劍銘文在寬劍格上作正反左右布局，文字沿中脊綫向兩側作兩行排列。十二件越王者旨於賜劍的銘文基本上都在寬劍格上，也作正反左右布局，文字沿中脊綫向兩側作兩行排列。

[1] 參見吳鎮烽：《商周青銅器銘文暨圖像集成》35卷，上海古籍出版社，2012年，第567頁。
[2] 施謝捷：《吳越文字彙編》，江蘇教育出版社，1998年，第581頁。
[3] 馬承源：《越王劍、永康元年群神禽獸鏡》，《文物》1962年第12期，第53頁。
[4] 曹錦炎：《鳥蟲書通考》，上海書畫出版社，1999年，第86頁。
[5] 曹錦炎：《新見越王兵器及其相關問題》，《文物》2000年第1期，第72—73頁。
[6] 施謝捷的《吳越文字彙編》中著録有越王嗣旨不光劍有六件，其中後三件銘文顯然與前三件有異，應該不是越王嗣旨不光劍。
[7] 該劍銘文曹錦炎作"越王旨不光"，施謝捷和吳鎮烽均作"越王旨医"。本文認爲越王旨医并非越王不光，爲行文方便，暫且按曹錦炎先生的斷代，將其歸於越王不光劍中。

越王州句劍除江陵出土的一件銘文在劍身外，其餘十九件劍的銘文都在寬劍格上，也都是正反左右布局，文字沿中脊綫向兩側作兩行排列。越王不光劍中有三件爲越王嗣旨不光劍，一件爲越王旨医劍，十一件爲越王不光劍。按曹錦炎先生的意見，越王嗣旨不光劍是不光尚未即位時所作，越王旨医劍和越王不光劍應該是不光即位後所作。在越王嗣旨不光劍中，江陵張家山出土的一件銘文位於窄劍格及劍首，另兩件的銘文位於窄劍格上，其中現存國外的一件劍首是否有銘文仍未詳，上博一件的劍首因屬後配，原先的劍首是否有銘文也不清楚。除了臺灣高雄某收藏家收藏的一件越王旨医劍銘文位於寬劍格上，作正反左右布局，文字沿中脊綫向兩側作兩行排列外，其餘的越王不光劍銘文均位於窄劍格上，文字沿中脊綫向兩側單行排列，劍首也有銘文環列。（詳見附表）

根據以上對越王劍銘文位置的統計和分析，我們認爲越王劍銘文所處位置以及排列方式的變化是有其時代軌迹可循的。

湖北江陵望山出土的越王句踐劍，銘文在劍身近格處。現存所有吳國青銅劍，如工䥄大子姑發劍、工䥄王劍、吳季子之子逞劍、攻敔王光劍、攻敔王夫差劍的銘文均在此部位。此外春秋晚期的徐王義楚劍以及春秋晚期战國初期的楚王酓章劍銘文也都在此部位。可知春秋時期和戰國初期青銅劍的銘文都是位於劍身近格的部位，沒有位於劍格的先例。越王句踐是春秋晚期戰國初期時人，此劍銘文的位置應該是延續了春秋時期的常例。

兩件越王句踐之子劍的銘文原先均讀作“越王句踐之子”，張振林先生按照越王者旨於睗劍、越王州句劍銘文的排列次序及讀法，認爲越王劍銘文於劍格上的，都是有“越王”者爲正面，當先讀，無“越王”者爲反面，當後讀；同一面銘文以中脊爲界，分左右兩邊，右半邊先讀，左半邊後讀。故他認爲：“按照此共同規律，所謂‘越王句踐之子劍’的銘文，應該讀爲‘越王之子句踐’。”[1]

按張振林先生的讀法，此二劍應該是句踐即位之前製作的。我認爲既然句踐即位之後製作的越王句踐劍銘文仍位於劍身，保持了春秋時期青銅劍銘位於劍身的一貫做法，其即位前的劍似乎更應該與往例保持一致，它們銘文的位置更應該符合春秋時期劍銘位於劍身部位的規律，而不該位於寬劍格的正反面。所以，我個人認爲如果還是將這兩劍銘文讀作“越王句踐之子”，則它們應該是句踐之子，即者旨於睗爲太子時的劍。從現有資料來看，青銅劍銘文位置布局發生根本變化，正是從者旨於睗開始的，劍銘位於寬劍格的正反面的現象也是集中出現在越王者旨於睗及其之後的越王劍上。所以仍將這兩件劍的銘文讀作“越王句踐之子”，正好可以將現存資料中銘文作於劍身或作於寬劍格上的青銅劍，在時間順序上作出比較合乎變化規律的劃分。

何況，根據我們的統計，每一位越王的劍銘不僅內容不同，而且銘文布局和讀法都有各自特點。比如，越王者旨於睗劍銘基本都是劍格正面是“越王、越王”由兩端向中

---

[1] 張振林：《關於兩件吳越寶劍銘文的釋讀問題》，《中國語文研究》第7期，1985年。

脊排列，劍格反面是"者旨""於賜"分列兩側由中脊向兩端排列。絕大多數的越王州句劍銘，劍格正面是"越州句""王州句"分列兩側，劍格反面是"自作用劍"兩側重複對稱。越王句踐之子劍銘文布局和排列完全和越王者旨於賜劍相同，其劍格正面也是"越王、越王"由兩端向中脊排列，劍格反面是"之子""句踐"分列兩側由中脊向兩端排列。所以它們的銘文還是符合越王者旨於賜劍銘文的排列順序特點。至於越王句踐之子劍的劍格反面銘文讀法，是從右向左讀，還是從左向右讀，則是一個可以討論的問題。

越王劍中銘文作於寬劍格的正反面，主要集中在越王者旨於賜劍和越王州句劍，其中僅湖北江陵藤店一號墓出土的越王州句劍的銘文位於劍身近格處，這應該是一個特例。越王劍上製銘位置的再次變化集中出現在越王不光劍上，在已公布的資料中，除現存臺灣某收藏家處一件越王旨医劍的銘文在寬劍格上之外，其餘不光劍的銘文均在窄劍格及絕大部分的劍首上。

至此，我們可以在暫時擱置越王丌北古劍的前提下，歸納出越王劍銘文布局與排列規律變化的概況：越王句踐時期（包括春秋時期的吳、楚、徐等國青銅劍）銘文位於劍身；越王者旨於賜（包括越王句踐之子）——越王州句時期銘文位於寬劍格正反面；越王不光（包括越王嗣旨不光）時期，銘文位於窄劍格及劍首。

現在，我們再來探討越王丌北古劍的斷代問題。

越王丌北古劍目前已發表資料的共有兩件[1]，上海博物館藏有一件，劍長60.8釐米，劍格寬5.1釐米，全劍氧化和銹蝕相當嚴重。劍格兩面、劍首均有錯金鳥篆體銘文，劍格正反面銘文都是以中間凸起的脊綫爲界，向兩側展開，每側有相同的五字。劍格正面爲"戉（越）王丌北古"，劍格反面是"自乍（作）用旨自"，劍首銘文是"隹（唯）戉（越）王丌北自乍（作）元之用之僉（劍）"。

1987年安慶王家山戰國墓出土一件越王丌北古劍，劍長64釐米，劍格寬5.2釐米。劍格、劍首也有錯金鳥篆體銘文，銘文的排列與上博劍相同，文字略有差異。劍格正面仍是重複的"戉（越）王丌北古"，劍格反面是重複的"自乍（作）用僉（劍）自"，劍首銘文是"隹（唯）戉（越）王丌北自乍（作）元之用之僉（劍）"。[2]

那麼，從上述越王劍銘文位置變化的過程來分析，兩件丌北古劍的銘文都位於寬劍格和劍首上，而且劍格上銘文的排列是由中脊向兩側橫排竪寫的。按照類型學的方法，我們認爲越王丌北古劍應該處於越王州句劍和越王不光劍之間。鑄銘於寬劍格是延續了越王者旨於賜以後的做法，但銘文的排列形式又不同於者旨於賜至州句時期的越王劍，而劍首鑄銘又與越王不光劍的做法相連接。所以丌北古劍這種銘文的布局和排列形式應該處於越王劍銘變化過程中的承上啓下時期，其時代應在越王州句和越王不光之間。

[1]　臺灣古越閣曾收藏一件越王丌北古劍，銘文位置及排列方式均與其餘兩件越王丌北古劍相同，內容略有差異。

[2]　黃光新：《安慶王家山戰國墓出土越王丌北古劍等器物》，《文物》2000年第8期，第84—87頁。

　　其實曹錦炎先生也已發現越王劍中銘文位置以及形制中寬窄劍格的區分，但他認爲："丌北古的劍作厚格式，與常見不光劍作薄格式又有矛盾。1994年於香港新出現的越王者医劍，劍格亦爲厚格式，説明不光時仍有厚格式劍的孑遺。那麼，丌北古劍作厚格式就没有什麼問題了……丌北古只能是越王翳（不光）之後的某一位越王。"[1]對越王旨医劍的斷代，我們與曹錦炎先生有不同認識（參見下文），故此劍并不足以證明丌北古劍一定要晚於不光劍。兩件越王丌北古劍都作寬劍格，劍首有銘的樣式。如此，所剩的十四件越王不光都作窄劍格的樣式，其中還包括不光尚爲"嗣子"時的劍。我認爲，丌北古劍銘文的位置以及排列形式在所有越王劍中都是僅有的，它應該反映了州句之後越國制劍作銘方式的一種變化，但這種變化又因爲其後的青銅劍流行窄劍格，而没有被之後的越王所沿用。

　　越王劍銘文形式和位置變化過程可見下表：

越 王 世 系	銘 文 位 置	銘文拓片或摹本
越王句踐	劍身近格處	
越王者旨於睗		
越王州句	寬劍格正反面	
越王旨医		

［1］　曹錦炎：《新見越王兵器及其相關問題》，《文物》2000年第1期，第72頁。

（續表）

越 王 世 系	銘 文 位 置	銘文拓片或摹本
越王丌北古	寬劍格正反面、劍首	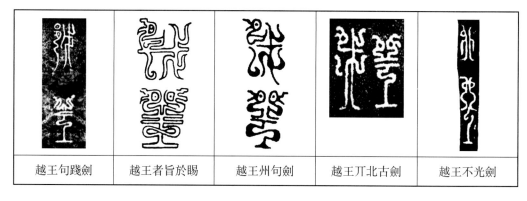
越王不光	窄劍格正反面、劍首	

再從銘文的字體來看，丌北古劍的字體雖較之前的越王劍銘文有所變化，但總體上文字風格仍更接近州句及之前諸越王劍的銘文。而不光劍銘文則出現較大的變化，不僅有不少銘文已不再用鳥形作裝飾，一些銘文出現缺筆省筆的現象，而且多數不光劍劍首銘文字體詰屈難辨，表現出鑄造技術的衰退和對銘文重視程度的減弱。因此，丌北古劍應該不會晚於不光劍。我們以下表中越王劍銘中的"越王"二字爲例，當可明辨。

越王句踐劍	越王者旨於睗	越王州句劍	越王丌北古劍	越王不光劍

即便現在可以確定迄今尚未發現越王不壽的銅器，我仍同意曹錦炎先生的意見，丌北古不會是越王盲姑，即越王不壽。因爲丌北古劍劍格銘文的排列形式和劍首鑄銘的做法，都不曾出現在州句之前諸位越王的劍上。現在的問題是，按照越王丌北古劍的銘文製作方法和銘文字體，它既不早於越王州句劍，又不會晚於越王不光劍，那麼，丌北古究竟應該是哪一位越王呢？

　　按照曹錦炎先生根據越王世系對越王劍的排列，亓北古只能是翳，即不光以後的某一位越王。可是按照我們以上的分析，越王亓北古劍又不可能晚於越王不光劍。所以有必要將越王亓北古劍、越王旨医劍、越王不光劍在越王世系中的順序重新做個梳理。

　　我認爲如果資料尚未完全發表的越王旨医劍銘文没有問題的話，它應該就是唯一的一件州句之子越王翳的劍了，翳并不是曹錦炎先生所謂的不光。越王旨医劍銘位於寬劍格，與其他越王不光劍銘的位置、排列以及字體都有較大的差別，這似乎可以成爲我們否定不光即翳的一個佐證。此外，在十四件不光劍的銘文中，都不再出現“医”或“旨医”，這也使得我們無法確定越王旨医就是不光。另外，在其餘各代越王劍銘文中，并未出現過同一位越王既記名又記字的現象，可以説在越王劍的記名模式中不存在或記名或記字的現象，翳和不光不可能是同一人[1]。

　　按照我們對越王劍銘文所處位置演變規律的分析，亓北古應該是翳之後的某一位越王，不光則只能是亓北古之後的某位越王。

　　《史記‧越王句踐世家》中《索隱》引《紀年》的記載：“翳三十三年遷于吳，三十六年七月太子諸咎弑其君翳，十月粤殺諸咎。粤滑，吳人立子錯枝爲君。明年，大夫寺區定粤亂，立無余之。十二年，寺區弟忠弑其君莽安，次無顓立。無顓八年薨，是爲菼蠋卯。”[2]從這段記載看，越國在翳之後，政權更替頻繁，政局的不穩定必然導致經濟的停滯和工藝技術的衰退。越王亓北古劍的製作和銘文字體雖然有比較大的變化，但總體上仍延續了之前越王劍的工藝水準，可見將其置於越王翳之後不久，越國衰退之初還是合適的。至於越王不光劍表現出的製作技術衰退和銘文字體的草率，把它放在亓北古之後這一時期似乎更爲合適。

　　至於越王亓北古和越王不光具體應該定爲哪一位越王，尚有待於古文字學家根據亓北古劍和不光劍銘文的形、音、義諸方面，結合兩劍的形制、銘文排列形式及所處位置、字體風格等因素，將亓北古和不光在越王世系中應該所處的位置，作出更爲科學、合理的解釋。

後記：

　　本文在2008年12月12日史語所舉辦的第二屆《古文字與古代史》學術研討會上宣讀之後，史語所的陳昭容女士告知該所也收藏有一件越王不光劍，故越王不光劍的資料較之原文有所增加。承蒙史語所允予使用該劍資料，并承陳昭容女士提供圖像資料，在此一并致謝！

又：

　　承蒙各位審稿人以極其認真負責的態度審閲拙稿，非常正確地指出了文章存在的問題，并提出了修改意見，特致謝忱！

原載《古文字與古代史》第二輯

---

［1］　曹錦炎在《新見越王兵器及其相關問題》中提到曾見有越王者旨不光劍銘文摹本，窄劍格兩邊有“越王者旨不光自作用劍”的銘文，劍首有“越王旨医自作用劍”等銘文，故他認爲“越王不光即越王翳由此可成定論”。(《文物》2000年第1期)此劍資料及銘文迄今未見正式發表，故我還是按照已公布的越王劍資料提出自己的意見。

［2］　《史記》(北京：中華書局點校本，1982年)，卷四十一，《越王句踐世家》，第1747頁。

附表：越王劍一覽表

序號	劍名	銘文位置	銘文排列	出土	收藏	著録	備注
1	越王句踐劍	劍身近格處	從右到左，兩行直排“越王句踐自作用劍”	1965年12月 湖北江陵縣望山一號墓	湖北省博物館	文物1966.5、集成18.11621、吴越123、鳥篆72、鳥蟲書圖30、檢索17854	
2	越王句踐之子劍	寬劍格正反面	正面“越王”“越王”由兩端向中間，反面“之子”“句踐”分别由中間向兩端	傳安徽壽縣	黄濬、陳仁濤舊藏	集成18.11594、吴越121、鳥篆70、檢索17827	張振林認爲應讀作越王之子句踐
3	越王句踐之子劍	寬劍格正反面	正面“越王”“越王”由兩端向中間，反面“之子”“句踐”分别由中間向兩端		哈佛大學賽克勒美術館	集成18.11595、吴越122、鳥篆71、鳥蟲書圖29、檢索17828	張振林認爲應讀作越王之子句踐
4	越王者旨於睗劍1	寬劍格正反面	正面“越王”“越王”由兩端向中間，反面“者旨”“於睗”分别由中間向兩端	傳安徽壽縣	中國國家博物館（黄濬、于省吾、上海博物館舊藏）	集成18.11600、吴越131、鳥篆158、鳥蟲書圖35、檢索17833	
5	越王者旨於睗劍2	寬劍格正反面	正面“越王”“越王”由兩端向中間，反面“者旨”“於睗”分别由中間向兩端	傳安徽壽縣		吴越132、鳥篆81、檢索17988	
6	越王者旨於睗劍3	寬劍格正反面	正面“越王”“越王”由兩端向中間，反面“者旨”“於睗”分别由中間向兩端	傳安徽壽縣	故宫博物院（德國楊甯史氏舊藏）	集成18.11597、吴越133、鳥蟲書圖32，鳥篆157、檢索17830	
7	越王者旨於睗劍4	寬劍格正反面	正面“越王”“越王”由兩端向中間，反面“者旨”“於睗”分别由中間向兩端	傳安徽壽縣	上海博物館（黄濬舊藏）	集成18.11599又18.11598、吴越134、鳥篆83又157、鳥蟲書圖33又34、青研587.1、檢索17832	施謝捷指出:“《集成》11598劍格銘文印反。舊多將現藏上海博物館的一件與《鳥書考》著録黄濬舊藏一件（尊兵200頁）視爲同銘二劍,恐不妥。”甚是

（續表）

序號	劍名	銘文位置	銘文排列	出土	收藏	著錄	備注
8	越王者旨於賜劍5	寬劍格正反面	正面"越王""越王"由兩端向中間,反面"者旨""於賜"分別由中間向兩端		傳大吉舊藏故宮博物院	集成18.11596,吳越135,鳥篆82,鳥蟲書圖31,檢索17829	
9	越王者旨於賜劍6	寬劍格正反面	正面"越王""越王"由兩端向中間,反面"者旨""於賜"分別由中間向兩端	1986年11月湖北江陵縣雨台鄉官坪村九號墓	荆州市博物館	江漢考古1989.3,吳越136,鳥篆84,檢索17970,新收1184	
10	越王者旨於賜劍7	寬劍格正反面	正面"越王""越王"由兩端向中間,反面"者旨""於賜"分別由中間向兩端		香港某氏	武陵5,吳越137,檢索17831,新收1898,	
11	越王者旨於賜劍8	寬劍格正反面	正面"越王""越王"由兩端向中間,反面"者旨""於賜"分別由中間向兩端		浙江省博物館	文物1996.4,吳越138,檢索17963,新收1738	
12	越王者旨於賜劍9	寬劍格正反面	正面"越王""越王"由兩端向中間,反面"者旨""於賜"分別由中間向兩端		臺灣高雄某氏	吳越139,鳥篆85,鳥蟲書圖36,檢索17969,新收1880	
13	越王者旨於賜劍10	寬劍格正反面	正面"越王""越王"由兩端向中間,反面"者旨""於賜"分別由中間向兩端		香港某氏	武陵4,吳越140,檢索18028,新收1899	
14	越王者旨於賜劍11	寬劍格正反面	正面"越王""越王"由兩端向中間,反面"者旨""於賜"分別由中間向兩端		臺灣古越閣	文物2000.1,檢索17991	
15	越王者旨於賜劍12	寬劍格正反面	正面"越王""越王"由兩端向中間,反面"者旨""於賜"分別由中間向兩端		上海博物館	青研587.2,檢索18032,新收1480	

（續表）

序號	劍名	銘文位置	銘文排列	出土	收藏	著錄	備注
16	越王州句劍1	劍身近格處	從右到左，兩行直排：越王州句自作用劍	1973年3月湖北江陵縣藤店一號墓	荊州市博物館	文物1973.9，集成18.11625，吳越146，鳥篆86，鳥蟲書圖46，檢索17858	
17	越王州句劍2	寬劍格正反面	正面"越王州句"兩側重複對稱，反面"自作用劍"兩側重複對稱	1977年湖南益陽市赫山廟四十二號楚墓	湖南省博物館	湖南考古輯刊(一)88，集成18.11631，吳越147，鳥篆97，鳥蟲書圖59，檢索17864	
18	越王州句劍3	寬劍格正反面	正面"越州句""王州句"分列兩側，反面兩側重複對稱劍	陝西某地	故宮博物院（王懿榮、陶祖光、黃濬舊藏）	集成18.11622，吳越148，鳥篆88，鳥蟲書圖47，檢索17855	
19	越王州句劍4	寬劍格正反面	正面"越州句""王州句"分列兩側，反面兩側重複對稱劍		哈佛大學賽克勒美術館	集成18.11624，吳越149，鳥篆96，鳥蟲書圖27，檢索17857	
20	越王州句劍5	寬劍格正反面	正面"越州句""王州句"分列兩側，反面兩側重複對稱劍	1936年湖南長沙市小吳門外楚墓	哈佛大學賽克勒美術館	集成18.11623，吳越150，鳥篆87，鳥蟲書圖48，檢索17856	
21	越王州句劍6	寬劍格正反面	正面"越州句""王州句"分列兩側，反面兩側重複對稱劍	吳越：傅安徽壽縣；集成：1936年出土於湖南長沙市小吳門外楚墓	陳仁濤，瑞典卡爾貝克舊藏	集成18.11629，吳越151，鳥篆89，鳥蟲書圖56，檢索17862	《檢索》：原藏蔡季襄
22	越王州句劍7	寬劍格正反面	正面"越州句""王州句"分列兩側，反面兩側重複對稱劍	1980年湖北秭歸縣香溪鎮某基建工地	秭歸屈原紀念館	集成18.11632，吳越152，鳥篆95，鳥蟲書圖52，檢索17865	

（續表）

序號	劍名	銘文位置	銘文排列	出土	收藏	著錄	備注
23	越王州句劍8	寬劍格正反面	正面"越州句""王州句"分列兩側，反面"自作用劍"兩側重複對稱	1987年12月湖北荊門市北郊子陵崗36號楚墓	荊門市博物館	江漢考古1990.4，吳越153，鳥篆99，鳥蟲書圖53，檢索17971，新收1195	
24	越王州句劍9	寬劍格正反面	正面"越州句""王州句"分列兩側，反面"自作用劍"兩側重複對稱		上海博物館	集成18.11630，吳越154，鳥篆93，鳥蟲書圖57，檢索17863，青研589.1	
25	越王州句劍10	寬劍格正反面	正面"越州句""王州句"分列兩側，反面"自作用劍"兩側重複對稱		浙江省博物館（黃渚、章乃器舊器舊藏）	集成18.11626，吳越155，鳥篆92，鳥蟲書圖49，檢索17859	
26	越王州句劍11	寬劍格正反面	正面"越州句""王州句"分列兩側，反面"自作用劍"兩側重複對稱		香港某氏	吳越156，鳥篆100，鳥蟲書圖58，檢索17972	
27	越王州句劍12	寬劍格正反面	正面"越州句""王州句"分列兩側，反面"自作用劍"兩側重複對稱		臺灣古越閣	文物1993.4，吳越157，鳥篆90，鳥蟲書圖51，檢索17967	州句作州凵
28	越王州句劍13	寬劍格正反面	正面"越州句""王州句"分列兩側，反面"自作用劍"兩側重複對稱		臺北故宮博物院（劉體智舊藏）	集成18.11627，吳越158，鳥篆91，鳥蟲書圖50，檢索17860	州句作州凵
29	越王州句劍14	寬劍格正反面	正面"越州句""王州句"分列兩側，反面"自作用劍"兩側重複對稱		巴黎賽努斯奇博物館	集成18.11628，吳越159，鳥篆94，鳥蟲書圖55，檢索17861	州句作州凵
30	越王句劍15	寬劍格正反面	正面"越州句""王州句"分列兩側，反面"之用劍"唯"餘土迚邘"分列兩側	傳浙江某地	原藏臺灣古越閣，現藏臺灣襲飲龍	文物2000.1，吳越160，龔藏69-71，新收1870，檢索17891	複合劍

（續表）

序號	劍名	銘文位置	銘文排列	出土	收藏	著錄	備注
31	越王州句劍16	寬劍格正反面	正面"越州句""王口口（州句）"之用口口（劍唯）"反面"餘土迊邗"分列兩側		中國國家博物館	集成18.11579,吳越161,鳥篆98,鳥蟲書圖60,檢索17812	劍格殘缺,原稱余王劍
32	越王州句劍17	寬劍格正反面	正面"越州句""越州句"分列兩側,反面"自作用劍"兩側重複對稱		原藏臺灣古越閣,現藏臺灣龔欽龍	文物1995.8,吳越144,鳥篆80,龔藏77.78,檢索17987,新收1871	僅存鐵劍格,銘文"越州句",《檢索》謂此為越句末即王位時所鑄
33	越王州句劍18	寬劍格正反面	正面"越州句""王州句"分列兩側,反面"自作用劍"兩側重複對稱		上海博物館	青研589.2,檢索18033	
34	越王州句劍19	寬劍格正反面	正面"越州句""王州句"分列兩側,反面"自作用劍"兩側重複對稱		上海博物館	青研589.3,檢索18034	
35	越王州句劍20	寬劍格正反面	正面"越州句""王州句"分列兩側,反面"自作用劍"兩側重複對稱		香港中文大學文物館	新收1736,檢索18043	州句作州屮
36	越王旨医劍	寬劍格正反面	正面"越王""越王"由兩端向中間;反面"旨医""旨医"由中間向兩端		臺灣高雄某氏	鳥蟲書圖66,鳥篆148,文物2000.1,吳越171,新收1881,檢索17973	曹錦炎釋作越王旨不光
37	越王丌北古劍1	寬劍格正反面　劍首	正面"越王丌北古"豎立排列,由中間向兩側重複展開;反面"自作用旨自"豎立排列,由中間向兩側重複展開。劍首"唯越王丌北自作元之用之劍",銘文逆時針環列		上海博物館	文物1962.12,、鳥篆圖62,鳥篆118,集成18.11703,吳越142,檢索17936,青研588	

（續表）

序號	劍名	銘文位置		銘文排列	出土	收藏	著錄	備注
38	越王丌北古劍2	寬劍格正反面	劍首	正面"越王丌北古"豎立排列,由中間向兩側重複展開;反面"自作用劍"豎立排列,由中間向兩側重複展開。劍首"唯越王丌北古自作元之用之劍",銘文逆時針環列	1987年6月安徽省安慶市王家山第二自來水廠戰國墓	原藏安慶市博物館,現藏安徽省博物館	文物2000.8吳越143,新收1317,檢索17964	
39	越王嗣旨不光劍1	窄劍格正反面	劍首	正面"越王""嗣旨不光""自作"由中間向兩端;反面"嗣旨不光"由中間向兩端用戉。劍首"嗣越不光唯曰可作於元用之劍",銘文逆時針環列	1974年湖北江陵縣張家山戰國墓	荊州市博物館	集成18.11704,文物1995.8,吳越163,鳥蟲書圖63,鳥篆107,檢索17937	
40	越王嗣旨不光劍2	窄劍格正反面	?	正面"越王""越王""嗣旨不光""自作"由中間向兩端;反面"嗣旨不光"由中間向兩端用戉		上海博物館	集成18.11641,文物1995年8期,鳥蟲書圖64,鳥篆109,吳越文165,檢索17874	劍首後配,原先劍首是否有銘文不詳
41	越王嗣旨不光劍3	窄劍格正反面	?	正面"越王""嗣旨不光""自作"由中間向兩端;反面"嗣旨不光"由中間向兩端用戉	1935年湖南長沙南門外楚墓	舊藏瑞典卡爾貝克	集成18.11642,文物1995.8,吳越164,鳥蟲書圖65,鳥篆108,檢索17875	劍首是否有銘文不詳
42	越王不光劍1	窄劍格正反面	劍首	正面"越王""越王""不光"由中間向兩端;反面"不光"由中間向兩端。劍首銘文12字環列,重文6字,字體詰屈難辨		故宮博物院	鳥蟲書圖70,鳥篆115,吳越177,檢索17877	
43	越王不光劍2	窄劍格正反面	劍首	正面"越王""越王""不光"由中間向兩端;反面"不光"由中間向兩端。劍首銘文12字環列,重文6字,字體詰屈難辨		原藏劉體智,現藏上海博物館	鳥蟲書圖69,鳥篆112,吳越173,檢索17878	舊稱稻卯劍

（續表）

序號	劍名	銘文位置		銘文排列	出　土	收　藏	著　録	備　注
44	越王不光劍3	窄劍格正反面	劍首	正面“越王”“越王”由中間向兩端；反面“不光”“不光”由中間向兩端。劍首銘文12字環列，重文6字，字體詰屈難辨		上海博物館	鳥蟲書圖71、集成18.11646、吴越176、檢索17879	
45	越王不光劍4	窄劍格正反面	劍首	正面“越王”“越王”由中間向兩端；反面“不光”“不光”由中間向兩端。劍首銘文12字環列，重文6字，字體詰屈難辨		上海博物館	鳥蟲書圖72、集成18.11647、吴越175、檢索17880	劍首銘文模糊
46	越王不光劍5	窄劍格正反面	劍首	正面“越王”“越王”由中間向兩端；反面“不光”“不光”由中間向兩端。劍首銘文12字環列，重文6字，字體詰屈難辨		中國國家博物館	鳥蟲書圖73、集成18.11648、吴越174、檢索17881	
47	越王不光劍6	窄劍格正反面	劍首	正面“越王”“越王”由中間向兩端；反面“不光”“不光”由中間向兩端。劍首銘文12字環列，重文6字，字體詰屈難辨	1979年河南淮陽縣大朱村平糧臺徵集	河南博物院	河南文博通訊1980.1、鳥蟲書圖67、鳥篆110、集成18.11649、吴越179、檢索17882	
48	越王不光劍7	窄劍格正反面	劍首	正面“越王”“越王”由中間向兩端；反面“不光”“不光”由中間向兩端。劍首銘文12字環列，重文6字，字體詰屈難辨	1979年河南淮陽縣大朱村平糧臺徵集	河南博物院	河南文博通訊1980.1、鳥蟲書圖68、鳥篆111、集成18.11650、吴越178、檢索17883	

（續表）

序號	劍名	銘文位置		銘文排列	出土	收藏	著錄	備注
49	越王不光劍8	窄劍格正反面	劍首	正面"越王""由中間向兩端；反面"不光"由中間向兩端。劍首銘文9字環列，字體詰屈雖辨	1979年河南淮陽縣大朱村平糧臺墓葬出土	河南省文物研究所	河南文博通訊1980.1，鳥蟲書圖74，鳥篆114，吳越集成18.11664，吳越180，檢索17897	
50	越王不光劍9	窄劍格正反面	劍首	正面"越王""由中間向兩端；反面"不光"由中間向兩端。劍首銘文10字環列，字體詰屈雖辨		故宮博物院	鳥蟲書圖75，集成18.11667，吳越181，檢索17900	
51	越王不光劍10	窄劍格正反面	？	正面"越王""由中間向兩端；反面"不光"由中間向兩端			鳥篆113，檢索17989	
52	越王不光劍11	窄劍格正反面	劍首	正面"越王""由中間向兩端；反面"不光"由中間向兩端。劍首銘文12字環列，字體詰屈雖辨		中研院歷史語言研究所		劍首是否有銘文不詳

著錄書目（因著錄書目較多，爲方便起見，以近年出版的書籍爲主）：

吳越：施謝捷編著：《吳越文字彙編》，江蘇教育出版社，1998年。

鳥蟲書：曹錦炎、張光裕編著：《鳥蟲書通考》，上海書畫出版社，1999年。

鳥篆：曹錦炎、張光裕主編：《鳥篆新見古兵三十六器集錄》《雪齋學術論文二集》，藝文印書館，2004年。

武陵：張光裕、吳振武：《武陵新見古兵三十六器集錄》《雪齋學術論文二集》，藝文印書館，2004年。

新收：鍾柏生、陳昭容、黃銘崇、袁國華編：《新收殷周青銅器銘文暨器影彙編》，中華書局，2006年。

集成：中國社會科學院考古研究所編輯：《殷周金文集成》六冊，上海古籍出版社，1984—1994年版，又2007年修訂增補版。

青研：陳佩芬：《夏商周青銅器研究》六冊，上海古籍出版社，2004年。

龔藏：南京博物院編：《臺灣龔欽龍藏越王劍暨商周青銅兵器》，南京出版社，2003年。

檢索：《商周金文資料通鑒》課題組。

附圖二　越王句踐之子劍1

附圖三　越王句踐之子劍2

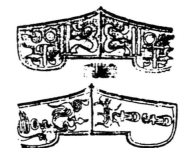

附圖四　越王者旨於賜劍1

附圖五　越王者旨於賜劍2

附圖一　越王句踐劍

附圖六　越王者旨於賜劍3

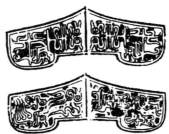

附圖七　越王者旨於賜劍4

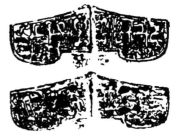

附圖八　越王者旨於賜劍5

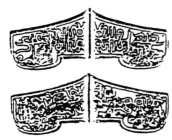

附圖九　越王者旨於賜劍6

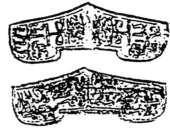

附圖十　越王者旨於賜劍7

附圖十一　越王者旨於賜劍8

附圖十二　越王者旨於賜劍9

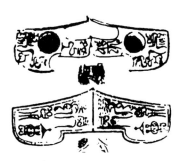

附圖十八　越王州句劍3

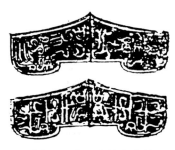

附圖十三　越王者旨於賜劍10

附圖十九　越王州句劍4

附圖十四　越王者旨於賜劍11

附圖十六　越王州句劍1

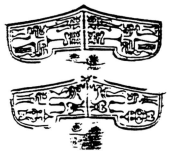

附圖二十　越王州句劍5

附圖十五　越王者旨於賜劍12

附圖十七　越王州句劍2

附圖二十一　越王州句劍6

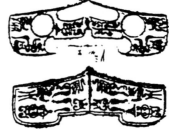

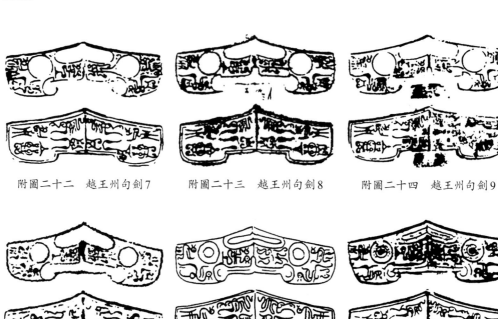

附圖二十二　越王州句劍 7　　　　附圖二十三　越王州句劍 8　　　　附圖二十四　越王州句劍 9

附圖二十五　越王州句劍 10　　　　附圖二十六　越王州句劍 11　　　　附圖二十七　越王州句劍 12

附圖二十八　越王州句劍 13　　　　附圖二十九　越王州句劍 14　　　　附圖三十　越王州句劍 15

附圖三十一　越王州句劍 16　　　　附圖三十二　越王州句劍 17　　　　附圖三十三　越王州句劍 18

附圖三十四　越王州句劍19　　附圖三十五　越王州句劍20　　附圖三十六　越王旨医劍

附圖三十七　越王丌北古劍1　　附圖三十八　越王丌北古劍2　　附圖三十九　越王嗣旨不光劍1

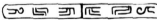

附圖四十　越王嗣旨不光劍2　　附圖四十一　越王嗣旨不光劍3　　附圖四十二　越王不光劍1　　附圖四十三　越王不光劍2

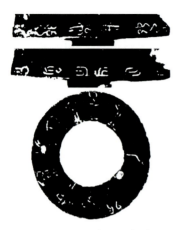

附圖四十四　越王不光劍 3　　　　附圖四十五　越王不光劍 4　　　　附圖四十六　越王不光劍 5

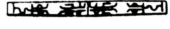

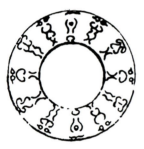

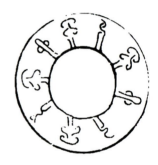

附圖四十七　越王不光劍 6　　　　附圖四十八　越王不光劍 7　　　　附圖四十九　越王不光劍 8

附圖五十　越王不光劍 9

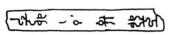

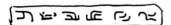

附圖五十一　越王不光劍 10　　　　附圖五十二　越王不光劍 11

𥃲册諸器梳理

首陽齋藏𥃲册盤一件，盤内底鑄銘文“𥃲册”兩字，𥃲字上作兩横置的臣字形目，下作豕形，或將此釋作兩字，如羅福頤先生的《三代吉金文存釋文》一書就將其釋作“䀠獸形”。本文从衆，仍將其釋爲“𥃲”。𥃲當從䀠讀，《説文》：“䀠，左右視也，从二目。凡䀠之屬皆从䀠。讀若拘。”張懋鎔曾指出：“在分析了大量與册有聯綴關係的族徽文字後，可以看出册某或某册只表示某族氏曾擔任過作册這一官職，綴上册字以示其出身。”[1]由此可見𥃲當爲氏族名，册則爲其族人曾擔任作册之職。

𥃲器屢見著録，經檢索，已見著録的𥃲器共十九件：

器　名	原定時代	收　　藏	字數	備　注	著録[2]
𥃲册鼎	商代晚期或西周早期	上海博物館	2	原藏劉體智	集成01373
𥃲册鼎	商代晚期	故宫博物院	2		集成01374
𥃲册鼎	西周早期	英國The Ashmolean Museum[3]	2		集成01375
𥃲册鼎	西周早期	上海博物館	2	原藏劉體智	集成01376
𥃲册斝	商代晚期	故宫博物院	2		集成09199
𥃲册尊	商代晚期	上海博物館	2		集成05573
𥃲册卣	商代晚期	舊金山亞洲藝術博物館	2	傳出洛陽	集成04871

[1] 張懋鎔：《試論商周青銅器族徽文字獨特的表現形式》，《文物》2000年第2期，第48頁。

[2]《集成》即《殷周金文集成》（修訂本），《集録》即《美帝國主義劫掠的我國殷周銅器集録》。

[3]《集成》01375𥃲册鼎之説明稱“現藏英國INGROM氏”，備注又稱“此器與〇三一〇八簋重出，據考古研究所藏陳夢家資料，應爲鼎”。《集成》03108𥃲册簋之説明“現藏英國雅士莫里博物館”。通過查詢the Ashmolean museum網站，INGRAM氏將其收藏的中國文物捐贈給了牛津的The Ashmolean Museum（雅士莫里博物館）。通過英國The Fitzwilliam Museum的林政昇先生介紹，我諮詢了The Ashmolean Museum的Shelagh Vainker女士，她告知The Ashmolean Museum收藏有𥃲册鼎一件，并提供了圖像資料，由此可以了解到這件𥃲册鼎是一件鬲鼎。因此需糾正《集成》的兩個錯誤：1.“INGROM氏”應糾正爲“INGRAM氏”，01375𥃲册鼎之説明應該是“原藏INGRAM氏，現藏英國雅士莫里博物館”；2. 既然03108𥃲册簋與01375𥃲册鼎重出，又根據陳夢家的記録和Shelagh Vainker女士提供的信息證實是鼎，那麽應該去除03108𥃲册簋條目，以免誤導。

（續表）

器　名	原定時代	收　　藏	字數	備　注	著錄
曑册盤	商代晚期	首陽齋	2		集成 10030
曑父丁鼎	西周早期	上海博物館	3		集成 01600
曑册父丁鼎	西周早期		4		集録 A79
曑册父丁方鼎	商代晚期		4	原藏榮厚	集成 01856
曑册父丁簋	西周早期	巴黎色努施奇博物館	4		集成 03320
曑册父丁觶	商代晚期	故宫博物院	4		集成 06390
曑册父丁盉	商代晚期	故宫博物院	4	又稱“冊册盉”	集成 09377
曑册宔父丁簋	商代晚期	故宫博物院	7	傳出洛陽	集成 03604
曑册祖丁壺	商代晚期		4		集成 05045
曑册祖丁卣	商代晚期		4		集成 05046
曑爵	商代晚期	上海博物館	1		集成 07500
曑戈	商代晚期		1		集成 10678

根據銘文内容，我們將十九件曑器分爲曑組、曑册組、曑册父丁組、曑册祖丁組四組。曑組器兩件，曑爵現藏上海博物館，從器形、紋飾看均爲典型的商代晚期風格（圖一）。曑戈則無圖像，但據銘文位於内部兩側的做法分析，應該也是商代晚期之物。

曑册組器八件，著録中一般都定爲商代晚期之器。其中有鼎四件、罕一件、尊一件、卣一件、盤一件。

四件曑册鼎中現藏上海博物館的一件可見其圖像（圖二），此鼎乃劉體智舊藏兩件曑册鼎中的一件，在《善齋吉金録》中有綫圖（王獻唐著《國史金石志稿》中著録的現藏故宫博物院的一件曑册鼎誤用了《善齋吉金録》的綫圖）。這件曑册鼎高 42.7、口徑 32.8 釐米。從這件曑册鼎圖像來看，結合其形制、紋飾及尺寸等特點，我們認爲它們應該是商代晚期或西周早期之器。現藏 The Ashmolean Museum

圖一　曑爵

圖二　𣪇册鼎

圖三　The Ashmolean Museum藏𣪇册鼎

圖四　劉體智藏𣪇册鼎

圖五　𣪇册尊

的𣪇册鼎，從Shelagh Vainker女士提供的圖像可知是一件西周早期的鬲鼎（圖三）。2013年10月24日我們在對館藏青銅器的複檢中發現一件鬲鼎，銘文即集成01376所著録，原藏劉體智的一件𣪇册鼎，器形紋飾均與The Ashmolean Museum所藏的𣪇册鼎一樣（圖四）。

如此，𣪇册鼎的時代應該屬於商代晚期或西周早期。

𣪇册尊（圖五），器形爲商代晚期多見，器腹以四瓣目紋爲裝飾主題也是商代晚期青

圖六　䰌册盤

圖七　舊金山亞洲藝術博物館藏䰌册卣

銅器上才有的現象，如小屯出土觚的腹部（GM793：8）和尊的腹部（GM93：1、2）[1]，這幾件裝飾四瓣目紋的觚和尊均屬殷墟第四期。岳洪彬認爲這種紋飾在殷墟"第三期青銅器上少見，第四期較常見，均爲形體較大的主體紋飾"[2]。䰌册尊與殷墟GM93出土的兩件四瓣目紋尊器形、紋飾相同，應該是同時期器物。

䰌册盤（圖六），林巳奈夫先生定爲西周早期[3]，但該盤無耳，且沒有扉棱，高圈足下也未出現折沿，這些特點均表明其時代不會晚至西周時期，應該還是商代晚期之器。

舊金山亞洲藝術博物館收藏的䰌册卣（圖七），《Bronze Vessels of Ancient China》一書將其斷爲商代晚期，但此卣蓋作圈形捉手，我們現在所知的商代晚期青銅卣之蓋鈕基本都是作花蕾形，極少有作圈形捉手的形式。青銅卣蓋作圈形捉手樣式應該是從西周早期才開始普遍出現的。如西周成王時候的保卣、山西曲沃曲村6069號墓出土的龍紋卣[4]等。而且䰌册卣的紋飾也是商代晚期，特別是西周早期裝飾較多的回首細體雙歧尾的龍紋，山西曲沃曲村6069號墓出土的龍紋卣裝飾的也是此類龍紋。西周早期的遣卣器形、紋飾與這件䰌册卣非常接近[5]，所以我們認爲䰌册卣很可能是西周早期的器物。

從䰌册組青銅器中有圖像資料的四件器物來看，它們分屬商代晚期和西周早期，估計䰌册組器物均爲這段時間内的器物。

䰌册父丁組器有七件：扁足鼎二件、方鼎一件、簋二件、盉一件、觶一件。

其中上海博物館藏䰌父丁扁足鼎，銘文部分銹蝕較甚，從拓片可見䰌父丁三字，根據其餘䰌册諸器銘文的特點，册字多有位於父丁二字之下的部位，我們曾推測很可能䰌

[1]　中國社會科學院考古研究所安陽工作隊：《1969—1977年殷墟西區墓葬發掘報告》，《考古學報》1979年第1期，第83—84、87頁；圖版見《殷墟青銅器》圖版209、215、216。
[2]　岳洪彬：《殷墟青銅禮器研究》第230頁，中國社會科學出版社，2006年。
[3]　林巳奈夫：《殷周時代青銅器の研究・殷周青銅器綜覽一・圖錄》盤33，吉川弘文館，1984年。
[4]　北京大學考古學系商周組、山西省考古研究所：《天馬—曲村1980—1989》第二册，第353頁，圖版玖捌・1、2，科學出版社，2000年。
[5]　中國科學院考古研究所：《美帝國主義劫掠的我國殷周銅器集錄》A613，科學出版社，1962年。

父丁扁足鼎中完整的銘文也是䍣册父丁四字,册字現爲銅銹所掩或所蝕,爲此我們曾將䍣父丁扁足鼎的銘文部位做X光檢測,遺憾的是該鼎銘文的背後正好是器腹上一條寬厚的扉棱,X光無法穿透,是否存有"册"字仍未得以證實。

然據陳夢家先生的著録,美國現存一件形制、紋飾與䍣父丁扁足鼎完全相同的扁足鼎,但書中該鼎銘文却未予著録[1],陳夢家先生認爲它的銘文"乃仿《三代》3·1·8僞刻,不録"。《三代》3·1·8著録的即原藏榮厚的䍣册父丁方鼎銘文,這樣現在美國的這件扁足鼎銘文應該也是"䍣册父丁"四字。如此,則它應該和上海博物館收藏的䍣父丁扁足鼎是同一組器,其可證實上海博物館的這件䍣父丁扁足鼎完整的銘文應該就是"䍣册父丁"四字,也就是證實了我們原先對䍣册父丁扁足鼎銘文缺一"册"字的推測。上海博物館收藏的這件䍣父丁扁足鼎銘文曾爲銹層所遮掩,經剔除重銹後方現,其銘文不會是後刻的。准此,則現藏美國的這件扁足鼎的銘文未必如陳夢家先生所言是僞刻的。因此,儘管上海博物館收藏的這件䍣父丁扁足鼎銘文現僅見"䍣父丁"三字,我們仍將其歸入䍣册父丁組。

故宫博物院藏䍣册宝父丁簋銘文"宝父丁尊彝䍣册"可讀爲"䍣册宝父丁尊彝","宝"當讀作"鑄"。1961年10月陝西長安縣灃西公社張家坡西周銅器窖藏出土西周中期的孟簋"用宝(鑄)兹彝"。商代晚期的康方彝銘文:"用宝(鑄)丁宗彝。"[2]故其餘䍣册父丁諸器銘文應該是此簋銘文的簡式,它們應該屬同一組器。

七件䍣册父丁器中除故宫博物院所藏的䍣册父丁觶和䍣册宝父丁簋未見圖像,其餘五件有圖像。

《殷周金文集成》著録的故宫博物院收藏的䍣册父丁盉當與故宫博物院1999年出版的《故宫博物院50年入藏文物精品集》中著録的眔册盉(圖八)爲同一件器物,這從其器銘拓片的諸多相似處可以確定(圖九)。䍣册父丁盉,侈口長頸,扁圓形腹,下有三柱足,肩上一側有管狀流,另一側有獸首鋬,蓋面隆起,上有圈狀捉手,一側有小鈕,以鏈條連接獸首鋬。這種形制的盉極少,除此之外現在所知僅有兩件,一件是1971年涇陽高家堡M1出土的戈父戊盉,器形與䍣册父丁盉極其相似[3]。另一件是《美帝國主義劫掠的我國殷周銅器集録》中著録的甲盉,器形也是

圖八 䍣册父丁盉

[1] 中國科學院考古研究所:《美帝國主義劫掠的我國殷周銅器集録》A79,科學出版社,1962年。
[2] 中國社會科學院考古研究所:《殷周金文集成》第十六册,09894,中華書局,1994年。
[3] 陝西省考古研究所:《高家堡戈國墓》,三秦出版社,1995年,第28頁,圖版十一·1。

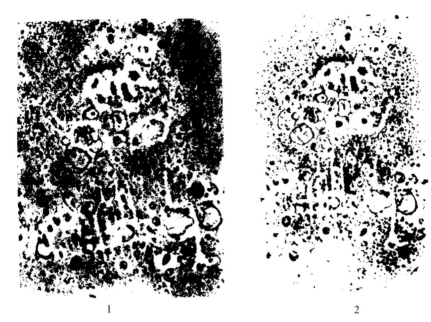

1　　　　　　　　　　　　　2

圖九　彔册父丁盉拓片
1.《故宮博物院50年入藏文物精品集》著録　2.集成09377著録

圖十　彔册父丁簋

如此。陳夢家先生認爲這件盉應該是成、康時期之物[1]。

　　彔册父丁簋(圖十),器形、紋飾與上海博物館藏亞吴簋幾乎一樣,"亞吴"銘文的青銅器分别見於商代晚期和西周早期青銅器上。何景成先生《"亞吴"族銅器研究》一文中根據"亞吴"徽銘的不同特點,將124件"亞吴"族銅器的族徽分爲7類,上海博物館藏亞吴簋的銘文屬於C類,該類族徽的"亞吴"器中有考古發掘資料的兩件,一件"亞吴"盤出土於北京房山琉璃河西周早期墓,一件"亞吴"瓹出土於河南上蔡縣田莊村的西周早期墓,該墓同時出土"亞吴"族徽屬於B類的瓹一件。而在B類"亞吴"族徽的銅器中有考古資料的多屬於西周早期[2]。故上海博物館藏亞吴簋應該屬於西周早期。此外彔父丁簋的器形、紋飾與山西曲沃曲村6131、6210、6080、6081、6214號墓出土的簋[3],寶雞茹家莊1乙墓出土的強伯簋相似[4],陳夢家著録有美國博物館收藏的一件四足簋,除去圈足下連接的四足外,器形、紋飾都與彔父丁簋

[1]　中國科學院考古研究所:《美帝國主義劫掠的我國殷周銅器集録》A335,科學出版社,1962年。
[2]　《古文字研究》第二十五輯,中華書局,2004年,第148頁。
[3]　北京大學考古系商周組、山西省考古研究所:《天馬—曲村1980—1989》第二册,科學出版社,2000年,第336頁,圖版柒玖、捌零、捌壹、捌貳·1。
[4]　盧連成、胡智生:《寶雞強國墓地》,文物出版社,1988年,第292頁,圖版一五九·1、3。

圖十一　聚父丁扁足鼎

圖十二　聚册父丁扁足鼎

極爲相似[1]，圈足下加接四長足的簋是西周早期之後才出現的新式樣，所以這件聚父丁簋的時代應該也是屬於西周早期。

　　聚父丁扁足鼎（圖十一）和聚册父丁扁足鼎（圖十二），上海博物館和陳夢家先生均斷代爲西周早期，迄今未見不同意見。而且這兩件扁足鼎的器形接近於北京琉璃河209號西周早期墓出土的揚鼎[2]。它們在鼎腹均裝飾一周蟬紋，這種裝飾題材和裝飾形式也是比較多見於西周早期青銅器上，如北京琉璃河253號墓出土西周早期蟬紋盤[3]、遼寧喀左馬廠溝窖藏出土的西周早期蟬紋盤[4]、現藏英國維多利亞與阿爾伯特博物館的西周早期征盤[5]。

圖十三　聚册父丁方鼎

　　聚册父丁方鼎（圖十三），器形、紋飾是商代晚期和西周早期流行的式樣，林巳奈夫先生將其斷代爲西周早期[6]。

［1］　中國科學院考古研究所：《美帝國主義劫掠的我國殷周銅器集録》A177，科學出版社，1962年。
［2］　北京市文物研究所：《琉璃河西周燕國墓地1973—1977》，文物出版社，1995年，第117頁，彩版九，圖版五四·3。
［3］　北京市文物研究所：《琉璃河西周燕國墓地1973—1977》，文物出版社，1995年，第197頁，彩版四五·2，圖版六九·5。
［4］　熱河省博物館籌備組：《熱河凌源縣海營子村發現的古代青銅器》，《文物參考資料》1955年第8期，第16頁，圖版十三。
［5］　容庚：《商周彝器通考》圖八二九。
［6］　林巳奈夫：《殷周時代青銅器の研究·殷周青銅器綜覽一·圖録》方鼎53，吉川弘文館，1984年。

圖十四　羃册祖丁卣

圖十五　羃册祖丁壺

由此可見，羃册父丁組的時代應該是以西周早期爲主。

羃册祖丁組共兩件，分別爲《考古圖》《博古圖》所著録，根據兩書所描繪的圖像，一件是羃册祖丁卣（圖十四），一件是羃册祖丁壺（圖十五），兩件器都缺失了提梁。從器形紋飾及銘文來看，它們應該是同一組合的器物。這種形制的壺和卣的組合，在殷墟晚期墓葬中開始出現，如安陽劉家莊1046號墓出土的銅器中就有兩件橢圓體提梁卣和一件圓體長頸壺[1]（儘管報告中將這三件都稱之爲卣，但我們以卣蓋作母口，器作子口；壺蓋作子口、器作母口作爲區分卣和壺的標準，將它們分別稱之爲壺和卣）。值得注意的是1046號墓出土的卣作花蕾形鈕，壺作圈形捉手，而羃册祖丁卣則作圈形捉手，羃册祖丁壺卻作花蕾形鈕。我們在前面已經提到卣形器作圈形捉手是西周早期出現的新式樣，所以這組羃册祖丁壺和卣應該是西周早期的器物。

雖然橢圓體提梁卣和圓體長頸壺的組合，多見於殷墟晚期的考古資料，除上述安陽劉家莊1046號墓外，安陽大司空村303號墓也出土兩件橢圓體提梁卣和一件圓體長頸壺的組合[2]。但是在西周早期的青銅器中我們仍然可以找到這種組合的實例，如現藏美國哈佛大學沙可樂博物館，傳1929年洛陽馬坡出土的橢圓體守宮卣[3]，和1982年出現在英國倫敦富士比拍賣行的長頸守宮壺[4]，此外根據著録，劉體智舊藏有一件未見器形的守宮卣[5]。如此，則守宮器也是兩件卣和一件壺的組合，而且也是橢圓體提梁卣和圓體長頸壺的組合。

這樣，我們可以知道，羃組器均爲商代晚期、羃册組器分屬商代晚期和西周早期、羃册父丁組器應該是以西周早期爲主、羃册祖丁組則屬於西周早期。從羃族銅器銘文的變化軌迹來看，這樣的斷代應該符合羃族活動的大致情況：羃族應該是商代就存在的一個氏族，羃組器均屬商代

［1］ 中國社會科學院考古研究所安陽工作隊：《安陽殷墟劉家莊1046號墓》，《考古學集刊》第15集，文物出版社，2004年，第359頁。
［2］ 中國社會科學院考古研究所安陽工作隊：《殷墟大司空村M303發掘報告》，《考古學報》2008年第3期，第372—373頁。
［3］ 中國科學院考古研究所：《美帝國主義劫掠的我國殷周銅器集録》A612，科學出版社，1962年。
［4］ 劉雨、汪濤：《流散歐美殷周有銘青銅器集録》138，上海辭書出版社，2007年。
［5］ 中國社會科學院考古研究所：《殷周金文集成》第十册，05170，中華書局，1990年。

可證。在商末周初時該氏族曾有族人任職作册,故聚册組器分屬商代晚期和西周早期。該氏族中逝於西周早期的父丁應該是該族的一個重要人物,以致其子孫輩都在爲其製作祭器,西周時期的聚册父丁組和聚册祖丁組器應該就能夠説明這一事實。

另外,從聚字的字形變化來看,我們對聚器的分組是合理的。從聚器銘文可以看到,聚册諸器中"聚"字的"豕"形足部均爲三趾形,在聚册父丁諸器中,除了聚册父丁罍的銘文因銹蝕而不易辨識外,還有聚册父丁觶聚字的豕形未見足部的具體形象,其餘諸器的"豕"形足部均作空心的腳掌形。這種寫法也延續在聚册祖丁組銅器銘文的"豕"形中。張桂光先生認爲:"在西周金文中,⋯⋯有加寫腳趾(▱)的習慣。"[1]儘管張桂光先生的意見主要是針對西周金文中表現人體部件的現象而言,但用這種空心腳掌形表示人或動物的足部無疑是西周金文的特點。這樣就從金文的字形方面再一次證實我們將聚册父丁組、聚册祖丁組銅器斷代爲西周早期是正確的。

據《貞松堂集古遺文補遺》記載,聚册卣、聚册宔父丁簋均出自洛陽,推測聚族的活動區域應該在洛陽附近地區。

2009年7月24初稿於上海博物館

2010年6月22日修訂於上海博物館

2013年10月25日在修訂於上海博物館

(承蒙美國舊金山亞洲藝術博物館許傑館長、賀利女士惠助,提供該館所藏聚册卣的精美圖版;并承 The Ashmolean Museum 的 Shelagh Vainker 女士提供該館所藏聚册鼎的資訊和圖版,特致謝忱。)

補記:

2017年紐約佳士得春拍,其中有一件聚册祖丁卣,器形與《博古圖》9.30著録的聚册祖丁卣相似,但其提梁完整。蓋面和器頸部的紋飾磨損且被銹遮掩,隱約可見爲一周龍紋,頸部中間有獸首突出,紋飾也與《博古圖》著録的聚册祖丁卣相似(附圖一)。但銘文是"聚册作祖丁尊彝"(附圖二),與《博古圖》著録不同,但可以肯定它們應該是同一時期的作品。

感謝紐約佳士得公司童凌驚先生提供圖片資料!

2018年7月25日

原載《中國古代青銅器國際研討會論文集》

[1] 張桂光:《古文字中的形體訛變》,《古文字研究》第十五輯,中華書局,1986年,第153頁。

附圖一

1   2

附圖二

附表：分組銘文表

分　組	拓　　片			
聚　組	聚爵	聚戈		
聚册組	聚册鼎	聚册鼎	聚册鼎	聚册鼎
	聚册斝	聚册尊	聚册卣	聚册盤
聚册父丁組	聚父丁扁足鼎	聚册父丁方鼎	聚册父丁簋	聚册父丁觶
	聚册父丁盉	聚册宎父丁簋		
聚册祖丁組	聚册祖丁壺	聚册祖丁卣		

郳公鎛銘文及若干問題

圖一　郳公鎛

上海博物館收藏有一件郳公鎛，鎛高57.5，舞橫34.8，舞縱27.8，銑間42.2，鼓間33.1釐米，重50.2公斤（圖一）。

鎛鈕由四條體軀相纏的龍紋，兩兩相對而組成。舞部及鎛的鉦部、篆部都裝飾着由印模法制作的，排列整齊、規律的蟠龍紋，這種蟠龍紋由於體軀上有多個羽翅凸起，或被稱之爲羽翅紋。鼓部裝飾的是體軀方折，兩兩相對的蟠龍紋，中間并凸起一個由四片羽翅形成的圓形火紋。枚上的裝飾與同時期絕大多數的鐘或鎛上枚的裝飾有所不同，春秋時期鐘或鎛的半球體枚上一般是裝飾盤旋的龍紋，而郳公鎛的枚上裝飾的是六片旋轉的羽翅紋，看上去猶如花蕾一般。類似這種枚上的裝飾，以前只見於安徽壽縣蔡侯墓出土的青銅編鐘、編鎛[1]，以及江蘇六合程橋二號東周墓出土的青銅鎛上[2]，但它們都是由四片羽翅組成枚的紋飾。

郳公鎛整體的裝飾也與眾不同，當時鎛正反面中間的鉦部，若有銘文一般是鑄於其間，若無銘文則一般是即使留白也不會裝飾花紋的，而郳公鎛的鉦部則裝飾有蟠龍紋，這在當時的青銅鐘、鎛的裝飾中是比較少見的。

一

郳公父鎛的銘文布局很有特點，如果我們以銘文的起始處作爲鎛的正面，那麼銘文的排列順序是正面右銑，正面右側鼓部，正面左側鼓部，正面左銑，反面右銑，反面右側鼓部，反面左側鼓部，反面左銑，即以順時針方向從正面右銑開始，結束於反面的左銑。

---

[1]　安徽省文物管理委員會、安徽省博物館:《壽縣蔡侯墓出土遺物》，科學出版社，1956年，圖版肆肆、圖版伍貳等。
[2]　南京博物院:《江蘇六合程橋二號東周墓》，《考古》1974年第2期，第118頁圖三。

附表：分組銘文表

分　組	拓　　片			
矍　組	矍爵	 矍戈		
矍册組	 矍册鼎	 矍册鼎	 矍册鼎	 矍册鼎
	 矍册斝	 矍册尊	 矍册卣	 矍册盤
矍册 父丁組	 矍父丁扁足鼎	 矍册父丁方鼎	 矍册父丁簋	 矍册父丁觶
	 矍册父丁盉	 矍册宜父丁簋		
矍册 祖丁組	 矍册祖丁壺	 矍册祖丁卣		

郳公鎛銘文及若干問題

圖一　郳公鎛

上海博物館收藏有一件郳公鎛，鎛高57.5，舞横34.8，舞縱27.8，銑間42.2，鼓間33.1釐米，重50.2公斤（圖一）。

鎛鈕由四條體軀相纏的龍紋，兩兩相對而組成。舞部及鎛的鉦部、篆部都裝飾着由印模法制作的，排列整齊、規律的蟠龍紋，這種蟠龍紋由於體軀上有多個羽翅凸起，或被稱之爲羽翅紋。鼓部裝飾的是體軀方折，兩兩相對的蟠龍紋，中間并凸起一個由四片羽翅形成的圓形火紋。枚上的裝飾與同時期絕大多數的鐘或鎛上枚的裝飾有所不同，春秋時期鐘或鎛的半球體枚上一般是裝飾盤旋的龍紋，而郳公鎛的枚上裝飾的是六片旋轉的羽翅紋，看上去猶如花蕾一般。類似這種枚上的裝飾，以前只見於安徽壽縣蔡侯墓出土的青銅編鐘、編鎛[1]，以及江蘇六合程橋二號東周墓出土的青銅鎛上[2]，但它們都是由四片羽翅組成枚的紋飾。

郳公鎛整體的裝飾也與衆不同，當時鎛正反面中間的鉦部，若有銘文一般是鑄於其間，若無銘文則一般是即使留白也不會裝飾花紋的，而郳公鎛的鉦部則裝飾有蟠龍紋，這在當時的青銅鐘、鎛的裝飾中是比較少見的。

一

郳公父鎛的銘文布局很有特點，如果我們以銘文的起始處作爲鎛的正面，那麼銘文的排列順序是正面右銑，正面右側鼓部，正面左側鼓部，正面左銑，反面右銑，反面右側鼓部，反面左側鼓部，反面左銑，即以順時針方向從正面右銑開始，結束於反面的左銑。

[1] 安徽省文物管理委員會、安徽省博物館：《壽縣蔡侯墓出土遺物》，科學出版社，1956年，圖版肆肆、圖版伍貳等。
[2] 南京博物院：《江蘇六合程橋二號東周墓》，《考古》1974年第2期，第118頁圖三。

對於春秋戰國時期青銅鐘、鎛的銘文排列，王世民先生曾做過研究，他認爲春秋戰國時期，青銅鐘或鎛的銘文位置，一般是在正反面的鉦部與鼓部，排列則是以正面鉦部開始向左環讀一周的形式較多[1]。從目前所知春秋戰國時期的青銅鐘、鎛資料來看，在兩銑處鑄有銘文的不多，即使有鑄銘文的，也一般是以正反面的兩銑、鉦部的形式排列，由正面右銑開始向左環讀一周的。如蔡侯編鐘與編鎛，邾公牼鐘、邾公釛鐘等。像郳公鎛這樣兩側銑部及兩側鼓部鑄銘，鉦部無銘的銘文排列形式尚不多見。郳公鎛銘文字數的排列極有規律：銑部均9字，鼓部各四行，由外向内每行分別是4字、4字、2字、1字。如此，正反面各40字，共計80字（圖二、圖三）：

　　　王正九月元日庚午，舍（余）有龖（融）之孳（遜）孫郳公䍼父，惕（惕）龏大命，保朕邦家，正和朕身。乍（作）正朕寶（寶），台（以）共（供）淖（朝）于王所。受貤（施）吉金，荆（型）鑄和（龢）鐘，敬監黏祀，乍（作）朕皇祖覾（恭）公、皇夘（考）惠公彝。㪫（稱）黏臺（堂），用旐（祈）壽考，子之子、孫之孫永耆（祜）是保。

余有龖（融）之孳（遜）孫郳公䍼父

"龖"字的寫法與金文中常見的融字寫法差別較大，但多見於楚簡帛文字中。如

1　　　　　　　　　　　　　　2

圖二　郳公鎛銘文拓片

1.正面銘文拓片　2.反面銘文拓片

[1]　王世民：《西周暨春秋戰國時代編鐘銘文的排列形式》，《中國考古學研究——夏鼐先生考古五十年紀念論文集》（二），科學出版社，1986年，第106—120頁。

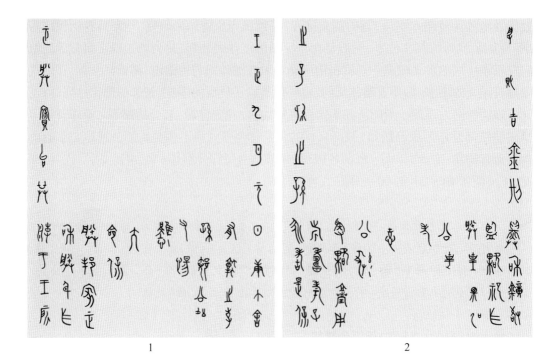

圖三　郳公鎛銘文摹本

1. 正面摹本　2. 反面摹本

《包山楚簡》簡217：“舉禱楚先老僮、祝🔲（融）、毓（鬻）酓（熊）各一牂。”簡237：“舉禱楚先老僮、祝🔲（融）、毓（鬻）酓（熊）各兩牯。”《望山楚簡》M1簡123：“〔祝〕🔲（融）各一羖。”長沙子彈庫出土的楚繒書中“炎帝乃命祝🔲（融），以四神降奠三天”等。融字的寫法基本相同。

　　“有融”，應指“融氏”。王引之《經傳釋詞》：“有，語助也。一字不成詞，則加‘有’字以配之。若虞、夏、殷、周，皆國名，而曰有虞、有夏、有殷、有周是也。推之他類，亦多有此。”故“有融”即指“融”。孫馮翼輯《世本·氏姓篇》：“融氏、祝融之後。”郳國本姓曹。《左傳·襄公十一年》“七姓十二國之祖”，注：“邾、小邾，曹姓。”2002年山東省棗庄市山亭區東江村一號墓出土四件邾友父鬲[1]，銘文與現藏北京故宮博物院傳世的邾友父鬲銘文相同：“邾友父媵其子胙（胙）嬭（曹）寶鬲。”傳清道光、光緒年間山東新泰出土的一批杞伯銅器，有鼎、簋、盆、壺、匜等，銘文所記均是杞伯爲其妻邾曹作器。由此可證邾確爲曹姓無疑。《史記·楚世家》：“帝乃以庚寅日誅重黎，而以其弟吳回爲重黎後，複居火正，爲祝融。吳回生陸終。陸終生子六人，坼剖而産焉。其長一曰昆吾；二曰參胡；三曰彭祖；四曰會人；五曰曹姓；六曰季連，芉姓，楚其後也。”《集解》：“《世本》曰：‘曹姓者，邾是也。’”《索隱》：“《系本》云：‘五曰安，是爲曹姓。曹姓，邾是。’宋忠曰：‘安，名也。曹姓者，諸曹所出。”上海博物館藏郳公鈡鐘銘文：“陸䵼（融）

---

[1]　李光雨、張雲：《山東棗莊春秋時期小邾國墓地的發掘》，《中國歷史文物》2003年第5期，第65頁。

之孫邾公釛作厥和鐘。"陸融一般均認爲應讀作陸終。由此可見邾與郳(小邾)均自稱爲祝融之後。

"𡥈孫",我本釋爲"孝孫",2012年1月5日復旦大學出土文獻與古文字研究中心的裘錫圭、劉釗等教授來我館,看了郳公鎛銘文後表示此字釋孝恐不妥,并指點了重新釋讀的途徑。同人葛亮提示傳世邾討鼎銘文中"子子孫孫"的孫字字形與本銘中的"𡥈"字相同。邾討鼎銘中此字當作"孫"字無誤,但在本銘中釋作"孫孫"顯然不妥。鄂君啓節銘文中"毋舍桴飤",郭沫若先生將"桴"讀作"橇",釋作"遜"[1]。我們認爲"𡥈孫",在此似可釋讀爲遜孫,《書·舜典》:"帝曰:契,百姓不親,五品不遜。"孔安國《傳》:"遜,順也。"司馬迁《報任少卿書》"仆竊不遜",吕延濟《注》:"遜,順也。"《廣韵·恩韵》:"遜,恭也。""遜孫"意即恭順的子孫。孫當泛指後代,用法與邾公釛鐘銘文"陸融之孫"的"孫"字相同。《爾雅·釋親》"子之子爲孫",《注》曰:"孫猶後也。"

郳公,郳之國君。《左傳·莊公五年》:"秋,郳犁來來朝。"《疏》云:"正義曰:郳者附庸之國。犁來,其君之名。……郳之上世出於邾國。《世本》云:'邾顏居邾,肥徙郳。'宋仲子注云:'邾顏別封小子肥於郳,爲小邾子。'則顏是邾君,肥始封郳。《譜》云:'小邾,邾俠之後也。夷父顏有功於周,其子友別封爲附庸,居郳,曾孫犁來,始見《春秋》,附從齊桓以尊周室,命爲小邾子。穆公之孫惠公以下,春秋後六世而楚滅之。'《世本》言肥,杜《譜》言友,當是一人。"王獻堂先生在《春秋邾分三國考》一文中指出:"犁來以無封爵,不得不稱名,以無國名,不得不稱郳。郳初亦爲小國,邾滅因沿其稱,友封于此,仍自爲國,故《穀梁》云:'郳,國也。'郳之舊都,小邾因之,故解詁云'倪者,小邾婁之都邑'也。……小邾一稱,亦非國名之正。立國不自稱小,鄰邦亦不能以小呼之。時人以非舊邾,而原出于邾,于邾上加小爲別。習俗相沿,史家因之,遂號小邾,小邾非其正名也。既非正名,又無定名,故在受爵而後,《春秋》或稱郳,不盡劃以小邾。……稱郳者,沿郳國舊稱也,稱邾者,沿邾國舊稱也。證知當時,實無定名,小邾一號,亦未嘗自用也。"王獻堂先生所論極是。2002年山東省棗莊市山亭區東江村二號墓中出土邾君慶壺及兒(郳)慶鬲,不僅證實了邾與郳之關係,亦證實了當時的小邾確實是或稱邾或稱郳,國無定名[2]。

郳或作倪、兒,《左傳》莊公五年記"秋,郳犁來來朝",《穀梁傳》"秋,郳黎來來朝",《公羊傳》"秋,倪黎來來朝",莊公十五年,《左傳》《穀梁傳》記"宋人、齊人、邾人伐郳",《公羊傳》則爲"宋人、齊人、邾婁人伐兒"。山東省棗莊市山亭區東江村二號墓和三號墓分別出土郳慶鬲及郳慶匜鼎,銘文中"郳"均作"兒"[3]。

[1] 郭沫若:《關於鄂君啓節的研究》,《文物參考資料》1958年第4期,第3頁。

[2] 李光雨、張雲:《山東棗莊春秋時期小邾國墓地的發掘》,《中國歷史文物》2003年第5期,第65頁。

[3] 李光雨、張雲:《山東棗莊春秋時期小邾國墓地的發掘》,《中國歷史文物》2003年第5期,第66—67頁。報告中將三號墓出土的帶流鼎形器據銘文稱之爲匜,李學勤先生據器形改稱之流鼎,參見《小邾國墓及其青銅器研究》,《東岳論叢》2007年第2期。李零先生稱之爲匜鼎,但認爲是帶流的鼎,參見《讀小邾國銅器的銘文——兼論東江墓地的墓主和年代》(棗莊市山亭區政協編:《小邾國文化》,中國文史出版社,2006年,第173頁)。因未見器形,我們根據銘文暫且將其稱之爲匜鼎。

　　鞁父，郳公之名。鑄銘中此字因鑄範損壞的原因，僅存字的上半部分"𩰊"。筆者前几年曾見過一位收藏家所藏的郳公鞁劍，鞁字的上半部分寫法與鑄中郳公之名殘存的上半部分寫法相同：故疑鑄銘中郳公名字應該是"鞁父"。近日由朋友提供現分別藏於山東和香港兩藏家處的另兩件同銘郳公鑄照片，其中一件鑄銘中郳公的名字清晰可見，確爲"鞁父"無疑。

　　劍銘"郳公鞁"，應爲鑄銘"郳公鞁父"之省，郳公鞁即郳公鞁父。《儀禮·士冠禮》"曰伯某甫"，杜預《注》："甫是丈夫之美稱，孔子爲尼甫，周大夫有嘉甫，宋大夫有孔甫，是其類。甫字或作父。"賈公彥《疏》曰："故隱元年'公及邾儀父盟於蔑'，《穀梁傳》云：'儀，字也。父猶傅也，男子之美稱也'是也。"由此可見，古人名字中的父字是表示性別的美稱而已，父字或可省略，如《左傳·昭公十二年》"昔我先王熊繹與吕伋、王孫牟、燮父、禽父并事康王"，杜預注"周公子伯禽"。山東棗莊市山亭區東江村小邾國墓地一號墓出土的邾友父鬲，及現藏北京故宮博物院傳世的邾友父鬲的器主邾友父，一般均認爲即郳的始封君——友，《左傳·莊公五年》疏引杜預的《氏族譜》："小邾，邾俠之後也。夷父顏有功於周，其子友別封爲附庸，居郳。"是友父可省稱爲友。

　　鞁從韋從皮，字書未見，然屢見於曾侯乙墓、包山二號墓、望山楚墓等出土的楚簡中，如《包山楚簡》簡259"一魚鞁（皮）之縷（屢）"，曾侯乙墓竹簡11、15、22、25、28、31、47、69、83、97"鞁繳（彎）"。鞁字在楚簡中或作鞁，如《望山楚簡》M2簡23"魚鞁（皮）之冡、革鞁（皮）"，曾侯乙墓竹簡7、18、35、38、41、49、57、59、79、85、87、89、92、95、114、115"鞁繳（彎）"。由此可知，鞁與鞁或爲一字異體，皆讀爲皮。韋、革二字同義，《説文》："韋，相背也。從舛、口聲。獸皮之韋可以束枉戾相韋背，故藉以爲皮韋。"《儀禮·聘禮》"君使卿韋弁"，注云："皮韋同類，取相近耳。"疏："有毛則曰皮，去毛熟治則曰韋，本是一物，有毛無毛爲異，故云取相近耳。"《説文》："革，獸皮治去其毛，革更之。"《左傳·隱公五年》"皮革、齒牙、骨角、毛羽，不登于器"，疏云："然則有毛爲皮，去毛爲革。"韋與革的區別在於所謂的熟皮與生皮，《漢書·鄭崇傳》："每見曳革履，上笑曰：'我識鄭尚書履聲。'"顏師古注："孰曰韋，生曰革。"就此而言，鞁與鞁儘管都具皮義，但它們在當時可能還是略有區別。所以鞁也不能够排除從"韋"讀的可能。《龍龕手鑒》中録有一"韠"字，"韠，俗，音韋"。

惕懋大命

　　惕，疑爲惕字之誤，金文中雖未見"易"與"昜"互易之例，但在出土文獻中可見多例：

　　《睡虎地秦簡·效律》簡45"相易"之易訛作"昜"：，簡44"相易"之易不訛：

　　《睡虎地秦簡·日書甲種》簡122正叁"宜錢金而入易虛"之易訛作"昜"：

　　《睡虎地秦簡·日書乙種》簡106壹"以結者，易擇（釋）"之易訛作"昜"：；簡195壹"賜某大畐（福）"之賜訛作"賜"：

　　《睡虎地秦簡·秦律十八種》簡13"賜田嗇夫"之賜訛作"賜"：；"賜牛長"之賜

亦訛：■；簡153 "皆不得受其爵及賜" 之賜訛作 "賜"：■

《周家台秦簡・日書》簡195 "賞賜" 之賜訛作 "賜"：■

《馬王堆帛書・陰陽十一脉灸經甲本・陽明脉》45："［聞］木音則傷然驚，心腸，欲獨閉户牖而處"。整理者認爲 "傷"（作■）、"腸"（作■）皆爲 "惕" 之訛字，并舉《靈樞・經脉》"聞木音則惕然而驚，心欲動" 爲證。

《馬王堆帛書・陰陽十一脉灸經甲本・少陰脉》63："氣［不］足，善怒，心腸，恐［人將捕之］。" 整理者認爲 "腸"（作■）亦爲 "惕" 之訛字。

上引數例，儘管都爲秦、漢文獻，但足證古人手書時是很可能將 "易" 誤作 "易" 的，故鎛銘中的 "惕" 字很有可能是 "惕" 字之誤。

《説文》："惕，敬也。"《左傳・襄公二十二年》"無日不惕，豈敢忘職"，杜預注 "惕，懼也"。"戁"，《説文》"戁，敬也"；《爾雅・釋詁下》"戁，懼也"。"惕戁"，即惕懼，敬畏之意。"大命" 即天命，王命。《尚書・太甲上》"天監厥德，用集大命，撫綏萬方"，孔安國傳："天視湯德，集王命于其身，撫安天下。" 青銅器銘文中多有 "膺受大命" 之詞，如毛公鼎、乖伯簋、師克盨、晉公盞等。"惕戁大命"，當義同毛公鼎銘文中的 "勖勤大命"，蔡侯尊銘文中的 "虔恭大命"。

保朕邦家，正和朕身

詞例與默簋銘："用綏（令）保我家、朕位、默身。" 叔向父禹簋銘 "保我邦、我家" 等例相近，義也相似。

"正"，有修正、修養之意，《禮記・射儀》"諸侯自爲正之具也"，疏云："正，謂修正。言射者是諸侯自爲修正之具，言修正得安，由於射也。故前文云：'内志'，正謂此也。" 故 "正和朕身" 應有修身養性之意。

乍（作）正朕寶（寶），台（以）共（供）淖（朝）于王所

寶應爲寶字異體，故宮博物院藏邿叔鐘銘 "永寶用享"、齊縈姬盤銘 "永寶用享"。可見寶字從 "保"，是當時齊魯及周邊地區的一種寫法。

共，即供，楚王酓肯鼎："作鑄鐈鼎，以共（供）歲嘗。"

淖，《説文》："淖，水朝宗於海。從水、朝省。" 小徐本作 "從水、朝省聲。" 金文中 "淖" 字數例，多可讀爲 "朝"，如十年陳侯午敦："陳侯午淖（朝）群邦者（諸）侯于齊。" 陳侯因育敦："淖（朝）臱（問）者（諸）侯。"《春秋・僖公二十八年》"公朝於王所"，注云："王在踐土，非京師，故曰王所。"

這句話的意思應該是説郳公戲父做了寶物，以供覲見駐蹕在外的周王時所用。

受貤（施）吉金

鎛銘中的 "受" 字因銹蝕剥落而漫漶不清，我曾誤識爲 "夏"，讀作 "得"。同人葛亮仔細驗看銘文後告訴我，此字應該是 "受" 字。後與朋友提供的某藏家所藏另一件郳公鎛銘文照片中此字比對，字作■，當如葛亮所言爲 "受" 字無誤。貤字的上部有缺筆，也是從該藏家的郳公鎛銘文照片中可清楚地看到字作■，字當隸定爲 "貤"。貤字不見

於字書,或可釋爲"虵""□",讀作"施"。

"貤"字見於《上海博物館藏戰國楚竹書(六)·慎子曰恭儉》簡4"均分而生(廣)貤（字形）",整理者讀"貤"爲"施",可從。又見於《上海博物館藏戰國楚竹書(二)·容成氏》簡6"尧戈貤（字形）(施)而峕＝",整理者亦讀"貤"爲"施"。

施有予、賜義,《國語·周書中》"故聖人之施舍也議之",韋昭注:"施,予也。"王引之《經義述聞·春秋名字解詁上》之孟舍字施條:"舍之爲言予也,施之爲言賜也。賜亦予也,故名舍字施。"

荆(型)鑄和(龢)鐘,敬监黠祀

荆字井部缺一筆,作丗形,當爲範損之故。查某藏家之郳公鑄銘照片,該字左旁作井形無誤:（字形）。荆即型。《説文》:"型,鑄器之法也。从土、荆聲。"段玉裁注:"以木爲之曰模,以竹曰範,以土曰型"。"型鑄"之詞首見於金文。

监,有司職、主管之意,《國語·周語中》:"火師监燎,水師监濯。"韋昭注:"火師司火,……水師掌水。"

黠字不識,當屬祭名,然究竟屬於哪種祭祀禮儀尚待考證[1]。

"型鑄龢鐘,敬监黠祀"之意,應該是説製作這套鑄鐘的目的,主要是將其用於黠祀禮儀中。

郳公華鐘銘文"鑄其龢鐘,以恤其祭祀盟祀";郳公鈑鐘銘文"作厥龢鐘,用敬恤盟祀",由此可見,在邾、郳等地,存在着在銘文中記録爲某種祭祀禮儀而專門鑄作這套青銅樂器的現象。

乍(作)朕皇祖觐公、皇攷(考)惠公彝

此鑄銘文範的質量較差,多處出現缺筆少劃的現象,如前述郳公之名、貤字的部分。筆劃的缺損在本句中表現更甚,如皇祖某公之公名僅存一筆,右邊依稀有個口部,無法確識。皇考的皇字下部移位,考字下部缺失。皇考惠公之惠字也有缺筆。

從某藏家的郳公鑄銘照片中,我們可以看到皇祖應爲"（字形）公",即觐公。觐,金文中多作"覷",1977年山東省曲阜縣魯國故城望父台春秋墓出土的魯伯念盨,器銘"魯白(伯)念用公覷",蓋銘則"覷"作"觐"[2]。覷即恭,故知郳公敤父之皇祖爲恭公。

惠字上部缺失,根據該字殘存的橫筆有上弧的現象,我們曾推測此字應該是"惠"字,此後經與某藏家所藏郳公鑄銘文照片此字比對,字作（字形）,確認此爲惠字無疑。

叜(稱)黠臺(堂),用旂(祈)壽考

叜即再、稱,《玉篇·冓部》:"再,舉也,又與稱同。"稱有舉行之意,《尚書·洛誥》"王肇稱殷禮,祀于新邑",疏:"顧氏云:'舉行殷家舊祭祀,用周之常法。"何尊銘文:"復再武王禮。"再也應作舉行解。

---

[1]　黠字,裘錫圭等先生認爲或可讀爲祼。
[2]　山東省文物考古研究所、山東省博物館:《曲阜魯國故城》,齊魯書社,1982年,第148頁,圖94。

堂字當即堂。《説文》:"堂,殿也。从土、尚聲。[古文堂字形],古文堂。[籀文堂字形],籀文堂从高省。"此字應該是《説文》所謂古文堂字與籀文堂字的結合體,既是從土尚省聲,又作從高。字上部所從之高,中間的口部筆畫有缺失,但從其上下兩筆之弧度可以判斷原本應該是相連成圈形的[1]。尚之左右兩點則寫作兩口,此在金文中多有先例,如1933年河南浚縣辛村西周墓(M60.5)出土西周早期隃尊(或釋陸尊,現藏臺北中研院歷史語言研究所)銘文中商字兩點作口形可證。安徽壽縣蔡侯墓出土的蔡侯尊和蔡侯盤銘文中"靈頌托商"的商字兩點亦作口型。"堂"字的土部作王形,从土之字在金文中也有寫作壬的,如鄂君啓節中"毀"字中的土部就寫作壬形,而壬字也有寫作三橫一豎如"王"字形,如北京故宮博物院收藏的湯叔盤銘文中的"壬午"之壬,就寫作"王"形。

本句之意應是在殿堂舉行貉禮,用來祈福長壽。

銘文中"叟貉堂"的詞例與趩簋"冓盩先王宗室"相似。馬承源先生把趩簋銘文中"冓盩先王宗室"的"冓"讀作"偁"(即稱),"盩"則隸定爲"鳌",認爲"鳌即鳌,《説文·弦部》:'鳌,讀若戾。'《廣雅·釋詁一》:'戾,善也。'"因而認爲此句應釋作"在先王宗廟中,宣揚先王的美德"[2]。張政烺先生認爲:"冓,讀爲稱。《爾雅·釋言》:'稱,好也。'普通話説適當地。盩,金文常作地名。……字在此亦是動詞,疑讀爲調。《井人鐘》:'憲處宗室'意與本銘相近,盩憲蓋雙聲通假。宗室,銘文常見,皆指宗廟。……按屬王時,周創業已久。後稷遠矣,太王、王季以下有文、武、成、康、昭、穆、恭、懿、孝、夷十王,而孝王是穆王之子、恭王之弟,繼懿王后,立不以序,當屬王世勢必有毀遷祧祔之舉,顧其具體内容則不可考。"[3]他認爲這句話的意思應該是指屬王適當地調整宗廟。張亞初先生則認爲"'冓''偁'原本一字,《説文》'冓'訓'并舉','偁'訓'揚'。'揚'與'并舉'意思相近。……'盩'訓'至'。……在趩簋銘文中'盩'引申爲徧或遍意。'冓盩先王宗室'即并舉遍祀先王宗廟,以示虔敬孝順之意。'冓盩'與《尚書·堯典》'徧于群神'之'徧'相近,此'徧'即徧祭於群神之省。"[4]我們認爲這些解釋似乎都有些牽強,在郳公敏父鎛銘中貉字明確是祭名,根據我們的理解,趩簋銘文中的"盩"字很有可能應該也是某種祭祀禮儀的名稱。"冓盩先王宗室"就是在先王宗廟舉行盩祭儀式,如此則與趩簋銘文中此句之後的大段祈福詞語境完全相符了。

二

銘文中郳公敏父之父是惠公,《左傳·莊公五年》中疏引杜預《氏族譜》云:"小

---

[1] 此推斷已由另兩件郳公鎛銘文中的此字所證實。

[2] 馬承源主編:《商周青銅器銘文選》(三),文物出版社,1988年,第278頁。

[3] 張政烺:《周屬王胡簋釋文》,《古文字研究》第三輯,中華書局,1980年,第109—110頁。

[4] 張亞初:《周屬王所作祭器趩簋考——兼論與之相關的幾個問題》,《古文字研究》第五輯,中華書局,1981年,第154頁。

邾，……穆公之孫惠公以下，春秋後六世而楚滅之。"《左傳》襄公七年、昭公三年和十七年分別記載"小邾穆公來朝"，由此可知穆公是魯襄公及昭公時期的小邾國國君，若以襄公七年和昭公十七年爲其在位的上下限，其時間跨度在公元前566—前525年，如此穆公在位至少有42年。穆公之子，應即邾公敹父鎛銘文中的皇祖恭公，恭公不見於文獻記載，惠公亦僅見於杜預的《氏族譜》中，他們具體在位的年代并不明確。若我們以文獻中最後記載穆公活動的魯昭公十七年爲穆公在位的下限，并以20年爲一代計算，則邾公敹父即位應該是在公元前485年前後。鎛銘首句"王正九月元日庚午"，查張培瑜先生的《三千五百年曆日天象》、徐錫祺先生的《西周（共和）至西漢曆譜》，周敬王42年（公元前478年）的九月初一均爲庚午。這個年代與我們推定邾公敹父在位的年代，及邾公敹父鎛器形與紋飾特徵的時代都是符合的。由此我們可以確定邾公敹父鎛的鑄造年代應該是在公元前478年，即春秋末期。就此而言，可以説邾公敹父鎛是一件春秋晚期年代明確的標準器。

邾國的史料散見於《春秋》《左傳》《公羊傳》及《穀梁傳》中，在這些文獻中可見，雖然每次諸侯會盟，邾（小邾）多參與其中，但真正關於邾之史料仍屬鳳毛麟角。根據文獻及山東棗莊東江小邾國墓地的考古資料[1]，已知的邾國國君有：友（友父、肥）、慶、友之曾孫犁來、穆公、穆公之孫惠公。現在邾公敹父鎛銘文不僅證實了穆公和惠公的存在，還爲邾國世系補充了穆公之子恭公、惠公之子敹父。可以説邾公敹父鎛銘文爲充實邾國世系，又提供了一份可靠的出土文獻依據。

王恩田先生在討論傳世二邾銅器的區別時指出：過去有學者認爲"从蛛形、朱聲者爲邾國器，而从朱从邑者爲倪（小邾）器。東江（作者案：指山東省棗莊市山亭區東江村春秋小邾國墓地）倪器中的邾君慶壺、邾公子害匜等諸器中的邾字都是從蛛形朱聲的字。而并不從邑，證明上述區分原則是不正確的。"王先生的這個意見無疑是對的，但他又進一步認爲"東江銅器給我們的一個重要啓示是倪國國君自稱爲'君'，而不稱'公'。春秋以前'公'是公、侯、伯、子、男五等爵之首。只有像宋、秦、齊等異姓諸侯國國君才可以稱'公'。傳世邾公牼鐘即見於《春秋·襄公十七年》的邾宣公所鑄。邾公華鐘，華即見於《春秋·昭公元年》的邾宣公之子悼公。證明邾國也是有資格稱'公'的。……此外，邾國既然可以稱'公'，其分職設官也應與之相應，司空、司馬等六卿的設置必不可少。倪國不能稱'公'，也就未必有六卿的設置。因此，邾器中帶有六卿之類官銜的邾太宰匜和邾大司馬戈等就應屬邾器，而不能根據邾字的寫法訂爲倪器。"[2]我們認爲王先生關於"倪國不能稱'公'"的意見應該并不完整，他的意見對於邾初封友到邾地，其諸侯國身份尚未得到周王認可之前的小邾國而言可能是對的，這從邾友父匜和邾君慶匜的銘文中，友父和慶均未稱公而得到證實。《左傳·莊公五年》："'秋，郳犁來來朝'。名，未王命也。"注云："未受爵命爲諸侯。"可見直到魯莊公五年，即公元前

[1] 參見李光雨、張雲：《山東棗莊春秋時期小邾國墓地的發掘》，《中國歷史文物》2003年第5期，第65頁；棗莊市山亭區政協：《小邾國文化》，中國文史出版社，2006年。

[2] 王恩田：《棗莊山亭邾器與邾國》，棗莊市山亭區政協編：《小邾國文化》，中國文史出版社，2006年，第159頁。

689年，小邾國的諸侯國身份尚未得到周王的認可。《春秋·僖公七年》："夏，小邾子來朝。"注："郳犁來始得王命而來朝也。"《左傳·莊公五年》疏云："僖七年經書'小邾子來朝'，知齊桓請王命命之。"如此是在公元前653年左右，小邾國的諸侯身份在齊桓公的斡旋下，終於得到了周王的認可。自此以後在《春秋》經傳中多次出現了小邾國國君參予諸侯會盟的記載，表明小邾國已位列諸侯國之列了。《左傳·襄公七年》記"小邾穆公始來朝"，表明在諸侯國身份被周王認可後，小邾國國君稱公應該是順理成章的事情了，郳公齧父鎛的銘文可以最直接最充分地證實這一點，所以王恩田先生關於"倪國不能稱'公'"的意見應該是不夠準確的。因而，由此推斷出郳國不設六卿，所以"邾器中帶有六卿之類官銜的邾太宰匜和邾大司馬戈等就應屬邾器"，不可能是郳器的結論也是不夠可靠的。邾太宰匜和邾大司馬戈從器形、紋飾及銘文等因素分析應該是春秋晚期的器物，這時郳的諸侯身份已得到周王的認可，其設置六卿等官僚體系也在情理之中。當然，這兩件銅器究竟是邾國銅器還是郳國銅器，尚有待於做進一步的分析與研究。

補記：

　　裘錫圭等先生來上海博物館目驗了郳公鎛銘文後，認爲"再賂🜚"，讀作"舉祼瓚"似乎更爲妥帖，這個意見非常值得重視。《周禮·鬱人》"鬱人掌祼器"，鄭玄注："祼器謂彝及舟與瓚。"《周禮·典瑞》"祼圭有瓚，以肆先王，以祼賓客"，《注》謂："鄭司農云：'于圭頭爲器，可以挹鬯祼祭，謂之瓚。'"毛公鼎銘"賜汝秬鬯一卣，鄰（祼）圭瓚（瓚）寶"；榮簋銘"王休賜厥臣父榮瓚（瓚）、王霧（祼）、貝百朋"。這都表明瓚是祼禮中使用的器皿。毛公鼎和榮簋銘文中的"瓚（瓚）"字的字形與郳公鎛銘中的"🜚"字形非常接近，而麥方鼎銘文中"邢侯祉（延）嘱（瓚）于麥"的"嘱（瓚）"字更是與"🜚"的字形更爲相似。所以"🜚"釋爲"瓚"的確可能更爲合適。

　　在銘文的釋讀過程中，承蒙同人葛亮提供了不少很好的意見并提供極具價值的參考資料，謹致謝忱！

　　銘文拓片：謝海元、李孔融
　　銘文摹本：葛亮

2011年9月13日初稿於上海博物館

2011年11月23日修改於上海博物館

2012年1月12日再修訂於上海博物館

原載《古文字研究》第二十九輯

春秋時期吴王室有銘青銅劍概述

　　根據已刊布的資料統計，吴王室有銘文的青銅劍共有31件，依據各位吴王在位次序或器主與吴王的關係排列，大致情況如下：

　　一、吴王諸樊相關的青銅劍有5件，其中諸樊本人2件，諸樊之子2件，諸樊之弟子1件。

　　1. 1959年安徽淮南市蔡家崗趙家孤堆戰國墓出土的工𫘪太子姑發𦦎反劍[1]，是目前所知最早的有銘文的吴王室青銅劍。劍作窄格、圓莖、平圓形劍首的式樣。劍長36.4、格寬3.8釐米。劍身中間有凸起的棱形中脊，兩側鑄有銘文35字："工（攻）𫘪（吴）大（太）子姑發𦦎反，自作元用，才（在）行之先，云（員）用云（員）隻（獲），莫敢致（御）余，余處江之陽，至于南行西行。"自郭沫若和商承祚兩位先生先後論證"姑發𦦎反"即壽夢之子諸樊後[2]，此觀點一直被學術界所接受，幾無異議。劍銘自稱"工𫘪太子姑發𦦎反"，可知當時諸樊尚爲太子，諸樊是吴王壽夢之長子，壽夢在位於公元前585—前561年，此劍的製作當在這段時間内。

　　2. 1983山東沂水諸葛公社略疃村春秋墓出土的工𫘪王劍[3]，劍爲無格扁莖無首的式樣，莖下部有殘缺，劍殘長33、寬3—4釐米。劍身中間有凸起的棱脊，劍身兩側鑄銘文16字："攻𫘪（吴）王乍（作）元巳（祀）用劍，其江之台（涘），北南西行。"董楚平先生認爲"銘文最後兩句，與'工𫘪太子姑發'劍的銘文極近似，此'工𫘪王'疑即諸樊。"[4]

　　3. 1982年湖北襄樊市襄陽縣余崗鄉陸寨村襄北農場新生磚瓦廠發現攻𫊣王姑癹郏之子劍，[5]劍作寬格圓莖圓首的式樣，莖上有兩道凸箍，格飾鑲嵌緑松石紋樣。劍身中綫起脊，兩側鑄有銘文17字："攻𫊣（吴）王姑癹（發）郏之子𩰙（曹）𪓷众𫈶（尋）鼎（員）自作元用。"朱俊英、劉信芳兩先生將器主釋作"曹𪓷众飛"，因爲"劍銘'众飛'與'終纍'讀音相通"，故他們認爲器主可能就是《左傳·定公六年》所載"吴大子終纍敗

---

[1]　安徽省文化局文物工作隊：《安徽淮南市蔡家崗趙家孤堆戰國墓》，《考古》1965年，第4期，第204頁。

[2]　郭沫若：《跋江陵與壽縣出土銅器群》，《考古》1963年第4期，第181頁；商承祚：《"姑發𦦎反"即吴王"諸樊"別議》，《中山大學學報》1963年第3期，第68頁。

[3]　沂水縣文物管理站：《山東沂水縣發現工𫘪王青銅劍》，《文物》1983年第12期，第11頁。

[4]　董楚平：《吴越文化新探》，浙江人民出版社，1988年，第334頁。

[5]　朱俊英、劉信芳：《攻𫊣王姑發郏之子曹𪓷劍銘文簡介》，《文物》1998年第6期，第91頁。

楚舟師"的吳太子終纍。然魯定公六年(公元前504年)上距吳王諸樊之卒年(公元前548年)44年,此時已是吳王闔閭11年,其中經歷了餘祭、餘眛、僚等諸位吳王,終纍的身份尚爲吳太子,故此終纍不可能是諸樊之子。"曹䥷众尋"究竟是諸樊哪個兒子,尚待考證。

4. 2003年山東新泰市周家莊東周墓葬出土一件攻敔王姑發者反之子通劍,劍作扁莖無格的式樣,劍長46.3、寬4.3釐米。劍身中間起脊,兩側鑄銘文十四字:"攻敔(敔)王姑癹(發)者反之子通自作元用。"[1]

5. 1985山西榆社先城關鎮關村三角坪出土的工盧王姑發䏌反之弟子劍[2],劍作窄格圓莖圓首形,劍身中綫起脊,兩側鑄銘文24字:"工(攻)盧(吳)王姑發䏌(䏌)反之弟子子□其後,宅(擇)乓(厥)可(吉?)金,㠯(以)作其兀(元)用劍。"該劍銘文的關鍵在於對器主的認識,曹錦炎先生將這部分銘文釋作"姑發䏌(䏌)反之弟季子者(?)尚",他認爲:"者(?)尚,者字殘存下半,是否'者'字尚有疑問。季子者尚,季子是身份、稱謂,'者尚'是人名。……季札或稱'季子',見於《左傳》《公羊》《史記》等史籍,也見於傳世的一件'季子之子'劍。本銘稱'工盧王姑發䏌反之弟季子者尚',其身、稱謂均與典籍記載的季札相一致,可見其即爲季札無疑。"[3]王輝、董楚平等雖對"者尚"兩字有不同的釋讀,但基本都認同器主爲諸樊之弟季子[4]。劉雨先生在《近出殷周金文集錄》第四冊1229號將該劍的釋文讀作"工盧王姑發䏌班之弟,季子伊其後",雖未作具體解讀,但也是認可了"季子"之說的。施謝捷先生認爲:"'弟'下一字,從拓本看似即'子'字,此劍二'子'連用而不作重文,當求文字對稱整齊之故。吳王光殘鐘的'沽沽'即有作重文及分書兩種形式,同此。舊均釋'季',恐未必。若果是'子'字,則此劍劍主應爲吳王諸樊之'弟子',而非其'弟'。"[5]吳鎮烽先生將劍銘釋讀爲"工(攻)盧(吳)王姑發䏌(䏌)反之弟子子□其後,宅(擇)乓(厥)可(吉)金,㠯(以)作其兀(元)用劍"[6]。這與施謝捷先生的意見是比較一致的。我個人比較傾向於同意施謝捷和吳鎮烽兩先生的意見,無論從照片還是拓片看,劍銘中"弟"下一字都是"子"字無疑。"弟子"在古代可作門徒、學生解,但在此處似可理解爲兄弟之子。《後漢書·應劭傳》:應劭"弟子瑒、璩并以文才稱",注謂:《華嶠書》曰:'劭弟珣,字季瑜,司空掾。珣生瑒。'《魏志》曰:'瑒字德璉,瑒弟璩字休璉,咸以文章顯'也。"故劍的主人應該是諸樊某兄弟之子,名子□,當時是諸樊爲王,其侄子以諸樊表明自己的身份也在情理之中。

[1]　任相宏、張慶法:《吳王諸樊之子通劍及相關問題探討》,《中國歷史文物》2004年第5期,第15頁。張勇、畢玉梅:《山東新泰出土吳王諸樊之子通劍》,《華夏考古》2013年第2期,第95頁。
[2]　晉華:《山西榆社出土一件吳王肵發劍》,《文物》1990年第2期,第77頁。
[3]　曹錦炎:《吳季子劍銘文考釋》,《東南文化》1990年第4期,第109頁。
[4]　王輝:《關於"吳王肵發劍"釋文的幾個問題》,《文物》1992年第10期,第89頁;董楚平:《吳越徐舒金文集釋》,浙江古籍出版社,1992年,第94頁。
[5]　施謝捷:《吳越文字彙編》,江蘇教育出版社,1998年,第540頁。
[6]　吳鎮烽:《商周金文資料通鑒》檢索系統,2010年,第17975號。

　　在這5件與諸樊相關的青銅劍中，工獻太子姑發䣏反劍是諸樊爲太子時所作，其時應在吳王壽夢時期，即公元前585—前561年間。工獻王劍若確屬諸樊，自當作於其執政時期；兩件諸樊之子劍銘文都自稱攻敔王諸樊之子，按常理此時諸樊應還在世。至於諸樊之弟子劍，若按拙見是諸樊某兄弟之子，則至少是諸樊的侄子輩，然其銘文仍冠以攻敔王諸樊，表明此劍的製作尚在諸樊執政時期，也就是説此四劍的時代可具體到公元前560—前548年之間。

　　二、吳王餘祭相關的青銅劍有5件，其中餘祭未即位之前有2件劍，餘祭即位吳王後有3件劍。

　　1. 1997年浙江紹興市魯迅路出土一件壽夢之子劍[1]，劍作無格扁莖的式樣，劍殘長39.5釐米。劍中間有凸起的平脊，劍身兩側鑄有銘文40字："攻致（敔）王姑發難壽夢之子戝䣏之義□，初命伐□，又隻（有獲）。昏（荆）伐郘（徐），余窴（親）逆，攻之。敗（敗）三軍，隻（獲）[車]馬，攴七邦君。"

　　曹錦炎先生認爲："'姑發'爲吳國王室的氏稱，……戝䣏，人名，吳王壽夢之子的名字。戝，從戈從句，爲雙聲字，讀作'戈'或'句'均可。'䣏'，從舍從邑，即舒國之'舒'的本字。……'戝'可讀爲'句'。而'舍'字本從'余'聲，與'餘'讀音相同。由此可見，《左傳》所記的吳王'句餘'，正是劍銘所記的'戝䣏'，也就是吳王餘祭。"[2]

　　李家浩和董珊先生先後撰文討論該劍銘文，雖然他倆的意見也有不盡相同之處，但他們都不僅重新釋讀銘文，進而提出器主不是吳王餘祭，應該是吳王餘眛的觀點；而且他們都論證了銘文中提及的吳伐巢及因徐攻楚諸戰事，在文獻中都記載在餘眛執政之世，以此證明該劍應鑄於餘眛執政且與楚戰事之後的這段時間内[3]。

　　李家浩和董珊先生的意見很值得重視，但是如果正如他們的釋文，器主是吳王餘眛，以及所論證的吳伐巢及因徐而攻楚等諸戰事，均發生在餘眛爲王的時期，此時距吳王壽夢去世已多年，且餘祭也已過世，那麼按理餘眛自鑄之劍的劍銘，可以直呼其爲攻敔王餘眛，或者退一步可以自稱爲吳王壽夢之子餘眛，何必再自稱"攻敔王姑發難壽夢之子戝䣏之弟未"呢？在這個問題尚未有可信的研究結果出來之前，我認爲還是按照曹錦炎先生的意見，將此劍的器主斷爲壽夢之子餘祭，鑄劍的時間斷在壽夢爲王的時期比較妥當。

　　2. 北京保利博物館收藏有一件吳劍，劍爲無格扁莖的式樣，劍身飾有菱形暗紋，劍長32.4、寬3.3釐米。劍身中間有凸起的菱形脊柱，兩側鑄銘文十字："工盧大戝矢工盧自元用。"[4]

---

[1]　曹錦炎：《吳王壽夢之子劍銘文考釋》，《文物》2005年第2期，第67頁。

[2]　同[1]。

[3]　李家浩：《攻敔王姑義雜劍銘文及其所反映的歷史》，《古文字與古代史》第一輯，中央研究院歷史語言研究所，臺北，2007年，第293頁；董珊：《讀吳王壽夢之子劍銘的補充意見和推測》，復旦大學出土文獻與古文字研究中心網，2008年1月20日，http://www.gwz.fudan.edu.cn/SrcShow.asp?Src_ID=319。

[4]　《保利藏金》編輯委員會：《保利藏金》，嶺南美術出版社，1999年，第253頁。

在《保利藏金》一書中，該劍被定名爲矛，此後馮時先生將劍銘第五字識作"矢"，讀爲"鏦"，他認爲："《方言九》：'矛，吳揚江淮、南楚、五湖之間謂之鏦，……。'知鏦乃吳語。……鏦與有骹有銎矛的主要區别在於，有銎矛的安裝方法是將木柲插於銎中，因穩定性好，故柲也較長。而鏦無銎，需要將鏦莖插於木柲之中，工廬大叔鏦之莖部留有清晰的木痕，即爲明證。"[1]

李家浩先生則將該劍定名爲鈹，他認爲："其形態與秦、三晋的鈹相似。"另外他認爲此器的銘文與以往吳兵銘文的格式不同，銘文的次序可能有誤，"是當時的工匠在製造陶范時誤植的結果"，而且其中後面的"工廬"兩字係衍文，所以他將銘文重新排列後釋作："工廬大矢叔（作）自元用。"[2]

董珊先生則認爲這件吳兵是劍。他將劍銘的第五字釋爲"矣"，并指出："過去，有學者根據保利劍銘的誤摹本釋此字爲'矢'字，讀爲'鏦'，認爲是鈹的異名，現在看來是靠不住的。"他認爲"大叔矣工廬"是吳王名字，指出：要"找到一個在文獻中可以對應的吳王名，那最直接的又是唯一的就是'戴吳'。這樣論證，無需多費筆墨。視此爲定點，'戴'就對應'叔矣'、'大叔矣'。'戴'是端母之部字，'大'是定母祭部字，端、定俱爲舌頭音。'叔'從虘聲，莊母魚部字。'戴'從哉聲，同諧聲偏旁的字，例如'哉'、'載'，是精母之部字（在，才，從母），莊、精都是齒音聲母。'矣'的聲母是喻三，上古音歸匣母，屬喉音，韵爲之部，與'戴'同韵。綜合上述，大、叔與戴聲母相對應，矣與戴的韵母相對應。'工吳'與'吳'相對應。"因爲"在傳世文獻中，餘祭有戴吳、句餘共三個稱呼"，所以此劍的作器者應該就是吳王餘祭。[3]

我們比較贊同董珊先生的意見，將其歸之於劍屬。不僅因爲銘文被正確釋讀，失去了將其稱鈹的文字依據，還因爲該劍的劍身末端作平直形，與莖部作直角形連接，與一般我們稱之爲鈹的鈹身末端作斜收連接莖部的形式不同。1983年山東沂水諸葛公社略瞳村春秋墓出土的工䲩王劍，[4]與保利博物館的這把劍形式相似，其自銘爲"劍"，雖然該劍的劍莖殘缺，劍殘長33釐米，但從劍的現存部分推測，該劍莖的殘缺部分不會超過3釐米，由此可證當時存在着這種形式的青銅短劍。至於劍的莖部存有木痕，并不足以證明它就應該是插於木柲中的鈹，因爲扁莖劍在實際使用中也需要在莖部夾上木片并用絲繩捆扎成所謂的"纏緱"，以方便於使用者持握。

馮時先生較早已認識到此劍的作器者是餘祭："餘祭又名戴吳。今據銘文，知戴吳本作'大叔'。"但他認爲："大叔似爲餘祭之字，……'工廬'（句餘）實即餘祭，爲餘祭名號。"此外，他還正確地指出："此器餘祭未稱王，應作於其即位前，與工廬季子劍時代相近。"[5]

［1］ 馮時：《工廬大叔鏦銘文考釋》，《古文字研究》第二十二輯，中華書局，2000年，第113—114頁。

［2］ 李家浩：《談工廬大矢鈹銘文的釋讀》，《古文字研究》第二十六輯，中華書局，2006年。

［3］ 董珊：《新出吳王餘祭劍銘考釋》，復旦大學出土文獻與古文字研究中心網，2009年5月10日，http://www.gwz.fudan.edu.cn/SrcShow.asp?Src_ID=784。

［4］ 沂水縣文物管理站：《山東沂水縣發現工廬王青銅劍》，《文物》1983年第12期，第11頁。

［5］ 馮時：《工廬大叔鏦銘文考釋》，《古文字研究》第二十二輯，中華書局，2000年，第113—114頁。

3.1988年湖北穀城縣城關鎮西皮家洼出土一件攻盧王虘攽此郐劍[1]，劍殘斷，爲山字形窄格圓莖劍的式樣，圖像上劍首殘缺，據報告中介紹："劍首平實，無紋飾。"劍殘長28.5，劍身寬4.4釐米。劍中脊凸起，兩側鑄銘文12字："攻盧（吳）王虘攽此郐（郐）自作元用劍。"

4.無錫一位收藏家有一件攻敔王盧戗此郐劍，[2]劍殘斷，據介紹劍之前鋒由藏家打磨而成，劍莖也爲後人補鑄成扁圓形。從圖像看，此劍原應爲窄格圓莖平圓首式樣。劍殘長32.1、刃的最寬處4.4釐米。劍之中脊凸起，兩側鑄銘文12字："攻盧（敔）王盧戗此郐自作其元用。"

5.2009年4月在"鳳鳴岐山——周文化國際學術研討會"上，曹錦炎先生提交的論文中介紹了一件2006年在杭州市郊老余杭的南湖出土的吳王餘祭劍[3]。據介紹，劍前部殘斷，僅存原劍的二分之一長，劍爲窄格圓莖平圓首形，殘長19.2，寬約4.8釐米。從拓片看劍身中間有棱形脊，兩側鑄銘文二十六字："工吳王虘吷（夠）工吳擇其吉金，台（以）爲元用。又（有）彴（勇）無彴（勇），不可告仁。其智（知）之。"[4]

曹錦炎先生在其論文中認爲："工吳王"的工吳是國名，即吳國。"虘吷夠工吳"則是吳王的名字。他認爲：吷字"從'屮'從'矢'，'屮'即'句'字所從的聲符，所以此字可以看作是從'句'得聲，也可以寫作'夠'。'工吳'兩字雖與上國名重合，但不能視作衍文，其與'虘吷'是構成完整的四字人名。……其就是吳王餘祭名字的另一種寫法。"董珊先生認同該劍的器主是吳王餘祭的推斷，但他就銘文的釋讀，特別是器主名字的釋讀提出了很好的意見（詳見上文討論保利所藏吳劍銘文時所引的論述）。

對於餘祭劍中吳王名字的不同寫法，吳鎮烽先生認爲："'虘'與'盧'相通。'吷'爲'攽'字之省。'攽'從戈從句聲。'吷'從戈（原文誤爲各）從屮聲。其實'句'也本從屮聲。此字不見《說文》在此當讀爲句。'郐'是'郐'字的繁構，金文中徐國的'徐'就寫作'郐'，原本作'余'，春秋時期增邑旁。……'郐'，'舍'字加邑旁，即舒國的'舒'。'舍'本從余聲，與'余'讀音相同。所以'虘攽郐'是'盧吷此郐'的省稱。此三劍系一人所作，即'句餘'。古越語具有多音節的習俗，春秋時吳越人稱'盧吷此郐''虘攽此郐'或者'虘攽郐'在文獻記載中作'句餘'。"[5]

"句餘"究竟是吳王餘祭還是吳王餘眛，自古以來諸家說法不一，陳萬千先生從杜預說，將湖北出土的攻盧王虘攽此郐劍定爲吳王餘眛時期[6]。曹錦炎從服虔說，將紹興出土的壽夢之子劍的器主定爲餘祭[7]。吳鎮烽先生也認爲："服虔說較爲符合歷史事實，……句餘自當是餘祭。那麼，'盧吷此郐'、'虘攽此郐'或者'虘攽郐'也就是吳

［1］　陳萬千：《湖北穀城縣出土"攻盧王虘攽此郐"劍》，《考古》2000年第4期，第95頁。
［2］　吳鎮烽：《記新發現的兩把吳王劍》，《江漢考古》2009年第3期，第81頁。
［3］　承蒙復旦大學郭永秉老師提供會議論文等相關資料，特致謝忱。
［4］　曹錦炎：《工吳王虘夠工吳劍銘文考釋》，"鳳鳴岐山——周文化國際學術研討會"論文集，岐山，2009年。
［5］　吳鎮烽：《記新發現的兩把吳王劍》，《江漢考古》2009年第3期，第81頁。
［6］　陳萬千：《湖北穀城縣出土"攻盧王虘攽此郐"劍》，《考古》2000年第4期，第95頁。
［7］　曹錦炎：《吳王壽夢之子劍銘文考釋》，《文物》2005年第2期，第70頁。

王餘祭。"鄒意以爲曹錦炎和吳鎮烽兩先生均以《左傳‧襄公二十八年》齊相慶封"奔吳,吳句餘予之朱方"爲例,表示《左傳》《史記》均記此事在餘祭三年,此時餘眛尚未成爲吳王,無權賞賜封邑,故此吳王句餘只能是餘祭,這個意見是比較合理的。所以這五把劍的器主都應該是餘祭,只是壽夢之子叡戉郤劍和保利博物館所藏的工盧劍,應鑄於吳王壽夢在位時,即公元前585—前561年之間。攻盧王叡戉此郤劍、攻敔王盧戉此郤劍和工吳王叡姁工吳劍,則均爲餘祭即位後所作,其年代可具體到公元前547—前544年[1]。

三、吳王僚劍1件。由無錫博物院徵集,劍作無格無首棱形扁莖的式樣,劍身有所謂"王"字形暗紋,劍長41、最寬2.7釐米。劍身中綫起脊,兩側鑄有銘文12字:"攻敔(敔)王者彶叡戉自作元用劍。"吳鎮烽先生認爲:"從音讀分析,頗疑'者彶叡戉'就是《左傳》所稱的州于。'者'爲魚部照紐,'州'爲幽部照紐,聲符相同,魚幽旁轉,故相通無礙。……'戉'字從構形分析,从虎从力,如'虎'爲聲符,則可讀爲'于'。'虎'爲魚部曉紐,'于'爲魚部匣紐,疊韵,曉匣旁紐通轉。'者彶叡戉'是春秋時期吳越一帶所用的多音節夷式名,'州于'爲華化名。'者彶叡戉'就是'州于'的緩讀音,急讀即'州于'。……'州于'也就是吳王僚,《左傳‧昭公二十年》'員如吳,言伐楚之利於州于',杜注:'州于,吳子僚。'"[2]吳王僚,《史記》記其爲餘眛之子,《公羊傳‧襄公二十九年》則記其爲壽夢之長庶子,現在一般以爲《公羊傳》之説較爲可信。

董珊先生同意該劍的主人是吳王僚,但在銘文的釋讀上提出了一些不同的見解[3]。

若此説成立,則這是目前所知唯一的一把吳王僚青銅劍,吳王僚於魯昭公十五年(公元前527)繼位,第二年改元,於魯昭公二十七年(公元前515年)被弑,此劍應鑄於這十二年間。

四、與吳季子相關的劍2件。吳季子即吳王壽夢第四子季札,《史記‧吳太伯世家》:"季札封於延陵,故號曰延陵季子。"季札掛劍的故事歷代傳誦,然迄今未見季札本人的劍,僅見吳季子之子逞劍銘文的拓本或摹本。

1. 最早著録吳季子之子逞劍銘文摹本的是阮元的《積古齋鐘鼎彝器款識》,銘文爲兩行十字:"吳季子之子逞之元用劍。"之後該劍銘文的著録基本上都是摹本,最早的銘文拓本見於《周金文存》。但是據容庚先生《鳥書考》中介紹,該劍是錯金銘文[4],此説遂爲後人所引用。按常理錯金銘文是無法製作拓片的,程瑤田的《考工創物小記‧桃氏爲劍考》最早提及吳季子之子逞劍,程氏謂:"有胡生得孫退谷所藏吳季子之子劍劍銘拓本,遂以遺余,其篆爲鳥蟲書,十字二行。"由此可見,程瑤田所得到的是吳季子之子劍的劍銘拓本。如此看來,所謂吳季子之子劍爲錯金銘文的説法恐怕是誤傳,該劍銘文應該

---

[1] 餘祭在位年數,《左傳》記載爲4年,自魯襄公二十六年到二十九年(西元前547—前544年),《史記‧吳太伯世家》錯記爲17年,而把餘眛在位的17年誤記爲4年,使兩位吳王的在位年數相反了。

[2] 吳鎮烽:《記新發現的兩把吳王劍》,《江漢考古》2009年第3期,第82頁。

[3] 董珊:《吳王者彶盧虍劍銘考》,復旦大學出土文獻與古文字研究中心網,2009年10月2日,http://www.gwz.fudan.edu.cn/SrcShow.asp?Src_ID=928。

[4] 容庚:《鳥書考》,《中山大學學報》1964年第1期。

還是鑄銘。

從《周金文存》所録吳季子之子劍的全形拓可知，該劍是窄格圓莖平圓首的式樣，容庚先生據《周金文存》該劍的全形拓測量該"劍長一尺五寸九分"[1]，照此折算約爲53釐米。

2. 1971年在陝西三原縣南大街廢品收購門市部揀選到一把季子之子劍[2]，劍前鋒部殘缺，爲寬格圓莖圓首劍，莖部有兩道凸箍，殘長29.5、刃寬3.7釐米。劍中綫起脊，兩側分別有銘文"季子之子""之元用劍"。劉雨先生主編的《近出殷周金文集録》1224號著録該劍，并將"季子"改釋爲"北子"。吳鎮烽先生在其《商周金文資料通鑒》檢索系統第17997號又將其改釋爲"北孝子"。劉雨先生是將劍銘首字鳥飾中的兩鳥足誤釋爲"北"字；吳鎮烽先生則是還將首字釋讀爲"北孝"兩字。其實該劍上部殘斷，所存8字與吳季子之子逞劍銘文比對，可知其兩側銘文上部分別缺失了"吳"字和"逞"字，其餘8字與吳季子之子逞劍兩側的下面8字不僅内容相同，而且字體也幾乎相同，原釋應該無誤。該劍殘缺的前鋒部分兩側應該分別尚存"吳""逞"二字。施謝捷先生則認爲該劍"屬傲作贋品"[3]。我因未曾目驗該劍實物，姑隨衆識，仍將其列於此。

季子爲吳王壽夢之子，壽夢卒於公元前561年。據《史記·吳太伯世家》吳王僚十二年（公元前515年）公子光弑殺吳王僚，即位吳王時，季子尚在世。吳季子之子逞劍的製作，可以在壽夢生前直至吳王光即位的這段期間内。

五、吳王光劍5件[4]。吳王光即闔廬，《史記·吳太伯世家》："公子光竟代立爲王，是爲吳王闔廬。"

1. 1964年山西原平縣峙峪村春秋墓出土一件攻敔王光劍，劍作寬格圓莖圓首形，劍身飾火焰紋（或稱王字形暗紋），劍格兩面飾獸面紋。劍身中綫起脊，兩側鑄銘文8字："攻敔王光自作用劍。"[5]

2. 1978年安徽南陵縣三里鄉出土一件攻敔王光劍，出土時劍被工具擊斷[6]。從《皖南出土商周青銅器》一書中該劍修復後的圖像來看，劍應該作窄格圓莖圓首的式樣，劍首殘缺，莖部没有發現原報告中所謂"有兩道箍棱"的現象，劍殘長43.4釐米[7]。劍身中綫起脊，兩側鑄有銘文12字："攻敔王光自作用劍，台（以）戜（擋）戜（勇）人。"

［1］ 董珊：《吳王者彶盧虘劍銘考》，復旦大學出土文獻與古文字研究中心網，2009年10月2日，http://www.gwz. fudan.edu.cn/SrcShow.asp?Src_ID=928。
［2］ 馬琴莉：《三原縣博物館收藏的商周銅器和陶器》，《文博》1996年第4期，第86頁。
［3］ 施謝捷：《吳越文字彙編》，江蘇教育出版社，1998年，第541頁。
［4］ 吳鎮烽先生的《商周金文資料通鑒》檢索系統第18070號收録有一件某收藏家藏的一件吳王光劍，據吳鎮烽先生描述："斜寬從窄格式，尖鋒鋭利，中脊起綫，兩從斜弧，雙刃呈弧形於近鋒處收狹，菱形窄格，橢圓莖，上有兩道箍棱。……鑄銘文12字：'攻敔王光自作用劍，台（以）戜（擋）戜（勇）人。'"據臺北古越閣主王振華先生介紹，他也收藏有一件吳王光劍。本文撰寫時，兩épy資料均未著録，姑附注於此。
［5］ 戴遵德：《原平峙峪出土的東周銅器》，《文物》1972年第4期，第69頁。
［6］ 劉平生：《安徽南陵縣發現吳王光劍》，《文物》1982年第5期，第59頁。
［7］ 安徽大學、安徽省文物考古研究所：《皖南商周青銅器》，文物出版社，2006年，第206頁。

　　3. 1993年上海博物館從香港古玩店徵集到一件攻吾王光劍,劍原爲無格扁莖式樣,套接一個比一般寬劍格略窄的倒凹形劍格,劍格上有變形獸面紋,原似鑲嵌有綠松石。莖有填木,尚存兩塊,扁莖的下部又鑄接了一段圓莖,圓莖上有一孔,當係纏緱時固定絲繩所用。從圓莖末端的遺留痕迹分析,本該還鑄接有劍首,惜已殘失。劍身起脊,兩側鑄鳥書8字“攻吾(敔)王光自作用劍”。劍長77.3,劍格寬4.5釐米,是目前所知最長的吳王劍。

　　4. 1974年安徽廬江縣湯池公社邊崗村出土一件攻敔王光劍。劍長54釐米,爲寬格圓莖圓首的式樣,惜劍首在出土時被損毀,劍格飾鑲嵌綠松石的獸面紋,莖有兩道凸箍[1]。劍身中綫起脊,兩側鑄銘文16字:“攻敔王光自作用劍,趄余允至,克戩(戬)多攻。”李家浩先生指出:“根據文意,‘趄余’應是吳王光自稱之語。古人有名和字連稱的習慣,通常是字在前,名在後。如《左傳》僖公三十二年的‘孟明視’,‘孟明’是字,‘視’是名。從下面將要提到的虞(吳)王光趄戈銘文以‘光趄’連稱來看,‘趄’與‘光’應是一名一字。古人的名和字有意義上的聯繫。從‘亘’得聲之字與‘光’字或從‘光’得聲之字,義多相同。……將‘趄’解釋爲吳王光之名是合理的。”[2]

　　5. 1973年美國波士頓美術館舉辦了一個名爲《Unearthing China's Past》的展覽,其中有一件Arthur M. Sackler先生收藏的吳王光韓劍,[3]該劍作窄格圓莖平圓首的樣式,劍長49.2釐米。劍身中綫起脊,兩側有錯金銘文12字:“攻吾(敔)王光觥(韓)台(以)吉金,自作用劍。”[4]李家浩先生認爲攻敔王光韓劍與虞王光趄戈的器主是同一個人:“‘韓’、‘趄’古音相近。‘韓’的聲母屬匣母,‘趄’的聲母屬喻母三等,上古音喻母三等與匣母極近。二字的韵母同屬元部。因此‘光韓’與‘光趄’當是同一個人名的不同寫法。……吳王光的名字或作‘光趄’、‘光韓’。”[5]

　　吳王光劍銘文表明這些劍都是闔廬在位時所鑄,據記載闔廬爲吳王的時間在公元前514—前496年,所有吳王光劍的鑄造應該就在此期間。但上海博物館所藏吳王光劍的劍格及劍莖上套接的圓莖,也不排除在此後不久再鑄接的可能。

　　六、吳王夫差劍共13件。

　　1. 最早見諸於著録的吳王夫差劍是嘉慶二年(1797年)畢沅、阮元編著的《山左金石志》卷二中著録的所謂“天水劍”銘文摹本,該劍爲“錢塘黄司馬(易)購於濟寧”。劍銘的拓本始見於1902年劉心源的《奇觚室吉金文述》,易名爲“王元劍”。1935年劉體智編的《小校經閣金文拓本》始稱此劍爲“攻敔王劍”。據張振林先生回憶,容庚先

――――――――

[1]　馬道闊:《安徽廬江發現吳王光劍》,《文物》1986年第2期,第64頁。
[2]　李家浩:《攻敔王光劍銘文考釋》,《文物》1990年第2期,第74頁。
[3]　李家浩先生在《攻五王光韓劍與虞王光趄戈》一文中誤以爲該劍由波士頓美術館收藏,施謝捷先生的《吳越文字彙編》中則誤以爲現藏華盛頓弗利爾美術館。經向蘇芳淑教授請教,她告訴我,該劍仍由Sackler家族收藏,兩年前她還曾在紐約見過。此後,波士頓美術館的木下弘美(Hiromi Kinoshita)博士也給筆者來信證實了這一點。
[4]　Jan Fontein and Jung Wu, Unearthing China's Past, p.92, Fig38. Museum of Fine Arts Boston, 1973.
[5]　李家浩《攻五王光韓劍與王光趄戈》,《古文字研究》第十七輯,中華書局,1989年。

生早年曾在《兩周金文辭大系》上,用硃筆將此劍改名爲"吳王夫差劍"[1]。然而對劍銘完全準確地釋讀,是1985年張振林先生的《關於兩件吳越寶劍銘文的釋讀問題》一文。對該劍銘文的釋讀過程及其原因,以及對拓本諸版本的梳理,董楚平先生述之甚詳,可參見其《吳越徐舒金文集釋》一書的141—147頁。

《殷周金文集成》11636號的説明中據《中日歐美澳紐所見所拓所摹金文彙編》490號的著録,以爲該劍現藏美國哈佛大學福格美術館(該館現稱哈佛大學賽克勒美術館),此後的著録均引之。《中日歐美澳紐所見所拓所摹金文彙編》490著録的這件劍,現陳列於哈佛大學賽克勒美術館,我曾在該館展廳看過。該劍爲錯金銘文,字形完全是根據《積古齋鐘鼎彝器款識》卷十·三·四的摹本而僞作的。《積古齋鐘鼎彝器款識》摹本錯誤的原因,董楚平先生已指出該劍的銘文"是使用單字印模鑄造,每個字都有一個方框,在拓本上留下或粗或細、斷斷續續的痕迹,干擾着銘文的辨識"[2]。作僞者不明就裏照樣全搬,留下了破綻。其實早在20世紀80年代,王恩田先生已指出:該劍銘文中"'元用'的元字,仍沿阮元誤摹,用字誤作川,中間豎筆誤作折筆。其他字也纖弱造作,顯系出自造僞劣手"。同時他還引用《中日歐美澳紐所見所拓所摹金文彙編》的編者之一張光裕先生給他的信文:"福格所藏攻敔劍系僞刻,并錯金其中。"[3]《集成》的編者可能因爲《中日歐美澳紐所見所拓所摹金文彙編》490著録的劍銘與《積古齋鐘鼎彝器款識》著録相同,誤以爲該劍現藏於哈佛大學福格美術館。然正因爲該劍現藏處的錯誤,在對現存吳王夫差劍件數統計上出現了一些本不該出現的混亂。比如臺灣中研院史語所製作的《殷周金文暨青銅器資料庫》中,《集成》11636條下的吳王夫差劍拓本用的是《簠齋吉金録》中的全形拓,劍的圖像則使用哈佛大學賽克勒美術館藏劍的照片。對此吳鎮烽先生在其《商周金文資料通鑒》檢索系統第17869號中認爲:"史語所《殷周金文暨青銅器資料庫》提供的圖像形制、銘文字體與此劍不同,應是另一件未見著録的攻敔王夫差劍。"於是吳先生在《商周金文資料通鑒》檢索系統中另列18071號吳王夫差劍,并在備注中指出:"《殷周金文暨青銅器資料庫》將此劍圖像放在《集成》11636下,但該劍形制、銘文字體與《集成》11636全形拓本完全不同,應是另一件未見著録的攻敔王夫差劍。"有鑒於此,我們現在必須明確指出哈佛大學賽克勒美術館藏所謂吳王夫差劍銘文是僞作的,《集成》11636號吳王夫差劍現藏何處,尚不得而知。

根據《簠齋吉金録》四·四十該劍的全形拓,我們可以知道此劍爲窄格圓莖平圓首的式樣,劍身中間有凸起的棱脊,兩側鑄銘文十字:"攻敔王元差自作其夫用。"張振林先生已指出銘中"元""夫"兩字因形近而誤鈐,銘文正確的讀序應該是"攻敔王夫差自作其元用"。據《山左金石志》該劍"長一尺四寸三分,博一寸四分",根據丘光明先生主

---

[1] 張振林:《關於兩件吳越寶劍銘文的釋讀問題》,《中國語文研究》第七期,香港中文大學中國文化研究所,1985年。

[2] 董楚平:《吳越徐舒金文集釋》,浙江古籍出版社,1992年,第94頁。

[3] 王恩田:《吳王夫差劍及其辨僞》,《吳文化研究論文集》,中山大學出版社,1988年,第148頁。

編的《中國歷代度量衡考》後附《中國歷代度量衡值表》,清朝一尺相當於32釐米,照此換算,該劍長約45.8、寬約4.5釐米。

2. 傳黃小松、劉鶚舊藏的攻敔王夫差劍,《周金文存》六·九五·二有全形拓。從拓片看,劍作扁莖無格無首的式樣,扁莖末端似有一穿,劍身中間有圓柱形凸起的棱脊直通劍莖。劍身兩側鑄銘文十字:"攻敔王夫差自作其元用。"王恩田先生認爲:"此器系據篷齋所藏劍六(即指《集成》11636號劍,筆者注)翻鑄,修范時對焊接痕迹作了處理,此器當作僞在道光庚子(1840)以前。"[1]施謝捷先生指出:"或疑此劍爲〇七四同名劍(即《集成》11636號劍,筆者注)之仿製品,恐未必。"[2]我同意施謝捷先生的意見,因爲《集成》11636號劍是窄格圓莖平圓首的式樣,所以不可能翻鑄出無格扁莖無首的此劍式樣。

3. 中國國家博物館藏一件吳王夫差劍,此劍傳爲1935年安徽壽縣西門里出土,或傳爲河南洛陽金村出土,曾爲于省吾先生舊藏。劍爲寬格圓莖圓首的式樣,莖上有兩道凸箍,格飾有鑲嵌綠松石的變形獸面紋,劍身有菱形紋飾。劍長58.9、寬5.3釐米。劍身中綫起脊,兩側鑄銘文十字:"攻致(敔)王夫差自作其元用。"

4. 1976年河南省輝縣百泉廢品回收部門揀選到一件傳1949年前在輝縣琉璃閣戰國墓中盜掘出來的吳王夫差劍[3]。劍應作寬格圓莖圓首的式樣,惜劍首殘缺,莖有兩道凸箍,格飾鑲嵌綠松石的變形獸面紋。殘長59.1、寬5釐米。劍身中綫起脊,兩側鑄銘文十字:"攻致(敔)王夫差自作其元用。"

5. 1976年湖北襄陽縣蔡家坡12號戰國墓中出土一件吳王夫差劍[4],從圖版看,該劍爲窄格圓莖平圓首的式樣,但格兩端殘,莖斷爲三節,劍首殘缺。劍殘長37、寬3.5釐米。劍身中綫起脊,兩側鑄銘文十字:"攻政(敔)王夫差自作其元用。"

6. 1991年山東鄒縣城關鎮朱山莊村出土一件吳王夫差劍[5],劍爲寬格圓莖圓首的樣式,莖上有兩道凸箍,寬格飾變形獸面紋,原應鑲嵌有綠松石。劍長60、寬5釐米。劍身中綫起脊,兩側鑄銘文十字:"攻致(敔)王夫差自作其元用。"

7. 1991年河南洛陽中州路東周王城内3352號戰國墓出土一件吳王夫差劍[6]。劍爲窄格圓莖平圓首的式樣,長48.8、寬4.2釐米。劍身中綫起脊,兩側鑄有銘文,部分銘文被銹蝕,現可見8字。據吳王夫差劍銘文之常例,其銘文應該有十字:"【攻】敔(敔)王夫差【自】作其元用。"

8. 1965年山東平度縣廢品收購站揀選到一件吳王夫差劍,據王恩田先生介紹:該劍"原殘斷爲六截,後經修復。扁莖,素面,銹蝕較重。長57.7、從寬5.4釐米,銘十字,雙

---

[1]　王恩田:《吳王夫差劍及其辨僞》,《吳文化研究論文集》,中山大學出版社,1988年,第150頁。
[2]　施謝捷:《吳越文字彙編》,江蘇教育出版社,1998年,第550頁。
[3]　崔墨林:《河南輝縣發現吳王夫差銅劍》,《文物》1976年第11期,第71頁。
[4]　襄陽首屆亦工亦農考古訓練班:《襄陽蔡坡2號墓出土吳王夫差劍等文物》,《文物》1976年第11期,第65頁。
[5]　胡新立:《山東鄒縣發現一件吳王夫差劍》,《文物》1993年第8期,第72頁。
[6]　洛陽市文物工作隊:《洛陽C1M3352出土吳王夫差劍等文物》,《文物》1992年第3期,第23頁。

行,行五字:攻敔王夫差自作其元用"[1]。從該劍的圖像來看[2],劍爲寬格扁莖的式樣,但寬格的式樣與常見的寬劍格作所謂"倒凹字形"有別,作平直形格的式樣。這種形式的格非常罕見,且扁莖配以寬格的劍也很少見,由於該劍曾經修復,它的原始面貌尚可探討。另外,也有可能該劍是在無格扁莖劍上加套一個平直形的劍格,這在以往的資料中也是有迹可循的。如山東新泰市出土的攻敔王諸樊之子通劍就是無格扁莖劍,從發表的該劍彩色圖版上,可以清楚地看到在劍身末端的色澤略淡於劍身的其他部分,而且有一條明顯的分界綫[3]。我們推測該劍原先也可能套接一個類似的劍格,以致該部位的氧化呈色要淡於劍身的其他部分。此外考古資料中也有出土劍格的報導,如1985年陝西鳳翔縣南干河村發現的一處窖藏中,就出土有戰國時期的劍格[4],這表明當時存在着劍格與劍身分鑄套接的現象。

9. 天津市藝術博物館藏一件吳王夫差劍,據李先登先生介紹,該劍"圓柱狀莖,首與鋒已殘失"[5]。從該劍綫圖來看,劍應爲寬格圓莖圓首的式樣,劍格上似乎原有變形的獸面紋。劍身中綫起脊,兩側有銘文十字"攻敔(敔)王夫差自作其元用"。

10. 香港中文大學文物館近年購藏一件吳王夫差劍,劍爲窄格圓莖平圓首的式樣,劍長51.1、寬5.1釐米。劍身中綫起脊,兩側鑄銘文十字"攻敔(敔)王夫差自作其元用"[6]。該劍在被香港中文大學文物館徵集之前,張光裕和吳振武先生曾在《武陵新見古兵三十六器集錄》一文中介紹過,稱之爲吳王夫差劍九,但文後所附劍的綫圖與文中介紹的另外一件吳王夫差劍十一的綫圖互換了[7]。也許因爲王人聰先生的文章和張光裕、吳振武先生的文章中,記錄的該劍尺寸略有區別,導致吳鎮烽先生誤以爲是兩劍了,故在《商周金文資料通鑒》檢索系統中將該劍分別列爲第18024號和第18042號。這些是以後在引用該劍資料時需加以注意的。

11. 臺北王振華先生的古越閣收藏有一件吳王夫差劍,劍爲寬格圓莖圓首的式樣,莖上有兩道凸箍,劍首有數周同心圓紋,劍格飾鑲嵌綠松石的變形獸面紋。劍長58.3、劍格寬5.5釐米。劍身中綫起脊,兩側鑄銘文十字:"攻敔(敔)王夫差,自作其元用。"[8]

12. 張光裕和吳振武先生《武陵新見古兵三十六器集錄》中記錄有一件現藏臺灣的吳王夫差劍,據介紹可知,劍爲寬格圓莖圓首的式樣,圓莖上有兩道凸箍,寬格有鑲嵌綠

---

[1] 王恩田:《吳王夫差劍及其辨僞》,江蘇省吳文化研究會編:《吳文化研究論文集》,中山大學出版社,1988年,第147頁。

[2] 據董楚平先生在《吳越徐舒金文集釋》139頁攻敔王夫差劍其三中提到:"范文瀾《中國通史》第一冊圖版(一九七八年版)載有此劍器形。"但《中國通史》第一冊圖版説明爲"山東臨朐出土吳王夫差劍"。鑒於迄今未見臨朐有出土吳王夫差劍的報告,乃從董楚平先生之説。

[3] 任相宏、張慶法:《吳王諸樊之子通劍及相關問題探討》,《中國歷史文物》2004年第5期,圖版六。

[4] 趙叢倉:《陝西鳳翔南幹河出土戰國、漢代窖藏青銅器》,《考古》1989年第11期,第1045頁。

[5] 李先登:《吳王夫差銅器集錄》,《東南文化》1990年第4期,第105頁。

[6] 王人聰:《新獲吳王夫差劍和越王州句劍》,《黃盛璋先生八秩華誕紀念文集》,中國教育文化出版社,2005年,第305頁。

[7] 張光裕、吳振武:《武陵新見古兵三十六器集錄》,《雪齋學術論文二集》,臺灣藝文印書館股份有限公司,2004年,第79頁。

[8] 李學勤:《古越閣所藏青銅兵器選粹》,《文物》1993年第4期,第18頁。

松石的紋飾，劍身飾菱形暗紋。劍長50、寬5.2釐米（筆者按：原文誤作52釐米）。劍身中綫起脊，兩側鑄銘文十字："攻敔（敔）王夫差自作其元用。"[1]

13. 張光裕和吳振武先生《武陵新見古兵三十六器集録》中還記録有一件現藏香港的吳王夫差劍，據描述及綫圖，該劍爲窄格圓莖平圓首的式樣，劍長50、寬4.8釐米，附有漆木劍鞘。劍身中綫起脊，兩側鑄銘文十字："攻敔（敔）王夫差自作其元用。"

所有的吳王夫差劍銘文除了字體略有差異外，內容幾乎完全相同，這是與其他諸位吳王劍銘文的最大區別。吳王夫差劍銘文表明這些劍都是夫差在位時所鑄造的，根據文獻記載，夫差在位的時間爲公元前495—前473年，這些劍應該就是在此期間鑄造的。

在這31件吳王室有銘文青銅劍中，我們以有格或無格、窄格或寬格、扁莖或圓莖及圓莖上有無凸箍爲標準，可將它們分爲三型：Ⅰ型爲無格扁莖，Ⅱ型爲窄格圓莖圓首形，Ⅲ型爲寬格圓莖圓首形。在Ⅰ、Ⅱ型中又以有無凸起的棱形脊各分爲a、b二式。Ⅲ型中的圓莖均有凸箍。此外尚有一例爲無格扁莖劍上加裝寬劍格和一例疑似在無格扁莖劍上加劍格的，暫將它們列爲Ⅰ型的c式，詳見附表。

Ⅰa式有四件：浙江紹興出土的壽夢之子餘祭劍，北京保利博物館收藏的工敔餘祭劍，山東沂水出土的攻敔王餘祭劍，黃小松、劉鶚舊藏的攻敔王夫差劍。

Ⅰb式有兩件：山東新泰市出土的攻敔王諸樊之子通劍、無錫博物院收藏的攻敔王僚劍。

Ⅰc式兩件：上海博物館收藏的攻敔王光劍、山東平度縣徵集的攻敔王夫差劍。

Ⅱa式四件：安徽淮南市出土的攻敔太子諸樊劍，山西榆社縣出土的攻敔王諸樊之弟劍，杭州市出土的攻敔工餘祭劍，黃小松、陳介祺舊藏的攻敔王夫差劍。

Ⅱb式八件：無錫收藏家收藏的攻敔王餘祭劍，吳季子之子逞劍，安徽南陵縣出土的攻敔王光劍，美國賽克勒家族收藏的攻敔王光韓劍，湖北襄陽出土的攻敔王夫差劍，河南洛陽出土的攻敔王夫差劍，香港中文大學文物館收藏的，香港某藏家收藏的攻敔王夫差劍。

Ⅲ式十一件：湖北襄樊市出土的攻敔王諸樊之子劍，湖北穀城縣出土的攻敔王餘祭劍（該劍的劍格形式比較特別，爲倒凹字形窄格，我們根據它的總體特徵仍將其歸於此型），陝西三原縣徵集的季子之子劍，山西原平縣出土的攻敔王光劍，安徽廬江縣出土的攻敔王光劍，中國國家博物館收藏的攻敔王夫差劍，河南輝縣百泉文保所徵集的攻敔王夫差劍，山東鄒縣出土的攻敔王夫差劍，天津藝術博物館收藏的攻敔王夫差劍，臺北古越閣收藏的攻敔王夫差劍，臺灣某藏家收藏的攻敔王夫差劍。

通過以上對吳王劍的分型分式，我們可以大致了解到Ⅰa式、Ⅰb式、Ⅱa式主要流行於壽夢到僚時期，偶見於夫差時期。Ⅰc式、Ⅱb式、Ⅲ式主要見諸於闔廬及夫差時

---

[1] 張光裕、吳振武：《武陵新見古兵三十六器集録》，《雪齋學術論文二集》，臺灣藝文印書館股份有限公司，2004年，第79頁。

期，諸樊、餘祭時期偶見。這個結果，與我們以往對東周時期青銅劍形制的發展演變過程的認識是基本符合的。

現在的遺憾是，除了沒有發現壽夢劍外，在壽夢稱王之後的諸位吳王中，尚缺比較可信的餘眜劍，這是今後考古發掘與研究中應該予以重視的一項工作，我們對此充滿期待。

2011年3月29日初稿於上海博物館
2011年4月30日修改於龍昌苑寓所
2011年5月24日再改於上海博物館

補記：

近日在復旦大學出土文獻與古文字研究中心網站上看到李家浩和陳斯鵬兩位先生先後撰文討論無錫博物院收藏的攻敔王者彶戲觚劍，根據吳人名字有附加語的特點，他們認爲"者彶戲觚"的重點在於"彶"和"觚"兩字上，"彶"和"闔"、"觚"和"廬"古音相近，可以通用，"者"和"戲"字在人名中可以省略不讀。所以"攻敔王者彶戲觚"應該就是吳王闔廬。

詳見：李家浩《攻敔王者彶虞觚劍與者減鐘》，《第三屆古文字與古代史研討會論文》(臺北：中央研究院歷史語言研究所，2011年)；陳斯鵬：《吳王闔廬劍小考》，復旦大學出土文獻與古文字研究中心，2012年1月15日，http://www.gwz.fudan.edu.cn/Web/Show/1775。

2012年2月19日補記於上海博物館

吳振武先生也認爲"者彶戲觚"即吳王闔廬，參見《"者彶戲觚"即吳王闔廬説》(《古文字研究》第二十九輯)。

2014年3月11日再補記於上海博物館

2015年蘇州博物館征集了一把攻吳王王姑讎烏雜劍，根據銘文內容可以確定是吳王餘眜之劍，并證實了紹興魯迅路出土的吳王劍也是吳王餘眜劍，這就彌補了原先我們以爲吳王劍中所缺失的一環。如此，文章中認爲是餘祭1的那把紹興魯迅路出土劍，鑄劍的時代應該改爲餘眜時期。

2019年6月14日又記於上海博物館
原載《上海博物館集刊》第十二期

附表

I a:

諸樊2	攻敔王劍（山東沂水）		I a
壽夢時期 餘祭1	攻敔王壽夢之子劍 （浙江紹興）		I a
壽夢時期 餘祭2	工𥂕大矢鈹 （保利）		I a
夫差2	攻敔王夫差劍 （黃小松、劉鶚）		I a

I b:

諸樊4	攻敔王姑發者反之子 通劍 （山東新泰市）		I b
僚1	攻敔王者彶虘劮劍 （無錫博物院）		I b

I c:

光4	攻䳣王光劍（上博）		I c
夫差8	攻敔王夫差劍（山東 平度縣）		I c

II a:

壽夢時期 諸樊1	工敔太子姑發㫚反劍 （安徽淮南市）		II a
諸樊5	工𥂕王姑發㫚反之 弟劍 （山西榆社縣）		II a
餘祭5	工吳王虘攸劍 （杭州出土）		窄格圓莖 平圓首形 II a

（續表）

| 夫差1 | 攻致王夫差劍
（黃小松、陳介祺） | | Ⅱa |

Ⅱb：

餘祭4	攻盧王盧伿此邻劍 （無錫某收藏家）		Ⅱb
季子1	吳季子之子逞劍		Ⅱb
光3	攻敔王光劍 （安徽南陵縣）		Ⅱb
光5	攻䇂王光韓劍 （美國賽克勒氏）		Ⅱb
夫差5	攻政王夫差劍 （湖北襄陽縣）		Ⅱb
夫差7	攻敔王夫差劍 （河南洛陽中州路）		Ⅱb
夫差10	攻致王夫差劍 （中文大學文物館）		Ⅱb
夫差12	攻敔王夫差劍 （香港某氏）		Ⅱb

Ⅲ：

| 諸樊3 | 攻盧王姑發邟之子劍
（湖北襄樊市） | | Ⅲ |
| 餘祭3 | 攻盧王虘戗此邻劍
（湖北穀城縣） | | Ⅲ |

（續表）

季子 2	季子之子劍 （陝西三原縣）		III
光 1	攻致王光劍 （山西原平縣）		III
光 2	攻致王光劍 （安徽廬江縣）		III
夫差 3	攻致王夫差劍 （中國國家博物館）		III
夫差 4	攻致王夫差劍 （輝縣百泉文保所）		III
夫差 6	攻致王夫差劍 （山東鄒縣）		III
夫差 9	攻致王夫差劍 （天津藝博館）		III
夫差 11	攻致王夫差劍 （古越閣）		III
夫差 13	攻致王夫差劍 （臺灣某氏）		寬格圓 莖圓首 III

虎簋斷代與淅川楚墓中的復古現象

圖一　上海博物館藏虎簋

虎簋最早著録於吳大澂的《恒軒所見所藏吉金録》，之後《愙齋集古録》著録了三件虎簋銘文拓片，其中一件器蓋齊全，另兩件僅存簋蓋。現知存世虎簋共有三件，均器蓋齊全，一件現藏上海博物館（圖一），據《殷周金文集成》著録另外兩件中，一件藏日本MOA博物館，一件藏日本箱根美術館。將這三件虎簋拓片與著録比對，可知日本MOA收藏的即原爲蒲城楊氏所藏；上海博物館的虎簋之蓋原爲愙齋所藏，器銘未見愙齋著録；日本箱根美術館的虎簋銘文也未見愙齋著録。據沈之瑜介紹，1959年蘇州文物保管委員會購得兩件虎簋蓋，其中一件後贈予上海博物館[1]，然向蘇州博物館了解，該館并未收藏有虎簋蓋，故愙齋著録其自藏的一件虎簋蓋現已不知下落。

除吳大澂以當時認識水平，認爲虎簋是商器外，其餘著録多以爲是西周中晚期之器。隨着西周考古資料日益豐富，虎簋爲西周晚期之器已成爲大家的共識。直至1991年發掘的河南淅川徐家嶺十號墓中出土了四件除雙耳外，器形、紋飾與虎簋幾乎完全相同的青銅簋（圖二）[2]。河南的考古人員根據徐家嶺十號墓出土器物的風格特點將該墓的時代定爲戰國早期，并認爲："銅簋（M10：81）與戰國早期曾侯乙墓銅簋（C.109）形制大體相似，僅耳不同，圈足也有差別。"[3]另外，淅川縣博物館的展廳中也陳列了一件在

［1］　沈之瑜：《環帶紋方座簋》，《文物》1960年第2期，第68頁。
［2］　河南省文物考古研究所、南陽市文物考古研究所、淅川縣博物館：《淅川和尚嶺與徐家嶺楚墓》，大象出版社，2004年，第257頁，彩版六八，2。
［3］　河南省文物考古研究所、南陽市文物考古研究所、淅川縣博物館：《淅川和尚嶺與徐家嶺楚墓》，大象出版社，2004年，第330頁。

淅川倉房鄉東溝村徵集的青銅簋，這件簋的器形（包括器耳）、紋飾均與虎簋完全相同[1]。由此，虎簋的斷代又作爲一個值得探討的問題而被提出。

2009年，上海博物館在英國不列顛博物館舉辦"上海博物館珍品展"，牛津大學羅森教授作爲展覽的策展人，她在展覽圖錄的虎簋説明中就認爲："在河南省淅川徐家嶺M10中的4件器物，提供了和這件簋比較精確的相似之處。"[2]雖然如此，她却仍然將虎簋定爲公元前7—前6世紀之物。按照中國傳統的時代劃分，這段時間應該屬春秋中期。然而，從春秋中期到戰國早期有200年左右的時間，虎簋與徐家

圖二　河南淅川徐家嶺青銅簋

嶺十號墓出土簋，它們的形制、紋飾如此接近，兩者却相距這麽長的時間，這是一個非常不合理的現象，我認爲至少在引用徐家嶺墓出土簋給虎簋重新斷代這一點上是不合適的。當然羅森教授并未完全按照徐家嶺十號墓出土簋的時代給虎簋斷代，但她也没有指出將其定爲公元前7—前6世紀的充分理由。在圖錄的虎簋説明中，她注意到羅泰教授在《Antiquarianism in Eastern Zhou Bronzes and its Significance》一文中提出"在一些前7、6世紀墓葬中出土有兩套不同的器物。其中一套代表了當時最新穎的款式，而另一套則是以往傳統的樣式了"的意見。也許這就是羅森教授將虎簋斷代爲公元前7—前6世紀的依據所在，如果是這樣的話，那前提就必須認定虎簋屬春秋時期那種"復古主義作品"。對此，我覺得有必要作些探討。

首先要討論的是出土地點問題，《殷周金文集成》02974虎簋的注釋中出土一欄中稱：虎簋"傳陝西扶風縣法門寺出土（據吴大澂題跋）"。查有關虎簋的著錄書目，其中《恒軒所見所藏吉金録》與《愙齋集古録》爲吴大澂所著，然《恒軒所見所藏吉金録》二三未注出土地，《愙齋集古録》第七册一三虎簋拓片下吴大澂題："是商敦有方座，蒲城楊氏藏有一器一蓋，余借拓焉。余又得其二蓋。作虎形者，即古之虎彝也。鳳翔出土時原有二器四蓋。"由此可知《集成》誤載虎簋出土地點。《愙齋集古録》吴大澂在其收藏的兩件虎簋蓋拓片後自題"此皆愙齋按試西安時所得"，又"蒲城楊氏藏有一器一蓋"，兩地都在今陝西境内，爲此我們認爲吴大澂關於虎簋出土於鳳翔的記載，是基本可信的。

鳳翔毗鄰周原，在商周時期是周人生活的主要區域之一，春秋以後，隨着周王室東

[1]　本館志願者，雲南大學丁堯同學提供照片及説明等相關資料。

[2]　Jessica Rawson, *Treasures from Shanghai Ancient Chinese Bronzes and Jades*, The British Museum and Shanghai Museum Press, 2009.

遷,此地遂爲秦人所有,《史記·秦本紀》:"德公元年,初居雍城。"[1]德公元年爲公元前677年,此後直到獻公二年(公元前383年)的二百九十餘年間,雍城一直是秦國的都城,成爲秦國的政治、軍事、經濟、文化中心。雍城就位於鳳翔縣城南部,考古發掘資料也證實了相關的歷史記載。我們檢索了鳳翔縣先秦時期的考古資料,可以發現鳳翔地區商周時期的考古資料基本上是以周人的遺址或墓葬爲主,出土器物也是屬與典型的周文化。但東周時期的考古發現則以秦文化爲主,很少有秦文化之外的考古資料[2]。

但是,我們在春秋戰國時期秦國青銅器中,找不到任何與虎簋的器形、紋飾或銘文有關聯的器物。同樣,我們也看不出虎簋有任何秦文化的因素存在。爲此,我們認爲虎簋應該不會出土於鳳翔地區春秋戰國時期的遺址或墓葬中,它們很可能還是出土於鳳翔地區的西周遺址或墓葬中。

其次,我們要討論虎簋器形、紋飾及銘文與西周時期考古資料、和傳世西周時期青銅器之間的關聯。虎簋的器形、紋飾和銘文在西周考古資料中的確比較少見,但與之相關的考古資料還是存在的。如1984年扶風齊家村八號窖藏出土有四件方座簋,器形、紋飾與虎簋非常相似,僅兩獸耳做得較爲簡單,蓋面沒有設置扉棱,蓋的捉手作圈形,沒有蓮瓣裝飾。與虎簋相比,顯得比較簡樸。陝西的考古工作者認爲它們是西周中期的器物[3]。

在傳世青銅器中,我們還可以找到幾件與虎簋器形、紋飾關係密切的西周青銅簋。如宋代《考古圖》等著錄,傳出扶風的西周中期牧簋,器形、紋飾都與虎簋幾乎完全相同,只是缺蓋,無法得知其蓋之形式與紋飾。牧簋銘文中有內史吳,此人或稱作冊吳,多見於西周恭、懿時期的青銅器銘文中,如恭王時期的師瘨簋、懿王時期的師虎簋、吳方彝蓋等。故牧簋一般被認爲是西周懿王時期的器物。

林巳奈夫先生的《殷周青銅器綜覽》一書中簋形器第330號簋,除了缺蓋外,器形、紋飾也與虎簋幾乎完全相同,林巳奈夫將其定爲西周ⅢA,即西周晚期早段。

由於牧簋和林巳奈夫書中330號簋均缺蓋,無法和虎簋做蓋的形制、紋飾比對。但是虎簋和淅川徐家嶺10號墓出土簋的蓋上捉手的形制非常具有特色,作實心平頂微凸的蓮瓣形,與簋蓋捉手一般做圈形的形式有所區別。這種簋蓋捉手的形式,在以往的考古資料中從未見過,所以很有必要對這種捉手形式的淵源及出現時間做些探討。

銅器蓋上捉手做實心平頂的式樣,從目前我們知道的考古資料來看,約出現在西周早中期之際的青銅器上,如1976年4月陝西岐山縣賀家村西周墓出土一件龍紋簋,蓋上捉手就是作實心平頂的式樣。發掘報告將出土這件簋的112號墓定爲西周穆王時期[4],

[1]　《史記》卷五,中華書局1982年點校本,第184頁。
[2]　雖然1979年在鳳翔高莊戰國秦墓中出土有一件戰國中山國的銅鼎,1977年在鳳翔高王寺戰國銅器窖藏中出土有吳王孫無土鼎,但是我們無法因此得出虎簋是出於鳳翔春秋戰國時期墓葬中的外來器物的結論。
[3]　周原扶風文管所:《扶風齊家村七、八號西周銅器窖藏清理簡報》,《考古與文物》1985年第1期。
[4]　陝西周原考古隊:《陝西岐山賀家莊西周墓發掘報告》,《文物資料叢刊》,文物出版社,1983年,第77頁。

但從其所飾龍紋與1955年5月遼寧喀左縣馬廠溝銅器窖藏坑出土匽侯盉所飾龍紋幾乎相同的特點看,這件簋有可能是西周早期的鑄品[1]。

又如1991年陝西扶風縣法門鎮齊家村村東西周墓出土的卹卣,蓋上捉手也作實心平頂的式樣[2]。卹卣的形制與西周昭王時期的召卣相同,裝飾也很接近,其時代應該也是屬於西周早期後段。

此外,西周中期的追簋、番生簋蓋的蓋上捉手都是作實心平頂的式樣。

虎簋蓋上捉手的樣式應該是沿用了這種實心平頂捉手并加飾蓮瓣形後形成的一種新式樣。在青銅器的蓋上用蓮瓣形作裝飾,是西周晚期青銅器上開始出現的一種裝飾形式,如扶風出土西周晚期的梁其壺、山西晋侯墓地八號墓出土的晋侯鞃壺,蓋的捉手處都做蓮瓣形裝飾。

與虎簋蓋形式最爲相同的一例考古資料是湖北棗陽茶庵公社出土的兩件波曲紋壺,其蓋上捉手的形式與虎簋幾乎一模一樣。發掘報告認爲:"棗陽茶庵曾國墓葬,所出的銅器花紋、器形都具有西周晚期至春秋早期的特徵,與湖北京山、隨縣,河南新野出土的西周晚期至春秋早期的曾國銅器相比,風格基本一致,所鑄銘文字體、内容亦很接近,此墓出土的銅戈、銅矛也像春秋早期的,所以此墓的時代應爲春秋早期。"[3]但發掘者在報告中没有對該墓出土的每件青銅器做具體的斷代分析。2007年出版的《曾國青銅器》一書作者對此墓出土的青銅器,分别做了比較仔細的分析、研究後認爲該墓出土的銅器應該是臨時拼湊的,墓中出土的曾子仲諆鼎的器主未必是該墓的墓主。他們認爲與這兩件壺"類似造型、紋飾風格的壺在周原多見,與此壺最接近者爲1960年扶風齊家村窖藏出土的幾父壺"。此外他們特别指出該壺"耳部卯式鑄接的方式值得注意。耳根部兩側可見鑄接的焊料凹孔,但此壺之耳并非如曾仲斿父方壺那樣,鑄接器壁外的榫頭,而是在與耳對應的器壁留孔,由器壁内鑄接包夾雙耳,因此在雙耳與器壁結合處可見凸箍,器壁内可見補鑄留下的鑄痕。西周晚期壺耳常常都是卯式鑄接的,如三年癲壺,曾國略晚的壺如曾仲斿父方壺、郭家廟M17壺等均采用後鑄焊接之法聯接雙耳"。作者還提出:"在年代上,本組青銅器的簋、壺的器形、紋飾均爲西周晚期周原所常見。"[4]由此可見《曾國青銅器》一書的作者傾向於認爲棗陽茶庵出土的這對有蓮瓣鈕蓋的波曲紋壺,應該是西周晚期之器。

旅順博物館藏有一件卓林父簋蓋,器形、紋飾與虎簋蓋幾乎完全相同,僅扉棱的樣式稍有區别[5]。《旅順博物館館藏文物選粹——青銅器卷》一書和《殷周金文集成》4018認爲該簋蓋是春秋早期之器,但從銘文中最後一個"鼎"字的寫法來看,似乎不致如此之晚。吳式芬舊藏有一件改盨,器形未見,銘末也有一相似的鼎字,《殷周金文集成》

[1]　熱河省博物館籌備組:《熱河凌源縣海島營子村發現的古代青銅器》,《文物参考資料》1955年第8期,第16頁,圖版7。

[2]　曹瑋主編:《周原出土青銅器》第九册,巴蜀書社,2005年,第1893頁。

[3]　湖北省博物館:《湖北棗陽縣發現曾國墓葬》,《考古》1975年第4期,第224—225頁,圖版壹·4。

[4]　湖北省文物考古研究所:《曾國青銅器》,文物出版社,2007年,第60頁。

[5]　旅順博物館:《旅順博物館館藏文物選粹——青銅器卷》,文物出版社,2008年,第21頁。

4414斷爲西周晚期器。卓林父簋蓋的器主與改盨的器主當同屬"鼎"族。比較而言卓林父簋蓋銘文中的鼎字更多保留了商晚期"鼎"字的象形寫法,而改盨的"鼎"字則有所變形。因此,卓林父簋蓋很有可能是一件並不晚於西周晚期的青銅器。

這樣從器形、紋飾的特點來分析,虎簋的器形、紋飾特點均存在於西周時期的考古資料或傳世器物的相關器物上。

再從銘文的角度分析,幾件虎簋的器蓋均鑄有圖形化的"虎"字,一般都認爲這是器主的族徽符號。這種圖形化的族徽文字,多見於商代晚期的青銅器上,西周早期青銅器上也還存在,但總體數量呈明顯的下降趨勢。至西周中期以後則非常罕見。那麼是否可以就此認爲虎簋上這種圖形化的族徽文字出現,是一種反常現象,並如同虎簋的器形紋飾一樣,都是春秋時期一種復古作品呢? 我覺得這個問題是可以討論的。

首先在淅川徐家嶺10號墓出土的簋上並沒有銘文,而且整個淅川楚墓出土的青銅器中都未見有這種圖形化的族徽文字。除此之外,在整個楚系銘文中,除了一些所謂鳥篆體的銘文上有一些圖形化的鳥形作爲文字的附飾外,也幾乎未見有這種圖形化的銘文。這樣我們應該可以排除虎簋銘文與淅川楚墓出土器物之間的關係。其次,幾乎在所有春秋戰國時期的青銅器銘文中,沒有與虎簋銘文相類似的圖形銘文。雖然在戰國時期的巴蜀青銅兵器上有比較多的虎形圖案,但它們似乎與虎簋銘文不僅在形式上存在差別,而且在性質上也可能不同。有研究認爲巴蜀兵器上的虎形圖案,既不是文字,也不是圖騰或族徽,它們是緣於巴人對虎的崇拜而表現的虎神形象[1]。這樣也就從銘文方面排除了虎簋與春秋戰國時期青銅器之間的關聯。

但是我們在西周中晚期的考古資料及青銅器銘文中可以發現一些與虎簋銘文相關的材料。陝西歷史博物館收藏有一對魚簋,是西周中晚期多見的帶蓋束頸鼓腹的直棱紋方座簋,内底鑄有魚形族徽。魚簋的器形與西周中期的癲簋、宰獸簋等相同,紋飾則與癲簋、西周晚期的猷簋及晉侯墓地M64出土的叔氏簋(鷺休簋)等的紋飾都比較接近,所以魚簋應該也是西周中晚期的器物。

此外,劉體智舊藏,現藏臺北故宮博物院的兩件屯鼎,從器形看是西周中期之器,其銘文的末尾有圖形族徽,作一人兩手牽馬,下有豕,有釋作"馬天豕"三字,也有釋作"豙馬"二字的。

又如,《殷周金文集成》06466著錄有一件西周中期的尚觶銘文,銘末有一個鳥形圖案的族徽。《殷周金文集成》04399著錄一件現藏於北京故宮博物院西周中期的仲爯父盨,銘末"永寶用"的寶用兩字間鑄有耳形和虎形的圖案,或釋之爲"耳虎",此二字當是器主族徽,本該鑄於銘末,却誤植於寶用兩字之間。

前舉西周晚期的改盨和卓林父簋蓋兩例,銘末均鑄鼎形圖案,均爲作器者的氏族徽號。

魚、虎、鳥、豙馬、鼎等氏族徽記均曾見於商代晚期或西周早期的青銅器銘文中,當

---

[1] 劉渝:《巴蜀文化青銅兵器的虎圖形初步研究》,四川大學碩士學位論文,2004年。

屬這些延續時間較久的氏族的族徽符號。由上述數例可證,直至西周中晚期,一些古老部族在其所鑄青銅器的銘文中仍保持了標記氏族徽記的傳統習俗。

由此可證,虎簋器蓋鑄有"虎"形氏族徽記,不可能是春秋時期的一種復古行爲,它們只是西周晚期以"虎"形圖案爲氏族徽記的這個部族,延續了其本族的習俗,在其所作青銅器上鑄上族徽而已。

此外,我們在鑄造技術方面也能够找到虎簋與西周時期青銅簋有一些相同的技術特點。虎簋的方座内壁有數道横直的凸綫,這應該是當時的工匠爲了提高方座的牢固性和承重力而特意設計的加强綫。這一現象在西周中原地區的青銅方座簋上也有所發現,比如前舉1984年扶風齊家村八號窖藏出土有四件西周中期的方座簋,其方座内壁也有相同的横直凸綫。《淅川和尚嶺與徐家嶺楚墓》一書,雖未公布淅川徐家嶺10號墓出土的蓮瓣鈕波曲紋簋的方座内壁照片,但器物的文字描述部分及所繪綫圖上均未反映出這幾件方座簋的方座内壁存在這種横直的凸綫。在其餘已知的春秋戰國時期楚式方座簋的方座内壁也尚未知道存在這種横直的凸綫,這表明虎簋的鑄造工藝更接近於西周時期的方座簋鑄造技術系統,而與春秋戰國時期的楚式方座簋的鑄造技術系統存在一定的區别。

虎簋兩耳和器腹的連接方式,也表現出一些與西周中晚期青銅器兩耳和器身連接方式上的相似處。虎簋兩耳與器腹采用了鑄焊的工藝技術,即兩耳與器身分别鑄造後,在兩者的連接處再做陶範,然後用銅液澆鑄其中,使兩者相連。從目前掌握的材料看,這是西周中晚期使用比較多的一種使器耳與器身相連接的工藝技術。著名的西周屬王銅器——猷簋、西周晚期的師袁簋等也都是采用這種連接技術。除了簋形器外,當時其他一些青銅器的雙耳也有不少采用了這種鑄焊工藝,比如陝西扶風莊白窖藏出土的十三年瘐壺、陝西眉縣楊家村窖藏出土的逨盤、上海博物館藏傳寶鷄出土的西周晚期龍紋壺等。

用鑄焊工藝連接青銅器的雙耳與器身,雖然不是商周時期青銅器鑄造工藝中,器耳與器身連接方法的主流工藝,甚至也不是西周中晚期鑄造工藝中的主流工藝。但這種工藝技術集中出現在西周中晚期的青銅器上,可以説表明了這是一種具有時代特徵的工藝技術。反過來,這種具有時代特徵的工藝技術也可以成爲虎簋斷代的一個重要佐證。

經過以上從虎簋出土地的考古資料、及器形、紋飾、銘文及鑄造工藝等方面的分析,我們認爲虎簋應該是西周晚期中原地區的製品,它們不會是春秋戰國時期楚國製作的青銅器。我們認爲,淅川徐家嶺10號墓出土銅簋不能用作爲虎簋斷代的依據,相反淅川徐家嶺10號墓出土銅簋的器形、紋飾的來源,應該是以中原地區虎簋這種類型的西周青銅簋爲本的,屬於楚人的復古之作。香港中文大學蘇芳淑教授早就指出徐家嶺10號墓出土的方座簋屬於復古作品,她認爲"平王東遷,王室衰微,仿製古器物興起,凸顯於以維護周皇室爲旗號的霸主。一方面可能反映當時某些古代禮儀的復興,另方面或指出諸侯利用傳統禮制强調其遠古世系和舊貴族身份,從而與新興諸侯區别出來。……在復古過程中,某幾類型青銅器特别受到重視,諸國的重點也不盡相同,其中方座簋具有特别的地位。或基於其在西周早期禮器組合中所占份額及其銘文内容與周王室有緊密關係,其政權象徵和系族紀念性特別突出。……長江流域的楚國及其附庸國,從春秋晚期開始一直用方座簋,……説明楚王室及其貴族與其附庸國,對傳統周代禮制或其標志禮器的敬重態度"[1]。

所謂春秋戰國時期楚國青銅器中的"復古"問題,其實存在着兩種現象,一種是楚墓中出土有一些器形、紋飾帶有西周中晚期青銅器上部分特點的器物,如升鼎、方壺等;另一種是完全對西周銅器的模仿和複製,比如説徐家嶺10號墓出土的蓮瓣鈕波曲紋方座簋。我認爲前者是青銅器的器形和紋飾在其發展演變過程中一種正常的延續和傳承,後者才是真正意義上的"復古"現象。

或以爲楚式升鼎屬於楚國的復古之作,是仿製西周中期以後比較流行的束頸淺腹平底鼎的樣式,如克鼎、史頌鼎、無叀鼎等,楚式升鼎上裝飾比較多的垂鱗紋也是仿西周青銅器的裝飾風格。我認爲這個意見可以討論。

我認爲所謂的復古式青銅器應該是某種器形或紋飾在中斷或停止使用一段時間以後重新出現的,才能稱之爲"復古"式。束頸淺腹平底式鼎是西周中晚期比較流行的鼎的樣式之一,春秋以後雖然數量有所減少,但這種樣式的鼎在春秋早中期的考古資料或傳世器物中還有發現。比較典型的有春秋早期的秦公鼎,湖北隨縣萬店周家崗出土春秋早期的廉季鼎[2],Sackler先生收藏的一件春秋早期竊曲紋鼎[3]。春秋中期有山東沂水劉家店子1號墓出土的所謂鑊鼎[4],Sackler先生也收藏有一件與此器形、紋飾幾乎相同的鼎[5]。1975年和1980年湖北隨縣劉家崖先後發現兩批青銅器,其中都有束腰淺腹平底鼎,只是兩耳或作立耳式(連迁鼎),或作附耳式(盅鼎)[6],《曾國青銅器》一書的作者認爲劉家崖出土銅器的時代是春秋中期早段[7]。由此可見,束腰淺腹平底鼎在春秋早中期都曾存在,表明這種鼎的形制一直在延續和發展過程中,并沒有出現使用中斷的現象。春秋中期以後,在楚國青銅體制的形成過程中,楚人選擇將這種形制和紋飾組合的鼎作爲其升鼎的主要樣式,可以説湖北隨縣劉家崖出土連迁鼎的器形、紋飾直接被楚人所接受,成爲淅川楚墓出土升鼎的主要式樣,這一選擇使得束腰淺腹平底鼎在春秋晚期之後的楚墓中大量出現。可能正因爲這種形制和紋飾的鼎,在春秋早中期并不多見,在春秋晚期之後的其他地區的青銅文化中也罕見,而在楚墓中却大量、集中出現,并成爲楚式鼎中的主體之一,故被誤以爲這種鼎的樣式,又突然重新出現了,由此得出了淅川楚墓中的升鼎屬於"復古"現象的結論。

雖然我們不同意把楚式束腰平底的升鼎看作一種復古的現象,但我們認爲在淅川

[1]　蘇芳淑:《古人擬古:春秋戰國時代的復古風》,《中國文化研究所學報》第48期,2008年,香港中文大學出版社,第373—406頁。
[2]　隨州市博物館:《湖北隨縣發現商周青銅器》,《考古》1984年第6期,第510頁。
[3]　So, Jenny F., Eastern Zhou Ritual Bronzes from the Arthur M. Sackler Collections, Fig, 6. Washington, D.C. 1995.
[4]　山東省文物考古研究所、沂水縣文物管理站:《山東沂水劉家店子春秋墓發掘簡報》,《文物》1984年第9期,第2頁。
[5]　So, Jenny F., Eastern Zhou Ritual Bronzes from the Arthur M. Sackler Collections, Fig, 7. Washington, D.C. 1995.
[6]　隨州市博物館:《湖北隨縣劉家崖發現古代青銅器》,《考古》1982年第2期,第142頁。
[7]　湖北省文物考古研究所:《曾國青銅器》前言第14頁,文物出版社,2007年。

楚墓中的確存在着復古的現象，如淅川出土和徵集的方座簋就屬於楚人的復古作品。因爲儘管簋形器在春秋時期依然在行用，然由於多數地區（包括楚國）青銅食器的組合開始流行鼎、簋的組合形式，簋形器使用的數量并不多，特別是方座簋幾乎絶迹。只是到了春秋晚期，在一些地區又開始出現了方座簋，如安徽壽縣蔡侯墓就出土有八件[1]。而且器形都以蓮瓣蓋式的方座簋爲主，除了蔡侯方座簋外，還有曾侯乙方座簋等。方座簋的突然再現，我認爲這應該是一種復古的現象。

　　淅川徐家嶺10墓出土的和淅川倉房鄉東溝村徵集的蓮瓣鈕蓋波曲紋方座簋，器形、紋飾完全沿用了西周晚期虎簋的樣式。而且淅川徐家嶺10墓出土的方座簋與同墓出土的其他青銅器在器形、紋飾上也形成不了組合，顯得非常突兀。這種突兀的現象不是可以用這四件方座簋是外來器物或隨葬的早期器物可以解釋的，因爲在該墓中還出土有三件龍紋鬲，鬲的器形和淅川下寺一號墓出土的分檔卷沿鬲完全相同[2]，但器腹却裝飾着西周中晚期和春秋早期鬲形器上裝飾比較普遍的龍紋。這種春秋晚期的形制加飾西周晚期紋飾的鬲，與除兩耳外，器形紋飾完全模仿西周晚期形制和紋飾的蓮瓣鈕蓋波曲紋方座簋同時出現在同一個墓葬中，只能説明當時在該地區的青銅器設計和製作中，確實存在着復古的現象。更何況淅川倉房鄉東溝村徵集到，器形紋飾與徐家嶺10號墓幾乎完全相同的蓮瓣鈕蓋波曲紋方座簋，這就表明當時這種"復古"青銅器的出現，并不是一種孤立的現象，而是在當地一度可能比較普遍的現象。

2010年10月20日初稿於上海博物館
2011年2月14日修改於上海博物館

補記：

　　交稿後，偶然在翻閲宋人王黼編的《博古圖》時，見其十七卷中著録有三件⟨宀⟩簋，其中兩件器蓋完整，一件缺蓋。⟨宀⟩簋的器形、紋飾與虎簋幾乎完全相同，特別是其蓋上捉手也與虎簋相同。王黼謂："前二器乃頃所藏者，……後一器近得於長安水中，但恨缺其蓋耳。"簋銘接近於1958年和1963年分別出土於扶風齊家村窖藏西周晚期的它鬲和它盤、它盉的"它"字，疑即它字的異體或宋人摹寫有誤。它鬲及盤、盉均爲西周晚期之器，且與⟨宀⟩簋同爲陝西所出，恐兩者之間有些比較緊密的關係，時代應該也是相近的。⟨宀⟩簋的資料已足證我們對虎簋的斷代，應該是對的。

2011年12月5日補記於上海博物館
原載《楚簡楚文化與先秦歷史文化國際學術研討會論文集》，
湖北教育出版社，2013年，第55頁。

---

[1]　安徽省文物管理委員會、安徽省博物館：《壽縣蔡侯墓出土遺物》，科學出版社，1956年。
[2]　河南省文物研究所、河南省丹江庫區考古發掘隊、淅川縣博物館：《淅川下寺楚墓》，文物出版社，1991年，第60頁，圖五三，圖版二六·2。

新見吳王餘眛劍淺議

　　蘇州博物館新得吳王劍一件（以下簡稱蘇州劍），劍長57.5、劍格寬4.8釐米，作窄格，圓莖帶兩道箍，圓首的式樣，劍脊隆起，劍身近鋒處狹收。莖上有纏緱的痕迹。

　　以往所見吳越劍，基本形式有三種：一是無格扁莖劍，二是窄格圓莖圓首無箍劍，三是寬格圓莖圓首帶箍劍。這種窄格圓莖圓首帶箍劍，僅見於1973年江蘇六合縣和仁墓出土的一件青銅劍。根據該墓出土陶器及青銅器的形制特點，并結合該墓出土的吳、楚文化特徵的器物，發掘報告判斷該墓應該是春秋晚期到戰國初期具有吳、楚文化特徵的墓葬[1]。其中出土的青銅兵器，多數具有吳越青銅兵器的特點，由此可見，在春秋晚期和戰國初期這種窄格圓莖圓首帶箍劍，也是吳越地區青銅劍的一種形制。

　　蘇州劍的劍脊兩側鑄有銘文兩行75字，其中重文一：

　　攻（工）盧（吳）王姑讎烏雜曰：余壽夢之子，余虘欰郤之𣎵（嗣）弟。虘欰此郤命初梛（麻），敗梛（麻），獲衆多。命御習（荆），習（荆）奔，【右側】

　　王圍𩰚（𣲦），既北既狹，不囗敢鞠。命御越，隹（雖）弗克，未敗盧（吳）邦。虘欰郤命戈（我）爲王。擇𢍰（厥）吉金，自乍（作）元用劍。【左側】

攻（工）盧（吳）王姑讎烏雜曰：余壽夢之子，余虘欰郤之𣎵（嗣）弟

　　根據劍銘，此劍的器主爲吳王姑讎烏雜，是吳王壽夢的兒子，虘欰郤的弟弟。"虘欰郤""虘欰此郤"，或"盧欰此郤"即餘祭，陳萬千、曹錦炎、李家浩、董珊、吳鎮烽等先生論之甚詳[2]，此不贅述。姑讎烏雜，在1997年紹興市魯迅路出土的吳王劍（以下簡稱紹興劍）上作姑讎雜。由於該劍銹蝕較重，多個銘文爲銹所掩蓋，以致當時未能準確釋讀銘文，曹錦炎先生釋讀爲"姑發難"[3]。李家浩先生釋爲"姑義雜"[4]。第三字現在可知作"雜"。而所謂"發"或"義"，現在對比蘇州博物館新收劍銘，可以看到，紹興劍銘文中

[1]　吳山菁：《江蘇六合縣和仁東周墓》，《考古》1977年第5期，第299頁。
[2]　陳萬千：《湖北穀城縣出土"攻盧王虘欰此郤"劍》，《考古》2000年第4期，第95頁；曹錦炎：《吳王壽夢之子劍銘文考釋》，《文物》2005年第2期，第68頁；李家浩：《攻敔王姑義雜劍銘文及其所反映的歷史》，《古文字與古代史》第一輯，"中央"研究院歷史語言研究所，臺北，2007年，第293頁；董珊：《吳越題銘研究》，科學出版社，2014年，第22頁；吳鎮烽：《記新發現的兩把吳王劍》，《江漢考古》2009年第3期，第83頁。
[3]　曹錦炎：《吳王壽夢之子劍銘文考釋》，《文物》2005年第2期，第68頁。
[4]　李家浩：《攻敔王姑義雜劍銘文及其所反映的歷史》，《古文字與古代史》第一輯，（臺北）中研院歷史語言研究所，2007年，第293頁。

"姑"下一字的左邊未被銹掩的部分,作反向的"隹"字甚明確,應該也就是"雗"字。蘇州博物館的劍銘中,雗下一字做🔣形,字可識爲"烏",或"於"。李家浩先生已正確指出"雜"(雥)與"眛"的聲韻關係,而此次新見的"烏"或"於",則與"餘"古音極近,蘇州劍的"烏雜"顯然就是"餘眛"了。"餘眛"稱"姑雗烏(餘)雜(眛)",或省作"姑雗雜(眛)",與"諸樊"稱"姑發者(諸)反(樊)",或省作"姑發反(樊)"相類:

餘眛	姑雗烏(餘)雜(眛)【蘇州劍】	姑雗雜(眛)【紹興劍】
諸樊	姑發者(諸)反(樊)【新泰劍】[1]	姑發反(樊)【襄陽劍】[2]

至於"姑雗"如何解釋,"姑雗"與"姑發"是何關係,要仰仗出席會議的各位古文字學方面的專家學者了。

在劍銘中"姑雗烏雜"是吳王壽夢之子,餘祭之弟,且被餘祭任命爲嗣王,當即文獻所記載的吳王餘眛無疑。在紹興劍發表之後,已有學者,如李家浩、董珊等撰文對紹興劍銘文重新作了釋讀,指出器主應該是壽夢之子,餘祭之弟吳王餘眛,并根據紹興劍銘文中提及的吳伐巢及因徐攻楚諸戰事,在文獻中都記載在餘眛執政之世,指出該劍應鑄於餘眛執政且與楚戰事之後的這段時間內[3]。同樣由於紹興劍銘的不清楚,以致他們的一些意見如今需要根據蘇州博物館的餘眛劍銘文予以修訂。

🔣字,金文首見,在此或可釋作嗣。從本劍銘文看,姑雗烏雜是叡戉此䣄的弟弟,且被叡戉此䣄任命爲嗣王。銘文中自稱"嗣弟",當屬不謬。

叡戉此䣄命初伐梛,敗梛,獲衆多

與紹興劍銘文中"初命伐梛,有獲",當指同一件事。梛字從林從邑,《説文》:"麻,與林同。"《左傳·昭公四年》:"秋,七月,楚子以諸侯伐吳。……冬,吳伐楚,入棘、櫟、麻。"劍銘中"初伐梛,敗梛,獲衆多",應即指此次戰役。雖然吳、楚此戰,吳攻打了楚地的棘、櫟、麻三地,但當時受吳王餘祭之命,餘眛率部參加的是其中攻打麻地之戰。

命御斳(荊),斳(荊)奔

應該就是《左傳·昭公五年》所記載的:"冬,十月,楚子以諸侯及東夷伐吳,以報棘、櫟、麻之役。……聞吳師出,蒍啓彊帥師從之,遽不設備,吳人敗諸鵲岸。"

紹興劍銘中"斳(荊)伐䣄(徐),余窺(親)逆,攻之,敗三軍,獲車馬,支七邦君"則應該是指此後的另外一場吳楚之戰。《春秋·昭公十二年》"楚子伐徐",《傳》:"楚子狩于州來,次于潁尾,使蕩侯、潘子、司馬督、囂尹午、陵尹喜帥師圍徐,以懼吳。"《春

[1] 任相宏、張慶法:《吳王諸樊之子通劍及相關問題探討》,《中國歷史文物》2004年第5期,第15頁;張勇、畢玉梅:《山東新泰出土吳王諸樊之子通劍》,《華夏考古》2013年第2期,第95頁。
[2] 朱俊英、劉信芳:《攻虘王姑發郖之子曹䤾劍銘文簡介》,《文物》1998年第6期,第90頁。
[3] 李家浩:《攻敔王姑義雜劍銘文及其所反映的歷史》,《古文字與古代史》第一輯,(臺北)中研院歷史語言研究所,2007年,第293頁;董珊:《吳越題銘研究》,科學出版社,2014年,第20頁。

秋·昭公十三年》"吳滅州來",《傳》:"楚師還自徐。吳人敗諸豫章,獲其五帥。"此役中,劍的主人姑讎烏雖(餘眛)應已爲吳王,故劍銘謂之:"余親逆,攻之。"這也正符合杜預《注》所謂:"州來,楚邑。用大師焉,曰滅。"至於劍銘所謂"敗三軍,獲車馬,支七邦君",應該即指《左傳》中的"獲其五帥"一事,陸德明謂"五帥"即"蕩侯、潘子、司馬裛、蹴尹午、陵尹喜五人"。董珊認爲:"《左傳》之'獲五帥'可能即劍銘'支七邦君'而少記其二。"[1]

王圍旟,既北既殃,不口敢鞘,命御郒(越),惟(雖)弗克,未敗廬(吳)邦

王當指皸钺此郃,即吳王餘祭。

圍,《説文》:"守也。"圍,也有攻占的意思,《公羊傳·襄公十二年》:"伐而言圍者,取邑之辭也。"此處的"圍"應該有攻打或攻占的意思。

"旟",地名,根據餘祭是伐越地時被殺的記載,似應在越地。

"北",即敗北,《國語·吳語》"吳師大北",韋昭《注》:"軍敗奔走曰北。"

"殃",禍、害。《禮記·禮運》"眾以爲殃",鄭玄《注》:"殃,猶禍惡也。"

"不口敢鞘",因第二字殘缺,尚不確定,故暫缺釋。

惟,疑應从虫而誤,讀爲雖。或可讀爲唯,唯亦可假爲雖,《荀子·性惡》:"然則唯禹不知仁義法正,不能仁義法正也。"楊倞注:"'唯,讀爲'雖'。"

這段銘文的意思應該是吳王餘祭攻伐越地的旟,兵敗并且遇難,……爲了防止越人乘勝追擊,(我)命令抵禦越人,此役雖然沒有攻克越地,但吳邦亦未受損。我覺得這段銘文可以結合《左傳·襄公二十九年》"吳人伐越,獲俘焉,以爲閽,使守舟。吳子餘祭觀舟,閽以刀弑之"的記載來分析,吳王餘祭是伐越後被弑殺的,這是劍銘和文獻記載相同的地方,但劍銘可能記錄的是事件的真實過程,《左傳》等文獻則可能是根據吳人爲掩飾餘祭兵敗被殺的事實而編造的情節所記載。

皸钺郃命戈(我)爲王

戈,疑是金文"我"字的筆誤,金文中"我"字作多齒狀帶柲兵器,形近似金文戈字,故《説文》謂:"我,从戈、从才。"此外,從這句話的語境分析,戈字在這裏唯有作我字解,方才合情合理。《史記·吳太伯世家》:"壽夢有子四人,……季札賢,而壽夢欲立之,季札讓不可,於是乃立長子諸樊,……諸樊卒。有命授弟餘祭,欲傳以次,必致國於季札而止,以稱先王壽夢之意,且嘉季札之義。兄弟皆欲致國,令以漸至焉。"這一方面説明劍銘中,餘眛受命於餘祭繼位吳王是有其歷史原因的,另一方面也由劍銘證實了文獻中的相關記載是可靠、有史實依據的。

吳王餘眛劍的銘文中記錄了先後三位吳王的名字,壽夢、餘祭和餘眛。除壽夢的金文名字與文獻記載相同,餘祭的金文名字也早已被學者們所釋讀,餘眛的金文名字則是首次明確、完整地出現(紹興劍銘中雖然已經出現,但當時因爲鏽蝕等原因未被準確釋讀),爲研究吳王世系提供了確切的文物資料。

---

[1] 董珊:《吳越題銘研究》,科學出版社,2014年,第22頁。

劍銘中還記録了三場戰爭：伐郲（麻）、御荊、伐越御越，在《春秋》經傳、《史記》等文獻中也有記載，這就以實物資料的形式印證了文獻記載的可靠性。特別需要關注的是，劍銘中明確記載餘眛是受餘祭之命去伐麻地的，伐麻之事見於《左傳·昭公四年》，按照《春秋》經傳的記載，餘祭在位四年，餘眛在位十七年，餘祭死於襄公二十九年，據此，昭公四年已是餘眛任吳王的第六年，這就與劍銘所記餘眛受餘祭之命去伐麻不相吻合了。而《史記·吳太伯世家》記載的是餘祭在位十七年，餘眛在位四年，（昭公四年、餘祭）"十年，楚靈王會諸侯而以伐吳之朱方，以誅齊慶封。吳亦攻楚，取三邑而去"。現在根據餘眛劍銘文，可以肯定，《史記》關於餘祭和餘眛的在位年數記載，顯然要比《春秋》《左傳》可信。

根據蘇州博物館餘眛劍的銘文内容分析，餘眛在銘文中還在強調自己的軍功及繼位的合法性，所以此劍應該鑄於餘眛即位不久。紹興劍的銘文中則記載了魯昭公十三年，即餘眛二年時，吳、楚之間一場因楚伐徐國而引發的戰爭，戰爭以餘眛親征，擊退楚軍，大勝獲俘而告結束。所以該劍應該鑄於餘眛二年或稍晚，時間上要略晚於蘇州博物館的餘眛劍。

蘇州博物館新征集的這把吳王餘眛劍，不僅器形少見，而且銘文多達75字，是現知青銅劍中銘文最多的一件，其銘文所記載的人物與歷史事件也多數可與文獻記載相對應，并且有些内容可以彌補并解決歷史、文獻學上長期有爭議的問題，具有校經證史的作用，所以這是一件非常重要的青銅兵器。

本文在寫作過程中得到部門同人，尤其是葛亮的諸多幫助，有些認識是在他們的意見中形成的，謹致謝忱！

2015年4月26日初稿於寓所
2015年4月29日修改於上海博物館
原載於《兵與禮——蘇州博物館新入藏吳王餘眛劍研討會論文集》

對此劍銘的一些不同意見請參閱《兵與禮——蘇州博物館新入藏吳王餘眛劍研討會論文集》中各位學者的文章。

寶雞出土青銅禁的觀察與分析

本文討論的是寶雞戴家灣和石鼓山先後出土的三件青銅龍紋禁,不包括放置在一些卣形器或觥形器下的小型方禁。

這三件禁分別是1901年寶雞戴家灣出土,現藏美國大都會博物館的所謂端方十三器中的龍紋禁;1928年黨毓琨在寶雞戴家灣盜掘出土,現藏天津博物館的龍紋禁;2012年寶雞石鼓山三號墓出土的龍紋禁。

一、器形與紋飾的觀察

從形制來看,三件禁都作長方形台座的式樣,但禁壁的形式各不相同:

大都會博物館藏龍紋禁,長89.9、寬46.4、高18.1釐米,前後禁壁各分上下兩排,每排四個,共有八個長方形孔,兩側禁壁各分上下兩排,每排兩個,共有四個長方形孔。

天津博物館藏龍紋禁,長126、寬46.6、高23釐米,前後禁壁各分上下兩排,每排八個,共有十六個長方形孔,兩側禁壁各分上下兩排,每排兩個,共有四個長方形孔。禁面有三個凸起的橢圓形子孔,中間一個略大於邊上兩個,當用於嵌置具有橢圓形圈足的青銅器。

石鼓山三號墓出土的龍紋禁,長94.5、寬45、高20.5釐米,四面禁壁沒有鏤孔。(圖一)

從裝飾紋樣來看三件禁也不盡相同:

大都會博物館藏禁的禁壁上邊飾S形構圖的斜角兩頭龍紋,下面兩排飾兩兩相對的曲體卷尾長吻龍紋,每組龍紋間隔有變形的牛首形裝飾;兩端飾頭朝外的直立俯首鳥紋。

天津博物館藏禁的禁壁上下邊飾兩兩相對的曲體卷尾長吻龍紋,兩端飾頭朝內的直立俯首龍紋。

石鼓山三號墓出土禁的禁壁上下邊也飾兩兩相對的曲體卷尾長吻龍紋,中間有變形牛首紋作為裝飾間隔,兩端為頭朝內的直立俯首鳥紋,中間是直棱紋。

圖一　三件禁的器形

　　三件禁的兩端禁壁裝飾紋樣與前後禁壁相同，均爲一組兩條相對的龍紋，左右均有相同的直立俯首鳥紋或龍紋。（圖二）

　　三件禁的禁面基本都是沿禁邊裝飾一周S形構圖的斜角兩頭龍紋，除了大都會博物館藏禁的禁面磨損嚴重，紋飾看得不太清楚外（感謝《寶雞戴家灣與石鼓山出土商周青銅器》一書，提供了賴淑麗依據松丸道雄教授拓片繪製的禁面綫圖，使我們可以清晰地觀察大都會藏禁的禁面紋飾）。大都會藏禁、天津博物館藏禁和石鼓山三號墓禁的禁面長邊裝飾的都是S形構圖的斜角兩頭龍紋，每組龍紋之間有變形牛首紋爲間隔。短

圖二　三件禁的紋飾

邊則均爲兩條相對的S形構圖斜角兩頭龍紋，也有變形牛首紋作間隔。只是天津博物館藏禁和石鼓山三號墓禁的長邊龍紋作有規律的兩兩相對排列。（圖三）

　　從三件禁主要裝飾的曲體卷尾長吻龍紋來看，大都會博物館藏禁和天津博物館藏禁的紋飾基本相同，但是石鼓山三號墓出土禁的龍紋的吻部則明顯稍短，應該是這種龍紋的一種變化形式。

　　值得注意的是，在大都會博物館藏禁的一側禁壁上有一組S形構圖的斜角兩頭龍紋，與其他各組相同紋飾呈不同方向倒置（圖四）。另外禁面上兩條長邊的龍紋排列也存在

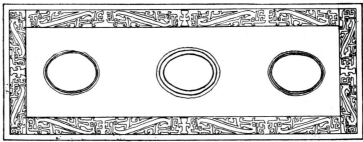

圖三 三件禁的禁面綫圖

圖四 大都會博物館藏禁
S形斜面兩頭龍紋

圖五　天津博物館藏禁龍紋頭部凸起的綫條

一些問題,如果我們按照《寶雞戴家灣與石鼓山出土商周青銅器》一書中,賴淑麗繪製的禁面綫圖,可以看到,在禁面上面一排的龍紋,是以同方向排列的,而下面一排的龍紋中,左數第二個龍紋的排列方向與另外三個不符。如果按照禁面兩側短邊的龍紋排列,以及天津禁和石鼓山禁的龍紋排列規律,一般都是兩兩相對的排列,大都會禁面上龍紋排列似乎有違常例。即便是上面那排龍紋都是同方向排列,看似合理,其實恐怕也是一種錯誤的排列方式(可以參考圖三)[1]。我們懷疑造成這種現象的原因,很有可能是當時在製作紋飾時,已經采用了印模的技術,當時在製作紋飾時,紋飾印模拿反了,或疏忽了所導致的。我們做了簡單的測量,其中數對龍紋的長度相同或非常接近,式樣也完全一致,這也符合印模製作紋飾技術的特徵。特別是我們注意到,在天津博物館藏禁的一組龍紋頭部前有一道略微凸起的綫條,這似乎是只有采用印模技術才可能出現的痕迹(圖五)。

曲體卷尾的龍紋在殷墟二期的青銅器上已經出現,婦好墓三聯甗和分體甗的甑部,以及帶流鼎的頸部都裝飾有這種龍紋,只是吻部稍短[2]。到了殷墟三期,這種龍紋的吻部開始加長,基本完成了曲體卷尾龍紋的定形。郭家莊160號墓出土罍的圈足、提梁卣的提梁內外側都裝飾有這種龍紋。附近車馬坑M52出土的一些車器上也裝飾有此類龍紋[3]。但總體上說,殷墟出土青銅器上這種龍紋并不十分常見。

有意思的是,在寶雞出土商周之際的青銅器,包括石鼓山和戴家灣出土的青銅器上,大量裝飾這種長吻曲體卷尾的龍紋,特別是所謂先周時期的青銅簋上也裝飾這種龍紋,雖然有些變形(圖六)。我認爲裝飾這種龍紋的先周銅器無疑應該是在當地鑄造的,可以説裝飾這種龍紋是當時當地的族群對此類紋飾的一種偏好。那麼我的問題是,寶雞地區其他裝飾此類紋飾的青銅器,究竟是在當地鑄造的還是在安陽鑄造的。李永迪等先生認爲:安陽出土了一些陶範可以和寶雞戴家灣等地出土的青銅器對上,這就爲研究寶雞戴家灣等地出土銅器的鑄造地和來源提供了很具體的綫索[4]。那麼如果這些青

[1]　近讀《寶雞戴家灣與石鼓山出土商周青銅器》,作者也已注意到這個問題了。
[2]　中國社會科學院考古研究所:《殷虛婦好墓》,文物出版社,1980年,第28頁,圖一七。
[3]　中國社會科學院考古研究所:《安陽殷墟郭家莊商代墓葬——1982～1992年考古發掘報告》,中國大百科全書出版社,1998年,第91頁,圖68;93頁,圖70;圖版61,圖版62。
[4]　李永迪、岳占偉、劉煜:《從孝民屯東南地出土陶範談對殷墟青銅器的幾點新認識》,《考古》2007年第3期,第52頁。

圖六　先周時期裝飾曲體卷尾龍紋的器物

銅器是安陽鑄造的，它們究竟是如何集中出現在寶雞地區的，是克商時奪取後分器的，還是向安陽鑄造作坊定制的？如果是克商後奪取的，那麼是不是出於對此類龍紋的喜愛，特意挑選裝飾有此類紋飾的青銅器，所以在寶雞地區可以如此集中出現裝飾此類紋飾的青銅器。如果是向安陽作坊定制的，那麼定制的時間又是何時？是克商前還是克商後？先周青銅器上這種龍紋的設計來源，以及與裝飾有中原風格的此類龍紋的青銅器集中共存於寶雞地區，反應的是一種什麼樣的現象？我覺得這是一個值得思考的問題，也是一個需要更多考古資料予以解決的問題。

二、天津博物館藏禁上所置器物的觀察與分析

石鼓山三號墓出土龍紋禁上所放置的器物，因爲有明確的考古資料，可以確定是一個戶方彝，一個器形較大的戶卣和一個帶小方禁的器形較小的戶卣，另外還有一件用於挹酒的斗。

福開森《陶齋舊藏古酒器考》一文依據禁面上殘存的痕跡以及銘文資料，認爲大都會博物館藏禁應該放置着一個鼎尊，一個器形較大的鼎卣，一個帶小方禁、器形較小的鼎卣[1]。

---

[1]　福開森：《陶齋舊藏古酒器考》，《學衡》第五十一期。

圖七　中研院史語所存舊照

那麼天津博物館藏龍紋禁上應該放置的是什麼器物呢？現存關於當年黨毓琨盜掘戴家灣古墓的文字資料中，對此都語焉不詳，在臺灣中央研究院史語所保存的一張舊照片上，我們可以看到在這件禁上林林總總的堆放了十餘件青銅器，有酒器、食器、兵器等。應該説在這張照片裏，禁上堆放的是宋哲元從黨毓琨那裏取得的一部分青銅器，并不能反映這件禁上當時實際的器物放置情況（圖七）。

在本次會議上，陳昭容在發言中認爲天津禁上，可能是放置現藏哈佛大學福格美術館的出戟方彝，以及佛里爾美術館的大鳳鳥紋卣和波士頓美術館藏的小鳳鳥紋卣（圖八）。爲了解決禁上凸起的橢圓形子孔與這三件器的關係，特別是波士頓卣的圈足尺寸小於禁上子孔的問題，黃銘崇先生在發言中提出哈佛方彝和弗利爾卣可以直接安置在兩個孔上，波士頓卣則有可能和大都會的小鼎卣一樣，下面應該有一個小型方禁，爲此他認爲有可能現藏丹麥哥本哈根國家博物館的告田觥下的小方禁，原本應該屬於波士頓卣的[1]。如此解釋，雖然可以解決這三件青銅器如何放置在天津禁凸起的子孔上的問題。但是如果真的是放置這三件青銅器的話，那麼就完全沒有必要在禁上設置這三個凸起的子孔，就像大都會禁、石鼓山禁一樣。我認爲，當時的設計者和使用者都不可能

圖八　出戟方彝、大鳳鳥紋及小鳳鳥紋

─────────────

[1]　這是在會議上聽取陳昭容、黃銘崇兩位先生發言後的一點意見，如果我曲解了兩位先生的原意，所有責任應由我承擔。

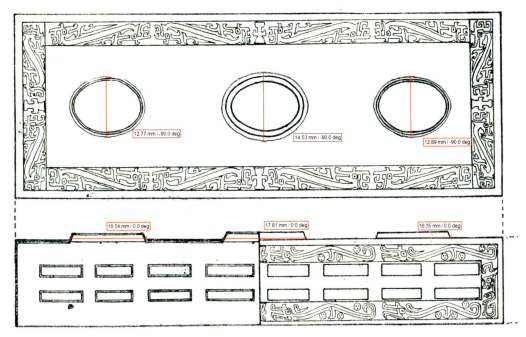

圖九　銅禁正、側視圖

爲自己毫無理由地添置這些完全沒有必要的麻煩。

我曾根據李先登先生在《西周夔紋銅禁出土情況與流傳經歷》[1]一文中發表的天津博物館藏禁的綫圖。用繪圖軟件給這三個凸起的橢圓形子孔測量了其長徑和短徑,(圖九)然後按照綫圖上標注的比例,將測得的數據乘以12,得出如下數據:

左孔外徑: 19.85 × 15.39 cm

中孔外徑: 21.36 × 17.14 cm

右孔外徑: 19.63 × 15.39 cm

根據禁上三個凸起的橢圓形孔以及孔的尺寸判斷,我們覺得應該放置的是一大兩小三件卣或壺。按照尺寸,中間一件可能稍微大一些,兩邊應該是兩件尺寸基本相同的卣或壺。因爲根據現有青銅器的器形分析,只有卣形器或壺形器下的圈足可以放置在這三個橢圓形凸孔上面,同樣有橢圓形圈足的觥形器,由於器形本身與卣和壺形器相比,略顯偏窄,所以橢圓形圈足的長徑和短徑比例會比較大,短徑較短,可能與此禁面上凸起的橢圓形子孔長短徑的比例不合,所以不適合放置在此禁上。而具有橢圓形圈足的觶形器一般形體較小,更不可能放置在此禁上了。除此之外,在商末周初的時間段内,似乎還沒有其他具有橢圓形圈足的青銅器器形。

2014年,陝西省考古研究院、寶雞市文物旅游局、上海博物館聯合在上海博物館舉辦《周野鹿鳴——寶雞石鼓山西周貴族墓出土青銅器展》,承蒙天津博物館惠借館藏龍

[1]　李先登:《西周夔紋銅禁出土情況與流傳經歷》,《考古與文物》1982年第6期。

紋禁給我們展出，借此機會，我們對天津博物館藏禁三個凸起的橢圓形孔做了測量，由於這三個孔呈下大上小的形狀，我們分別測量了每個孔下面最大的長徑和短徑，以及每個孔上面最大的長徑和短徑，具體數據如下：

左孔：與禁面相連部分的孔外徑爲：19.5 × 16.5 cm，孔口上的外徑爲：18.5 × 15.2 cm。

中孔：與禁面相連部分的孔外徑爲：20.6 × 16.7 cm，孔口上的外徑爲：19.2 × 15.3 cm。

右孔：與禁面相連部分的孔外徑爲：19.7 × 16.5 cm，孔口上的外徑爲 18.6 × 15.4 cm。

這些數據與我們根據綫圖測量的數據，差距非常小。

爲了尋找和禁上子孔尺寸接近或相符的青銅器，我們查找了部分記錄了圈足尺寸的青銅卣資料，特別包括據傳寶雞戴家灣出土的青銅卣資料（依據任雪麗《寶雞戴家灣商周銅器群的整理與研究》一書所統計的戴家灣出土器物資料，寶雞戴家灣在20世紀20年代黨毓琨的那次盜掘中，似乎并沒有發現過其他壺形器，所以我們暫且沒有查找相關的壺形器的圈足尺寸資料）。我們將已收集到的部分青銅卣的相關數據列表如下：

器　　名	高、寬	底　　徑
佛利爾美術館藏卣*	高 51.2、寬 34.8 釐米	22.9 × 19.2 釐米
大户卣	高 50 釐米	23 × 19.6 釐米
大鼎卣*	高 47 釐米	21 × 16.9 釐米
單父丁卣	高 39 釐米	19.3 × 16 釐米
戈卣	高 37.7 釐米	17.6 × 15.5 釐米
小户卣	高 36 釐米	16.3 × 15.3 釐米
郭家莊卣	高 35.8 釐米	17.8 × 15.3 釐米
波士頓美術館藏卣*	高 35.5、寬 22.8 釐米	15.6 × 12.7 釐米
小鼎卣*	高 31.8 釐米	15.3 × 12.2 釐米

（有*號的圈足尺寸承蒙陳昭容先生賜告）

從這些數據來看，只有大都會博物館藏的大鼎卣、石鼓山三號墓出土的大户卣，還有佛利爾美術館收藏的鳳鳥紋卣，以及相似尺寸的大型青銅卣，才可以與天津博物館藏禁凸起的子孔相吻合。另外如石鼓山三號墓出土單父丁卣的圈足尺寸，也與天津禁的左右兩孔的尺寸比較吻合。

佛利爾美術館收藏的鳳鳥紋卣，據傳就是當年黨毓琨在戴家灣盜掘出土的，根據尺寸推測，有可能是天津禁上原本配套的三件卣中的一件，而且很可能就是放在中間的那一件。但問題是，波士頓美術館藏的鳳鳥紋卣，由於器形、紋飾與佛利爾藏卣相同，一直被認爲是同一組青銅卣中的一件。可是從其圈足尺寸判斷，波士頓藏卣的圈足尺寸小於天津禁上凸起的子孔尺寸，顯然它不會是天津禁上本該有的一件器物。據此，我同意陳昭容、黃銘崇的意見，即哈佛的出戟方彝、弗利爾的鳳鳥紋卣、波士頓的鳳鳥紋卣是一組放置在青銅禁上的酒器。但我認爲它們不會是天津博物館藏龍紋禁上本來的那組青銅酒器。根據參加過黨毓琨盜掘活動的老人回憶，當年一共出土過三件大的青銅禁[1]，目前所知僅存天津博物館藏的龍紋禁，另外兩件不知去向。如果這些回憶是可靠的，那麼不排除哈佛的方彝、弗利爾的卣和波士頓的卣是其中一件禁上的一組酒器。

至於天津禁上究竟應該放置哪三件青銅器，我認爲現在尚無可靠的結論，還需根據禁面上凸起的子孔式樣和尺寸，在相關公私收藏的青銅器中努力尋求。

三、三件禁的内壁觀察

由於現存的三件禁上都應該是存放大型的青銅容器，在一個中空的長方形檯面上置放大型青銅器，如果加上容器中存有酒或其他食物，承重是一個必須考慮的問題。

在我們承辦《周野鹿鳴——寶雞石鼓山西周貴族墓出土青銅器展》的時候，我有幸觀察了這三件禁的内壁情況。

大都會博物館藏禁的禁面内壁有一個大X形的凸起加強筋，連接禁面的四角。禁面與四壁的連接處，長邊每邊有四個三角形的加強筋，短邊每邊有兩個三角形加強筋。

天津博物館藏禁的禁面内壁中，每個橢圓形孔的四面都有兩條凸起的加強筋與另外的孔和四壁彼此連接。禁四壁的内側每個長方形孔四周都有凸起的加強筋彼此相連，在禁面和四壁的連接處則沒有設三角形加強筋。

石鼓山三號墓出土禁的内壁，長邊各有五個三角形加強筋與禁面相連，短邊各有兩個三角形加強筋與禁面連接，内壁四個轉角的中間部位各有一個橫向加強筋連接兩側禁壁，但是禁面内壁没有任何的加強措施。

由此看來，大都會藏禁和天津博物館藏禁的承重加固措施做得比較好，石鼓山禁雖然對四壁做了比較周全的加固措施，但禁面的加固保護措施則稍遜一籌。

2015 年 11 月 21 日初稿
2016 年 4 月 28 日定稿

得知我在做這個選題後，時在編撰《寶雞戴家灣與石鼓山出土商周青銅器》一書的陳昭容先生慷慨提供了我所需要的所有資料，包括大都會禁的綫圖、美國收藏四件鳳紋卣的圈足尺寸等，特別感動、感謝！

2015 年 11 月 30——12 月 4 日在由美國芝加哥大學、陝西省考古研究院、寶雞青銅器博物院、中研院歷史語言研究所合辦《寶雞戴家灣、石鼓山與安陽出土青銅器及陶範學術研討會》上的發言。

---

[1] 任雪麗：《寶雞戴家灣商周銅器群的整理與研究》，綫裝書局，2012 年，第 102 頁。

關於靑及臣辰靑諸器的檢討

關於臣辰靑諸器，以往學者已有比較多討論，其中尤以陳夢家、曹淑琴先生的論述最爲詳盡，已爲臣辰諸器建立了比較準確的年代標尺。但因爲在討論時，對個別字的認識，可能存在一些問題，把一些未必屬於該組的器物放在一起討論了，而且近年來西周考古資料比較豐富，可資比較的材料增加了許多，所以感覺可以對此做些檢討。

另外，近年來在湖北隨州葉家山、陝西寶雞石鼓山的西周早期墓地出土了幾件屬於臣辰組的青銅器，這些不在傳統意義上臣辰器出土地點出土的青銅器，也對我們重新審視臣辰器的年代，提出了要求。

一、對這幾個字的釋讀

這幾個字都集中出現在臣辰諸器的銘文中，在銘文中的意義相同，且字形相近，可以確定是同一個字的不同寫法。

對這幾個字釋讀的主要意見有：先（侁）、失（佚）、靑、覍、光、允、克、九、㲋（微）等。其中有些釋讀未被多數學者接受，或已證明是錯誤的，所以我們討論的主要是前三種釋讀。

1. 先（侁），這是目前最普遍的釋讀，《殷周金文集成》（增訂修補本）、《商周青銅器銘文暨圖像集成》等書，以及曹淑琴先生均作此釋讀。

趙平安先生在《從失字的釋讀談到商代的佚侯》一文中提到，姚孝遂先生在《商代的俘虜》一文中早已指出，“上引諸字與先的寫法有着嚴格的區分，不可能是同一個字”[1]。

我們同意姚孝遂、趙平安先生的意見，在甲骨、金文中，先字的上面均作腳趾形，與我們要討論的這幾個字顯然有很大的區別。從表一中我們可以看到甲骨、金文的先字與這幾個字之間的區別：

---

[1] 趙平安：《從失字的釋讀談到商代的佚侯》，《中國社會科學院歷史研究所學刊》第一集，社會科學文獻出版社，2001年。該文亦收入氏著《新出簡帛與古文字古文獻研究》，商務印書館，2009年，第56頁。

表一　"先"和"耓"字的字形區別

甲骨文"先"					
金文"先"					
金文"耓"					

此外，我們注意到，在"臣辰耓册"或"臣辰耓"的銘文組合中。尚未見過除了、、這三個字體以外的寫法，當然也沒有甲骨、金文中"先"字的那種寫法。所以，將此釋讀爲"先"應該是錯誤的。

臺灣史語所的"殷周金文暨青銅器資料庫"一直采用《殷周金文集成》的釋讀，將此字也釋讀爲"先（侁）"，但負責該資料庫的陳昭容先生最近在其新出版的《寶雞戴家灣與石鼓山出土商周青銅器》一書中提出："字標準寫法做或，過去或釋爲'先'然而'先'字寫作，或稍簡作，止在人上，形體很明確。……字寫法與'先'不同，在人形之上未有從'止'之例。"[1]

由此可見，將此釋爲"先"是錯誤的，已逐漸形成共識。

2. 失（佚），徐中舒先生《漢語古文字字形表》、劉桓《釋失》等將此字釋爲失，趙平安《從失字的釋讀談到商代的佚侯》一文對此有比較詳細的論述，他認爲"古隸中往往保留着比小篆更爲原始的古文字字形"，從秦簡中的失字寫法，可以反觀字的寫法，"能夠看出兩者之間一脉相承的聯繫"，據此，可以從形體上把字釋爲失。他還認爲甲骨文中的"失侯"，應該就是《逸周書》中的"佚侯"，并認爲洛陽馬坡出土的臣辰諸器，屬於"失"的銅器，所以"馬坡一帶當是佚侯故地"。

劉桓則認爲："表示人披散頭髮，古人除睡覺時外，只有閑逸的情況下才如此。……老者處於家長的地位，即被'事'（供事）、'孝養'，自是不甚從事體力勞動。在較爲閒逸的生活中，老者戴冠與否也頗爲隨意，時常披散着頭髮，因此被造字所取象。……即失字，……睡虎地秦簡'失'作形，已加一橫。失，古讀佚或逸。如詛楚文：'淫失'即'淫佚'。《荀子·哀公》'其馬將失'，楊注：'失，讀爲逸。'《莊子·徐無鬼》'若卹若失'，釋文：'失，本亦作佚。'皆其證。"劉桓也認爲失即《逸周書》中的佚，但他認爲失原在湖北北部距河南交界處不遠之地方，被武丁征服後則北遷到"距山西的霍不很遠"的地方[2]。

謝明文在其博士論文《商代金文的整理與研究》中認爲："趙平安對釋'失'之說給予了詳細討論，其根據是古隸'失'字的某些寫法與甲骨金文''類形有相近之處，故

［1］　陳昭容：《寶雞戴家灣與石鼓山出土商周青銅器》，（臺北）中研院歷史語言研究所，2015年，第197頁。
［2］　劉桓：《甲骨徵史》，黑龍江教育出版社，2002年，第383頁。

把後者也釋作“失”。我們認爲從甲骨金文‘’、‘’到古隸‘失’之間缺乏明確可靠的中間環節,‘失’的釋法并不可信。”

我覺得謝明文的意見是有一定道理的,下文我們在依據器形對臣辰器組青銅器分析斷代後,也得出了在臣辰器組中“”和“”這種字體僅見於商代晚期和西周初期青銅器上的結論。那麼這個字顯然與秦簡中的失字之間脱節甚久,我們看不到兩者之間的演變過程,也就是説在字形上,兩者之間未必存在一定的關聯。

3. 旁,劉釗在《釋甲骨文耤、羲、蟺、敖、栽諸字》一文中分析了甲骨、金文中的、、、諸字字形後認爲:、、“皆從中從人,應該就是‘敖’字的初文,字可隸定作‘旁’”[1]。

謝明文在其博士論文《商代金文的整理與研究》中爲此説提供了一條新的證據:“安徽鳳陽縣卞莊一號墓出土銅編鎛鐘銘文中有‘余△乎(厥)于之孫童(鍾)麗(離)公柏之季子康’(《考古與文物》2009年第3期),其中‘△’作‘’、‘’、‘’等形。以‘’爲例,它從‘’从“攴”,胡長春釋作‘敖’,認爲即鍾離氏始祖‘宋襄公母弟敖’。胡氏的釋讀由於可以與史實相對照,故把‘’等形釋作‘敖’之説應可信。而‘’所從之‘’與甲骨、金文中的‘’、‘’顯然是一字。可見由新出材料從字形上可證‘’、‘’等形宜釋作‘旁(敖)’。”此外,謝明文還從語音學的角度論證了此字應釋爲“旁”。

我比較同意劉釗和謝明文的意見,故本文行文處一般將這三個字形的字,直接寫作旁。

二、關於臣辰旁,或臣辰旁册

陳夢家認爲士上器的“銘末四字是族名。……臣辰與微雖是同一家族的族名,應有分别:臣辰是‘小臣辰’之省,最初當是人名;微可能是封地。以‘小臣’爲族名猶召公世家以‘大保’爲族名,皆以官爲其氏”[2]。

曹淑琴認爲:“這些銅器上的先字是個國族名。而西周時期部分先器上出現的臣辰先册銘,它們當從屬於先這個國族,或如陳夢家所説是族氏名,‘猶如太保之例皆以官爲氏’。”[3]

董珊認爲:臣即爲小臣;辰是私名,可能是以名爲氏;皃則是地名,是以地爲氏。從詞例角度看,“小臣皃辰”是以身份加氏加私名[4]。

王進鋒認爲:臣辰銅器銘文中的“臣辰”是人名,他來自辰族,曾在商代擔任小臣一

[1] 劉釗:《釋甲骨文耤、羲、蟺、敖、栽諸字》,《吉林大學學報》1990年2期8—13頁。收入氏著《古文字考釋叢稿》,岳麓書社,2005年,第10—13頁。
[2] 陳夢家:《西周銅器斷代》,中華書局,2001年,第43頁。
[3] 曹淑琴:《臣辰諸器及其相關問題》,《考古學報》1995年第1期。
[4] 董珊在2015年《寶雞戴家灣、石鼓山與安陽出土青銅器及陶範學術研討會》報告中提出,詳情有待其報告的發表。

職,(所以又稱"小臣辰"。"臣辰"同時也是家族名號,臣辰家族在商代就已經存在,商周時期的臣辰家族可能生活在洛陽邙山馬坡一帶。帶有"臣辰"和"佚"的銅器銘文實質上是一種複合氏,商代的辰族應是佚族的分支[1]。

由此可見,不管"盉"是家族名、國族名、地名,至少大家都認可"盉"字在這個複合族名中是一個比"臣辰"大的概念。臣辰應該是盉族或盉地中的一支,"臣辰盉"是個複合氏族名稱。

我同意這個意見,應該是盉族的辰這個人擔任過小臣這個職務,很可能是這個氏族所任最顯赫的職務了,所以以後該氏族就以小臣辰盉,或臣辰盉爲名了,至於臣辰盉册,則應該是該氏長期擔任史官的緣故,猶如西周時期的微氏家族。

三、盉、臣辰盉諸器分組分類

爲了探討盉和臣辰盉諸器的時代,以及彼此之間的關係,我們根據銘文內容分爲盉組、臣辰盉册組、父辛組、父癸組和父乙組。

前兩組主要根據每組內"盉"字的字體分類,後三組主要根據每一組內複合族名的完整程度,以及盉字的字體分類,個別同一作器者的器物分爲一類。

A. 盉組: 銘文比較簡單,都只有一個盉字,按字體分爲三類。

a. 🕺類,共有十件器物,器形有鼎、鬲、爵、壺、瓿、斝、尊、戈。其中可以找到器形圖像的有六件。

b. 🕺類,共有七件器物,器形有盉、爵、尊,有器形圖像的四件,其餘三件爵的銘文拓片附帶有部分紋飾,可作爲斷代參考資料。

c. 🕺類,共有五件器物,有器形圖像的三件。

B. 臣辰盉册組: 銘文基本以完整的"臣辰盉册"複合氏族名稱爲主,按照盉的字體分爲兩類,有一件銘文作"盉册"二字,因其無法歸於其他組,故附於此組爲第三類。

a. 🕺類,銘文中盉作🕺形,共有五件器物,器形有方鼎、盉、盤、壺,其中盤、盉根據銘文字體,可以確定是一套組合。在這一類中有器形圖像的四件。

b. 🕺類,銘文中盉作🕺形,僅一件簋,有器形圖像。

c. 附: 🕺册類,銘文僅盉册兩字,器形爲爵,有器形圖像。

C. 父辛組: 作器對象基本是父辛,其中一件尊爲祖辛。根據複合族名的完整性及盉字的字體,分爲四類。

a. 臣辰🕺册文父日辛類,均爲彭生作文父日辛,銘末著"臣辰🕺册",有鼎和盤各一件,均有器形圖像。

b. 臣辰🕺父辛類,尊一件、瓿兩件,瓿有器形圖像。

[1] 王進鋒:《金文所見商周時期的臣辰史官世家》,《考古》2013年11期,第62頁。

c. ⚡册父辛類，共有五件器物，器形有甗、鼎、爵、尊，其中尊銘爲祖辛。均有器形圖像。

d. ⚡類，僅一件鼎，無器形圖像。

D. 父癸組：作器對象是父癸，根據複合族名的完整性及夆字的字體，分爲六類。

a. 臣辰⚡册類，器形有鬲鼎兩件、簋兩件、尊一件，共五件，其中鬲鼎和尊有器形圖像，根據簋是器蓋同銘，知其當爲有蓋簋，從兩件簋的銘文分析，字體比較接近，有可能是一對。

b. 臣辰⚡類，器形有盉、爵、盤各一件，均有器形圖像。其中爵和盤在2012年陝西寶雞石鼓山三號墓出土，發掘簡報釋銘文爲“曲臣⚡”[1]，董珊教授在2015年“寶雞戴家灣、石鼓山與安陽出土青銅器及陶範學術研討會”的報告中提出曲臣應該還是釋爲臣辰。我同意董珊教授的意見，儘管這兩件銘文中的辰字寫法與常見的臣辰器中辰字寫法有比較大的區別，但從整個銘文的組合來看，將其釋爲“臣辰夆”是合適的。具體字形方面的分析，尚待董珊教授的報告正式發表。

c. ⚡類，器形有簋、斝、卣，共三件，其中簋和斝有器形圖像。

d. ⚡册類，尊一件，有器形圖像。

e. ⚡類，爵兩件，均有器形圖像。

f. 士上類，均爲士上爲其父癸作器，銘末有“臣辰⚡册”。有盉一、尊一、卣二，尊和卣銘文、紋飾基本相同，卣爲一大一小，符合西周以來一尊配二卣的組合形式。均有器形圖像。

E. 父乙組：作器對象是父乙，根據銘文中複合族名的完整性及夆字的字體，分爲六類。

a. 臣辰⚡册類，器形有鼎、簋、尊、卣共五件，其中尊和卣的作器者是“元”，銘文相同，當屬一組酒器。一件鼎和簋、卣有器形圖像。

b. 臣辰⚡類，有鼎三件、簋兩件、爵三件、壺一件[2]、卣一件，其中二鼎、二簋、二爵和壺、卣有器形圖像。

c. 臣辰⚡類，有簋、尊、壺、卣各一件、爵三件，除了簋和一件爵，其餘有器形圖像。

d. 臣辰⚡類，有鼎一、尊一、卣一（未見器形，不知是卣，還是我們認爲的壺），壺二。僅兩件壺有器形圖像。從銘文字體分析，這幾件很有可能是同時鑄造。

e. ⚡類，有鼎、簋、爵、觚、尊、卣共十五件，其中六簋、三爵、一尊、一卣[3]、一觚有器形

[1] 石鼓山考古隊：《陝西寶雞石鼓山西周墓葬發掘簡報》，《文物》2013年第2期，第4—54頁。

[2] 這種器形通常被稱之爲卣，我們一般把蓋爲子口、器爲母口的此類器物稱爲壺，而卣爲蓋爲母口，器爲子口。這種區分法，現在似乎正逐漸被大家接受，張懋鎔主編的《中國古代青銅器整理與研究》系列中，馬軍霞著《青銅卣卷》，吳鎮烽《商周青銅器銘文暨圖像集成》等均采用了類似的區分方法。特別是張懋鎔在馬軍霞著作的序中更是提出了壺與卣區別的六條標準，按照張懋鎔的意見，這種器形也應該是壺，而不是卣。參見張懋鎔主編：《中國古代青銅器整理與研究·青銅卣卷》，科學出版社，2015年，第Ⅲ頁。

[3] 這件卣未著錄過，承焦天龍先生提供資訊并告知現藏於新加坡的一位藏家處，同時提供了英國Eskenazi將於2016年11月舉辦“Early Chinese art from private collections”展覽的信息。經與Eskenazi先生聯繫，承蒙支援，很快就提供了器形和器蓋銘文的照片。感謝焦天龍先生、感謝Eskenazi先生及其同事Sarah Wong和Jemma Kirkcaldy。

圖像，一爵的銘文拓片附有紋飾可供參考。

f. 夨類，僅爵一件，爲見器形，但銘文拓片附有紋飾，可供參考。

（分組分類的具體内容，詳見附表）

我們在分組分類的基礎上，將每一組每一類中有器形圖像的器物，與相關的考古資料，或時代比較確定的傳世器物做一些分析研究，以此探討和判斷每一類器物的時代。

A. 耒組

Aa：Aa2鬲，曹淑琴先生認爲是殷墟一期的[1]，嚴志斌則認爲"此鬲形制與出土於河北豐寧縣的亞牧鬲比較接近，後者也是侈口束頸、口沿上一對立耳，分檔，三個乳狀袋足下有圓柱形實足。頸部飾兩道弦紋。筆者以爲將其定爲殷墟四期當更合適"[2]，我覺得這件鬲有一段直壁短頸，器形接近於1972年陝西華縣桃下村出土的獸面紋鬲[3]，腹部獸面紋上的臣字目較大，且眼眶勾曲較甚，時代應該早於殷墟四期。Aa3爵的形制比較接近於1994年陝西綏德縣義合鎮墕頭村出土的龍紋爵[4]。Aa4爵鋬大，上無獸首裝飾，三足高且較細，比較接近於1995年安陽郭家莊東南M26出土的爵[5]。Aa5壺的形制是商代晚期常見的式樣，幾乎不見於西周時期的壺形器中，形制與安陽殷墟四盤磨村北M9出土的壺相似[6]。Aa9尊是商末周初的式樣，器形、紋飾與安陽殷墟小屯82M1出土的尊（M1：18）接近[7]。Aa10戈則是比較典型的商代晚期直内戈的形制。

Ab：Ab1盂，器形、紋飾與安陽大司空村M303出土的盂相同[8]。Ab2的爵，器形、紋飾與安陽劉家莊北地M793出土的爵相似[9]。Ab3爵和安陽殷墟M1885出土的爵（R1063）非常相似，Ab4、Ab5、Ab6爵不見器形，從拓片的紋飾來看，也基本都是商代晚期爵的式樣。Ab7尊的器形、紋飾與1965年湖北漢陽東城垸出土商代晚期的尊相似[10]。

Ac：Ac2壺的器形見於長安普渡村長由墓出土壺[11]。Ac3爵，看似與Ab2相似，但其寬流、鋬小、扁平刀形足，是典型的西周早期爵的式樣。Ac4尊與作册睘尊和洛陽北窯M368出土的羊首尊相似，作册睘尊根據器形和銘文，一般認爲屬於西周早期晚段，北窯

[1] 曹淑琴：《商代中期有銘銅器初探》，《考古》1988年第3期，第254頁。
[2] 嚴志斌：《商代青銅器銘文研究》，上海古籍出版社，2013年，第88頁。
[3] 陝西省考古研究所、陝西省文物管理局、陝西省博物館：《陝西出土商周青銅器》（一），文物出版社，1979年，圖版一二四。
[4] 陝西省考古研究所、陝西省文物管理委員會、陝西省博物館：《陝西出土商周青銅器》（一），文物出版社，1979年，圖八一。
[5] 中國社會科學院考古研究所、安陽市考古研究所：《殷墟新出土青銅器》，雲南人民出版社，2008年，第80頁。
[6] 中國社會科學院考古研究所、安陽市考古研究所：《殷墟新出土青銅器》，雲南人民出版社，2008年，第200頁。
[7] 中國社會科學院考古研究所：《殷墟青銅器》，文物出版社，1985年，圖86.1。
[8] 中國社會科學院考古研究所、安陽市考古研究所：《殷墟新出土青銅器》，雲南人民出版社，2008年，第350頁。
[9] 中國社會科學院考古研究所、安陽市考古研究所：《殷墟新出土青銅器》，雲南人民出版社，2008年，第210頁。
[10] 張吟午：《商代銅尊、魚鈎和陶抵手》，《江漢考古》1984年第3期，第108頁。
[11] 陝西省文物管理委員會：《長安普渡村西周墓的發掘》，《考古學報》1957年第1期，第82頁，圖版肆，3。

出土的羊首尊,報告認爲屬於西周中期早段[1]。

B. 臣辰盉册組

Ba：Ba1 盂與長安普渡村長甶墓出土長甶盂相似[2],長甶盂一般認爲是西周穆王時期的器物；Ba2 盤的紋飾見於洛陽北窰西周早期墓出土的白懋父簋的圈足[3],和遼寧喀左山灣子西周窖藏出土的倗簋的圈足上[4]。Ba4 和 Ba5 兩件方鼎的紋飾比較罕見,但其腹部略淺,足部略高,應該屬於西周早期。

Bb：Bb1 簋的紋飾應該是火龍紋,圈足飾帶列旗紋的獸面紋,器形和頸部紋飾接近山西洪趙永凝東堡出土簋[5],圈足紋飾與甘肅靈台白草坡出土的簋[6](M1：10、M2：11)相似,時代爲西周早期偏晚。

Bc：Bc1 爵的器形紋飾雖然具有商代晚期青銅爵的特點,但其形制作寬流、小鋬、扁平刀形足的式樣,應該還是西周早期的特點。與洛陽北窰 M418 出土的父癸爵相似[7]。

C. 父辛組

Ca：Ca1 盤爲附耳,器身飾蟬紋,形制紋飾與英國維多利亞和阿爾伯特博物館藏西周早期的征盤相似[8]；Ca2 鼎的腹部略顯下垂,時代應該也是西周早期。

Cb：Cb2、Cb3 觚的紋飾與 Cc 組的方罍、鼎、爵相同,都是雲紋與獸目組成的獸面紋,時代應該相近。器形和裝飾風格也與山東滕縣前掌大墓地 M119 出土觚相似,該墓或以爲屬於西周早期偏晚[9]。

Cc：Cc1 附耳分體式方甗,不見於商代,當是西周早期出現的新式樣,器形和舊金山亞洲藝術博物館藏榮子旅方甗形制相近,榮子旅方甗甑部飾變形分解式獸面紋,時代應該在西周的早中期之際。Cc2 鼎作垂腹,是西周早期的式樣,紋飾與扶風召李村一號墓出土的鼎[10]、扶風劉家村出土的鼎[11]相同。Cc3 和 Cc4 爵的形制是西周早期的式樣,與扶風劉家村西周早期墓出土的盧爵[12]、1960 年扶風齊家村 M8 出土的父丁爵[13]相同。Cc5 垂腹尊的時代較晚一些,根據形制和紋飾應該西周早中期之際的器物,鳳鳥紋是陳

［1］ 洛陽市文物工作隊：《洛陽北窰西周墓》,文物出版社,1999年,圖版七〇：1。
［2］ 陝西省文物管理委員會：《長安普渡村西周墓的發掘》,《考古學報》1957年第1期,第81頁,圖版叁,2。
［3］ 洛陽市文物工作隊：《洛陽北窰西周墓》,文物出版社,1999年,彩版五。
［4］ 喀左縣文化館、昭烏達盟文物工作站：《遼寧省喀左縣山灣子出土商周青銅器》,文物1977年第12期,第23頁,圖版1.4。
［5］ 解希恭：《山西洪趙縣永凝東堡出土的銅器》,《文物參考資料》1957年第8期,第42頁,圖五。
［6］ 甘肅省博物館文物隊：《甘肅靈台白草坡西周墓》,《考古學報》1977年第2期,第107頁,圖版肆：2、3；1。
［7］ 洛陽市文物工作隊：《洛陽北窰西周墓》,文物出版社,1999年,圖版一五,4。
［8］ 承蒙多倫多皇家安大略博物館沈辰副館長惠賜器物照片,特此感謝！
［9］ 中國社會科學院考古研究所編著：《滕州前掌大墓地》,文物出版社,2005年,第240頁,圖一七三,2、3,圖版一〇·1,2；付琳：《滕州前掌大墓地分期及相關問題研究》,《華夏考古》2014年第1期,第72頁。
［10］ 曹瑋：《周原出土青銅器》(七),巴蜀書社,2005年,第1322頁。
［11］ 曹瑋：《周原出土青銅器》(六),巴蜀書社,2005年,第1151頁。
［12］ 曹瑋：《周原出土青銅器》(六),巴蜀書社,2005年,第1184頁。
［13］ 曹瑋：《周原出土青銅器》(六),巴蜀書社,2005年,第1075頁。

公柔、張長壽先生歸於昭穆時期的式樣[1]，形制紋飾均同於洛陽北窑出土的西周中期前段的史酕㪅尊[2]。這件尊祭祀對象是祖辛，如果這件尊的祭祀對象與其他父辛器是同一個人的話，作器者應該比方甗、鼎和爵的作器者晚一輩，以這件尊爲一座標，它如果是昭穆時器的話，那麼方甗、鼎、爵就很可能是康昭時器了。

D. 父癸組

Da：Da1尊雖殘缺，但其腹部形制紋飾與陳介祺舊藏西周早期的鼎父尊相同[3]，與洛陽北窑M368出土西周中期的羊首尊[4]相同；Da4、Da5鬲鼎則爲西周早期的式樣，與寶雞竹園溝康王時期M13出土的父辛鼎相同[5]，也和隨州葉家山M2出土的曾侯諫鬲鼎相同[6]，發掘報告認爲葉家山M2屬於康昭時期。

Db：Db1盉爲西周早中期之際的式樣，形制與洛陽北窑龐家溝出土的盉相似[7]。Db2爵和Db3盤爲石鼓山M3出土，發掘者認爲該墓的時代爲西周早期或商末周初，盤、爵是商代晚期器[8]。最近曹斌認爲"石鼓山M3的時代爲西周早期偏早階段，下限或可進入康王初年"。曹斌還提出："父癸盤與琉璃河M251伯矩盤形制、紋飾接近，時代當在成康時期。"[9]我們發現盤的紋飾是一種比較少見的長喙變形鳥紋，《流散歐美殷周有銘青銅器集録》一書中有一件西周中期的卣，也裝飾了類似的長喙變形鳥紋[10]，這也許可以支持曹斌的意見。

Dc：Dc2簋的紋飾是陳公柔、張長壽先生所謂西周恭懿時期的長尾鳥紋[11]，器形紋飾與扶風齊家村M19出土簋相同[12]，該墓的時代爲西周中期前段。Dc3罍的形制與1953年洛陽郊區西周墓出土的鉛罍相似，該墓同出的鉛質明器器形紋飾都是西周早中期之際的式樣[13]。

Dd：Dd1尊形制紋飾應該都是西周早中期之際的式樣，與Cc的尊差不多同時。

De：De1和De2爵的形制、紋飾與北京琉璃河西周燕國墓地M251出土的父辛爵相同，發掘報告認爲M251的時代屬於西周成康之際[14]。

Df：土上諸器的斷代有爭議，陳夢家、郭沫若認爲是成王時器，劉啓益認爲是成

［1］陳公柔、張長壽：《殷周青銅容器上鳥紋的斷代研究》，《考古學報》1984年第3期，第265頁。

［2］洛陽市文物工作隊：《洛陽北窑西周墓》，文物出版社，1999年，圖版七〇：2。

［3］羅振玉：《夢郼草堂吉金圖續編》二十四。

［4］洛陽市文物工作隊：《洛陽北窑西周墓》，文物出版社，1999年，圖版七〇：1

［5］盧連成、胡智生：《寶雞㪘國墓地》，文物出版社，1988年，第51頁，圖版一六：1。

［6］湖北省文物考古研究所、隨州市博物館：《湖北隨州市葉家山西周墓地發掘簡報》，《文物》2011年第11期，第4頁，圖二〇。

［7］洛陽市文物工作隊：《洛陽北窑西周墓》，文物出版社，1999年，圖版七一：3。

［8］石鼓山考古隊：《陝西寶雞石鼓山西周墓葬發掘簡報》，《文物》2013年第2期，第45頁。

［9］曹斌：《寶雞石鼓山三號墓研究》，《考古與文物》2016年第2期，第46頁。

［10］劉雨、汪濤：《流散歐美殷周有銘青銅器集録》上海辭書出版社，2007年，第130頁。

［11］陳公柔、張長壽：《殷周青銅容器上鳥紋的斷代研究》，《考古學報》1984年第3期，第265頁。

［12］曹瑋：《周原出土青銅器》（八），巴蜀書社，2005年，第1568頁。

［13］河南省文化局文物工作隊第二隊：《洛陽的兩個西周墓》，《考古通訊》1956年第1期，第27頁，圖版八·3。

［14］北京市文物研究所：《琉璃河西周燕國墓地1973—1977》，文物出版社，1995年，第167頁，圖一〇一·1、2，彩版三三·1，第244頁。

康時，唐蘭、馬承源、吳其昌則認爲是昭王時。我認爲士上盉的器形、紋飾接近於甘肅靈台白草坡M1出土的一式盉（M1：17），報告認爲M1時代屬於康王時期[1]。另外，根據士上卣的形制，其腹略垂，形制接近扶風召李一號墓出土的伯卣，與伯卣同出一件鼎[2]，器形紋飾與上述Cc組的鼎相同，我們前面論述了Cc組銅器的時代可能在康昭時期，故士上組器物的時代應該也是在這一時期的。另外，邢侯簋、臣諫簋的腹部也裝飾與士上卣、尊相似的象紋，邢侯簋和臣諫簋是康王時器，與我們推定的康昭時期差不多，所以士上組器物不太可能早到成王時期，應該還是康昭時期的器物。

E. 父乙組

Ea：Ea2鬲鼎與Da組的鬲鼎相同，屬於康昭時期。Ea3簋的器形紋飾是西周早期偏晚的式樣，與洪趙永凝東堡出土簋相同[3]。Ea4卣比較接近於1991年扶風齊家村西周中期五號墓出土的卹卣[4]和1972年扶風劉家村西周早期墓出土的懶季遽父卣[5]。

Eb：Eb2、Eb3鼎的形制、紋飾和銘文相同，當屬一組鼎中的兩件[6]，器形和紋飾與Cc組的鼎相同。Eb3和Eb4簋的形制、紋飾和銘文也相同，應該也是一對。簋的形制比較特別，四耳四高足，器形罕見，紋飾與天馬—曲村M6080等西周早期墓出土簋的口沿紋飾相同[7]。Eb5、Eb6爵的形制紋飾和銘文相同，Eb7未見器形，但從銘文及銘文拓片上的紋飾分析，與前兩件爵當是屬一組。爵的器形與洛陽北窑M299出土的西周中期榮中爵相似[8]。Eb8壺的形制和濬縣辛村衛侯墓地出土的洛伯遣壺相同[9]，頸部所飾鳳鳥紋屬於陳公柔、張長壽先生歸於成康時期的式樣[10]。Eb10卣和濬縣辛村M60出土西周早期舉卣相同[11]。

Ec：Ec2和Ec3一對爵和Eb組的爵相同。Ec4尊在陝西禮泉徵集，照片很模糊，紋飾看不清楚，報告認爲“從造型與紋飾看屬商代晚期”[12]。Ec5壺出土於石鼓山M4，發掘者認爲該墓屬於西周初期，但認爲這件壺是商代晚期的[13]，我們覺得這件壺裝飾有列旗式獸面紋，一般認爲這是西周早期獸面紋的特點。Ec6爵的拓片可見其紋飾與濬縣辛村

［1］ 甘肅省博物館文物隊：《甘肅靈台白草坡西周墓》，《考古學報》1977年第2期，第99頁，圖版柒。
［2］ 羅西章、吳鎮烽、尚志儒：《陝西扶風召李村一號周墓清理簡報》，《文物》1976年第6期，第61頁，圖八。
［3］ 解希恭：《山西洪趙縣永凝東堡出土的銅器》，《文物參考資料》1957年第8期，第42頁，圖五。
［4］ 曹瑋：《周原出土青銅器》（九），巴蜀書社，2005年，第1889頁。
［5］ 曹瑋：《周原出土青銅器》（六），巴蜀書社，2005年，第1176頁。
［6］ 集成誤爲臺北故宮博物院藏08994的爵，收集資料時發現不少著錄書中Eb5和Eb6兩件爵的器形圖像其實是同一件爵，承臺北故宮博物院器物處吳曉筠副研究員告知，臺北故宮博物院只藏有Eb5一件爵。
［7］ 北京大學考古學系商周組、山西省考古研究所：《天馬—曲村1980—1989》第二冊，科學出版社，2000年，第395頁，第四冊圖版捌零：1、2。
［8］ 洛陽市文物工作隊：《洛陽北窑西周墓》，文物出版社，1999年，圖版七二：1。
［9］ 中國青銅器全集編委會：《中國青銅器全集》（六），文物出版社，1996年，圖三一。
［10］ 陳公柔、張長壽：《殷周青銅容器上鳥紋的斷代研究》，《考古學報》1984年第3期，第265頁。
［11］ 郭寶鈞：《濬縣辛村》，科學出版社，1964年，第36頁，圖版拾伍。
［12］ 王長啓：《西安文物中心收藏的商周青銅器》，《考古與文物》1990年第5期，第25頁，圖二：9。
［13］ 丁巖、王占奎：《石鼓山商周墓地M4再識》，《文物》2016年第1期，第66頁。

M60出土父癸爵[1]以及1981年扶風莊白李村出土的父己爵[2]、1976年扶風雲塘西周中期墓出土則作寶爵[3]的紋飾完全一樣。Ec7卣是商代晚期和西周早期的式樣，紋飾看不清楚，從結構看應該是連體的回首龍紋，這種紋飾一般出現在西周早期的青銅器上，《流散歐美殷周有銘青銅器集録》也認爲這是一件西周早期的卣[4]。

Ed：Ed2扁壺頸部飾連體的兩頭龍紋、腹部有凸起的十字紋裝飾，是西周早期壺形器上常見的式樣[5]，與1966年岐山賀家村西周早期墓出土的龍紋壺（卣）很接近[6]，和濬縣辛村出土的濬伯遐壺器形也有相同的風格。Ed3圓壺是西周早期的式樣，與寶雞竹園溝M13出土的父己卣很接近[7]。濬伯遐壺《西周青銅器分期斷代研究》認爲是成康時期[8]，竹園溝M13是康王時期。

Ee：Ee2乳釘雷紋簋與天馬曲村M6214西周早期墓出土簋非常接近[9]。Ee3、Ee4簋器形、紋飾及銘文相同，屬於一對簋，其頸部裝飾的長尾鳥紋流行於昭穆時期，形制紋飾接近1980年扶風黃堆西周中期M4出土的生史簋[10]，但從鳥紋的式樣分析，其時代可能略早於生史簋及Dc2的簋。Ee10和Ee11兩件簋的銘文順序雖然略不同，但器形、紋飾和銘文的內容均相同，應該還是屬於同一組器物。簋的形制紋飾和Ea3簋相同，都接近山西洪趙永凝東堡出土的簋。這種火紋與龍紋組合的紋飾，是西周早期青銅器上常見的裝飾式樣，湖北隨州葉家山西周墓出土鼎和簋的頸部多飾有這種火龍紋。Ee12三足簋形制與天馬曲村M6130出土的作登簋相似，報告認爲該墓屬於西周早期晚段[11]，由紋飾來看，Ee12應該略早於曲村出土的簋。Ee5、Ee6、Ee7和Ee8四個爵的形制和紋飾相同，雖然其中Ee6沒有看到器形，但由其拓片可知與其他三件無異。其中兩件爵在尾部有銘文，兩件銘文集中在鋬內側，據此四件爵可分爲兩組。這兩組爵與De類的兩件爵器形和紋飾都很相似，時代應該也是非常接近的。Ee13觚出土於湖北隨州葉家山M27，發掘者認爲該墓的時代爲昭王晚期或昭穆時期[12]。Ee14尊的器形與洛陽北窰M368出土的西周中期羊首尊相同，紋飾與Ee12的三足簋相同，紋飾接近北窰M347出土的西周早期叔造尊[13]，當爲西周早中期之際的式樣。Ee15卣的器形是西周早中期之際比較典型

［1］　郭寶鈞：《濬縣辛村》，科學出版社，1964年，第36頁，圖版拾陸。
［2］　曹瑋：《周原出土青銅器》（十），巴蜀書社，2005年，第2185頁。
［3］　曹瑋：《周原出土青銅器》（七），巴蜀書社，2005年，第1416頁。
［4］　劉雨、汪濤：《流散歐美殷周有銘青銅器集録》上海辭書出版社，2007年，第136頁。
［5］　據美國丹佛美術博物館亞洲部主任焦天龍先生介紹，這件壺最近由美國藏家Berger捐贈給他們博物館收藏。
［6］　曹瑋：《周原出土青銅器》（六），巴蜀書社，2005年，第1098頁。
［7］　盧連成、胡智生：《寶雞強國墓地》，文物出版社，1988年，第66頁，彩版九：2。
［8］　王世民、陳公柔、張長壽：《西周青銅器分期斷代研究》，文物出版社，1999年，第122頁。
［9］　北京大學考古學系商周組、山西省考古研究所：《天馬-曲村1980—1989》第二冊，科學出版社，2000年，第411頁，第四冊圖版捌貳：1。
［10］　曹瑋：《周原出土青銅器》（八），巴蜀書社，2005年，1672頁。
［11］　北京大學考古學系商周組、山西省考古研究所：《天馬—曲村1980—1989》第二冊，科學出版社，2000年，第470頁，第四冊彩版捌：2，圖版捌陸：1、2。
［12］　湖北省文物考古研究所、隨州市博物館：《湖北隨州市葉家山西周墓地發掘簡報》，《文物》2011年第11期，第30頁。
［13］　洛陽市文物工作隊：《洛陽北窰西周墓》，文物出版社，1999年，圖版七〇：1；彩版六：1。

的式樣,器形與1978年陝西扶風齊家村十九號墓出土的作寶尊彝卣相似[1],所飾鳳鳥紋屬於陳公柔、張長壽先生鳥紋圖譜中的351型,是西周穆、恭時期青銅器上常見的鳥紋樣式[2],與扶風齊家村十九號墓出土的鼎、簋、盤上的鳳鳥紋也非常接近。

Ef: Ef1 爵的器形未見,但紋飾與1976年扶風雲塘M20出土西周早期目爵紋飾相同[3],時代應該相同。

通過對這五組器物的具體分析,我們提出以下的意見:

A. 丰組

a、b類基本以商代晚期器物爲主,c類則以西周早期晚段的器物爲主。表明丰族在商代主要使用丰、丰這兩種寫法,丰的寫法可能是西周以後才開始出現的。在這組器物中,有丰、丰這兩種字體的青銅器,沒有一件是記錄在洛陽出土的,懷疑商代丰族的生活區域不在洛陽。

B. 臣辰丰册組

這組器物基本集中在西周早期,并且以西周早期晚段的器物居多。從中我們可以知道臣辰丰册這個複合族名的出現和使用,應該是在西周早期。在這組器物中,丰字有丰、丰兩種字體,未見丰或丰的寫法。

C. 父辛組

a臣辰丰册父辛彭生的時代似乎略早一些,b臣辰丰父辛、c丰册父辛的時代多在西周早期晚段及早中期之際。但小臣辰尊未見器形,根據丰字僅見於西周早期以後的器中,推測該尊應該是西周早期器。族名有:臣辰丰册、臣辰丰、丰册,或只有丰。該組未見丰、丰兩種寫法。

D. 父癸組

除了石鼓山M3出土的盤和爵的時代尚待討論外,其餘各類器物基本集中在西周早期晚段到早中期之際。族名有:臣辰丰册、臣辰丰、丰册、丰、臣辰丰册(土上),未見丰或丰寫法。

E. 父乙組

這組器物延續的時間較長,從商末到西周早中期之際。族名有臣辰丰册、臣辰丰、臣辰丰、臣辰丰、丰、丰。在這組器物中的西周早期早段器物上,還在使用丰這個字體。

四、餘　論

朱鳳瀚先生在其《商周家族形態研究》一書中,也討論了臣辰諸器的時代,他認爲:

[1] 陝西周原考古隊:《陝西扶風齊家十九號西周墓》,《文物》1979年第11期,第2頁;曹瑋:《周原出土青銅器》(八),巴蜀書社,2005年,第1576頁。

[2] 陳公柔、張長壽:《殷周青銅容器上鳥紋的斷代研究》,《考古學報》1984年第3期,第265頁。

[3] 曹瑋:《周原出土青銅器》(七),巴蜀書社,2005年,第1479頁。

此批器群銘文中有所爲作器者稱謂的共38件,可以將之分爲以下1—4四大組,再根據所署作者氏名又可細分之爲九小組(A—L):

(1) 父乙組: A.“臣辰孝父乙”組十三器。

　　　　　　B.“孝父乙”組十器。

(2) 父癸組: C.“臣辰册孝”組舊稱:“士上組”四器。

　　　　　　D.“孝父癸”組一器。

　　　　　　E.“臣辰孝父癸”組四器。

(3) 癸組:　　F.“孝癸”組二器。

(4) 父辛組: G.“孝父辛”組二器。

　　　　　　H.“小臣孝辰父辛”組一器。

　　　　　　L.“孝乃子父辛”組一器。

據此四組器中器形與銘文字體可查者,考其所屬時代,知父乙組約在成、康之時,父癸、癸(可能即“父癸”省)組約在康、昭之時,父辛組約在昭、穆之際,不晚於穆王。所以孝器中父乙、父癸、父辛是孝族中臣辰氏的三位連續繼位的族長。其所在時代幾乎包括整個西周早期,其晚期器已近於西周中期。這種情況證明,孝族(臣辰氏或即其大宗主幹)在成周已經近百年時間而不衰,且始終保持着自己舊有的族氏名號。[1]

隨着臣辰諸器資料的不斷發現,我們現在已收集的臣辰氏族器物資料有101件,其中有器形圖像資料可作時代分析的有79件(包括拓片中的紋飾資料),這樣在器物的時代判斷上也許可以更加全面一些。根據我們對臣辰諸器的時代分析,雖然有很多器物的時期與朱鳳瀚先生的分析不謀而合,但是我覺得父乙、父庚、父辛可能并不是三位連續繼位的族長,甚至可能有多個父乙、父庚、父辛。比如父辛組中的彭生器作器對象是“文父日辛”,器形紋飾的特點也表明它們要早於其他父辛組的器物,所以這個父辛應該不會是那些西周早期晚段器物上的父辛。此外父乙組的器物延續時間就更長,幾乎從商周之際到西周早中期之際都有,這組器物中的父乙也不可能是同一個人。從附表中我們可以看到,Ed組的五件器物銘文字體格式非常一致,應該是同時作器,所祭祀的對象應該是同一個人。

通過對以上五組器物的分析,我們發現在這五組銘文中,孝這一字體僅見與商代晚期和西周早期早段的臣辰家族青銅上,這也許與隨着甲骨文字體逐漸退出青銅器書寫習慣有關。

大約在西周中期的早段以後,臣辰氏族的青銅器就消失了,我們推測正是在這一時期,臣辰氏族遭遇了重大的變故,從此一蹶不振,退出了歷史的舞台。

西周中期以後,在揚簋、蔡簋、王臣簋、瘨盨等器中出現的内史孝、史孝等,我認爲和臣辰器組的孝可能没有關係,因爲在臣辰器組裏,孝是一個族名,而内史孝或史孝的孝應該是人名。

―――――――――

[1] 朱鳳瀚:《商周家族形態研究》,天津古籍出版社,1990年,第282—283頁。

　　寶雞石鼓山出土的幾件臣辰寽器,提出了一個新的問題,就是它們怎麼會出現在寶雞石鼓山的? 從臣辰寽氏族器物在西周時期的不斷發現來看,顯然這是一個至少在西周早期受到重用,并在發展的氏族,誠如朱鳳瀚先生所言 "僅此一家族即有如此之多的青銅禮器,足以見其經濟實力與富足程度"[1]。因此臣辰氏族不會是一個在周人伐商時期戰敗的氏族,所以用分器説來解釋恐怕并不能够令人信服。何況那個石鼓山 M4 出土的壺,我們認爲就是西周早期的器物。所以臣辰器出現在寶雞地區的原因,顯然是一個尚待解決的問題。

2016 年 6 月 27 日完稿於上海博物館

2016 年 10 月 12 日增改於上海博物館

2018 年 7 月 26 日修改於上海博物館

　　交稿後才發現一件被自己遺漏,現藏日本出光美術館的商代晚期寽鬲。之後焦天龍先生告知有一件曾爲歐美多位收藏家舊藏,包括 Robert Ellsworth(安思遠)、Eskenazi,現爲新加坡某藏家所有的西周早中期之際的寽父乙卣。承蒙焦天龍和 Eskenazi 先生及其同事提供照片資料,現將這兩件寽器增加在文中,根據銘文鬲可以歸入 Aa 類,鬲的編號是 Aa2,卣可以歸入 Ee 類,卣的編號是 Ee15。器物的時代與我們對每一類器物的時代判斷没有矛盾。

2016 年 10 月 12 日補記

附表　臣辰諸器分組分類表[2]

A. 寽組:

a. 寽類

編號	器名	字數	收藏者	著　録	銘文(有器蓋銘文的爲左蓋右器)	器　形	備　注
Aa1	寽鼎	1		集成 01028			
Aa2	寽鬲	1	日本出光美术館	集成 00445			

[1]　朱鳳瀚:《商周家族形態研究》,天津古籍出版社,1990 年,第 283 頁。

[2]　附表中著録書目,由於限於篇幅,只選取其中比較具有代表性或容易擴大檢索範圍的著録書目。部分器物銘文較多,也只截取與臣辰氏族名稱相關的部分,如士上諸器。

（續表）

編號	器名	字數	收藏者	著 錄	銘文（有器蓋銘文的爲左蓋右器）		器 形	備 注
Aa3	卯爵	1	上海博物館	集成07347				
Aa4	卯爵	1	西安藏家	銘圖06966				
Aa5	卯壺	1	上海博物館	集成09457				
Aa6	卯觚	1	北京故宮	集成06550				
Aa7	卯觚	1	北京故宮	集成06551				
Aa8	卯罕	1		集成09109				
Aa9	卯尊	1	1994年美國紐約佳士得拍賣行	流散歐美149				
Aa10	卯戈	内部正反各1字	美國布根博物館	集成10641				

b. 🜚 類

編號	器名	字數	收藏者	著　錄	銘文（有器蓋銘文的爲左蓋右器）		器　形	備　注
Ab1	🜚盉	1	美國洛爾，現藏德國慕尼克國立民間藝術博物館	近出931、集成09306				
Ab2	🜚爵	1	美國賽克勒	集成07348				
Ab3	🜚爵	1	美國賽克勒	集成07349				
Ab4	🜚爵	1		集成07352				
Ab5	🜚爵	1	北京故宮	集成07351				
Ab6	🜚爵	1	北京故宮	集成07350				
Ab7	🜚尊	1	明尼阿波利斯美術館	集成05443				

c. 夆類

編號	器名	字數	收藏者	著錄	銘文（有器蓋銘文的爲左蓋右器）		器形	備註
Ac1	夆觶	1	旅順博物館	集成06029				傳洛陽出土
Ac2	夆壺	1		近出638（誤爲觶）				1984年倫敦蘇富比拍賣
Ac3	夆爵	1	臺北故宮	集成07353				1928年洛陽市郊出土
Ac4	夆尊	4		集成05792				
Ac5	夆爵	3	北京故宮	集成08831				

B. 臣辰夆册組：
a. 夆類

編號	器名	字數	收藏者	著錄	銘文（有器蓋銘文的爲左蓋右器）		器形	備註
Ba1	臣辰夆册盉	4	多倫多皇家安大略博物館	集成09380				傳1929年河南洛陽馬坡村出土
Ba2	臣辰夆册盤	4	多倫多皇家安大略博物館	集成10053				傳1929年河南洛陽馬坡村出土

（續表）

編號	器名	字數	收藏者	著　錄	銘文（有器蓋銘文的爲左蓋右器）		器　形	備　注
Ba3	臣辰￼冊壺	4	劉體智舊藏	集成09526				
Ba4	臣辰￼冊方鼎	4	加拿大士棟夫人	集成01943				
Ba5	臣辰￼冊方鼎	4	加拿大士棟夫人	集成01942				

b. ￼類

編號	器名	字數	收藏者	著　錄	銘文（有器蓋銘文的爲左蓋右器）		器　形	備　注
Bb1	臣辰￼冊簋	4	多倫多皇家安大略博物館	集成03397				1929年河南洛陽馬坡村出土

c附：￼册類

編號	器名	字數	收藏者	著　錄	銘文（有器蓋銘文的爲左蓋右器）		器　形	備　注
Bc1	￼册爵	2	日本黑川古文化研究所	集成08160			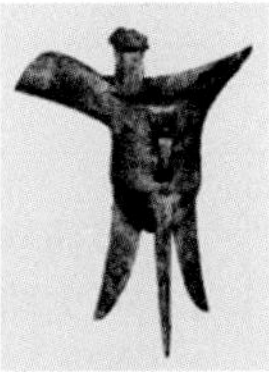	

C. 父辛組

a. 臣辰✹册父辛類

編號	器名	字數	收藏者	著錄	銘文（有器蓋銘文的為左蓋右器）		器形	備注
Ca1	彭生盤	12	多倫多皇家安大略博物館	彙編449				
Ca2	彭生鼎	12	大英博物館	集成02483				

b. 臣辰✹父辛類

編號	器名	字數	收藏者	著錄	銘文（有器蓋銘文的為左蓋右器）		器形	備注
Cb1	小臣辰✹尊	6	原藏萍鄉文氏寅齋（貞補）	集成05835				
Cb2	臣辰✹父辛觚	5	上海博物館	集成07267			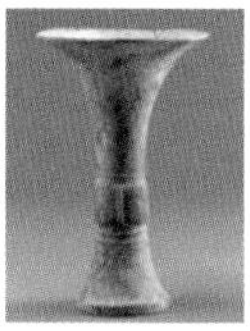	
Cb3	臣辰✹父辛觚	5	上海博物館	集成07268				

c. ✹册父辛類

編號	器名	字數	收藏者	著錄	銘文（有器蓋銘文的為左蓋右器）		器形	備注
Cc1	乃子甗	10	旅順博物館、吉林大學歷史學	集成00924				河南洛陽出土

（續表）

編號	器名	字數	收藏者	著錄	銘文（有器蓋銘文的爲左蓋右器）		器形	備注
Cc2	册父辛鼎	4	旅順博物館	集成01887				
Cc3	册父辛爵	4	上海博物館	集成08947				
Cc4	册父辛爵	4	上海博物館	集成08948				
Cc5	册祖辛尊	4	上海博物館	集成05718				

d. 册類

編號	器名	字數	收藏者	著錄	銘文（有器蓋銘文的爲左蓋右器）		器形	備注
Cd1	父辛鼎	3	北京故宫	集成01633				河南洛陽出土

D. 父癸組
a. 臣辰册類

編號	器名	字數	收藏者	著錄	銘文（有器蓋銘文的爲左蓋右器）		器形	備注
Da1	臣辰册父癸尊	6	上海博物館	集成05838				

（續表）

編號	器名	字數	收藏者	著　錄	銘文（有器蓋銘文的為左蓋右器）		器　形	備　注
Da2	臣辰册父癸簋	6		集成 03522				
Da3	臣辰册父癸簋	6		集成 03523				
Da4	臣辰册父癸鼎	6	旅順博物館	集成 02135				1929年河南洛陽馬坡村出土
Da5	臣辰册父癸鼎	7	臺北歷史博物館	新收 1684				

b. 臣辰夛類

編號	器名	字數	收藏者	著　錄	銘文（有器蓋銘文的為左蓋右器）		器　形	備　注
Db1	父癸臣辰夛盉	5	臺北故宮博物院	集成 09392				
Db2	臣辰夛父癸爵	5	寶雞渭濱區博物館	文物 2012.3				2012年寶雞石鼓山M3出土

（續表）

編號	器名	字數	收藏者	著錄	銘文（有器蓋銘文的爲左蓋右器）		器形	備注
Db3	臣辰𢼸癸盤	4	寶雞渭濱區博物館	文物2012.3	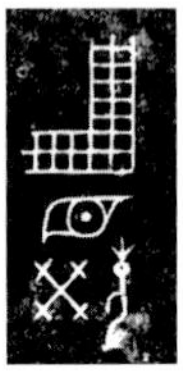			2012年寶雞石鼓山M3出土

c. 𢼸類

編號	器名	字數	收藏者	著錄	銘文（有器蓋銘文的爲左蓋右器）		器形	備注
Dc1	𢼸作父癸卣	4		集成05092				
Dc2	𢼸作父癸簋	4	原藏劉體智、容庚	集成03342				河南洛陽出土
Dc3	𢼸父癸斝	3		近出927				1986年6月英國倫敦富士比拍賣行

d. 𢼸册類

編號	器名	字數	收藏者	著錄	銘文（有器蓋銘文的爲左蓋右器）		器形	備注
Dd1	𢼸作父癸尊	5		銘圖11581	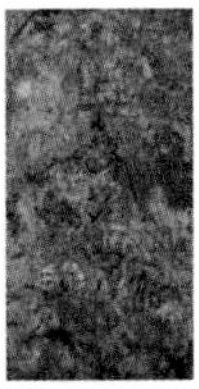			

e. 类

編號	器名	字數	收藏者	著錄	銘文(有器蓋銘文的爲左蓋右器)		器形	備注
De1	父癸爵	3	美國斯坦福大學美術陳列館	集成08671				
De2	癸爵	2	廣州市博物館	集成08066				

f. 士上類

編號	器名	字數	收藏者	著錄	銘文(有器蓋銘文的爲左蓋右器)		器形	備注
Df1	士上盉	蓋銘46字，鋬內4字	美國弗利爾美術博物館	集成09454				
Df2	士上尊	49	日本白鶴美術館	集成05999				傳1929年河南洛陽市馬坡村出土
Df3	士上卣	50	哈佛大學福格美術館	集成05422				
Df4	士上卣	50	日本白鶴美術館	集成05421				

E. 父乙組：
a. 臣辰𝔂册類

編號	器名	字數	收藏者	著　錄	銘文（有器蓋銘文的爲左蓋右器）		器　形	備　注
Ea1	臣辰𝔂册父乙鼎	6	中國國家博物館	集成02116				傳1929年河南洛陽馬坡村出土
Ea2	臣辰𝔂册父乙鼎	6	美國紐約魏格氏	集成02115				
Ea3	臣辰𝔂册父乙簋	6	上海博物館	集成03506				
Ea4	元卣	12	2001年紐約蘇富比拍賣行	銘圖13270				
Ea5	元尊	12		彙編465				

b. 臣辰𝔂類

編號	器名	字數	收藏者	著　錄	銘文（有器蓋銘文的爲左蓋右器）		器　形	備　注
Eb1	父乙臣辰𝔂鼎	5	多倫多皇家安大略博物館	集成02006				1929年河南洛陽馬坡村出土

（續表）

編號	器名	字數	收藏者	著　錄	銘文（有器蓋銘文的爲左蓋右器）		器　形	備　注
Eb2	父乙臣辰孝鼎	5	原藏河南博物館	集成02003				《羅表》：河南洛陽出土
Eb3	父乙臣辰孝簋	5	哈佛大學福格美術博物館	集成03423				
Eb4	父乙臣辰孝簋	5	原藏哈佛大學福格美術博物館	集成03424				
Eb5	父乙臣辰孝爵	5	臺北故宮博物院	集成08997				河南洛陽馬坡村出土
Eb6	父乙臣辰孝爵	5	劉體智舊藏（《集成》誤爲臺北故宮藏）	集成08994				
Eb7	父乙臣辰孝爵	5		彙編1434				
Eb8	父乙臣辰孝壺（卣）	5	哈佛大學福格美術博物館	集成05153				1929年河南洛陽馬坡村出土

（續表）

編號	器名	字數	收藏者	著 録	銘文（有器蓋銘文的爲左蓋右器）	器 形	備 注
Eb9	臣辰□父乙鼎	5	中國國家博物館	集成02005			河南洛陽出土
Eb10	臣辰□父乙卣	5	上海博物館	集成05151	 		1929年河南洛陽馬坡村出土

c. 臣辰□類

編號	器名	字數	收藏者	著 録	銘文（有器蓋銘文的爲左蓋右器）	器 形	備 注
Ec1	臣辰□父乙簋	5	北京故宫	集成03422		僅存殘底	河南洛陽出土
Ec2	臣辰□父乙爵	5	上海博物館	集成08994	 		河南洛陽馬坡村出土
Ec3	臣辰□父乙爵		上海博物館	集成08996	 	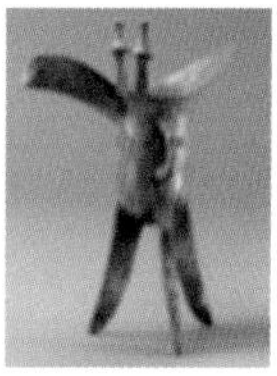	
Ec4	臣辰□父乙尊	5	西安博物院	考古與文物1990.5			陝西禮泉縣出土

（續表）

編號	器名	字數	收藏者	著　錄	銘文（有器蓋銘文的 爲左蓋右器）		器　形	備　注
Ec5	臣辰 父乙壺 （卣）	5		文物 2016.1				寶雞石鼓山 M4出土
Ec6	辰父 乙爵	4	北京故宮	集成08869				有紋飾拓片
Ec7	臣辰祖 乙卣	5		近出589				1965年5月 英國倫敦富 士比拍賣行

d. 臣辰類

編號	器名	字數	收藏者	著　錄	銘文（有器蓋銘文的 爲左蓋右器）		器　形	備　注
Ed1	臣辰 父乙卣	5	原藏懷屢 光，史語所 案：此器非 安大略博物 館器。	集成05152				
Ed2	臣辰 父乙壺 （卣）	5	美國梅葉爾 氏，現藏美 國丹佛美術 博物館	集成05150				1929年河南 洛陽馬坡村 出土
Ed3	臣辰 父乙壺 （卣）	5	北京故宮	集成05149				

（續表）

編號	器名	字數	收藏者	著錄	銘文（有器蓋銘文的爲左蓋右器）		器形	備注
Ed4	臣辰𠭯父乙尊	5	北京故宮	集成05795				
Ed5	臣辰𠭯父乙鼎	5	陳邦懷先生藏	集成02004				河南洛陽出土

e. 𠁁類

編號	器名	字數	收藏者	著錄	銘文（有器蓋銘文的爲左蓋右器）		器形	備注
Ee1	作父乙𠁁尊	4		集成05723				1892年陸心源購於都市（奇觚）
Ee2	作父乙𠁁簋	4	美國聖路易市美術博物館	集成03306				1929年河南省洛陽馬坡村出土
Ee3	作父乙𠁁簋	6		集成03511				
Ee4	作父乙𠁁簋	6	美國西點克林克氏	集成03510				

（續表）

編號	器名	字數	收藏者	著錄	銘文（有器蓋銘文的 爲左蓋右器）		器形	備注
Ee5	父乙爵	3	原藏梁上椿	集成08385				1939年河南 洛陽市出土
Ee6	父乙爵	3	北京故宮	集成08386			有紋飾拓片	
Ee7	父乙爵	3	美國夏威夷 火奴魯魯美 術學院	集成08388				
Ee8	父乙爵	3	美國夏威夷 火奴魯魯美 術學院	集成08387				
Ee9	父乙鼎	3	萍鄉文氏寅 齋《貞補》	集成01531				1929年河南 洛陽馬坡村 出土
Ee10	父乙簋	3	原藏劉體智	集成03167				
Ee11	父乙簋	3	瑞士蘇黎世 瑞列堡博物 館	集成03165				傳出於洛陽 馬坡村
Ee12	父乙簋	3	美國舊金山 亞洲美術館	集成03166				

（續表）

編號	器名	字數	收藏者	著　錄	銘文（有器蓋銘文的爲左蓋右器）		器　形	備　注
Ee13	父乙觚	3	湖北省文物考古研究所	文物2011.11			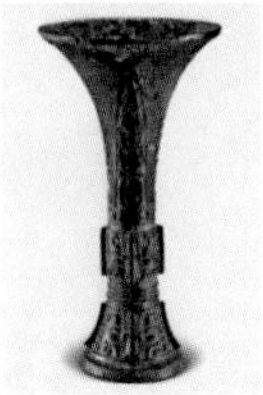	湖北隨州葉家山西周墓地（M27：13）
Ee14	鰈尊	8	日本大阪某收藏家	集成05895				
Ee15	父乙卣	3	新加坡某收藏家		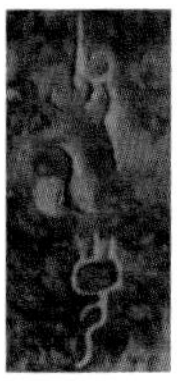			

f. 类

編號	器名	字數	收藏者	著　錄	銘文（有器蓋銘文的爲左蓋右器）		器　形	備　注
Ef1	父乙爵	3	北京故宫	集成08384			有紋飾拓片	

引用書目：

巴納、張光裕：《中日歐美澳紐所見所拓所摹金文彙編》，臺灣藝文印書館，1978年，簡稱《彙編》。

劉雨、盧岩：《近出殷周金文集録》，中華書局，2002年，簡稱《近出》。

劉雨、汪濤：《流散歐美殷周有銘青銅器集録》，上海辭書出版社，2007年，簡稱《流散歐美》。

吳鎮烽：《商周青銅器銘文暨圖像集成》，上海古籍出版社，2012年，簡稱《銘圖》。

鍾柏生、陳昭容、黃銘崇、袁國華：《新收殷周青銅器銘文暨器影彙編》，臺灣藝文印書館，2006年，簡稱《新收》。

中國社會科學院考古研究所：《殷周金文集成》（修訂增補本），中華書局，2007年，簡稱《集成》。

附：部分器物對比圖

Aa2 鬲	陝西華縣桃下村鬲	
Aa3 爵	陝西綏德縣塢頭村爵	
Aa4 爵	安陽郭家莊東南 M26 爵	
Aa5 壺	安陽殷墟四盤磨村 M9 壺	

（續表）

Aa9 尊	安陽殷墟小屯 82M1 尊	
Ab1 盉	安陽大司空村 M303 盉	
Ab2 爵	安陽劉家莊北地 M793 爵	
Ab3 爵	安陽殷墟 M1885 爵	

（續表）

Ab7 尊	湖北漢陽東城垸尊	
Ac2 壺	長安普渡村長甶壺	
Ac4 尊	洛陽北窰 M368 羊首尊	作冊睘尊
Ba1 盉	長安普渡村長甶盉	

（續表）

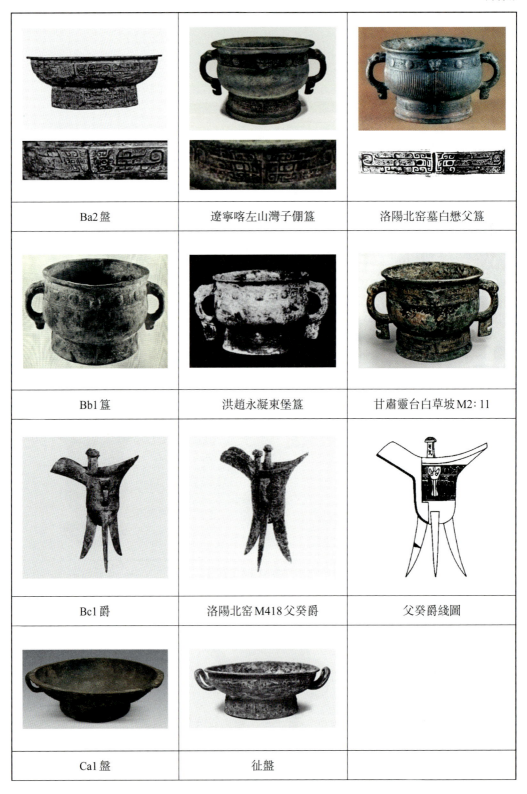

Ba2 盤	遼寧喀左山灣子俑簋	洛陽北窰墓白懋父簋
Bb1 簋	洪趙永凝東堡簋	甘肅靈台白草坡 M2：11
Bc1 爵	洛陽北窰 M418 父癸爵	父癸爵綫圖
Ca1 盤	征盤	

（續表）

Cb2 觚	Cb3 觚	滕州前掌大 M119 史觚
Cc1 方觚	榮子旅觚	
Cc2 鼎	扶風劉家村鼎	扶風召李村 M1 墓
Cc3 和 Cc4 爵	扶風劉家村盧爵	扶風齊家村 M8 父丁爵

（續表）

Cc5 尊	洛陽北窰史䣆𣪕尊	
Da1 尊	晶父尊	
Da4 鼎	Da5 鼎	寶雞竹園溝 M13 父辛鼎
Db1 盉	洛陽北窰龐家溝盉	

（續表）

Dc2簋	扶風齊家村M19簋	
Dc3斝	洛陽郊區西周墓鉛斝	
De1爵	De2爵	北京琉璃河M251父辛爵
Df1盉	甘肅靈台白草坡M1盉	

Df3 簋	扶風召李 M1 伯卣	邢侯簋
Ea3 簋	洪趙永凝東堡出土簋	
Ea4 卣	扶風齊家村 M5 卣	
Eb5、Eb6、Eb7 爵	洛陽北窑 M299 榮中爵	

（續表）

Eb8 壺	濬縣辛村濬伯遠壺	
Eb10 卣	濬縣辛村 M60 犚卣	
Ec6 爵	濬縣辛村 M60 父癸爵	父癸爵拓片
Ed2 壺	岐山賀家村壺	

（續表）

Ee2 簋	天馬曲村 M6214 簋	
Ee3、Ee4 簋	扶風黃堆西周中期 M4 簋	
Ee12 三足簋	天馬曲村 M6130 簋	
Ee14 尊	洛陽北窰 M368 羊首尊	北窰 M347 叔造尊

（續表）

| Ee15卣 | 扶風齊家村M19卣 | |
| Ef1爵 | 扶風雲塘M20目爵 | 扶風雲塘M20目爵紋飾 |

關於大克鼎的幾個問題[*]

大克鼎是上海博物館收藏的一件非常著名的青銅器,不僅器形較巨大,而且紋飾也比較漂亮。更重要的是,鼎腹内壁有一篇長達290字的長篇銘文。這個長篇銘文記載了西周時期很多的歷史事實以及制度方面的内容,歷來是我們研究當中非常重要的一件器物。但到目前爲止似未有一篇專門的論文來研究大克鼎,無非都是在其他論文提到過一些關於大克鼎的内容。因此,我們在上海博物館進行館藏有銘文青銅器的整理工作時,搜集了一部分相關的問題再作討論。今天把我們先搜集到的一些問題給大家做一些介紹,聽取大家的意見,看看是不是有可能會幫助我們對大克鼎做一個比較深入的研究。

一、大克鼎出土的時間問題

長期以來,我們的著録當中基本上都是引用羅振玉先生的意見。羅振玉在《貞松堂集古遺文》講小克鼎時講到:

予近以詢廠估趙信臣,言此器實出岐山縣[1]法門寺之任村任姓家……趙君嘗爲潘文勤公親至任村購諸器,言當時出土凡百二十餘器,克鐘、克鼎及中義父鼎均出一窖中。於時則光緒十六年也[2]。

趙信臣是當時北京的一位古董商,他爲潘祖蔭親自到任村買了當時出土的器物,據他稱當時出土有120多件器,時間在光緒十六年(1890)。以後幾乎所有的著録基本上沿用了這個意見,認爲大克鼎在光緒十六年出土於扶風法門寺。1934年出版的《續修陝西通志稿》卷135《陝西金石志》稱,克鼎係"光緒十六年秋扶風任村任致遠掘土得

 * 本文原係2015年6月24日在北京大學"出土文獻與中國古代文明研究協同創新中心"第一期金文與青銅器研討班"西周青銅器與金文"上所作演講"關於大克鼎的幾個問題"的録音基礎上整理而成的。
[1] 筆者按:此處"岐山縣"應即"扶風縣"之誤。
[2] 羅振玉:《貞松堂集古遺文》卷3,上虞羅氏石印本,1930年,葉35a。

之,由蘇子貞運歸潘文勤公。此鼎發現之處若土室,然共得鐘、鼎、尊、彝等器七十餘,惟克鼎暨四喜鐘最大,鐘文亦二百餘字"[1]。這裏提到的是器物由蘇子貞送給潘祖蔭。而且與羅振玉不同的地方是,出土器物僅有70餘件,可見兩者之間除了在時間上比較對應以外,在出土的具體的數目方面還是有些差異。

我們知道光緒十六年潘祖蔭過世,《清史稿》云潘祖蔭於光緒"十六年,卒,贈太子太傅,諡文勤"[2]。據其弟潘祖年編的《潘祖蔭年譜》潘祖蔭卒於光緒十六年冬。如果按趙信臣和《陝西金石志》這個説法,克鼎等是光緒十六年秋出土的話,在冬之前已經到了潘祖蔭那裏,時間上不免有現代物流速度之嫌,這恐怕是有點問題。

爲了解決這些問題,我曾經到蘇州博物館去查過《滂喜齋日記》原件,其中最早有關大克鼎的記録,是光緒十六年"四月辛巳朔,庚子,仲客來攜克鼎册去"[3]。此爲潘祖蔭的親筆記録,雖與大克鼎出土之事無關,却也反映出在光緒十六年的四月初,大克鼎的拓片已在潘祖蔭處裝裱成册。這至少與《陝西金石志》的記録來看,兩者時間上是不對的。另外我們過去在潘祖年編《潘祖蔭年譜》光緒十五年條記載的最後一段記録了這麼一段話:

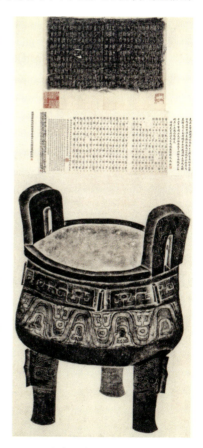

> 召見于乾清宮十二月二十三日。皇太后賞御筆長春圖一幅。是年得膳夫克鼎,大幾與盂鼎,埒銘二十九行行二十字。兄屬李仲約侍郎(文田)及門下士之同好者皆爲釋文[4]。

潘祖蔭讓他的門客給大克鼎做釋文,其中最重要的就是李文田這一人。過去因《貞松堂》《陝西金石志》的記載,對潘祖年的這條記載我們始終還是持懷疑態度,没有其他的佐證。凑巧的是,2001年北京中國書店出現了大克鼎的全形拓及其銘文和釋文(圖一),這個釋文即李文田做的早期的釋文。在釋文上面李文田有一條跋:

> 鄭盫太保得周克鼎,命文田讀之,今以意屬讀而已,經義荒落,知無當也。光緒十五年五月順德李文田識。

圖一　裱有大克鼎全形及銘文拓片的挂軸

[1] 武樹善編:《陝西金石志》卷1,陝西通志單行鉛字本,1934年,葉19b。
[2] 趙爾巽等撰:《清史稿》卷441,第41册,中華書局,1977年,第12416頁。
[3] 潘祖蔭:《滂喜齋日記》,蘇州博物館藏。
[4] 潘祖年編:《潘祖蔭年譜》,文海出版社,1968年,第123頁,葉61a。

　　這條記載可説是佐證了潘祖年年譜當中的那條記録,并且是非常可靠的一條依據,再加上拓片上的印章記“己丑所拓”,説明時在光緒十五年(1889)。因此,我們可以肯定,大克鼎至少在光緒十五年已到潘祖蔭處。而且,馬衡先生在拓本上面也有一條跋:

　　　　克鼎出土寶雞縣渭水南岸,大小與盂鼎相若,二器并爲潘伯寅滂喜齋所藏,而此尤晚出。此本李芍農釋文,乃未别時稿,墨本則較爲清晰,蓋同爲光緒十五年事。釋在先而拓在後耳。此銘分兩截,其一在側,其一在腹,尤爲僅見。涵楚先生得此見示,爲識數語歸之。馬衡。

　　馬衡講到了李文田的釋文還是“未别時稿”,拓本則是除銹之後做的,銘文更加清楚,時間也在光緒十五年。這些記載相互對應的話,我們現在幾乎可以確定大克鼎的出土至少在光緒十五年以前。李文田在五月份做釋文,大克鼎就肯定在此之前就歸於潘祖蔭。

　　陳夢家先生在《西周銅器斷代》“克鐘”條下有這麽一段話:

　　　　據《潘祖蔭年譜》,得大克鼎於光緒二十[1]五年,次年卒。則此組出土應在十五年前;韓古琴謂中義父諸器“光緒戊子(1888年)扶風、岐山之交出”(《分域》12.10),與潘氏得大克鼎年相合[2]。

　　柯昌濟《金文分域編》,“仲義父鬲”條下云:“《集古遺文》三器。韓古琴拓本題識光緒戊子扶風岐山之交出簋二鬲四。”[3]我們再查《貞松堂集古遺文》當中僅有仲義父鼎三件,未見鬲三件,恐怕《金文分域編》以鼎誤爲鬲,到目前爲止還没見過仲義父鬲。關於出土年代,《貞松堂集古遺文》僅記“光緒中葉與克鼎同出岐山法門寺”[4]。韓古琴和他的拓本問題,可能就牽涉到大克鼎具體出土時間的最終確定,但很遺憾目前還没有任何綫索。至此,我們可以確定大克鼎及同出器物不可能是光緒十六出土的,但是否就是光緒戊子年(1888年)出土的,尚需證明。

二、大克鼎的斷代問題

　　大克鼎的斷代問題的諸説紛紜,大致可歸納爲以下三種主要意見:孝王説、夷王

---

[1]　筆者按:“二十五年”應即“十五年”之誤。
[2]　陳夢家:《西周銅器斷代》,中華書局,2004年,第260頁。
[3]　柯昌濟:《金文分域編》,卷12,鉛字排印本,1935年,葉10b。
[4]　羅振玉:《貞松堂集古遺文》卷2,葉32a。關於另三件仲義父鼎的出土情況僅記“此鼎光緒中葉出土”,卷三,葉9b。

説、厲王説。持孝王説主要有馬承源先生。馬先生在《商周青銅器銘文選》三件克器當中的注釋當中談到了這三件器物的斷代問題，認爲克鐘銘文"隹十又六年九月初吉庚寅"的紀年是合于孝王十六年[1]。馬先生當時按其四分月相説做了西周諸王年表及器物的對照表，孝王説即合此年表[2]。根據這個主要意見，馬先生把其他克的器物也收往這一時期。在大克鼎銘文注釋中，馬先生談到克的佑者是釐季，此人亦見於五祀衛鼎銘文，故兩器的時代應該相近，馬先生認爲："釐季，見於五祀衛鼎銘，此時釐季爲厲有司，任邦君厲的屬官，尚未成爲宮廷大臣，而大克鼎銘中的釐季已成爲贊助王禮的重臣。克云其祖師華父保厥辟恭王，則克之父應是懿王或恭懿間人，克是孝王時人。銘中所載王之錫命爲重申，則釐季自任厲有司至此時當有四十餘年。任官四十餘年頁未始不可能，當然也不排除此鼎爲懿王末期的可能性。"[3]在對小克鼎銘文的注釋裏面又認爲，由於克鐘合於孝王，大克鼎中釐季又與共王裘衛同時，所以小克鼎應該也與克鐘一樣合於孝王時期[4]。這樣就把克器基本上都定在西周的孝王時期。

夷王説主要以陳夢家爲代表。陳夢家在討論克鐘就談到關於克諸器的斷代問題。他首先否定了郭沫若的説法，認爲克鐘比克鼎稍微早一些，所謂克諸器應該屬於夷世，所以認爲克鐘可能屬於夷王十六年，也有可能爲孝王十六年，但是他以《太平御覽》卷85引《史記》謂"懿王在位二十五年崩""孝王在位十五年崩"和《通志》卷3引皇甫謐謂懿王"在位二十年，年五十"，所以克鐘的十六年不可能是孝王。[5]在關於大克鼎的討論當中，他按照克的祖孫三代排下來，認爲克應該是夷王時期。厲王根據陳夢家先生的研究在位年數只有15到17年，小克鼎銘文的"唯王廿又二年"就排不進去，所以他認爲郭沫若把他定在厲王是不可能的[6]。陳夢家先生認爲："西周宣王在位四十六年，厲王、共和和幽王均不足二十年，所以克組不屬於此三王而可能是宣王。在夷王與宣王之間，我們采取夷王之説，是根據了花紋形制的繼承西周中期的上半部。"[7]之後他對三件器物做了具體的判斷，認爲大克鼎在夷王十八年以前。按照他對克鐘的斷年，克鼎又晚於克鐘的話，那麼只能是一個夷王這個時間段裏。

厲王説主要以郭沫若、唐蘭先生爲主。當然，兩位的意見是有所區別的。郭沫若先生持夷厲説，克組有夷王世的，也有厲王世的[8]。唐蘭先生則是厲宣説。郭沫若先生的説法，是根據紀年上面來排，排下來他認爲克鐘和小克鼎的紀年不可能在同

［1］　馬承源主編：《商周青銅器銘文選》第3卷，文物出版社，1988年，第213頁。
［2］　馬承源：《西周青銅器銘文年曆表》，馬承源主編：《商周青銅器銘文選》第3卷，第1—29頁。
［3］　馬承源主編：《商周青銅器銘文選》第3卷，第217頁。
［4］　馬承源主編：《商周青銅器銘文選》第3卷，第222頁。
［5］　陳夢家：《西周銅器斷代》，第259—260頁。
［6］　陳夢家：《西周銅器斷代》，第262頁。
［7］　陳夢家：《西周銅器斷代》，第263頁。
［8］　郭沫若：《兩周金文辭大系考釋》中卷，文求堂書店，1935年，葉110b—112a（伯克壺）、112a—113a（克鐘）、121a—122b（大克鼎）、123a（克盨）、123b（小克鼎）。

一個王世,認爲:"此數器不屬於一王,而連接二王之在位年限一至少當得有十六年,一則至少當有十八年或二十三年。"[1]提出了一個斷代的具體要求。最後他得出了結論:"此中可合者僅夷厲與厲宣。如爲厲宣則克與其祖之相隔不免過遠,故余定爲夷厲二世。"[2]

唐蘭先生在《關於大克鐘》的一文中有關於克諸器年代的意見[3],我們梳理如下:

1. 克的文祖師華父是"襲保乎(厥)辟龔王"的,"龔王"即共王,共王之孫是夷王,曾孫是厲王。因此,大克鼎的製作時代,相當於夷王或厲王。

2. 大克鼎銘文"龤(申)季右善夫克入門"的"申季"亦見於伊簋銘文,伊簋爲"王廿有七年"所做,因此,郭沫若定大克鼎爲厲王時器是正確的。

3. 克鐘與克鼎同出,但其製作年代爲"十六年九月初吉庚寅",據郭沫若,其曆日與厲王時諸器不合,因此,認爲不是夷王便是宣王時器是正確的。

4. 克鐘銘文中所説的"王在周康刺宮",刺字通厲,"刺宮"即厲王的宗廟,據此,克鐘就必然爲宣王以後所作,是克鐘屬宣王時的最重要的證據。

5. 克鎛自稱"寶鸞鐘"而作鎛形,在西周時期初見,器形甚晚,紋飾已接近春秋時期風格,與其器形相似的齊叔夷鎛以及秦公鐘,這兩個器物年代,郭沫若分別定在齊靈公十五年(相當於周靈王五年,即公元前567年),和秦景公時期(相當於周靈王五年至景王八年,即公元前567—前537年),比之宣王十六年(公元前812年)晚了二百幾十年。反過來,克鎛這種風格的出現,可以證明最早也不過西周末年,所以將克鐘的年代定在宣王時期是適當的[4]。

上海博物館李朝遠先生也寫過一篇文章討論大克鼎的時代,認爲:

> 恭、懿、孝的在位時間有限,其時段難以容下克的祖孫三代。……克的祖父在恭王時,克最早只能出生在懿世晚,如果定大克鼎于孝王時,克尚未成人,無法承以天子賞地賜爵之重。《大克鼎》第二段説:"王若曰:'克,昔餘既令女出内朕命,今餘隹醽橐乃令。'"這是時王對自己前命的重申,而不是對舊王之命的確認。孝王本身在位時間不長,恐很難有初命、再命。這也説明受到再命的克,此時已是上了年紀的王臣僚官了[5]。

李先生又指出,如按《逨盤》的世系,克的世系可大致定爲:

————————

[1] 郭沫若:《兩周金文辭大系考釋》中卷,葉111a—111b。
[2] 郭沫若:《兩周金文辭大系考釋》中卷,葉111b。
[3] 唐蘭:《關於大克鐘》,文化部文物事業管理局古文獻研究室編:《出土文獻研究》,文物出版社,1985年,第121—125頁。後收入《唐蘭先生金文論集》,紫禁城出版社,1995年,第334—339頁。
[4] 唐蘭:《關於大克鐘》,第338—339頁。
[5] 李朝遠:《眉縣新出逨盤與大克鼎的時代》,張光裕主編:《第四屆國際中國古文字學研討會論文集——新世紀的古文字學與經典詮釋》,香港中文大學中國語言及文學系,2003年,第90—91頁。後收入李朝遠:《青銅器學步集》,文物出版社,2007年,第306頁。

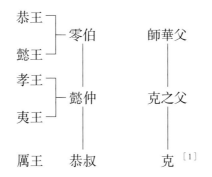

我個人不太贊同簡單地將克的祖孫三代直接比對於周王的王世,因爲其中具有太多的不確定因素。逨盤是没問題的,其銘文明確記載作器者的祖先在哪一代王的時間段活動,但如果將克的祖孫三代簡單地比附上去,裏面含有的不確定因素過多。比如説,師華父在共王時期活動的時候他的年紀有多大? 如果他已經是老年的王官的話,年紀非常大的時候服侍共王,那麼克很有可能很早就出生了,他在孝王時候受到册命是可能的。然而,如果師華父在效力共王的時候很年輕的話,有可能這個克就會在更晚的時間才能够接受王的册命。

舉一個可能不是很恰當的例子,挖大克鼎的任致遠,其活動時間在光緒年間,但是他的孫子任周方今年剛剛年滿六十,卸任寶雞市文物局局長,二人相差一百多年,經歷了三個大的時代——清、民國、中華人民共和國,而且中華人民共和國現在已經是第五代領導了。因此簡單地比對祖孫三代應該合於哪一個王世,我覺得還是不太合適。

李朝遠的意見有一部分是非常重要的。他説:

逨盤銘文的敍事行款爲兩段論,第一段是器主自曰,歌頌祖先助王之功績;第二段記時王對器主册命賞賜和器主受命後的頌辭。大克鼎銘文的敍事行款與逨盤相同,也是這樣的兩段論。……"器主曰"開頭并以"王若曰"爲第二段的銘文記事方式在整個西周銘文中目前僅見大克鼎和逨盤兩件,這應該是同一時代的標志[2]。

另外,李先生還指出:

大克鼎與逨盤的銘文中都有"釂遠能㝬"和"慎氒德"這兩個具有鮮明時代特點的詞彙。……[釂遠能㝬]即是文獻中的"柔遠能邇",孫詒讓和王國維都有詳論。……"柔遠能邇"這四字基本可以定爲屬宣時期的流行用語。……"慎氒德"一詞應是屬王前後的詞彙,一直沿用至春秋初期[3]。

[1]　李朝遠:《眉縣新出逨盤與大克鼎的時代》,第90頁(《青銅器學步集》第306頁)。
[2]　李朝遠:《眉縣新出逨盤與大克鼎的時代》,第91頁(《青銅器學步集》第306—307頁)。
[3]　李朝遠:《眉縣新出逨盤與大克鼎的時代》,第91—93頁(《青銅器學步集》第307—308頁)。

同時,李朝遠先生利用文獻論證:"厲王重用佞臣榮夷公,禁山林川澤之利於國人,統歸於己,故授土、賜田的次數在西周史上最多。大克鼎銘文中的授土方域是西周時期最大的,其他的田地賞賜都是以田計(包括眉縣新出的四十二年逨鼎),惟有大克鼎銘文是以地區計,這種局面也只有厲王'好專利'的時期才可能出現。"[1]李先生認爲出現這種大規模賞賜土地只能是在厲王"好專利"這個時期才能够出現,是李朝遠先生將大克鼎定爲厲王時期的一個重要依據。

在這三種意見當中我認爲馬先生的孝王説的證據最爲薄弱。首先,認爲克鐘的紀年和月相合於孝王十六年,就是基於一個并不確定的基礎之上。斷代工程的意見是孝王在位6年[2],夏含夷的意見是孝王在位7年[3],當然還有其他的説法。這些問題在未解決之前來合上去的話,特別是"四分月相"還是"定點月相"都還没有徹底解決的話,簡單地因爲合於馬先生所做的年表上的十六年,就定爲孝王的話,這是一個不很確定的證據。

其次,認爲大克鼎銘中的佑者名爲"釐季",雖然此名亦見於五祀衛鼎銘文。但五祀衛鼎銘中的釐季爲厲的有司而非王官,恐非同一人。此名還見於伊簋銘文,伊簋定爲厲宣者爲多。伊簋的器形與師袁簋和頌簋相同,王世民、陳公柔、張長壽《西周青銅器分期斷代研究》一書就將其定在厲王時[4]。所以伊簋銘文中的釐季與大克鼎銘文中的佑者很可能是同一人。

夷王説的弱點有兩個,一是夷王的在位年數,據最新的研究成果《夏商周斷代工程1996—2000年階段成果報告》,夷王在位僅八年[5]。雖然還有他説,但意見分歧較大,所以把克鐘的十六年定在夷王十六年是不確定的。二是陳夢家先生本來就在夷王和宣王的兩可之間猶豫,"在夷王和宣王之間,我們采取夷王之説,是根據花紋形制的繼承西周中期的上半部"[6]。

相對來説,厲王説有兩個比較可靠的支撐點:

1. 大克鼎和伊簋銘文的佑者都是釐季,伊簋的年代一般認爲是厲、宣時期。

2. 克鐘銘文中的"康剌(厲)宫"。

克鐘是宣王時期器,其與鼎之間的年代確實是會有一些先後,但如果克鼎和克鐘相去時間太長,將鼎放在夷王時期,中間會有幾十年的差距,這個差距太大。因此,將鼎放在厲王時期還是比較合適的。

雖然從銘文的内容分析,我比較贊同厲王説,但是同樣陷入了與陳夢家先生相同的困惑之中,因爲在器形和紋飾的排列中,大克鼎的時代似乎應該略早一些。我們將這種類型的西周時期銅鼎從早期排到晚期(圖二),單從器形角度來看,將大克鼎和小克鼎排

[1] 李朝遠:《眉縣新出逨盤與大克鼎的時代》,第93頁(《青銅器學步集》第309頁)。

[2] 夏商周斷代工程專家組:《夏商周斷代工程1996—2000年階段成果報告(簡本)》,世界圖書出版公司北京公司,2000年,第29頁。

[3] 見Edward L. Shaughnessy, *Sources of Western Zhou History*, Berkeley: University of California Press, 1991, pp.259-266,參考夏含夷:《西周諸王年代考》(劉源譯、張榮明校),朱鳳瀚、張榮明編:《西周諸王年代研究》,貴州人民出版社,1998年,第276—279頁。

[4] 王世民、陳公柔、張長壽:《西周青銅器分期斷代研究》,文物出版社,1999年,第91頁。

[5] 夏商周斷代工程專家組:《夏商周斷代工程1996—2000年階段成果報告(簡本)》,第29頁。

[6] 陳夢家:《西周銅器斷代》,第263頁。

早期：

大盂鼎　　　　　眉縣出土鼎　　　　　董鼎

中期：

截鼎（馬王村）　　亞鼎　　　　師湯父鼎　　　　禹鼎

師望鼎　　　　　大克鼎　　　　　小克鼎

晚期：

史頌鼎　　　　　逨鼎

圖二　西周時期鼎蹄足鼎器形演變

到西周中期也未嘗不可。

　　另外很重要的是大克鼎口沿下的一組變形獸面紋（或稱之竊曲紋），其兩個獸目有眼眶，是所謂的臣字目，而且有雲雷紋做的地紋。小克鼎的變形獸面紋的目紋已經沒有目框。相對岐山出土西周中期的亞鼎來講，小克鼎和它的紋飾還是比較接近（見圖三）。

大克鼎

大克鼎

小克鼎

亞鼎（中期）

史頌鼎（宣王）

速鼎（宣王）

圖三　大、小克鼎與西周中、晚期鼎口沿下變形獸面紋

大、小克鼎這組紋飾儘管是變形，但是我們還能看到獸面紋臉部的一個大致的輪廓，是左右兩邊的、相對的，合起來就是完整的一組紋飾。我們看到西周中期的一些變形的獸面紋的結構還是如此的左右相對。

但是在西周晚期厲宣時期，以逨鼎爲例，我們看到其變形已經是純粹的竊曲紋，而且它已經沒有這種左右相對可合成完整的一組紋飾的結構，已經演變成一個個單獨的紋飾，而且它是同方向的排列，不是相向的排列，包括史頌鼎亦是如此。從器形紋飾方面來分析的話，我們還是覺得陳夢家先生這個意見有可以考慮的地方。大河口墓地最近發現的尚盉，李學勤先生指出，"口沿下飾竊曲紋……從竊曲紋有較原始的'臣'字形目看，時代應在西周中期前段，可估計屬穆王前後"[1]。尚盉的斷代當然還與銘文內容有關，但至少也可以看出在銅器斷代當中紋飾的形態也應該是我們着重考慮的一個方面。

現在來看，要給大克鼎等克器做一個王世比較確定的斷代，難度還是比較大的，期待有新的考古資料可以在銘文及器形、紋飾等方面提供有價值的斷代依據，以便比較令人信服地解決大克鼎的斷代問題。在此之前，我覺得王世民、陳公柔、張長壽《西周青銅器分期斷代研究》一書中，將大克鼎等克器斷在西周中、晚期之交比較合適。

三、"膳夫"和"出納王命"的問題

20世紀60年代《上海博物館藏青銅器》下册對大克鼎的説明云，克"依賴其祖的餘蔭執掌了政事，得以出納王命，取得顯貴的職位"[2]。陳佩芬先生《夏商周青銅器研究》中大克鼎的説明説，周王命克"出任膳夫這個傳達周天子命令的重要職務"[3]。

這兩段話，我認爲存在兩個問題可以再作一些仔細的分析：

1. 把"出納王命"看作是膳夫的職責。

2. 把膳夫這個職務看作是執掌政事的'顯貴'或'重要'的職務。

按照《周禮》記載，"膳夫掌王之食飲膳羞，以養王及後世子……以樂侑食，膳夫授祭，品嘗食，王乃食"[4]。鄭玄注《周禮》膳夫爲"食官之長也"[5]，是負責王的飲食的方面的食官之長，用現代話就是廚師長。陝西永壽縣店頭鎮好時河村出土的膳夫山鼎銘文（《殷周金文集成集》（以下簡稱《集成》[6]）02825）云："南宮乎入右膳夫山，入門立中廷，北向。王呼史秦册令山，王曰：'山，命汝官司飲獻人于㝬。'"這與文獻當中關於膳夫職務的記載是比較接近的。膳夫本來就應該是管理王室飲食方面的一個官員，并不是執掌政事的一個重要顯赫的職務。另外從青銅器銘文來看，擔任"師"這個職務的

---

[1]　李學勤：《翼城大河口尚盉銘文試釋》，《文物》2011年第9期，第67頁。
[2]　上海博物館編：《上海博物館藏青銅器》（附册），上海人民美術出版社，1964年，第38頁。
[3]　陳佩芬：《夏商周青銅器研究》（西周卷），上海古籍出版社，2004年，第242頁。
[4]　賈公彦：《周禮注疏·天官冢宰》卷第四，阮元校刻《十三經注疏》，中華書局，1980年，第659—660頁。
[5]　賈公彦：《周禮注疏·天官冢宰》卷第一，阮元校刻《十三經注疏》，第640頁。
[6]　中國社會科學院考古研究所編：《殷周金文集成（修訂增補本）》，中華書局，2007年。

人也可以承擔出納王命的職責,如師望鼎銘文"望肇帥型皇考,虔夙夜出内王命,不敢不夸不妻"(《集成》02812)。

師望或以爲即望簋之望,望簋銘文(《集成》04272)云:"王呼史年册令望:死司畢王家,……"如果此説能成立的話,可據此推測師望是王宫内官。按照《周禮·宫正》鄭玄注:"官府之在宫中者,若膳夫、玉府、内宰、内史之屬。"[1]所以膳夫和師望所任之師應該都是在王宫内任職的,屬於周王的近臣。承擔"出納王命"的職責也就順理成章了。

我們在青銅器銘文中可以看到很多膳夫承擔"出納王命"的這個職務,都是王呼膳夫迎諸侯貴族,如:

> ……王各(格)大(太)室,即立(位),王乎(呼)膳夫曰:召晋侯穌,入門立中廷……(晋侯穌鐘銘文,《商周青銅器銘文暨圖像集》(以下簡稱《銘圖》[2])15307)
> ……王才(在)蠡侲宫。大以毕(厥)友守,王卿(饗)醴。王乎(呼)膳大(夫)騪(騪)召大以毕(厥)友入汝(捍)……(大鼎銘文,《集成》02806-8)

這兩篇銘文中,王呼膳夫引導貴族進入宫室。又十二年大簋銘文:

> 王才(在)蠡侲宫,王乎(呼)吴師召大,易(錫)趣睽(睽)里,王令膳夫豖曰趣睽(睽)曰:余既易(錫)大乃里,睽(睽)賓(儐)豖章(璋)、帛束,睽令豖曰天子,余弗敢斁(吝),豖吕(以、與)睽(睽)顡(履)大易(錫)里……(《集成》04298-04299)

這裏膳夫承擔了王和睽之間的傳話。所謂的"出納王命",從金文來看,好像主要就是這些工作。同樣我們看到,"師"也有這方面的職責:

"……王各(格)大(太)室,即立(位)。王乎(呼)師毁召大(太)師虘入門,立中廷。……"(大師虘簋銘文,《集成》04251-04252)

"……王乎(呼)師虘召盠……"(盠駒尊銘文,《集成》06011)

"……王才(在)句陵卿(饗)逆西(酒),乎(呼)師壽召瘨……"(三年瘨壺銘文,《集成》09726-09727)

"……王各(格)于大(太)室,吏(使)師俗召師酉。……"(師酉鼎銘文,《銘圖》02475)

當然也會有些比較重大的"出納王命"的工作,比方説小克鼎銘文"王在宗周,王命膳夫克舍(捨)令于成周,遹正八師之年"(《集成》02796-02802),是王派克將命令傳達至成周,不單單是召人入宫的職責,是另外一個職務了。

我們覺得"出納王命"可能不是他們的本職工作,但是他們都是作爲王宫内官在承擔這些責任,至於這些可以做王宫内官的都屬什麼樣的人,可參考師望鼎和克鼎銘文,

---

[1]　賈公彥:《周禮注疏·天官塚宰》卷第三,阮元校刻《十三經注疏》,第657頁。
[2]　吴鎮烽編著:《商周青銅器銘文暨圖像集成》,上海古籍出版社,2012年。

他們的祖先都效力於先王,師望鼎銘文(《集成》02812)記載很清楚:

　　　大(太)師小子師望曰:"不(丕)顯皇考寬(宽)公,穆₌(穆穆)克盟(明)氒(厥)心,悊(哲)氒(厥)德,用辟于先王,朞(得)屯(純)亡(無)毃(愍),望肇帥井(型)皇考,虔夙(夙)夜出内(納)王命,不敢(敢)不㚔不袁,王用弗舋(忘)聖人之後,多蔑曆(曆)易(錫)休……"

大克鼎銘文亦如此,克的祖先效力於共王,所以要給他擔任這個職務:

　　　克曰:"穆₌(穆穆)朕(朕)文且(祖)師華父,悤(聰)龔氒(厥)心,寍(宇)静于猷,盄(淑)悊(哲)氒(厥)德,䚦(肆)克龏(恭)保氒(厥)辟龏(恭)王,諫辪王家,叀(惠)于万民,㬈(柔)遠能埶(邇),……"(《集成》02836)

在卌三年逨鼎銘文裏面是很明確的:

　　　隹(唯)乃先圣且(祖)考,夾鑋(召、詔)先王,曑(聞)堇(勤)大令(命),奠周邦。䚦(肆)余弗舋(忘)聖人孫子,昔余既令(命)女(汝)疋(胥)鼉(榮)兌……(《銘圖》02503－2512)

　　這些銘文都提到作器者的祖先都爲周王效力過,因此周王給他們授予這種官職。這種官職未必很顯赫,但都是王宫内官,都屬於周王的近臣。爲此,我們認爲在西周時期能夠在王宫中擔任可以出納王命的膳夫、師等職位的人,一般應該都是爲周王室服務過并且具有功績者的後代。

四、大克鼎銘文的製作問題

　　最後要談的問題就是大克鼎銘文的製作技術問題。一般認爲,類似大克鼎這種長篇銘文都是在製作銘文範後,再嵌入内範(泥芯)中。最近,美國哥倫比亞大學李峰教授寫了一篇《西周青銅器銘文製作方法釋疑》論文[1],提出了一些新的意見。他在充分肯定嵌入法製作銘文範的同時,認爲有一些帶陽綫方格的銘文可能是采用其他方法製作的,并對此方法做了推測。我認爲李先生的解釋仍有可商之處,在此略做分析。

　　李峰教授以現藏於臺北故宫的頌鼎爲例,介紹了他復原的銘文製作過程(圖四),在這裏先做簡單的介紹:一、製作陶模。二、根據陶模做出外範和底範。三、則是製作假

[1]　李峰:《西周青銅器銘文製作方法釋疑》,《考古》2015年第9期,第78—91頁。

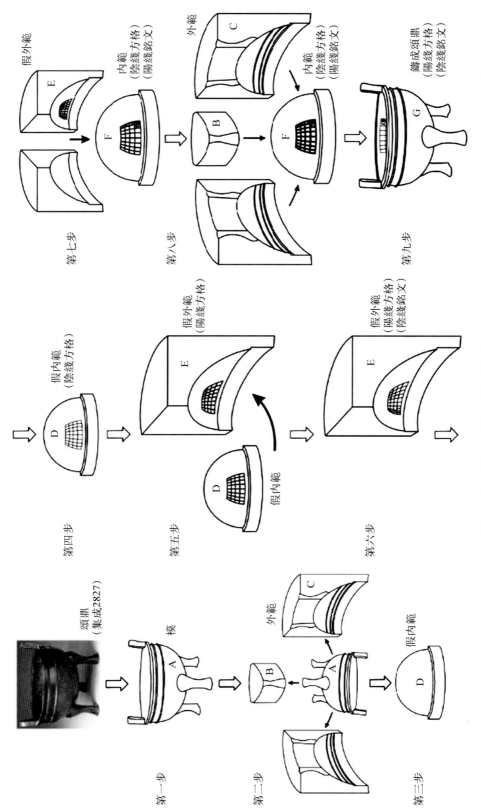

圖四　李峰先生西周青銅器銘文製作流程示意圖

內範，"將模體鼎削去三足和耳，留下一個半球體。按照一定的厚度（也就是所要製造鼎的器壁厚度）對其進行刮削，得到一個直徑小的半球形實體，這就是假內範，在實際鑄造中不用它"[1]。這是李峰教授新提出的一個意見。四、在此假內範上刻陰綫方格，其目的是"爲了有效地控制內壁的弧度，讓文字能夠在這個弧面上縱橫對齊，特別是長篇銘文更是非常必要"[2]。五、在假內範填泥土，提取假外範，得出陽綫的方格。六、在假外範上面刻字（陰刻銘文）。七、再做一個內範，將假外範的方格和銘文印上去，內範上得出陰綫方格和陽綫銘文。最後一步是將內範與外範、底範組合、澆鑄。

從步驟上看有些繁複，但這個繁複過程是爲了說明大克鼎一半銘文的一些現象，如巴納等人所說的"骷髏文字"。李峰指出，"大克鼎的銘文分爲兩部分，右側的銘文鑄在陽綫的方格內，而且銘文周圍有明顯的範綫，爲嵌入銘文範無疑。但在一些字下面却藏有另一個陽文的字，如'聖'下面是陽文的'王'，'在'字下面有另一個'在'字，'經'字下面是一個'孝'字"[3]。

這個陰刻的文字和陽刻文字并存的現象確實存在。我們對李教授所舉的例子還提供較清晰的拓本和照片（見圖五、圖六），特別明顯的是"聖"字和"方"字，其下有原來

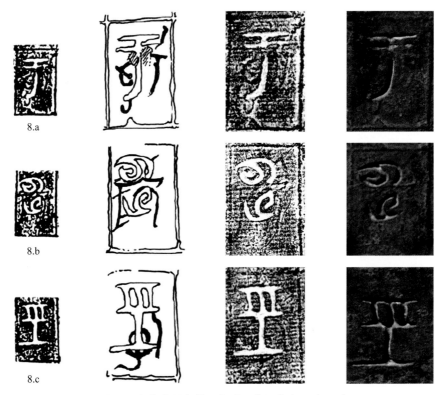

8.a

8.b

8.c

圖五　大克鼎銘文第八行首三字細部（于、申、坒）

[１]　李峰:《西周青銅器銘文製作方法釋疑》，第85頁。
[２]　李峰:《西周青銅器銘文製作方法釋疑》，第85頁。
[３]　李峰:《西周青銅器銘文製作方法釋疑》，第89頁。

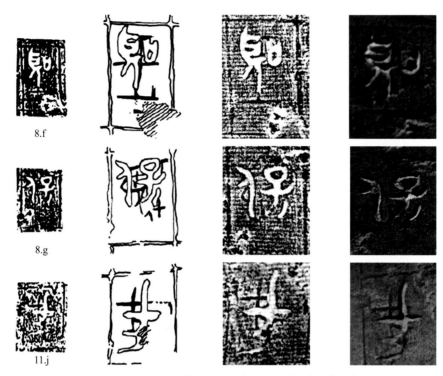

8.f

8.g

11.j

圖六　大克鼎銘文第八（聖、保）、十一行（方）的字細部

所刻的文字存在。雖然根據印刷的拓本釋出來的一些字未必非常可靠，但是我們看到下面確實有陽文字體存在。

同時我們也發現李教授舉的例子以外，還有一些字下面也有陽綫的筆畫痕迹，而且有幾個字，如"祖"字，其上面陽綫筆畫存在，但不知爲什麽没有被刻出來，又如共王的"鼙"字、"民"字，下面部分刻出來，上面没有刻，保留了陽文的字體，不知是什麽原因（圖七）。

李峰的方法，我認爲有幾處是可以再討論的。一是，其説有一些矛盾之處。李先生認爲：

當然，上述流程并不限於帶方格的長篇銘文的鑄造，經過簡化也可以鑄像令方尊、大簋這一類範圍較大但不帶方格的銘文。即使在做方格的情況下，作爲一種變通，也可以從假外範上直接翻下一塊帶銘文的泥板，再把這塊泥板鑲嵌回假内範上直接鑄造。上海博物館藏大克鼎（《集成》2836）銘文的另一半可能就是用這種辦法鑄成的[1]。

大克鼎的銘文分爲兩半，其右側的銘文鑄在陽綫的方格内，而且銘文周圍有明

---

[1]　李峰：《西周青銅器銘文製作方法釋疑》，第87頁。

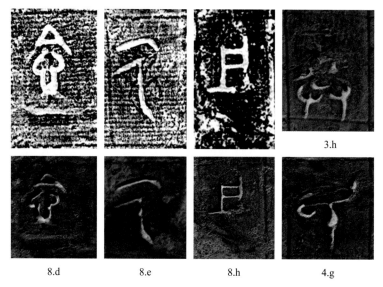

圖七　大克鼎銘文念、乎、祖字（八行），暜（三行）、民（四行）字細部

顯的範綫,爲嵌入範無疑[1]。

　　李先生的整個方案是爲了説明陽綫銘文怎麼用假内範方法來製作,現在又認爲是用傳統嵌入範方法製作的,是不是就是説大克鼎的那個没有陽綫方格的部分是采用假内範方法來製作呢? 他認爲他這個方法是爲了解決有陽綫方格銘文的製作問題,但是現在又認爲陽綫銘文是嵌入範,且又説另一半没有陽綫方格的銘文是用假内範方法製作的,這彼此之間是有矛盾的。

　　另外一個矛盾就是,我想一個鼎上面的銘文一半用嵌入範,一半用假内範,這樣反而麻煩,似乎不太可能。我們考慮李教授的説法有一定的合理性,用他指出的那些現象,我們至少有個解釋。

　　二是,按照李峰的第四步,在假内範上刻方格,在一個底部内收的弧面内範上要刻出上下等寬的方格是有難度的。還不如直接使用嵌入法,在平面的泥片上製作銘文範來的容易一些[2]。

　　此外,在大克鼎的兩半銘文上面都可以看到一條明顯的拼範的痕迹,因此我們認爲大克鼎的銘文還是用傳統嵌入範的方法來製作的。

　　至於大克鼎銘文的做法問題,我們以李峰先生的製作過程爲基礎,加上我們的認識,闡述一下大克鼎銘文製作過程,以及"骷髏文"産生的可能原因。首先,我們認爲到

[1] 李峰:《西周青銅器銘文製作方法釋疑》,第89頁。
[2] 另外,如果按照李峰的第六、七步,就没有辦法解釋所謂"骷髏文"的産生,因爲骷髏文的出現,必定是在内範上同時存在陰綫文字和陽綫的文字。唯一的可能解釋是,必須先在假内範上刻字,然後翻轉至假外範,在這樣形成的陽文底稿上刻字。

李峰的第四步，不是在假内範上刻方格，而是在泥片上刻陰綫的方格，并刻上陰綫的單綫銘文樣稿，做成銘文範，然後將其翻成另外一塊銘文範，在銘文範上形成陽綫方格和細陽綫的銘文樣稿。下一步（相當於李峰的第六步）在銘文範上刻制陰綫正式銘文，其中部分銘文内容有修改，但是工匠没有磨去銘文樣稿就直接刻修改後的文字，這樣就在銘文範上形成修改的地方留有陽綫的原來銘文稿及覆蓋在上面的陰綫銘文[1]。此後就在外範上嵌入銘文範。第七步，拼合外範，翻制内範，内範上的銘文部分出現陰綫方格和陰綫没有磨去的銘文原稿，以及陽綫的正式銘文。這樣澆鑄後的大克鼎銘文上就會出現陽綫的方格和陽綫的銘文原稿，以及陰綫的正式銘文。這是我們在李峰先生方法的基礎上對大克鼎銘文製作方法的假設。感覺還是有一點繁複，但是只能如此解釋這種陰陽文字同時出現的現象。

石安瑞據録音整理 2015 年 12 月 11 日
石安瑞補充引書出處 2016 年 2 月 22 日
石安瑞審閱修改 2016 年 3 月 27 日
石安瑞格式調整 2016 年 6 月 15 日

補記：

關於大克鼎的出土時間，葛亮先生最近有個新的重要發現，即找到了現藏國家圖書館的仲義父盨全形拓，其上有韓古琴的跋："光緒戊子夏岐山扶風之交農人取土得銅器甚粿，余見鬲四簋二。"可見韓古琴并不是説當時只出土"簋二鬲四"，而是説同出銅器很多，他親眼所見的是"鬲四簋二"（簋應該是當時對盨形器的認識）。仲義父諸器是與大克鼎同出的，至此，可以確定大克鼎應該是光緒戊子年（光緒十四年），即 1888 年出土的。詳見葛亮《大克鼎的出土地、出土時間及相關問題》（蘇州博物館編《攀古奕世：清代蘇州潘氏的收藏》，鳳凰出版社 2018 年）。

2018 年 7 月 26 日記於上海博物館

---

[1] 我們覺得有這種可能，寫銘文樣稿的人是有文化的，而刻的工匠不一定需要有很强的識字能力，所以寫樣稿的人先在範上面寫字，刻的工匠就在這上面刻。後來兵器也有類似現象，刻的人和寫的人不是同一個人。大克鼎銘文製作過程中，可能有一部分内容是經過修改的，我們可以看到所謂的"骷髏文字"集中在銘文第八行，但是也不知道什麽原因，刻的工匠没有把原來的陽文磨平，而是直接在這上面把文字刻上去，這樣就在範上同時出現了陰文和陽文。

小議魯侯尊的定名

上海博物館收藏的魯侯尊（圖一），曾是清宮舊藏，出宮後爲清末著名收藏家潘祖蔭所藏，1979年由滬上著名收藏家李蔭軒、丘輝夫婦捐贈給上海博物館。

此器的定名較爲複雜，有稱魯侯彝，如《西清古鑒》；有稱明公彝[1]，如《三代吉金文存》《山東金文集存》；有稱明公簋，如《兩周金文辭大系圖録考釋》《商周彝器通考》《西周銅器斷代》；有稱魯侯簋，如《商周青銅器銘文暨圖像集成》；有稱明公尊，如《鬱華閣金文》；有稱魯侯尊，如《鞢華閣集古録跋尾》《金文總集》《山東金文集

圖一　魯侯尊

成》；有稱王命明公尊或王令明公尊，如《周金文存》《小校經閣金文》《殷周青銅器銘文研究》；唐蘭則名之爲：田工簋。從這些名稱來看，這件器就牽涉到兩個問題，一是作器者究竟是誰。因爲青銅器定名中的一個基本規則是一般以作器者命名，那麼此器的作器者究竟是明公還是魯侯，甚至是田工。二是該器的器形究竟是什麼，是尊抑或是簋。

首先我們討論一下該器的作器者。這裏首要的問題是明公和魯侯是不是同一個人，郭沫若認爲："此器上言明公，下言魯侯，可知明公即是魯侯。……由矢令彝知明保即明公，爲周公之子，由明公尊又知明公爲魯侯，有伐東國于狋之事，則所謂'明保'者即魯公伯禽之名號矣。"[2]

唐蘭則認爲："器中明公與魯侯并出，明示明公絶非魯侯。……此魯侯可能就是幽公。"[3]

陳夢家認爲："明公即令彝的明公、周公子明保、明公尹。明公是周公之子，其官是保，食邑於明；他和周公長子伯禽不是一人。伯禽曾爲大祝之官，後封於魯，稱魯侯或魯

---

[1] 稱彝的，在書中基本都與簋類器銘文放在一起，所以作者還是認爲這件器形應該屬於簋形器。
[2] 郭沫若：《殷周青銅器銘文研究》，科學出版社，1961年，第49頁。
[3] 唐蘭：《西周青銅器銘文分代史征》，中華書局，1986年，第215頁。

公。……此器伐東國的主帥是魯侯伯禽。”[1]

馬承源也認爲:“明公,周公子明保。……魯侯,即第二代魯侯,考公西。”[2]

由此可見,學界大多認爲明公和魯侯不是一個人。那麼作器者是明公還是魯侯? 要解決這個問題,還要先解決“又□工”三個字的含義。唐蘭先生把“又”字釋爲“佑”,意爲魯侯幫助了□工這個人,□工爲此作此器。這樣,作器者就應該是□工,所以唐蘭先生將此器命名爲□工簋。

郭沫若認爲:□“即骨字所從凸字,象蔔骨呈兆形。卜辭讀爲禍,本銘當讀爲過。過謂優越。‘過工’謂有優越之戰功”[3]。

馬承源先生基本認可了郭沫若的意見,但是他認爲□“蓋爲縣之初文。……縣、咎古字同音。……咎有大意。鼛鼓即大鼓”。所以□工應該就是大功[4]。

裴錫圭先生認爲:“周初銅器魯侯簋‘魯侯有□工’的‘□工’,如所釋無誤,疑當讀爲‘肇工(或讀‘功’)’。‘肇’‘兆’同音。《詩·大雅·江漢》‘肇敏戎公’(‘公’當讀‘工’或‘功’),與金文‘汝肇敏于戎攻’語例相同。疑‘肇工’之‘肇’當與上引文‘肇’同義。高亨《詩經今注》據《爾雅·釋言》釋《江漢》‘肇’字之義爲‘敏’,或可信。”[5]

我認爲按照郭沫若、馬承源和裴錫圭先生的解釋,整篇銘文内容比較通順,意即在明公主持的這場伐東國的戰争中,魯侯立了大功,故製作了這件青銅器。反觀唐蘭先生的意見,如果□工真是一個人名的話,那麼在整篇銘文中來看,多餘的鋪墊似乎太多,而真正與□工相關的内容却語焉不詳,所以□工不宜作人名解釋。

在排除了□工作爲器主的可能性後,明公和魯侯誰是器主,其實已是很顯然的事情了,在這篇銘文中“唯王令明公遣三族伐東國”,應該只是作爲時間和事件的背景介紹,不是銘文内容的主體部分。用法猶如戟甗“唯十又一月王令南宮伐虎方之年”,鼓臀簋“王令命東宮追以六師之年。”所以明公不會是器主,器主應該是在明公指揮的這場伐東國戰争中立了大功的魯侯。

將這種器形稱之爲簋,吳鎮烽先生的理由應該是具有代表性的,他認爲“此簋造型特殊,整體像筒狀方尊,廣口長頸,高方座,但兩側有一般西周簋所具有的獸首鋬,鋬下有下垂的鳥尾形裝飾”。可見他也認爲器形像尊,只是因爲兩側有獸首鋬,而將其名爲簋。其實在尊形器上設鋬,在西周早中期的青銅器上多有發現,寶鷄石鼓山M1出土的父丁尊[6]、寶鷄竹園溝M4出土的彊季尊[7]、湖北隨縣安居鎮羊子山鄂侯弟曆季尊[8]。只是這幾件都是單鋬,且器身與尊形器無異而已,所以在器形的定名上毫無異議。反觀這

[1]　陳夢家:《西周銅器斷代》,中華書局,2004年,第24頁。
[2]　馬承源:《商周青銅器銘文選》(三),文物出版社,1988年,第35頁。
[3]　郭沫若:《兩周金文辭大系圖録考釋》,考10。
[4]　馬承源:《商周青銅器銘文選》(三),文物出版社,1988年,第35頁。
[5]　裴錫圭:《從殷墟卜辭的“王占曰”説到上古漢語的宵談對轉》,《裴錫圭學術文集》(一),復旦大學出版社,2012年,第492頁。
[6]　石鼓山考古隊:《陝西寶鷄石鼓山西周墓葬發掘簡報》,《文物》2013年第2期,第4頁。
[7]　盧連成、胡智生:《寶鷄彊國墓地》,文物出版社,1988年,第156頁。
[8]　隨州市博物館:《湖北隨縣發現商周青銅器》,《考古》1984年第6期,第510頁。

件魯侯器，雖作敞口長頸，但其下有數層方形部分，且頸腹間設兩個獸首鋬，鋬下有下垂的寬尾翼形裝飾，器形確與常見的尊形器不類。然而從總體上看，我覺得這件魯侯器還是以尊形器爲主體，而且是由一個圓形鼓腹尊和一個方形鼓腹尊的結合體。長頸大敞口，是尊形器的特徵之一，從其圓體的部分來看，完全就是一個敞口鼓腹的尊形器，簋形器中從未出現過類似的形制。下面的方體部分，外表看上去共有五節，這件器的內底在方體部分自上而下的第三第四節之間，所以上三節是一個鼓腹方形尊的一部分，下二節則是這件器的圈足部分。也許是尊體部分的增高，設計者便在其頸腹間設一對獸首鋬和兩側下垂的尾翼狀飾物，不僅可用作捧持，也可增加尊體的寬度，不致出現尊體過於細高而產生的不穩定感。基於其主體部分的尊形器特徵，我認爲還是應該稱之爲"尊"，不應該誤稱爲"簋"。不能僅僅因爲有一對簋形器上常見的獸首鋬，就名之爲"簋"，而忽略其器身主體部分的器形特點。

和這件魯侯尊時代比較接近的盠方尊和盠方彝的器腹兩側設有兩條向上翹起的象鼻形裝飾，日己觥的後面有一條類似魯侯尊上的寬尾翼形裝飾，可見在這一時期，在青銅器上增添一些以往不曾見過的裝飾物，可能是一些青銅器設計者和製作者一時靈感所致的產物，它們并未成爲青銅器裝飾藝術的主流，也沒有因爲這些裝飾而改變了這件青銅器本來的用途和功能。

總之，這件青銅器，稱爲明公尊、明公簋、明公彝或魯侯簋、魯侯彝都是不確切的，稱之爲魯侯尊，則器主和器形都完全吻合。

2016年7月25日於上海博物館
原載《青銅器與山東古國學術研討會論文集》

圖書在版編目（CIP）數據

周亞吉金文集 / 周亞著. —上海：上海古籍出版
社,2021.12
　（上海博物館·學人文叢）
　ISBN 978－7－5732－0210－9

　Ⅰ.①周…　Ⅱ.①周…　Ⅲ.①金文-中國-文集
Ⅳ.①K877.34-53

　中國版本圖書館CIP數據核字（2021）第260252號

上海博物館·學人文叢

周亞吉金文集

周　亞　著

上海古籍出版社出版發行

（上海市閔行區號景路 159 弄 1-5 號 A 座 5F　郵政編碼 201101）

（1）網址：www.guji.com.cn

（2）E-mail：guji1 @ guji.com.cn

（3）易文網網址：www.ewen.co

上海麗佳製版印刷有限公司印刷

開本 787 × 1092　1/16　印張 21.75　插頁 4　字數 464,000

2021 年 12 月第 1 版　2021 年 12 月第 1 次印刷

ISBN 978－7－5732－0210－9

K·3122　定價：228.00 元

如有質量問題，請與承印公司聯繫